昭和天皇拝謁記 6

昭和天皇拝謁記

初代宮内庁長官
田島道治の記録

6

田島道治日記

宮内(府)庁長官在任期＋関連時期

岩波書店

［拝謁記］翻刻・編集］田島恭二
［編集委員］古川隆久・茶谷誠一・冨永望
瀬畑源・河西秀哉・舟橋正真
［編集協力］ＮＨＫ

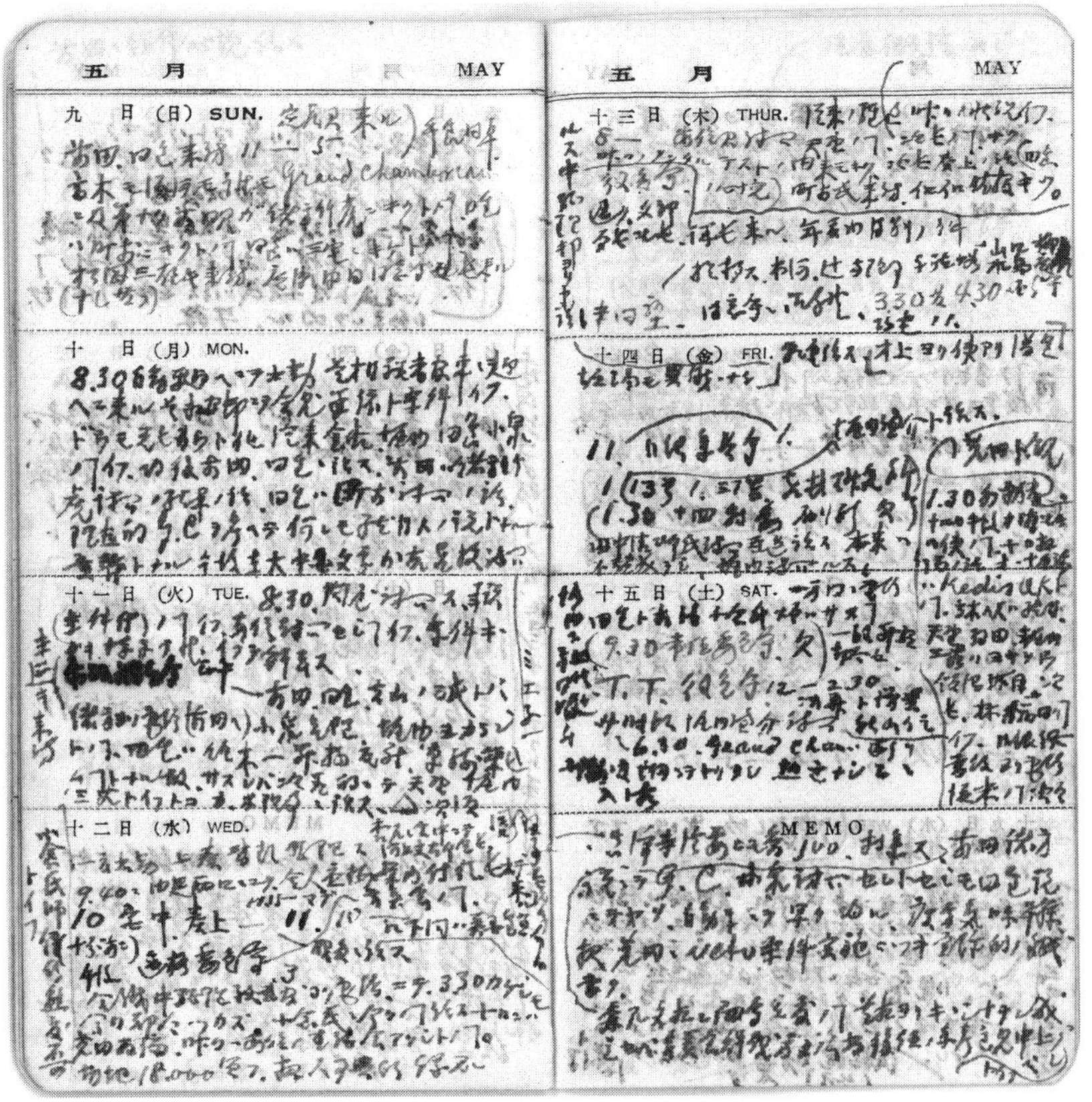
五　月　MAY

九　日（日）SUN.

十　日（月）MON.

十一日（火）TUE.

十二日（水）WED.

五　月　MAY

十三日（木）THUR.

十四日（金）FRI.

十五日（土）SAT.

MEMO

「田島道治日記」1948（昭和23）年5月9日〜15日

凡　例

一　「田島道治日記」の記述のうち、許された紙数に「拝謁記」の理解に資する部分を収めるため、①日付直後や文末にある、天候や起床、登庁、出勤、理髪、就寝、一九五三年三月から一〇月にかけて外遊中の皇太子の無事を祈るために慣例化した出勤または退勤時の賢所参拝などの定形的な短い記載、②個々の物品の価格や謝金等の金額、③宮内庁(宮内府)関係以外の業務や会合、④家族・親族関係、⑤田島道治の私的な中国古典の研究や語学の研修、⑥ご遺族より特に要望があった事項、の記述は、「拝謁記」の記述の理解や前後の文脈理解に必要不可欠な場合を除き、原則として省略した。省略部分は〔略〕と表記したが、①と②については断りなしに省略した場合がある。また、長期の帰省や田島個人での出張の場合は、概要のみを注記した場合もある。

③や⑤の概要については、本巻の解説で適宜言及する。また、「田島道治日記」の原本は本書刊行後、しかるべき公的機関で公開されるので、全文はその際に閲覧可能となる。

一　用字、句読点については「拝謁記」本文に準じた。

一　明らかな誤記、脱字、文字の重複は断りなしに修正した。

一　解読できなかった文字は■で示した。アルファベットで解読できなかった単語は〔英字不明〕として示した。ただし、語頭から数文字の判読ができているものは英字を書いて〔数文字不明〕とした。

一　編者の注記は〔　〕で示したが、紙数の関係で最小限にとどめた。誤記かどうか判断が難しい場合は〔ママ〕と注記し、個人のプライバシーや名誉を著しく害する恐れのある部分は、〔○文字伏字〕と注記した。ただし、前記①〜⑥の基準に基づき省略した部分に伏字部分が含まれる場合はその限りではない。

一　文中には、現代の視点から見て差別的な語句や蔑視的な表現が見られる場合があるが、歴史資料としての意義に鑑み、そのままとした。
一　囲み線や傍線の大部分は、原本では赤、もしくは青で書かれているが、本書ではすべて黒で示した。

目　次

一九四八(昭和二三)年

四月二二日(木) 〔略〕首相秘書来訪、首相訪問方希望、要談四・一五。外務省にて芦田首相にあふ。宮内府長官になれとのこと。兎に角明後日を約す。みし賛成、譲治不賛成。〔略〕

四月二三日(金) 出勤田辺君に話す。前田は駄目、安倍も如何かと思ふ、南原、入江、湯河等如何とのこと〔略〕。前田君と話す、大体同意見、殊に安倍は不賛成らし、断る方に傾く。〔略〕

四月二四日(土) 〔略〕一一・三〇芦田外務省、中々断るも承知せず、dateを出して再考を要求す——約す。(一)気風刷新。(二)スタフ減少。(三)お上の気持に対する心構 etc.〔この三点は芦田の発言カ〕。一、米内大将告別式、目黒区富士見台。池田氏にあひ、Imp Household 話す。犠牲となる外なからん、東京駅へ送る。〔略〕

四月二五日(日) 関屋氏訪問。別に驚かず、片山のとき此問題にふれたとのこと。前田、南原、安倍と共に田島も考へた云々。侍従長、次長同時更迭説。一〇・四〇発湯河原行、田中氏は否定説。田島、一、英国王室に智識なし、二、陛下に知られぬ人、経歴なき人は駄目とのこと。但しおしつけられるかな……との話。〔略〕

四月二六日(月) 車八・三〇発、関屋氏訪問、いろいろのこときく。〔略〕芦田首相への手紙、秘書官に手交す。〔略〕前田、田辺に手紙迄の経過話す。前田曰く惜しい。〔略〕

四月二七日(火) 〔略〕一・三〇—三・三〇国際連合、仲一三号館一号、関屋氏にあふ。no のこといふ。〔略〕

四月二八日(水) 首相宛手紙、日向秘書官に渡す。三谷隆信と余、羽田亨、高瀬荘太郎の名をいひ、先輩友人氏名(相談せし人)をいふ。〔略〕一・四〇学習院—四、安倍と話す、手紙のこと、宮内府長官のこと、全部話す。〔略〕

四月二九日(木) 〔全文略〕

四月三〇日(金) 〔略〕午後外務省へ電話せしも、今週は多忙の様子。〔略〕

五月一日(土) 〔略〕日向秘書官に手紙手交。月曜日のことと

大学授業料のこと。田辺君来室、宮内府のこと、経緯心境話す。〔略〕

五月二日（日）　〔略〕前田に経緯、心境話す。〔略〕

五月三日（月）　前田氏訪問るす。田園調布田辺氏訪問るす。三谷氏訪問、弁当の茶貰ふ。Screen の話。篠原訪問、〔略〕偶然芦田のこと出て例の問題話す。伝へてもよしとのこと、謝して辞去。前田訪問、此頃中の経緯を知〔ら〕す。篠原にたのむこととす。

五月四日（火）　朝篠原に電話、Premier へ心境を通ずることたのむ。〔略〕

五月五日（水）　〔略〕篠原今朝芦田と会見、その結果、電話及るすに来会。夜るす中、外相官邸より二度電話。

五月六日（木）　朝篠原に電話、昨日芦田との話きく。外相官邸に電話す。芦田本人より会見申込を受く。三・〇〇外務省（芦田時局前言）。田辺氏と及小倉氏と話す。宮中のことイロ〳〵きく。宮内省十二日と決定。〔略〕相良氏に十二日午後のこといふ。〔略〕

五月七日（金）　小倉氏と直接にあひ、色々話きく。一〇、T．T．篠原訪問に付会社にゆき、大屋にもあひ、参観の後篠原と会に帰り、芦田との話合のことをきく。思ひつめた態度で余計頼みたくなつたとの話、是非たのむとのこと〔略〕午後前田君とも一寸あひ、田辺氏も来り、愈不得已《やむをえず》受くるより外なく、同時発表の人事のこと具体的に相談す。〔略〕夜安倍来訪、受諾勧誘に来た、加藤次長にも話した。今朝芦田にも又あつたとのこと。小泉信三の話あり。座談会等御信任あるとの話色々あり。〔略〕

五月八日（土）　九時半——一一町村氏会見、お上の御肚極、関屋氏のこと etc. をきく。〔略〕

五月九日（日）　前田、田辺来訪一一——五、〔略〕午食同卓。高木も湯河も誰も Grand Chamberlain に及第なり。前田君が緒方竹虎にきくとのこと、田辺は町村にきくとのこと、田島は三宅にきけとのこと。〔略〕

五月一〇日（月）　八・三〇自動車迎へにて出勤。首相秘書官、車にて迎へに来る。首相官邸にて会見、承諾と条件いふ。どうも難有うといひ、従来、金森、堀内、田島、小泉のことといふ。帰後前田、田辺に話す。前田は緒方竹虎訪問の結果の話、田辺

は町村訪問の話。理想的G．Cを考へて、何れも駄目との説となる。悪弊となる。〔略〕

五月一一日（火） 八・三〇関屋訪問す。承諾（条件付）のこといふ、安倍訪問せしことといふ。条件等きき、様子可然《〔しかるべく〕》いふて辞去す。〔略〕緒方より電話（前田へ）、小泉無理、堀内よからんとのこと。田辺は鈴木一昇格反対、単騎乗込むこととなる故、さすれば次善的にて天野、堀内、三谷といふとこか。両理事に話す。小倉氏此日宮中にゆき、入江侍従にきゝし話きく。宮様が片山首相の改革をいはれしことetc。関屋氏来訪、飯沼一省、岡田周三の話あり、町村には嘉治隆一云々。

五月一二日（水） 一度出勤、上奏書類整理す。森戸と宮中にて、河上丈太郎会長、関屋理事長[redacted]いふ。九・四〇に内廷西口にゆく、舎人応接案内、侍従長出で来る。一〇（十分前に）宮中、奏上―一一・一〇（一一・一五まで）御下問は英国皇室のこと。午後、適格委員会、育英会のこと、職員に話す。会議中総理秘書官より、三、電話にて、三・三〇かけしも今日都合つかず、小倉氏に今日のこと話す、十日には芦田拝謁、昨日は安倍の主張会ありしとのこと。〔略〕夜人事興信録見る。小倉氏、師傅的態度不可といふ。

〔一五日下メモ欄　五月一二日続きカ〕〔略〕森戸文相に面会、今度のこと首相よりきゝしならん。成立せば育英会辞職方たのむ、尚後任の参考意見申上ぐべしといふ。前田、緒方説にてG．C．小泉訪問せんとせしも、田島説にてやり、自動車にて早く帰る。疲労気味、早寝。夜、芦田にveto条件実施につき実際的の手紙書く。

五月一三日（木） 八―安倍君訪問、従来の経過、昨日の状況いふ、天野のこと、次長のことときく。昨日のメンタルテストの由来もきく。次長奏上の話（田島の心境）。町村氏来訪、いろいろ情報きく。〔略〕るす中総理邸より電話。〔略〕

五月一四日（金） 〔五月一三日条「電話」から引線〕朝電話す。「お上より使あり満足」拝謁も異議はなし。〔略〕一・一三より一、三階、高橋研究所。堀内謙介と話す。〔略〕田中清次郎訪問、経過話す。本来は不賛成らし。堀内謙介るす。芦田と会見一・三〇外務省。十二日午後加藤次長御使のこと、十日拝謁の話等、堀端〔GHQの意〕話はKades OKとのこと、高木八尺は駄目、天野、羽田、柳内、工藤はよさそう、飯沼駄目。次長、林、稲田のことといふ。〔略〕

五月一五日（土） 〔略〕四時頃―六・三〇、堀内謙介訪問、Grand cham は断り。国際、[redacted]にてやりたし、熱意なし

云々。〔略〕

五月一六日(日)　八・四〇発大磯行、池田氏方にて午餐。一日芦田、小泉訪問、八日池田氏小泉訪問のこときく。田中氏の説は大した意味なしとのこと〔略〕。

五月一七日(月)　芦田宛、池田氏、小泉氏訪問のことを書き、いつでも辞退のことといふ。堀内の結果も報告す。松下氏総理官邸に持参。〔略〕毎日記者来訪いはず、宮内府長官のことと〔略〕。

五月一八日(火)　田中耕太郎来訪、適任頑張れとのこと。〔略〕二、芦田と会見。二・二〇森戸文相訪問、次官にも。田辺と話す。三谷と会見、宅、四・二〇—五・三〇。〔略〕

五月一九日(水)　〔略〕一〇外務省、総理と松平両氏と会見。辞表、長官、次長、式部頭、芦田預る。侍従長なし。然し三谷隆信の話決定す。お上は家庭のこと等ユルユル話したし、三陛下三前宮相に挨拶したし、最適任云々、先日陛下の印象御満足。〔略〕

五月二〇日(木)　〔略〕朝日(経歴調査済の如し)秋岡記者来訪、明石元長来訪、永井松三来訪(あはず)、前田、田辺と昨夜のこと其他話す。渋沢訪問(次長候補、育英会理事候補)〔略〕。

〔欄外〕天皇失業云々。

五月二一日(金)　松田氏より電話、石渡氏意見、山極を通じ伝達、加藤、鈴木の件、出勤、一蔵氏電話、山本信夫来訪、今迄のどの役より適任。一蔵氏電話。〔略〕朝日写真をとる。

五月二二日(土)　九・三〇—九・四〇柳原秘書官(芦田首相葉山へ伺候G.C.問題)漠としてよろしいとのこと。〔略〕るすに週刊朝日届く。〔略〕堀端関係の風評。

五月二三日(日)　〔上部に「此日毎日、報知に承諾云々の記事出■■。」〕南原繁(に本貫ふ)氏訪問、育英会長、佐野利器(緒方系?)、辰野、今井、芦田皆反対。宮内府問題いろいろ話あり。高松様と懸違の様子、最近の情報も一部承知らし。A問題、御介錯後、時期は重要。今後余りあはずといふ。後訪問Cham. Y. Takagi. いひに来る。〔略〕

五月二四日(月)　芦田へ手紙書きなどしておそくなり出勤。既に電話あり、加藤進来訪、Gr. Ch. 問題同時は駄目とか、二十一日葉山にてお上は芦田の言御嘉納なかりしとか云々。長官就任前提として云々とのこと故きかず、いはずといふことにしてくれといふ。朝、義親、慶民のことかばつてくれといふ。それこれ総合するに、芦田が慶民と話合せしことに手違の原因ありしか。前田に昨日のこと等いろいろ話す、前途難なり。四時帰宅。長官より電話、二十六日午前を約す。今井記者来る。

五月二五日(火) 芦田氏へ手紙出す。〔略〕

五月二六日(水) 一〇、宮内府長官松平慶民氏、事務所へ来訪、育英会の都合もあらん、いつ発令よきや(総理に御話下さい)、同時論も難くなる。芦田とあふ。葉山の話、可、但し同時は少しずらせよ、大金を御用掛にせよ。三、朝日秋岡来ると称して来らず。[redacted]のこと。四―七、首相官邸小食堂、行政調査部、食事、前田部長より、宮内府行幸に付G.H.Qより話ありしこと話あり。〔略〕

〔欄外〕長官発令をのばすと芦田いふ。[redacted]意見。

五月二七日(木) 〔略〕朝時事通信記者来る。安倍、岩波、前田、芦田との関係をきく。参内、拝謁は何度か、云々。〔略〕

五月二八日(金) 秋岡来訪一一―一二、天皇問題、一般心構。〔略〕町村氏来訪、大金の為人《ひととなり》等きく。〔略〕

五月二九日(土) 〔全文略〕

五月三〇日(日) 終日在宅。午後、後藤緼尾来訪長尻、宮内府にふれず。当方の経歴話にもつてゆく。夜早寝、貴院憲法速記録読む。

五月三一日(月) 朝明石氏電話、賀陽宮面会希望とのこと。就任したらば何れと返事。〔略〕五時半頃芦田電話。大金辞表はとつた、三谷のことよしとのこと、但し堀端は未済、三谷に電話せし処、没交渉とのこと。

六月一日(火) 〔略〕三谷隆信来訪、今後の打合。前田君来訪、総会の時のこと、役員会のこと談す、昨夜のこともいふ。〔略〕帰宅後芦田より電話、三谷ＯＫ、明日三谷に話す、明後日発令、心構及準備よきかとのこと。此期に及び結構といふ、葉山の善《ママ》後に多少のことありし様子。〔略〕池田氏秘書横山氏より電話。

六月二日(水) 九・三〇池田氏秘書横山氏来訪。牧野氏には就任前面会よし、吉田、池田会見(日曜)の結果、二、三日中に上京とか。発令延引の理由etc。〔略〕内閣岩倉課長より認証式通知。時事新報記者来る。〔略〕

六月三日(木) 阿部千一氏来会、高松宮のこと。朝日、秋岡氏来訪、小泉氏のこと、理事評議。共同田中氏来訪中電話、秘書官田岡及宮内府。一・一五高尾秘書官打合せ。〔略〕高木八尺、来会、安心した、津田理事やめぬやう。四・三〇—五、総理官邸芦田会見、今朝拝謁の説明後、民主化の実状説明、[redacted]き、たし……。小泉のこときく。帰途関屋氏訪問。〔略〕

六月四日(金) 三谷君に来会を求め(高尾氏、三谷に基督教のこと確む)、此頃中のこと諸事打明け話。高尾氏に電話す。来会挨拶廻りのことたのむ。牧野氏面会のこと—三・四〇、(吉田氏より三谷氏を通じ電話)(式部頭よりも伝言)いろいろの話、少しの老衰なし。〔略〕

六月五日(土) 〔略〕九・三〇理事長更迭挨拶。〔略〕高尾氏迎えに来る、モーニング。一一、宮中認証式。二十分前後単独御礼拝謁、皇后様拝謁後、御書斎にて一時間十分拝謁、回顧録御貸下。新聞記者に一寸あひ食事。食後三殿拝礼。二時御挨拶廻り。首相官邸、衆参両院議長副議長、秩父、大宮、高松、三笠各邸、前長官邸にて分れ、後藤、井上両先輩墓参帰宅。〔略〕

六月六日(日) 明石照男氏来訪、論語、新渡戸博士の激励。徳川夫婦及米子夫人来訪(手紙書き)。高尾氏来る、午後一時、雑談後発。成城石渡氏訪問、いろいろきく。花水荘吉田氏に牧野氏紹介の礼の名刺。小金井御所へ参上、拝謁後御話、穂積氏等。新渡戸先生墓参、三谷墓不明、帰宅。〔略〕

六月七日(月) 八・一五高尾氏と同車出勤、穂積氏挨拶。一〇—挨拶、一〇・三〇G.H.Q挨拶、Bunker。三淵長官、大蔵省次官、官房長、会計検査院佐藤院長、文部省挨拶。午—、局内役員会、省内一度巡視、部局長、課長引見。四・五九原宿に皇太后様御出迎、帰宅。〔略〕松平前宮相来訪あり。

六月八日(火) 〔略〕八・三〇御出門、上野都美術館、一一・三〇御還御。議会予算打合会に出席、スペルマン写真問題、那須行幸問題。〔略〕二・三〇大宮御所に参上拝謁。四・三〇、(宮内府部局長挨拶)官邸—八・〇〇。鮎頂く。来訪、白根松介、関屋貞三郎、木内良胤。毎日新聞神田氏、山下新太郎氏。

六月九日(水) スペルマン問題、穂積大夫説明。午前、電話、柳原秘書官に予算のこと、ウイットニー、ケーディス訪問。〔略〕午後、図書寮参観。四、前長官邸訪問、麻布、式部頭同席。〔略〕

六月一〇日(木) 〔略〕秩父様一〇、皇后杯のこと、曽根にG.

H.Qのこときく、柳原にも。国会にて大蔵大臣に挨拶。朝日秋岡氏来訪。三淵氏来訪。主殿寮の話きく。五・四〇御文庫御相伴（背広）、汗にてこまる。夜バラ野菜賜り。〔略〕

六月一一日（金） 御文庫迄行き、御供して奉仕者を見る。山本興信所、請願依頼者、秘書課長、次長等にあう。午、陪食。二、日本学士院授賞式に臨席、森戸文相、後継者と天野貞祐氏。三・三〇―四・二〇読売新聞、Interview。〔略〕
〔欄外〕秩父様御挨拶す。

六月一二日（土） 那須へ行幸供奉。八時発、表玄関にて供奉車に乗換へ御文庫へ行く。八・五〇御出門、女官長、入江侍従、鈴木主務官同乗。越谷御小憩、幸手にて水害の状況御聴取、大群衆に取囲まる、栗橋水害地も同様。正午栗橋駅より宮廷列車、三時頃御用邸着。食事後御召あり、三十分余予算のことetc。常侍室にて次長、秘書官、侍従等と雑談。〔略〕

六月一三日（日） 〔略〕九・三〇発廻送宮廷列車にて帰京。帰京前侍従次長、昨夜藤沢博士の補充。御用邸二階拝見。三時大崎に着、自働車にて帰る。〔略〕

六月一四日（月） 田中耕太郎氏、独語問題、賀集献上のこと。〔略〕東宮角倉氏来訪、手塚のこと、那須のこと。原泰一来訪、塚越氏説明。午後石川テニスのこと。三、宮中皇室経済会議―四、松平発言。六―九、総理大臣招宴（外相官邸）。大蔵次官[redacted]、衆副議長欠。

六月一五日（火） 一〇、G.H.Q―一一（Whitney、Kades、Hussy）。秘書課長、次長人事は鈴木一にきけ。式部頭、陸軍復員局の人の話、将校のシベリア帰還〝赤〟。記者会見後、五―八・三〇安倍来訪、関屋夫人、大金のこと、皆熱心インギンブレイ、御用掛早くやめる方よし（関屋夫人）、安倍Clique〔派閥〕に反抗、黒木、山田侍従。文化人会はひろめるはよきも遠慮も無用といふ、天野を東宮〔参与〕にすることは、或は安倍の方よきかも知れず、そのときのこととして育英会長と考ふることいふ。〔略〕城氏より宮様のこときく、三―五。

六月一六日（水） 〔略〕一〇・三〇―一一、金森図書館長来訪。〔略〕二―五、松平参議院議長訪問、官舎。〔略〕

六月一七日（木） 百武三郎氏来訪。永田真男氏来訪。関屋貞三郎氏来訪、大金のこと、着衣のこと、物を役人が請求すること。午後次長、Newsweekのこと話す。〔略〕

六月一八日（金）　一〇、孝宮様、百武氏訪問。大谷正男氏来訪。一一、松平議長（二十二日のこと打合）。一、引揚局長、大野連治氏の話、二・三〇。〔略〕

六月一九日（土）　式部頭 Willoughby の本を見せに来る、vice 代はる方よしとの意見。秘書課長、次長と話す、宮様公職問題、葛西厚生次官来訪。多摩陵参拝、一二・三〇―五・三〇、林業試験所も。図書寮頭、課長同行。次長に Abe Clique いふ。

六月二〇日（日）　九・三〇―発、植秘書官。一〇大崎発一四・二二、黒磯宮廷車回送、一五時御用邸着、一七時李王様御訪問。二一―四加藤次長。両陛下御散策、四・四〇―七・〇〇。八・〇〇拝謁、常侍官室に出御、十時迄。

〔欄外〕るすに関屋貞三郎氏来訪の由〔略〕。

六月二一日（月）　中田（朝香）、三笠宮。八・五〇御出門、九・二〇黒磯、〇・四七原宿。一時半、出勤帰府。大庭課長引継書。矢島氏来訪、morning 仮縫。サン記者乙部来訪。四時帰途につく。〔略〕

六月二二日（火）　御文庫へ八・三〇、犬丸、徳川。行幸啓三越、八・五五御出門、一〇・三〇還御。杉栄三郎氏来訪、儀式課長、図書館長席次のこと。宮様就職のこと（侍従長、三井氏）、次長（侍従長更迭経緯）、侍従次長（次長留任よし）、横山氏。

〔略〕

〔欄外〕田中徳氏注意。

六月二三日（水）　新感覚で、宮内省は皇族は不信任、世話せず。新皇族は皇族扱云々。〔略〕一〇、高松宮―一〇・三〇。厚生大臣、朝日長谷部、長谷川博士、秘書課長、サン乙部、朝日新聞。三、明治神宮、Bunker、Tea Party。式部頭、Host―五（Gen. Baker Bunker 等）。〔略〕

〔欄外〕小泉氏帝室論貰ふ。

六月二四日（木）　〔略〕野村大将、中央公論持参、財部、山本両大将の話、南原、安倍の話等。御召、高松宮のことお上の思召を伺ふ。三谷侍従長（大臣の報告のこと）。〔略〕警衛府の臨時室の書類、次長、秘書課長と話し、部屋壁■強行す。角倉氏来訪。塚越氏国会報告。田中共同記者。〔略〕

〔欄外〕主厨長秋山来室。

六月二五日（金）　九時十五分前みし、高尾氏同車登庁。十時十分前発みし、高尾氏赤坂離宮。自分、植秘書官と大宮御所に参候。一〇・四五赤坂離宮拝賀、夫妻、内謁祝詞言上す、久邇様にも拝謁。酒餞を頂き、赤坂離宮にてみしと同伴、秩父様邸に拝賀、酒餞あり。一時帰庁の上帰宅。〔略〕

六月二六日(土)　〔略〕一〇・三〇関屋氏、下村宏氏の abdi 意見、旧宮内官の行幸意見、日光[redacted]監査のこと、両氏と東久邇のこと、(abdi 議論)etc、主計課長の決算。帰宅後弁当、賜りもの、餅にあんのもの。〔略〕

六月二七日(日)　八・一〇東京発、池田成彬氏訪問、前に来訪者数名あり。午餐後二―三・三〇吉田茂氏〔元軍需大臣、首相とは別人〕訪問、硬直の士、久邇大宮が別扱を望ませらると話。四・三五大磯発、湯河原田中氏訪問、病床に見舞ふ、七・〇九発にて帰京。〔略〕
〔欄外〕大内山読了。

六月二八日(月)　七・一〇雨、久邇宮知子女王一年祭、一一、御墓前。野田次官―塚越次長問題すみ、日銀参与問題、育英会理事問題。貿易庁長官来訪。次長等と総裁(宮)の問題、ムダ骨(三谷侍従長も話あり)(寺崎云々)。神戸知事淡洲行幸のこと。式部頭、前長官、ガスコイ〔ン〕の tea のこと。
〔欄外〕三谷、牧野氏訪問。

六月二九日(火)　岡部長景氏、次長(国会)。行政調査部辞表。国会図書館 Star spangled Mikado 返却、内部拝観。三井信託。るすに御召し、帰庁後御前に参上。Whitney との話の回答、地震のこと。秘書課長、法務庁局長との話、総務課長、塚越、主任、次長と話す。〔略〕総務課長事務取扱のこと、Abe Clique のこと。松永安、御陪食のこと、犬丸氏、三矢宮松の外、人のなきこと、長官今少し早くくれば出るのではなかった。一二―一・二〇三谷侍従長と話す。牧野伯との話、内部ならば塚越、鈴木の内か、両氏の考の為か、かへた方よし、上京する方便利。角倉氏、Vining にあふことといひに来る。morning coat。夜 Vining 書類よむ。

六月三〇日(水)　〔略〕夜、長官職、次長引継五・三〇―九・一五、色々引継。

七月一日(木)　九時出勤、昨夜の話、御出門前、御前に出ることやめる。行幸啓、(貿易庁)輸出工芸展一〇―一二、雨中なれども御無事。侍従長室にて堀田氏と話す。拝謁、皇族御差遣と救恤金二五〇と三〇のこと。三―三・三〇 Mrs Vining いろいろ話す。名取氏のこと。組合。吉田三郎博士来訪。侍従長御召の結果にて来室す。ソ連の動きと国内政情、MacArthur 訪問のこと、No。

七月二日(**金**) 清瀬三郎氏に軟式野球天皇盃目録贈与式。Mr Arm 及大蔵省育英会退任挨拶。一二―一・三〇御陪食、文化人五人と松永安左エ門。二―三・三〇、生飩会、花蔭亭。〔略〕

七月三日(**土**) 高尾秘書官宿直にて一人出勤す、御回顧録をよむ、来客も書類もなし。〔略〕食後回顧録読了す。〔略〕御野菜パインアップル賜り、女官長に電話礼。〔略〕

〔欄外〕〝秘書課長〟。

七月四日(**日**) 〔略〕三笠宮、福井へ御名代として御差遣につき参邸す、夜。〔略〕

七月五日(**月**) 秘書課長御名代のこと。主殿寮、米のこと、牧場のこと、之は大問題。侍従次長、義宮、内親王様方のこと。二―三・一五お茶、呉竹寮。〔略〕

七月六日(**火**) 〔略〕一〇―一一・三〇H氏会見、〔略〕午食後三谷侍従長と話す。牧野子息にあふ。黒田、高松宮問題。後藤隆之助四―六。六・三〇―八・三〇李王様、加藤次長、入間野、佐々木四氏。〔略〕

七月七日(**水**) 〔略〕午後高田寛に天皇盃伝達。岡本参議院来訪。三浦衆議院総務課長来訪。三・三〇―五・〇〇内廷費予算審議、次長、塚越、飯田等。李王へ礼名刺、和泉屋菓子。六、林氏、三谷氏、田島宅。〔略〕

七月八日(**木**) 三笠宮帰京、事務官の報告きく、宮様問題、課長報告きく。〔略〕拝謁(皇族問題と犬丸のこと)。一二・一五―一、長官、次長、侍従長、次長と会食。三―三・二〇芦田首相訪問、外務省、一、宮様総裁問題 二、参内問題 三、次長問題。(角倉氏来室)。五、東宮顧問招待会―八。穂積、野村、角倉の外、武内博士、外顧問四氏。安倍に学習院辞表渡す。

〔欄外〕Vining 夫人に本貰ふ、御料車見る、人文、犬丸氏。〔略〕

七月九日(**金**) 侍従長にも次長にも大金東宮顧問は止めのこといふ。一一・三〇―四・三〇大宮御所へ両陛下行幸啓、往還供奉。一―三、内廷費会議、穂積氏、緒方侍医の話。一、部長会議はなし。五―五・四〇芦田拝謁終て田島拝謁―六、皇族追放の一線のこと、芦田苦心したこと。〔略〕三・二〇―三・四〇木村皇宮警察と談す。

〔欄外〕関口氏来訪。松平元宮相来室―

〔欄外〕〔「芦田拝謁」から引線〕拝謁内容、退位問題を御確めす、留意責任をとる意、改宗問題。

七月一〇日（土） 三里塚見学、八・一〇発一度宮内府に行く、車調子あしく、後れて出発せしも一一・三〇頃着き見学、五・三〇となる。七・二〇に帰宅す。野菜籠、ハム、バタ貰ふ（秘書官代金出せしと）。

七月一一日（日） 高尾君桜正宗一升持参（当直帰途）、野菜少しあげる。午、前田、林、田辺、一二―四。午後、牧野氏訪問の時の腹案作成。

七月一二日（月） 〔略〕Mrs Vining へ礼状。衆議院文化専門委員来訪、午前松岡議長参内、午後大蔵大臣参内。法務総裁より皇族来状、芦田より電話来らず。[redacted]三谷、芦田に会見するならば云々の話。〔略〕

七月一三日（火） 自働車事故、三笠宮伺ふことやめとなり、一〇時頃長官室に御入来御挨拶す。福島次長と電話、衆議院高尾晃来訪。〔略〕

〔欄外〕一月六日を見よ。

〔一月六日条〕七・一三牧野伯との会話。○最近小金井にて皇太子殿下拝謁の感想。之に対し大夫更迭の必要をいふ。○安倍の文化人は一回と思つた。give up は不可。○ステートリーは相当立派、プライヴェート尊重は賛成。

七月一四日（水） 三笠宮邸御挨拶と高木子の御見舞、妃殿下へ執奏乞ふ。登府。坊城大夫、大宮様明日のこと、大金のこと、御所増築のこと、高木子のこと。警衛のこと実地見るため、一応検分す。〔略〕前長官訪問、次長のことといふ、穂積のこと、安倍のこと、話す。〔略〕

七月一五日（木） 阿蘇神社幣帛料￥一三〇のこと、次長と掌典の人。城氏に皇族二方へ中間報告方たのむ。〔略〕侍従長と午餐、いろいろ話す。大金を推すこと、皇族総裁のこと。大金の件、次官により内意をきゝ任せるとのことにて。日銀総裁訪問たのむ、大蔵大臣は同意すると信ずる事由ありといふ。〔略〕図書寮に城〔図書〕頭を訪ふ（高松様のこと）、Eicher 接待のこと、後藤式部官よりきく。

〔欄外〕Miss Takahashi＝内親王様名取女史。食事改良のこと、Dr. N の本のこと。〔略〕

七月一六日（金） 宗親係の人、穂積大夫、田中三里塚場長来室。Court Circle を見る。午、侍従職との四人会、アイケルに

高松宮問題。一―三・三〇部局長会議。〔略〕

七月一七日（土） 九時発出勤。〔略〕生物研究所、文庫一巡。五―六、松平恒雄氏訪問、次長問題、穂積のことといふ、恒雄氏曰く、高木八尺如何なる人か。〔略〕

七月一八日（日） 池田氏午餐招待、吉田茂氏（三淵氏不参）。九・一〇東京発大磯、一〇・三〇明石氏答礼的訪問るす、井上五郎氏訪問。〔略〕十時過帰宅。松平慶民氏今朝死亡とのこと、高尾氏の電話。〔略〕

七月一九日（月） 出勤途次松平氏弔問、式部頭に辞表返す。午餐の為の諸準備打合。午、アイケルバーガー中将夫妻陪食一二・〇五―二・三〇。拝謁、次長のこと、皇族総裁中間報告のこと、明日のこと。鈴木侍従と犬丸課長〔略〕。東宮侍医佐藤氏。帰途松平家。

七月二〇日（火） 〔略〕午前朝日新聞行幸八・五五―一二。一、苫米地長官訪問、日銀監事のことたのむ。二、朝日と電子顕微鏡の人に煙草賜り。四時帰宅。通夜慶民邸六・三〇―八、徳川家正、岡田啓介、荒川昌二等にあふ、義親侯と帰宅。〔略〕

七月二一日（水） 朝電話ありしも、再電話して林氏に来て貰ひ、内奏経過のこと話し、正式に承諾を求め、個人として名和氏に話すことのみとす。一〇頃に出勤す。Eichelberger のときの写真見る。一―二・三〇前長官葬儀、弔問。帰府後町村氏来訪、同胞援護会理事連を大金氏への話。五〇〇葉山行幸啓―六・四五、夕食後、八時逗子発にて十時帰宅。松平氏葬式にて松平恒雄氏、武者小路氏、岡田大将、松田義雄氏等等に挨拶す。吉田茂、幣原氏等顔見ゆ。盛葬。福島官房次長来訪、Kades、Nepier に話す、政府の特例上の要求ならば考へぬこともない様子なれども、高松様の行動上今回はこれにて止めたいと思ふ、総理の考へは如何か。

七月二二日（木） 芦田帰京。朝、田村氏税のこと返事。九発出勤。六月の仕向と、軟球テニス、盃のこと。午前、高尾、法務庁電話のこと。〔略〕高尾秘書官、厚生次官訪問、昨日の町村氏申出の件及高松宮のこと。島津日赤社長来訪、総裁のこと。帰宅後、野村行一氏来訪、所得税調べ。〔欄外〕高尾―葛西次官訪問。首相官邸、一〇―一一、次長のこと〔略〕。

七月二三日（金） 一〇・五〇―一二・三〇東宮大夫のこと、小泉氏訪問。長官引受の経緯、東宮教育のこと、穂積氏のこと、安倍のこと、天野のこと、purge、学説は既に譲歩、残るは健康のこととして熟考を約す。一―三部局長会議。四―五、緒方竹虎氏来訪、銀婚のこと、賢所のこと、東久邇さんのこと、野球行幸のこと。

七月二四日(**土**) 課長招待会一一・三〇―三、那須御猟場。夕立中帰京。

七月二五日(**日**) 〔全文略〕

七月二六日(**月**) 八・一〇発、九・一〇発にて御殿場行。一二・三〇分御殿着。手洗後午餐御相伴す。総裁は御辞退の御話をなす、了承を得。手続は拝辞より辞意御発表の方よしとのこと。〔略〕

七月二七日(**火**) 秘書課長に次長更迭の話(手続のこと、内閣と打合)。〔略〕四―六、鈴木氏 Tea、横浜 General Eichelberger、高松宮様、芦田首相、松平元宮相夫妻 etc。往復式部頭と同車。〔略〕

七月二八日(**水**) 八時発、一旦出勤の上、書類持参。高松宮、総裁問題御了承、但し今後多少御隠忍御不願、当方も担えず、拝辞す。安本元文部会計課長重藤氏に挨拶、上野人事部員に次長のことたのむ。掌典長来話、三、堀内謙介御進講。高木八尺氏来訪、墓の字断る、南原へ心境伝言たのむ。徳川家正、桜井[redacted]衛門氏来訪。吉田茂氏来訪、牧野伯参内、退位然るべからずと奏上の旨、Castle の手紙のこと、南原のこと(度すべからる云々)等。Vining の返事出す、牧野伯へも。長谷川氏(緒方氏秘書)来訪。次長報告、金曜閣議ときまる故次長に話す、職の問題たのむとのこと。清瀬三郎氏来訪。芦田へ手紙(日銀のことたのむ)。

七月二九日(**木**) 次長、官舎希望とのこと。小泉等長官経緯きく、米ソのこと etc、牧野伯手紙渡す。〔略〕芦田に又手紙出す。式部頭来室。一・一六電車葉山行―拝謁、皇族のこと言上(他の会とのこと、[redacted]のこと)。四・三〇葉山御出門、六・一五御還幸。皇太后大夫に次長のことといふ。

〔欄外〕御還幸日。

七月三〇日(**金**) 明治天皇祭八・四〇―九・一五。〔略〕角倉氏来訪〔略〕。

七月三一日(**土**) 会計検査院訪問(今はなし)、小泉使断り手紙。二、小泉訪問(行違るす)後書状、あきらめず。四・三〇葉

山へ行幸啓—御見送り。高松宮、六—八・三〇常盤松、両殿下三井氏しゃべる。〔略〕

八月一日(日) 〔略〕林次長来訪一・二〇—三・〇〇。横山氏うに持参、岡田啓介氏使者。東宮職角倉来訪、夕食五—九。

八月二日(月) 九時半登庁、次長更迭辞令交付、モーニング。両次長葉山行。一一—一二、金森図書館長訪問(加藤の件、駄目)。午後、磯野長蔵氏来訪。官舎五—八。有田、徳川、武者〔小路〕氏等挨拶、新次長も。

八月三日(火) 林次長と総務課長のこと。一二—一二・二〇石渡氏訪問、加藤次長身上のこと、こゝしばらく休むこと、山際へはいふが図書館は無理とのこと、無理たのむこと。三・—芦田に会見、北村曰く「日銀好まずと」、かゝる筈なし。総裁、面前にて電話せよといひくれしも出ず、車を飛ばし一万田にあふ。然らず只一部に反対論あることを附言せしのみとのこと。乃〔ママ〕このこと芦田に電話し蔵相に一言たのむ。蔵相に明日会見申込みし結果、今夜いふとのことにてゆく、再考を得ずといふ。五・三〇文相官邸、育英会、途中にて官邸に北村蔵相訪問す、日銀好まずといひしといふ。

八月四日(水) 福井市長来訪。一〇、軟式テニス、トロフィー伝達。白根氏一〇・三〇—一二、東宮様のこと、Hのこと、臨時職員のこと、大宮様のこと。食後、次長と人事のこと、随感(皇族、言葉、衣服、便所の札 etc)。北村蔵相より門川の後任承知と電話あり。〔略〕

八月五日(木) 次長より鈴木当分総務課長の話、長官より侍従職に話すこと。〔略〕大蔵次官、苫米地大臣、福島次長に挨拶。加藤[redacted]人事院に通る。人事院山下訪問、加藤のことたのむ。〔略〕送迎会(次長)官邸、トンカツ。〔略〕

八月六日(金) 次長と共に予算宮廷費のこときく。葉山御滞在、鈴木氏と打合。一・一七葉山行、加藤と同車。総務課長のこと、還幸のこと、牧野伯のこと、侍従長と話す。御相伴、加藤前次長、侍従長、次長、女官長。食後、管理室にてコーヒ賜る。

八月七日(土) 拝謁、総務課長のこと、就任挨拶、今後度々拝謁のこと。高松宮(次長のこと)穂積のこと、Vining のこと大要、名取氏のこと(めし)etc。御用邸検分、大金日銀のこと。〔略〕五時帰宅、次長来る。[redacted]田氏訪問昨夕 Whitney。三谷と牧野氏のこと電話す。

八月八日（日）　九・四〇東京発一一・三〇小田原着、駅前弁当。結城氏訪問。松永訪問るす。帰途横浜より東横、前田訪問す。

八月九日（月）　野村行一病気のこと（皇子皇太子のことといふ）。牧野伯八時発迎への車出せしも、後れて午頃着。パンとアスパラ水菜。高松様、南原のこと、御退位のこと、八、一五のこと、松平康昌のこと、芦田、吉田のこと、次長のこと、真相〔雑誌名〕のこと、判決の言渡。〔略〕角倉内務へ代りたしと次長に申出の由。

八月一〇日（火）　掌典と祝祭のこと次長と協議。〔略〕式部黒田、英国王室の本持参。〔略〕
〔欄外〕秋山来る、石川へ中[redacted]献上手紙。

八月一一日（水）　〔略〕二―五、小泉訪問、返事をきかずいろいろたのみ、又宮中の様子 Confidential に話す。〔略〕

八月一二日（木）　〔略〕次長と事務一〇―一一、仁徳陵、官舎、人事。〔略〕宮家々職に挨拶、松山[redacted]三人、三―四。
〔欄外〕〔略〕三谷侍従長と話す、お上、東宮大夫の人選のこと。

八月一三日（金）　次長来室、佐野人事（城反対）。一〇―一二部局長会議、仁徳帝陵、退位言論、Whitney 会見談、図書寮、八月二十九日付人員整理。三谷氏と三人午食。読売記事につき、鈴木法〔法務総裁〕相声明書出すとの話あり。鈴木宮内府に来る。〔略〕次長会見、その結果文部省に来り報告、三谷にも。〔略〕

八月一四日（土）　雨、侍従次長、下村氏拝謁のこと。村瀬氏に電話、三谷より電話、二十三日還幸とのこと。午前掌典職、経済主管、主計課長と次長と共に祭りの幣帛のこと説明きく、一〇―一二。京都飛鳥井氏挨拶。式部頭、米国新聞人の退位の手紙。〔略〕電話にて大場母堂の訃きく（高尾）。

八月一五日（日）　午前 Life の Prince of Wales 伝よむ。午食後、主殿頭大場氏母堂弔問、省線、地下鉄。役所にゆき、白チヨツキ名刺をとる。〔略〕

八月一六日（月）　九・三〇宮家廻り、朝香若宮、梨本宮、北白川、東久邇両家は拝謁、賀陽、久邇、桃山、伏見、竹田、李、閑院は拝謁せず。午食後関口氏来訪―塚越氏の件、次長と相談、駄目と電話す、加藤のこと少しいふ。村井侍従にあう。〔略〕

八月一七日(火) シンプソンのときBaldwinは反対党と話して敢行せり。米国新聞社手紙の件、次長と話す。午後一―二松平、次長、鈴木と話す。〔略〕四・一五帰宅の途につく。皇室関係の書物よむ。

八月一八日(水) 次長来室。一)小森氏、済生会理事再考するらしとのこと。二)昨日芦田、福島次長と会見の様子のこと。松平式部頭、外務と打合の結果の報告、次長と鼎座して大体容認す、多少の差異は福島次長再諒解とのこと。〔略〕

八月一九日(木) 秘書課長、高尾を侍従主管にといふ、反対論いふ。一一―一二、三淵氏訪問(南原、片山をScapいふ、草野、否決、[redacted])。三―四・二〇大宮御所伺候、コーヒ二杯、煎餅、野菜賜はる、小泉氏よりマルクスの本、返事出す又もたのむ。返事あり断るとのこと、九条件いふ。五―八、官邸、局長、次長、課長、近藤氏、関口、高橋、田辺、小野、市川、保田、田中、とんかつと酒。

八月二〇日(金) 一〇―一二部局長会議。宮内庁法、祭りのこと、新規予算のこと、水道等修理のこと、Waters拝謁のこと。〔略〕

八月二一日(土) 大場氏挨拶。式部頭、Waters拝謁の条件確保のこと、Hobrecht又も皇后様に拝謁願、之は断り、妃殿下は如何との返事とのこと。次長、高尾の件、大場の承認を得て本人に話し始めとのこと。〔略〕松本烝治先生訪問五・二五―六・三〇、南原をひどくいはる。返書を見せて小泉問題話す、私[redacted]福の問題と慶応の論文のたゝり心配、とのこと、東宮の職と健康は釣合とれると思ふ、穂積は学長も駄目云々、安倍のことSense lackといひし処、成程思ひ当ると之は駄目との意見。潮元済生会長訪問、加藤のことたのむ。加藤に理解あり、了承、参内のこと等話す。芦田夫人に近日中に朝でも晩でもよし、一時間位話したしといふ。〔略〕

八月二二日(日) 〔略〕東京駅一一・四七発にて鎌倉駅下車、広幡氏、山階宮、三宅正太郎氏訪問。逗子川西氏、捜せしも駄目にて、御用邸に五時頃着。拝謁二十分斗り。夕食、常侍官室に御出御、懇談。〔略〕

八月二三日(月) 九時半海に出御、御供せず東宮、伏見に挨拶。辻松子、棚橋越訪問、正午帰る。三時過、内山知事及[redacted]長に賜品伝達、拝謁に侍立。御還幸、四・二〇―六・一〇。Waters拝謁の件、式部頭と打合す。

八月二四日（火） Hobrecht より来書、式部頭に話す。侍従長と Waters のこと、外務情報進講者のこと、福井 Highland のこと等、話す。武井済生会理事長来室、加藤理事きまる、潮氏に添状出す。丸重看病の由秋山来る、田島侍献、午後、官舎問題、東久邇問題、官制問題、次長に外務書類渡す。

八月二五日（水） 斎藤惣一氏拝謁（一〇、進講、一一・—一二）。これはきかず首相官邸にゆく、用足らず日曜午後七・三〇を約束す。茶菓等出。午食大した話なし。

八月二六日（木） 加藤次長挨拶。読売横田退任論。清家梨本、水戸部北白川挨拶。午前は英国皇室官制調。午食後、主殿頭に味醂のこと、コーヒのことといふ、宮様のこともきく。野村主膳監来室、■打は奥へ献上とのこと。三谷侍従長来談、池田、前田、御上仰せになつたとのこと、国情御知りになりたき様子、Hのこと、後任のこと、etc。夜、マルクスを読む。

八月二七日（金） 浜崎 Waters の記事。一〇—一二部局長会議、庁法官制、庁舎利用（宮廷部拡張）、仁徳陵（中間）土器盃のことetc。大宮司高倉氏来訪。一二—一・三〇侍従職と会食、表の御相伴御著述、警官に御言葉、宮廷拡張等。一・三〇—三・三〇教育刷新会、次官及学育局長に九日文相拝謁のときに奏上のことといふ〔略〕。

八月二八日（土） 〔略〕式部頭、毎日記者の話、—外務省退任問題案見せる。主殿頭、東久邇邸の件、侍従長（天野、小倉、佐藤のことといふ）。〔略〕一・四八品川発—池田成彬氏訪問、小泉問題、参内問題、退位問題〔略〕。

八月二九日（日） 〔略〕七時車にて出掛け、七・三〇—九芦田首相、外相官邸に訪問、Non Partisan、お上の意向想像、抽象論は改めて今は退位反対論といふ。

〔欄外〕四党首会合のことといふ。

八月三〇日（月） 七・三六発、東京駅八・四五沼津行にて、東宮様へ伺候。午食後御殿及東御用邸等一巡す。東宮様、義宮様に拝謁、海岸にて地曳網。六時過帰邸。夕飯は両殿下に御相伴仰付けらる。終日東宮様、義宮様御様子拝見す。

八月三一日（火） 七時頃東宮様に朝の御挨拶、明治天皇御製奉頌。朝食後九・二〇正式御挨拶して一〇・〇五発（戸田侍従と同車）。熱海来宮、朝香宮訪問、小田原閑院宮訪問。六時過帰宅。林次長厳父死亡。長良川鮎賜はる二十尾。

九月一日（水） 八時自働車にて登庁後、林氏弔問。芦田首相参内、作柄等一般政情、阿波丸のことなど奏上。御文庫にて皇后様拝謁、東宮様のこと奏上、絵御礼。女官長内話（大宮御所との関係）（これは三谷、鈴木に伝達す）。三谷侍従長にいろ〳〵話す。午御相伴、総務、秘書、主計課長、佐野と長官、侍従次長、日本食、豚角煮、[redacted]、蛤吸物、おかぼ栗吸、小瓜、菓子、一時半。三―三・三〇松平恒雄氏来訪、安徳天皇のこと。四―五渡辺銕蔵ハープのこと。林氏再帯同、三井氏は必要人物、山形県へ出向は希望せずといふ。夜、人事興信録見る。明石元長来訪三・〇〇頃、福岡へ行啓（皇后様）の話駄目といふ。加藤氏より更迭経緯受取る。東久邇邸のこと、再了承の旨主殿頭より報告あり。

九月二日（木） 〔略〕図書頭に仁徳のこと、安徳のこと。佐藤尚武拝謁。一一―一二御召し、賀陽宮のこと、外宮様のこと、仁徳帝のこと（出光にはいはずとのこと）断る方よしとの御意見。小泉のこと、牧野伯全力とのこと、勅旨は恐れ多しといふ、本人意見の為に第二位天野のこともいふ。芦田参内の経緯も言上。吉田久通、法華津氏来室。塚越（経済会議、皇室財産及李王のこと、銀行株のこと）。松平康昌訪問、Kades 論、拝謁一旦は御同意後取消。

〔欄外〕高松宮、引揚会のこと二十七日。式部頭、Lydell Hobrecht 手紙返事、Keller 写真のこと総務。

九月三日（金） 〔略〕高尾氏来訪、共に出勤、九重効能書を主膳監に渡す。高尾氏と懇談、あまり判然とせず。侍従職との午食会（東宮御教育問題、住居問題等陛下御意思、Vining 夫人の話）。一・三〇―三・〇〇寺崎懇談。MCとの会見概況。

九月四日（土） 高尾に話す、経済主管（検査の結果）、吉川課長（長良川のこと）。Helen Keller 一〇、―伝達、一万円伝達（文部省三浦事務官通訳、引揚者状況報告）。〔略〕四―六ヘレンケラー、高松宮両殿下、菊[redacted]、前田夫人、矢内原夫妻等。〔略〕

九月五日（日） 〔略〕

〔欄外〕総務課長電話、ケラー茶のこと、両親王様のこと。

九月六日（月） 高尾氏昨日葛西と相談の結果、今時機にあらずといふ。Helen Keller 拝謁一〇・三〇の評判きく。明治神宮宮司来訪。〔略〕午後小泉氏訪問、其後の経過有の儘報告す。“からだをよくすることに力めますを《ママ》”とのこと。新聞記者招待、五―八。〔略〕

九月七日（火） 三井氏辞任申出、断念方たのみ、承諾を得。

図書頭に仁徳帝のこと及正倉院のことetc。大宮御所行幸啓一一・―四・三〇（供奉にか、はらず）。午後次長と東宮御学問のこと、正倉院のこと、整理職員のこと、物資公平分配のこと、etc。〔略〕

九月八日（水） 〔略〕一〇―一一・四〇天野氏御進講。陪聴、長官、次長、侍従長、次長、侍従、女官長、女官。責任論―陰徳と自由の話。大金氏と明日日銀辞令受取の打合。〔略〕
〔欄外〕安倍、正倉院会の会長。

九月九日（木） 侍従長室にて話す、顧問会議、御前にての話。一〇―一〇・一五、拝謁侍立、平服（宮内退官二級）。一〇・四〇―一一、日銀へ大金氏紹介。一一・―一二・二〇曹洞高階僧師来訪、島津より献上品のこと、何とも返事出来ずといふ。一・三〇―二・三〇文相参内、文教奏上及《〔ママ〕》。二・三〇―四・〇〇生物学研究所。Hydra。

九月一〇日（金） （九・四〇会議室侍立、退官三級官、挨拶）。一〇―一二、部局長会議、大宮御所のこと、祭祀のこと、行幸、陪食のことetc。主殿頭の話きく（日曜日図面等）。〔略〕

九月一一日（土） 駒井卓来訪（斎藤惣一の意見、海外募金のことetc、消極的に応対す）。Miss Takahashi 来訪、Vining 氏手紙。小泉氏訪問（二十日のこと、東宮御前会議のこと、長官のとき勅旨あるべかりしこと等話す）。〔略〕

九月一二日（日） 午前辰野氏訪問、御進講のことetc。〔略〕秩父宮事務官電話〔九月一三日条「妃殿下」から引線〕。（Some Fruits of Solitude W. Penn 読む）。

九月一三日（月） 山梨県知事。妃殿下九・四五役所にて拝謁の筈の所、一〇―一一、一の間にて御病況、折笠晴秀のこと。塚原氏、市川篤二の評判きいて貰ふ。拝謁、大宮御所のこと御詫、大金、加藤のこと言上。寺尾氏に会見。五・〇五汽車に、妃殿下に拝謁。松平参議院議長、五・三〇官邸―八・〇〇、次長、侍従長等数名。
〔欄外左〕侍従長に話す、文化勲章のこと。
〔欄外右〕主殿頭ボートの話、式部頭英国の本。〔略〕

九月一四日（火） 一〇・三五原宿御発車（大宮様）に付、大宮御所にて拝謁御見送り。筧氏見舞、松平氏に礼。〔略〕午後二時池田成彬氏、四、生産阻止原因―道義の廃頽。帰途、岩波書店布川氏訪問。Vining に返事（東宮のこと、[redacted]たし）。〔略〕

九月一五日(水) 教材展示会(三越)行幸啓、次長供奉。〔略〕第二回御相伴、侍従長、次長。〔略〕二・三〇皇室用財産―五・〇〇。〔略〕

九月一六日(木) アイオン暴風雨。九・三〇祭のこと、美術倶楽部一一・三〇。一二学士院会員御陪餐―二、山田、加藤、牧野、穂積、杉山、田中、信夫、高柳、河村、高木。七・二一原宿に大宮様還御、暴風雨の為御延期、甲府へ御引返し。御機嫌伺電報出す〔略〕。

九月一七日(金) 李王来簡、別に何もなし。秩父宮吉田事務官来訪打合す。一〇―一二、部局長会。一二―一・三〇侍従職との会食。三・三〇大宮様御帰還、御迎拝謁。〔略〕

九月一八日(土) 徳川家[redacted]計三〇人前、計一〇、〇〇〇、これは菊栄会へ寄附す。一三・〇五東京発御殿場行(沼津迂回)、沼津経由(水害の為)。両陛下より御花御預りす。妃殿下に拝謁〔略〕譲治方に至り〔略〕就寝。手術室等一応見る。折笠博士にもあふ。〔略〕

九月一九日(日) 〔略〕八・四五秩父宮邸に上る。八田元侍医頭、塚原侍医も来る。手術前輸血一〇・四〇―一二・〇〇。剔出手術すむ。今後の治療方法等遠藤、寺尾、折笠諸博士と両侍医協議。四時発国府津連絡、七・一五東京駅帰る。車にて御文庫にゆき、塚原氏復命。田島は村井侍従に伝奏頼み帰宅。
〔欄外〕るす中大宮様より賜品ブドウ等。〔略〕

九月二〇日(月) 三谷侍従長、次長と会談、祭祀のこと、久邇のこと。安倍来室。一〇、正倉院委員会―一。会議中拝謁、秩父宮様のこと。大宮様に賜り御礼及秩父様のこと、大夫より奏上頼む。四、加瀬氏の会、常盤松、有田、堀田、小泉、侍従長、次長、式部頭。

九月二一日(火) 〔略〕秩父宮、吉田氏来訪(秘書課長高尾に話す)。一・三〇―三・〇〇経済会議のこと。三―四、三谷訪問、前田のこと。〔略〕

九月二二日(水) 一〇、拝謁(経済会議のこと、水害のこと奏上)。一〇・三〇小泉博士進講―一二、福沢諭吉の話。〔御進講〕中、高松宮御来室、福岡の御話ありとのこと。一―一・一五大宮御所大夫、赤坂離宮のこと等言上方頼む。陛下御召し、国交回復のときのこと、条件が如何と(指引上考えての上ならよし)。三・〇〇総理官邸、皇室経済会議説明。MCと会見、留位のことの説明を話したる後、長官談の話、熟考を約し、侍従長に話す。女官長と衣装の話。

九月二三日（木） 九・四〇―一〇・五〇親祭、皇后、皇太后御代拝。御祭典参列、高松、三笠両宮、伏見妃、北白川妃、閑院、芦田、松平〔参院議長〕、松岡〔衆院議長〕、徳川、津田、田島、諸橋。三谷と長官室にて昨日の問題懇談、一一―一二、弁当。秋山のマーマレード（煙草と交換）持参、牧野伯を柏に訪問す。芦田申出の件、秩父様のこと、小泉のことetc。六時頃帰宅、食後次長来宅、李王の件Kades不服とのこと。

九月二四日（金） 李王の件、次長、芦田総理、経済主管他議員訪問す。田島陛下に申上ぐ、一一・三〇―一一・五〇。一〇辰野隆氏進講―一一・三〇―一二、三の間。午食のとき、芦田申出の件、銀婚式のこと、東宮のことetc。経済会議。三笠宮来室、三笠宮邸伺候御差遣問題〔九月二五日条「九・三〇」から引線〕。

九月二五日（土） 三笠宮御文庫九・三〇。部局長会議一〇―一二、新聞協会行幸のこと。式部頭に芦田の話、大バクチ云々、勅題のこと。〔略〕

九月二六日（日） 〔略〕（夜中に起き、芦田への返書認む、天皇の問題覚書）。

〔欄外〕秩父様へ電話〔略〕。

九月二七日（月） 〔次長、侍従長、式部頭に手紙見せる〕（植秘書官に芦田へ手紙届け〔て〕貰ふ）。一〇、前田多門拝謁―一一・一〇。東伏見様訪問、一一・三〇常盤松。午、松谷氏等会合（常盤松）加瀬俊一、高木海軍少将、松谷大佐、美濃部洋次。一旦帰邸。三・三〇―四・〇〇外相官邸に総理訪問。〔略〕

九月二八日（火） 御召し、皇室経済会議のこと、桃山氏のこと、国旗掲揚のこと（天皇旗のこと）。侍従長、次長、式部頭に芦田会見話す。午、芸術院会員御陪食。文相森戸、文化の日の話あり、高橋院長もお陪食す。志賀、辰野、山内、正宗、久保田、小杉、長谷川、長与、山本―二・二〇。折笠電話あり。拝謁奏上す。大宮様へは侍従次長にたのみ伝奏。有田八郎来訪。〔略〕

九月二九日（水） 九時三笠様御出発に付、八時参邸の上参殿。一〇天皇杯授与。一〇・三〇小泉進講。一二・三〇―一・四五御相伴、式部頭、内藤、黒田式部官、英国のこと、服のこと。次長と諸事打合せ。〔略〕名取氏訪問。食事拝辞帰宅。〔略〕

九月三〇日（木） 新聞展示会行幸の件、新聞の記事の件、津田氏会見、次長、総務課長に相談す、午前、午後。九―一一、次長と祭りのこと etc、掌典、内蔵頭、主計課長。来訪、佐賀県知事、中川望、加納久朗、長田幹雄。一・四〇孝宮様誕生日拝賀、御召物拝見。三、Vining 夫人―四・三〇、Dr. H のこと、侍従のこと、Moral Backbone のこと、侍従長と小泉のこと、御殿場のこと、三笠宮のこと etc 話す。

〔欄外〕passive と non sympathetic, non responsibility。

〔一〇月二日下メモ欄〕三十日訪問者、佐賀県知事、中川望共同募金会長、加納久朗(石川県知事伝献と高松宮のこと)、岩波の長田幹雄(うみうしの本のこと)、津田新聞協会理事。

一〇月一日(金) 下村宏氏来訪(牧野伯東上御声がゝりのこと)。部局長会議、祭のこと、行幸啓のこと、服喪のこと。午、侍従[redacted]と四人会、芸術院の件、皇后様のこと。〔略〕

一〇月二日(土) 九・三〇―一〇・二〇御文庫にて拝謁、神饌変更のこと御説明申上げ御裁可を受く、祭祀のこと、御意見承る、Vining のことも申上ぐ、文人陪食の時のことも申上ぐ、文化勲章のことも申上ぐ。矢尾板氏に有りの儘話す。石川一郎に御進講のこと。〔略〕二一・〇五発御殿場行、両陛下よりの鉢植え持参。夕食譲治方。

一〇月三日(日) 秩父様御見舞、八・三〇―一一・〇〇。妃殿下御順潮〔ママ〕の経過と宮中服のこと(加納久朗のこと)、殿下にも御寝屋にて拝謁。午食後、一・三〇発自働車にて御殿場駅二・〇七発にて帰京。〔略〕

一〇月四日(月) 御召し一〇・一〇―一一、英国皇室のこと、Vining の件 etc。小宮豊隆会見。午―二・三〇式部頭、次長、侍従長と共にきく、Keenan のこと。三―四・二〇閣僚茶会、一松、鈴木、北村、岡田、苫米地。角倉氏来訪。〔略〕

一〇月五日(火) 新聞協会行幸啓八・五五―一〇・一〇(大混雑)、マイク、約束違反、大勢混雑、但し政治上の質問なし。経済主管、予算の話、一、赤坂離宮のこと、追加、五八〇、一〔〇〇〇〕。Vining 氏の半ケ年分弗二七〇[redacted]の差、三〇〇一〔〇〇〇〕。三里塚等、[redacted]二五〇〇明年予算のこと etc。伊藤正徳会長来室、松平議長訪問、角倉のこと、先方より李王のこと、片山挙手のこと。関係条令のこと。〔略〕

一〇月六日(水) 一〇・三〇小泉進講一一・三〇、Gray の話最もよし。御座所へ小泉御召し、侍従長侍座、東宮のこと。折笠来訪、侍医頭も来室。御召し拝謁、憲法祭のこと、やめること言上す。三―四、閣僚茶会、芦田等九相。松平議長来室―

片山のときの書類拝見、両議長賜茶の件。外相官邸晩餐六・〇〇—九・〇〇朝香様の御相伴、山室、芳沢、田島、林、松平。
三笠宮御帰京六・〇〇頃、御機嫌伺ひ出来ず。
〔欄外〕新聞記者。

一〇月七日(木) 三笠宮様に参上、途中で拝謁、参邸妃殿下に拝謁、御招待を申上ぐ。国会開院〔会〕式のこと、総務、儀式課長、国会にゆく。次長と祭祀のこと。図書頭、本郷氏来室。高橋女史来室。三、日赤、両殿下等と話す。五、晩餐会高松邸—八、Mr. Day。
〔欄外〕侍従長に牧野伯御声がゝり問題話し、否定的とす。

一〇月八日(金) 九・一三御出門—三・一〇御帰還。皇后様より御菓子。行幸啓記念事業(盲学校、聾唖学校、中央社会館、目黒厚生寮、東京育成園)。葉山、大宮御所物置。次長との話、東宮芝居のこと。侍従長([redacted]発表のこと)(菓子のこと)(嬰児殺し否)。四—五三笠宮様御来室、代議士の選挙運動のこと。次長、内蔵頭、飯田氏と同車、五—六・三〇帝銀お茶、大蔵省の人、銀行の人とあふ。

一〇月九日(土) 部局長会—一〇—一二。秩父様のこともれる。穂積曰く、角倉のこと。午食後、黒田に三十日のことたのむ。(大宮御所物置のこと、御菓子御礼のこと、御茶、大宮様のこと)。

一〇月一〇日(日) 〔略〕Blyth 訪問、英国皇室のこと、皇太子のこと、one man strong characters religions chamberlain 旨よし。Grateful を知らず、thank you といはず。安倍訪問、何か声明したいといふ、試作示す、皇太子のこと、etc。
〔一六日下メモ欄〕十日、黒木来る。Hは駄目といふ。最近初めて皇太子に一言を呈したがそれだけのこと、三年間に一度だけ。皇太子自己中心、思ひやりなし、我儘。同窓生によりて匡正したし、云々。

一〇月一一日(月) 一〇—一一、渋沢敬三氏拝謁。上奏一一—一一・二〇。(御下問、御退位のこと、高松宮のこと、賀陽のことetc)、(田島、総理のこと、角倉のこと、大宮倉庫のこと、御祭りのこと、山梨のこと)。一二・四〇[redacted]問題、松谷誠氏—三、皇室の在り方の問題。三、大宮御所御祭のこと。関屋氏等招待、五・—九、白根、大谷、岡本氏等。

一〇月一二日(火) 本郷事務官の話きく。石川一郎電話、二十日のこと。食後図書寮一見(地下室も)。去十日のこといろいろ。五・三〇三笠宮様御招き、長官、侍従長、両次長。

一〇月一三日(水) 御陪食学士院(医、理、農)、佐々木、林、今、草野、大島、緒方、勝沼、雨宮、藪田、志賀、古畑、外に科学局長、博士一一人、一二—三、勝沼の話よし。宗教懇談会の話断る(牧野氏)。三谷より、倉庫のこと、何等かの statement は講和会議後か?

一〇月一四日(木) 八発三殿に入り、川手掌典の案内にて、三殿内側、綾綺殿等拝見、御日供も拝見。御文庫にゆき、勤労奉仕に御話に付御供。塚越氏、主計課長、内廷費予算の話。河井、岡本両氏来訪。塚原はま母子来訪。新居善太郎氏、厚生省児童局長来訪。三笠宮様御招待、常盤松五—九、祭祀の話 etc、次長、侍従長、次長、式部頭、三井、高尾。
〔欄外〕式部頭(牧野氏のことといふ(下村宏)、否に賛成)。侍従長と講和後云々の御下問の話。

一〇月一五日(金) 次長来室、部局長会議の話題相談。部局長会議(東宮大夫に山梨氏のことといふ)。一〇—Vining 調印、立会人 McGlair、塚越氏も署名、〔「Vining」から引線〕二〇の人名相談。吉田首相親任式、一二—一。式前、芦田首相拝謁、親任式には衆参両院議長侍立、芦田より官記授与、祝酒三の間、四人と長官、侍従長、侍従次長、式部頭、後あと三人順次単独に拝謁。吉田首相、文相適任者の説明。〔略〕
〔欄外〕松岡議長より憲法改正の話。

一〇月一六日(土) 安倍訪問、文相としての日高、[redacted]のこときく、何等答なし、むしろ否。二十七日の厚生司法関係御陪食(皇后様のこと)。〔略〕式部頭、Tea Party 雅楽。上野博物館—二・三〇—三・四〇—五・〇〇。金森図書館長来訪。夜電話。

一〇月一七日(日) 〔略〕九・四〇神嘗祭、一〇・二〇頃すむ。芦田議員、G.H.Qと吉田との話のこときく。侍従長と一二時頃懇談、皇后様社会事業者御陪食の件 etc。〔略〕八田元侍医頭来訪、金曜のことに林君と電話、三谷とのこと。

一〇月一八日(月) 六・三〇発にて東京駅にゆく、既に乗車済。六・三〇、七条着、所長、陵墓監、城氏、内蔵頭等停車場にあり。選仏寺にゆく、寺本和尚挨拶あり物々し、檀徒惣代三名挨拶のことあり、精進料理二の膳式。入浴は食前、食後、座敷に就眠。

一〇月一九日(火) 朝、御所参観、事務所にて挨拶す。修学院離宮拝観後、松たけと牛肉の野天の馳走、所長と吉信技師同行す、離宮よし、感心す。後、桃山陵に至り又陵墓職員に挨拶、両陵に参拝し、陵墓監官舎に一泊す、鯛ちり等。

一〇月二〇日（水）　朝、桃山発正倉院着拝見。午食後、仮倉及聖語蔵拝見し、県庁、軍政部、市役所（警察とも）歴訪後、博物館参観す。水墨画、陶磁器展観を見る。南下畝傍に至り、陵墓職員に懇談的挨拶（小人数）す。神武陵参拝、会館に一泊す。
〔欄外〕朝比奈博士にあふ。

一〇月二一日（木）　朝、丸山参考地検分。綏靖天皇陵参拝の後、橿原神宮参拝（正式にあらず、先方祭祀中の為）す。東京より電話、本郷事務官来るのをまつ、朝日秋岡の件なり。早午の上、仁徳陵に向ふ、参拝、舟にて円場迄至る、又めし。後、京阪国道を桃山陵墓監官舎に帰る。之の〔ママ〕正眼寺和尚と選仏寺来る。夕食を共にす。朝日の件にて所長、秘書官の所に来る。入浴就寝。

一〇月二二日（金）　朝、秋岡来る。本問題の外、次長の処置に憤慨す。桓武陵及安楽寿院、鳥羽、近衛二陵参拝、中まで入り参拝す。安楽寿院斎藤氏方にて抹茶よばれ、国宝三幅見る。孔雀明王等。東山陵全部参拝、泉涌寺拝礼、詰所にて午食、後市役所、京大、府庁歴訪。大宮仙洞拝見、事務所にて所員と喫食、又選仏寺に一泊、正眼寺又来り話す。

一〇月二三日（土）　桂離宮拝観午餐。後、長慶天皇陵、天竜寺後嵯峨嵐山陵参拝。二条城拝見、後三時—四時半 shoping、夕食又精進料理、城氏も共に帰宅。■七発。比較的早寝。

一〇月二四日（日）　一〇・一二、七条発帰京す。同行、城図書頭と高尾秘書官。車中あつし。駅迄見送り大袈裟なり（これでも小げさと城氏の話）。九・三〇東京駅着、車にて帰宅す。

一〇月二五日（月）　朝も夕も、次長、総務課長と秋岡の件。日本画家御陪食（芸術院）玉堂、大観、桂月、翠嶂、土牛、靫彦、竹喬、岳陵、清方、青邨、松園（宮内大臣と席次）。〔略〕

一〇月二六日（火）　八時半登庁、総理官邸に首相訪問す、芦田のこと話す、無罪と断ず、覚書四枚の意あり、よく話す上のことゝす。各大臣に紹介。佐藤長官、橋本次長、蜂谷秘書官にあふ。〔略〕午食後朝日の件、解決。次長、天皇制のこと。侍従長に吉田のこと及牧場のことといふ。

一〇月二七日（水）　一〇—一一・三〇御書斎にて拝謁、記録のこと、長官、侍従長、式部頭、侍従次長、及大金前侍従長、高尾（書記扱）。御陪食（社会事業者）一一・三〇—一・三〇、表

一の間食堂、休所表三の間、談話室三の間、皇后様も出御。朝日編集局長、花蔭亭前にて拝謁。〔略〕

一〇月二八日(木) 朝、元学習院浅野氏来宅、山梨氏の件。来訪、[redacted]竹二郎、朝日社会部長、文部事務官三浦、朝海Liaison長官。午後式部頭、外人謁見の件etc。有田八郎氏来訪、御退位の件etc。〔略〕

一〇月二九日(金) 〔略〕首相参内一一・三〇—一二・三〇。前日MCと会見の結果、abなど決して然るべからず、との彼の意見のことをきく。亀山氏御進講一一—三・四〇。関口、岡本氏来訪四—五。部局長会議のあと、四人会議の所へ木下道雄氏来訪。

一〇月三〇日(土) 三谷御文庫にて拝謁、首相奏上の話あり、当方も首相の昨日の話をなす。一・三〇発にて常盤松にゆく(秋山氏等大に骨折る)。三—五Vining氏の為のTea Party。

一〇月三一日(日) 〔全文略〕

一一月一日(月) 朝、読売藤尾正行記者来訪、abdiのこと。新旧文部次官挨拶。午後二—四、小泉氏訪問、大夫のことは余りふれず。東宮御教育五日、四日の意見きく、殿下に積極進講のこと等きく、但し過日拝謁の話はなし、然し穂積にわるい、といふ様な話振あり。五—一〇、三谷官邸、御退位問題、長官、次長、侍従長、次長、式部頭。〔略〕

一一月二日(火) 一〇頃参庁。両議長六日御陪食のことと文化勲章者席次のことetc、次長。Vining秘書。午後二時勲章授与式御前にての首相よりの申出のこと、了承す。吉田氏のやり口、少々驚く。牧野伯令嗣来室、共同加藤来訪(内謁)。
〔欄外〕三時半文化勲章実行。

一一月三日(水) 〔略〕一二、御陪食、文化勲章五人と総理及文相。(一・五〇公民館長拝謁)。二、舞楽—三。

一一月四日(木) 一〇木原博士御進講、一一・三〇。旧閣僚御陪食、只五人のみ。

一一月五日(金) 佐賀県知事来訪、安倍来訪(あはず)。一一、海運拝謁。一一—一一・四〇、辞令奏上。新閣僚御陪食一二—一・三〇。次長といろいろ話す。〔略〕塚本虎二訪問、二十四日御進講約束す。

一一月六日（土）　〔略〕一二―御陪食、両議長―一・四〇。〔略〕三笠宮、高木子弔問御供、（秩父宮妃殿下にも拝謁及名刺差出し）。〔略〕

一一月七日（日）　鴨猟八・二〇発―二・三〇発帰宅。海軍連中と陸軍少将達。〔略〕

一一月八日（月）　議会開会式、一〇・四五内廷御発供奉す（Top hat. なしとなる）。一一・二〇還御。高木氏告別式、小野三千雄、進講要談。〔略〕

一一月九日（火）　車中、高尾車のこと。一〇、参内の石黒忠篤氏に挨拶。三笠宮殿下御来室。坊城、入江氏も挨拶。福羽新宿所長も来室、式部頭、裁判のこと、木戸のこと。次長、自働車のこと。三・三〇―五・三〇和辻氏訪問、御進講のこと意見交換（山本有三のこと）。〔略〕

一一月一〇日（水）　一二御相伴（図書頭、本郷課長、式部、吉川、内藤）。山梨大将、二、常盤松。五、陪餐、〔「山梨大将」から引線〕野村前学習院長、百武前侍従長、侍従長、同次長、次長、式部頭、東宮大夫。

一一月一一日（木）　朝、安倍氏訪問、中村君にもあふ（本貫ふ）。吉田首相来訪、MCの伝言に対する書翰の件、侍従長に相談案文作成、式部頭及次長にも話す。案文のこと、奏上御裁可、御希望の点は首相迄とす、首相議会関係にてあへず。五・―侍従長邸―九〔前行の「首相」から引線〕、東京裁判関係案文をねる。四人の外、式部頭と総務課長、侍従長案を主とす。一応でつち上げのこととす。

一一月一二日（金）　朝八時、首相を外相官邸に訪ひ、案文同意、訳文たのみ帰庁。用紙を送る。一〇赤木博士御進講（一・三〇刷新総会）。刷新総会中、首相よりの訳文稍疑問とのこと、次長来る。帰りて侍従長、式部頭熟議の上訂正、黒田氏五時Bunkerに手交す。六・三〇高松宮様 Dr Fieser、森村市〔左衛門〕、島津、山本博士、斎藤惣一、Mr Day、石川一郎）。此日午後〔東京裁判〕判決言渡しあり。

〔欄外〕三笠宮様来室。

一一月一三日（土）　侍従長と共に拝謁、天機奉伺（判決のこと etc）。高松宮、式部頭方へ（木戸のこと）。式部頭 Keenan 招宴のこと等、一〇、〇〇〇再受す。午後高松宮御礼。〔略〕

一一月一四日（日）　次長、秘書官と八・一五発、九・〇〇着。

General Walker 一行。鴨猟 General 予想に反し shake hand す。皇室に礼をのべて辞去。三・三〇帰宅疲労。〔略〕

一一月一五日(月) 元次長加藤氏、神宮のこと。〔略〕五・三〇―九・三〇秘書官新旧三人、総務課長、宅にて夕飯めし、秘書官会、酒一・六升。

一一月一六日(火) 河井弥八、大谷正男来訪。一一―松岡議長(吉田解散の件)三谷に話す。〔略〕
〔欄外〕参議院議長電話。〔一一月一七日条※から引線〕

一一月一七日(水) 尾上電話、第一信託にてあふ、解散問題、法律的所見のべ、「動けぬ」ことを明かにす。〔略〕〔※〕一一・一〇―一一・四〇松平議長来訪、Keenan のこと。二、富安謙次御進講二―三・五〇。片倉氏来訪(書のこと)。松平式部、Keenan のこと、(解散のことといふ、同意見)。侍従長、高松宮宿舎のこと、牧野伯御訪問のこと、永井の息なること、検察、Keenan 賜りのこと、皇后様のこと。

一一月一八日(木) 富安氏来訪、昨日の礼。次長、御進講打合(菓子屋不明)。二・三〇大宮御所伺候、三―四・三〇いろいろ御話、ミカン、折もの頂く。〔略〕

〔欄外〕有田八郎参内。

一一月一九日(金) Mrs. MacArthur 雨にてやめ〔一一月二〇日条「鴨場」から引線〕、[redacted]者雨中拝謁(一〇坪井博士御進講きかず)。式部頭と Keenan の問題、後日裁可。二十四日 Lunch とす。四人会後部局長会。〔略〕

一一月二〇日(土) 鴨場三者と行く。式部頭始めの外、高木夫人。三時頃帰る。疲労早床。

一一月二一日(日) 帝劇 Movie 九・三〇―一二、高松宮様等にみし拝謁。〔略〕牧野伯見舞〔略〕。

一一月二二日(月) 松影会、秩父宮妃殿下に御目に懸る、一二―二、一寸挨拶、下村(大谷伯のこと、孝宮様)。松平恒雄氏、Keenan のことといふ。三谷、松平と Keenan [redacted]見る。

一一月二三日(火) 新嘗祭〔略〕五・四〇御祭、次長と同車、五時発翌二時帰宅。新嘗祭は何とかする要あらん。松岡駒吉氏、暁の儀迄居る、但し酔心地。

一一月二四日(水)　野村行一氏来室(東宮様のことゝいふ)。(両陛下出御、侍従長、次長、女官長、式部頭、高木)(御陪食 Keenan Lunch)一二―三(握手せず、タキシード)。予算会議官邸、三―八、五人。〔略〕

一一月二五日(木)　松平氏来室、Keenan の話。穂積重威に一席とのこと。田中隆吉。予算会議官邸、三―八、塚越、三井、飯田、次長と五人。

一一月二六日(金)　〔略〕(一〇、高木八尺御進講)きかず。東宮教育顧問会、一・三〇―七・三〇官邸、三顧問、穂積、角倉、栄木、侍従長、次長、長官、次長、野村行一。

一一月二七日(土)　一〇―一一・一〇部局長会議。渡辺銕蔵、放送討論会のこと。富安謙次、歳時記献上。〔略〕次長、総務課長一一・三〇―一二。二・三六発にて大磯行、池田氏訪問、八・四六にて帰京。

一一月二八日(日)　一〇、恐悦、義宮様御誕辰〔略〕岡田啓介氏見舞、酒二升。家にて食事後牧野伯訪問、裁判関係のこと、Keenan のこと、仏教のこと話す。大宮様来駕の御仕向のこと。

一一月二九日(月)　侍従長及次長に牧野八十八のことゝいふ。一〇、塚本御進講―一一・二〇、内村鑑三のこと。一一・三〇―一、吉田首相拝謁、直後あふ、牧野伯訪問のこと、解散のこと。拝謁二・五〇―四・一〇葉山附属邸のこと、行幸のこと、進講のこと、牧野のこと、両氏との接触のこと etc。〔略〕

一一月三〇日(火)　秩父妃殿下拝謁(常盤松)、Operation 七万、経済顧問的のこと、池田御上京御招待のこと、御健康のこと。〔略〕次長に葉山のこと等話す。〔略〕

一二月一日(水)　井上五郎氏にたのむ(池田氏へ[redacted])。一〇・三〇陛下 Memoir、一一、岡田内閣のこと。一一・一〇―一一・四〇三笠宮、埼玉県庁御事の御話のこと。入江俊郎氏来訪、本貰ふ。二、湯河中金、御進講―三・四〇。四―五、小泉氏訪問、進講会議のこと(渋沢も賛成)。職の件、からだと今一つ継続への気兼より[redacted]へも試みるといふ。

一二月二日(木)　第四国会開院〔会〕式、一一・三〇伺候、崇仁親王御誕辰〔の〕件。保田邸訪問。〔略〕次長、総務課長と陪食等のこと。〔略〕

一二月三日(金)　経済〔調査〕庁拝謁、九・五〇。一〇蠟山博

士御進講。一二―一一・三〇、四人会、御進講相談会のこと、東宮様のこと、銀婚式のこと。一一・三〇―一二、（寺崎来遇、雑談と[redacted]）、（図書委員一二・二〇―四）図書寮。〔略〕九時、皇太子殿下 Appendicitis〔盲腸炎〕、登庁、病院。

一二月四日（土）　一二小金井御発、一時頃病院御着。二・一七―二・四〇 operation 御無事。小夜食を侍従長応接室にて頂き、参殿者候所にて就床。七時起床。病院御見舞後、御文庫にて両陛下に拝謁す。部局長会議、女子バスケット皇后杯待遇。朝午とも御認め。午後渋沢氏訪問、帰宅。〔略〕

一二月五日（日）　終日在宅。〔略〕夕方 Blyth に九日のことといふ。〔略〕

一二月六日（月）　皇太子様御見舞に病院に参上（Bunker 花来る）。陛下図書寮一〇・三〇―一一・三〇、防火展示会一一・三〇―一一・五〇。塚越氏（三谷、湯浅氏の件）。皇太子様、午後皇居内へ御帰りになる。

一二月七日（火）　一〇・三〇 Bunker、MCの使として皇太子様御見舞に参内、陛下、殿下に言上す、薬、食品等何でもとのこと。答礼の節 Grapejuice のこといひ、只今はある故又といふ。国会にて Keenan の問題のこと黒田氏と話す。侍従長とも相談、吉田総理、人事官認証式のこと等打合すこと頼む。皇太后供衛費のこと（主計課長）、主計課長に進退のこと話す。穂積氏昨日打合済とのこと、学習院にて。高尾氏（〔富安〕風生吟行、三笠宮様もの件）。侍従長、岡田啓介へ賜食の件。〔略〕三井課長、大金のこと。

〔欄外〕秩父宮、次長訪問の話、東宮のこと、声明のこと、常盤松のこと、侍従職官制のこと等。

一二月八日（水）　国会 Keenan 答弁、午後成文となる。島野氏に歌見て頂く。橿原宮司高階氏来訪。一二、御相伴、主厨長、主膳監、吉田、田端（御菓子御肴頂く）。荒川昌二来訪（テニスコート、青山御所のこと）。二、生物学者座談会―四。内田、駒井、本田、岡田、服部博士、侍従長、次長。次長と諸事打合銀婚式のこと、大金のこと、八田のこと、秩父様の内話のこと。〔略〕

一二月九日（木）　野村行一来室、Hのこと、Confidential no。石渡来室。一〇辻善之助御進講一一・三〇花園天皇。村井侍従、花山天皇伝のこと。内蔵頭、岡田啓介[redacted]のこと。総務課長、引揚者十万円のこと。侍従長、十三日御一家御会食の件、岡田啓介のこと、etc。Blyth 夫妻、前田君六―一〇・三〇精進料理。

〔欄外〕×長官室、東宮侍従四人、総務、秘書課長、山田侍従(次長中座)。

一二月一〇日(金) 花園天皇六百年祭九・四〇―一〇・三〇。次長等と明日の衆議院議員宮中拝観のこと。午―二・〇〇四人会。栄木、東宮様の今後の予定。御見舞に答礼。東宮様抜糸今後計画。次長、高松宮の件、昭和電工のこと。四―四・一五拝謁、十三日の会の件其他、東宮の件西洋人の意見、宮様の意見、小泉以外物色せしや。

一二月一一日(土) 義宮様御見舞中御召あり。一〇・一五―一〇・三〇(拝謁、小泉はスパルタ的ならずや、noと奉答す。Viningにあふ前に、呉竹不可の理由を判然せぬと云々、Vining御会見前に申上げますと申す)。一〇―一二衆議院内閣委員、表三の間サンドイッチ、御巡幸の話、国会議員優遇の話あり。午後地方委員拝観(あかはた事件)。三―五、呉竹問題×。

一二月一二日(日) 鴨猟九―三、Col. Brown、Mr Vaughan等。四・三〇ユネスコに関する岩波の会、記念館、鈴木大拙迎へに出ること、田中耕太郎に進講方針会のこと、和辻に同様のことといふ。丸山、都留、副島等に紹介して貰ふ。

一二月一三日(月) 東宮顧問等、教育御前会議一〇―一二。御陪食一二―一・二〇。大宮様、図書寮及御文庫へ行啓二―四。〔略〕

〔欄外〕東宮御床上げの御挨拶賜る。

一二月一四日(火) 一〇、拝謁願ふ、東宮御床払ひの件、duty論等につき意見、侍従職のこと、東久邇様のこと、高松宮のこと。〔略〕二、長与善郎御進講―四(比較的だめ)。次長、横浜行の話、馬場検事の話。

一二月一五日(水) 一〇東久邇盛厚氏来室、一〇・一〇―一〇・五〇(御文庫、女官長明日吟行の件)。〔略〕Oppenheimerの Time 読む。

一二月一六日(木) 侍従次長来室。御召し、歳末賜りのこと、東久邇様のこと言上。木下カソリックのこと。東京都知事挨拶来る〔略〕。三笠宮、風生等御吟行一―五・二〇(三笠宮、風生、三井、入江、高尾、山田、田島、花蔭亭にて皇后様出御)。孝宮様六―百武邸―八・三〇、侍従長、林次長、女官長、竹屋女史。

〔欄外〕厚生次官と東京都に賜金伝達。

一二月一七日（金）　一〇―一一・四〇、一万田総裁進講（宗教、世界平和に及ぶ）。一二―一二・一〇検察官陪食。河井弥八氏、穂積だめ。二、部局長会議、三―四、田中耕太郎氏。鳩居堂により帰る。侍従次長来室（歳末賜費書類のこと）。

〔欄外〕池田氏、勝沼氏、東久邇のこと等打合す。

一二月一八日（土）　〔略〕式部頭（Hobrechtとのこと、Keenanのこと、MacArthur礼状のこと、高松宮お悦びのこと、一万田の話のこと）。〔略〕一一―一二・三〇皇后様御召し、お上御心配のこと、高松様のあることといひしによる、女のことかとの御心配故大体申上げ、陛下にも申上ぐと申す。二・三〇―三・〇〇松平議長、Mr. Sebald十三日の夜の話とか、Hobrecht拝謁希望の話伝達如何とのこと、月曜返事といふ。小林へ〔の〕ことか。三―四、犬丸、Imperial Grand Hotel Griffsの手紙、常識上考へられず、開放地か外苑かといふ。高松様御訪ね、るす。

一二月一九日（日）　鴨、Williams、Hoover、法相参事官等、九時発行く、猟場に行かず読書。Williams、Hooverとも来らず、二時半頃帰宅。〔略〕

一二月二〇日（月）　拝謁、高松宮のこと言上、昭和電工の噂、今後高松宮に近〔づ〕くことも言上。〔略〕三・三〇―四・四五小泉氏訪問、―断念の外なきかと思ふ。四、渋沢氏、東久邇。五、常盤松、長官、侍従長、両次長、入江、高尾、御進講の打合、安倍、和辻、渋沢、小泉、田中耕、坪井。

〔欄外〕午後御召し。供衛減のこと、三里塚のこと申す。

一二月二一日（火）　高松宮御訪問、皇太子教育、孝宮結婚、Keenan、etc……。御陪食、内閣大臣、議長、官庁長官一二―二（参集十時〔ママ〕間後れ）。松平議長、Sebald問題。三笠宮邸、短冊風生持参（井上夫人命日訪問）。〔略〕（鴨二羽賜る）。〔一二月二二日条「徳川家」に引線〕

〔欄外〕東久邇、池田氏訪問。

一二月二二日（水）　鴨徳川家へ進上。円覚寺訪問十時発。拝謁、両陛下とも盛厚王のこと御許可。二―四鈴木大拙御進講。日銀総裁訪問、盛厚王のことたのむ。〔略〕

一二月二三日（木）　小金井へ拝賀、三―五、帰途山梨大将、話題、英語、鴨猟、Blyth、鈴木大拙。一〇・三〇両陛下に拝賀、皇族、皇太子御使、長官等四人、旧奉仕者。侍従、属、食堂にて赤飯と煮〆、御酒。一二―一二、総務課長、次長と話。来訪、京都吉信技官、陵墓監等、福田耕。

〔欄外上〕今晩東条等執行。
〔欄外左〕東宮御誕辰。
〔欄外右〕盛厚王と会見、日銀訪問のこと。

一二月二四日(金) 〔略〕部局長会二―四、銀婚式のこと、内廷会計監査のこと。常盤松(五―八・三〇秩父宮妃殿下、松平恒雄夫妻、宴会)。

一二月二五日(土) 大正天皇祭。御祭り、九・四〇―一〇・三〇大宮御所記帳(次長と)。大金氏と東宮様、高松様のことetc話す。三谷と話す、MCのこと。一―五、牧野伯見舞、リンゴ十、関屋氏、西川医博と同車。〔略〕

一二月二六日(日) 大蔵省鴨猟招待、次官以下数名、大臣等欠席、鴨一羽貰ひ帰る。〔略〕夜手習、詠進歌。
〔欄外〕高松妃殿下誕辰。

一二月二七日(月) (一〇、社会団体へ伝達及座談会一二・三〇)。御文庫にて拝謁、(内廷会計検査のこと、銀婚式のこと、高松宮様のこと、牧野氏のこと)。掌典、銀婚式、侍従長と四人、銀婚式のこと、牧野のこと、角倉のこと、東宮のこと、一月一日一般参賀のこと。式部より鴨、掌典より羽二重。〔略〕大宮様行啓。〔略〕

一二月二八日(火) 九・三〇総理大臣参内後(銀婚式のこと、Sebaldのこと、定員のこと)話す。掌典長と銀婚式のこと話す。一・三〇日銀盛厚王同行―二。〔略〕小泉氏訪問(鴨二)。侍従職訪問(東宮大夫のこと、高松宮のこと(御詫))。Blyth訪問、来春よりの稽古きめる。

一二月二九日(水) 九・三〇頃大宮御所記帳。一〇、歳末祝詞言上拝謁(東宮御使の大宮御所記帳、次に)、皇族御上りなし。一一・〇五発にて三時御殿場着、徒歩譲治方にゆく。〔略〕就床。
〔欄外〕大宮様へ行幸啓。

一二月三〇日(木) 九・三〇秩父宮様に上る、お話は宝石のこと、孝宮様のことetc。自働車拝借、一一・〇四発にて東京駅に帰り、徒歩役所にゆく。御召ありたりとて御文庫にて拝謁五十分、大宮様の共産党のこと、盛厚様のこと、小泉のこと、秩父宮様手術料のことetc承る。夕方帰宅、土屋氏来訪、Blyth氏来訪、献上もの手紙。
〔欄外〕るす中に安倍氏来訪、献上の本。

一二月三一日(金) 朝寝、十時省線にて新橋下車、万年堂にて二十入一箱買入れ、有楽町東京一一・五〇発にて大磯池田氏訪問す。小泉氏のこと、孝宮様のこと、御進講のこと等。四・三〇発帰京、井上五郎氏同車。Vining 氏より招待あり。〔略〕

〔自由欄〕

四、二二　第一回芦田と会見、外務省四—四・三〇。

四、二四　一一・三〇—一二、第二回芦田会見(外務省)。池田成彬氏に相談(米内葬式)。岩波三周忌にて安倍にあふ。

四、二五　朝、関屋氏訪問。一〇・四〇湯河原行、田中氏訪問。

四、二六　朝、関屋氏訪問。十時頃、芦田宛謝絶の手紙第一信出す、外務省経由。前田、田辺に事後に謝絶状のことを話す(両氏出援きの形)。

四、二七　国際連合にて関屋氏に no。

四、二八　第二信、三谷隆信、羽田亨、下条康麿、高瀬荘太郎の名を告ぐ。学習院理事会の帰途、安倍訪問従来の気持、Radical なら進んで捨身のこと。

四、三〇　電話するも芦田会見せず。

五、一　芦田、小泉訪問、第三信、従来の経過、心理全部書く、田辺君に心境話す。

五、三　前田訪問、心境話す、篠原訪問、晩めし。

五、四　篠原、芦田訪問、心境伝達。

五、五　芦田より電話二回。篠原来会するもあへず。

五、六　篠原に電話、芦田との会見のことをきく、芦田直接電話、三時外務省会見、十日返事を約す。宮内省十二日との電話あり。田辺氏、小倉氏と話す。

五、七　(安倍、芦田会見)小倉氏と話す。T. T. 篠原訪問、同車帰会。芦田との会談内容きく。両理事に「ひよんなこと」といふ。前田、田辺氏と相談。夜、安倍来訪(小泉の話、信任ある話)。

五、八　池田氏、小泉氏訪問。町村氏にきく。

五、九　前田、田辺来訪、日曜(田辺、町村氏訪問夜)。

五、一〇　総理官邸にて会見、承諾す。条件 G. C. 同時及 veto のこと、現在職務のこと、(接触問題、文部省のこと、今後「人」につき厚意のこと)。(前田、緒方竹虎訪問)金森、堀内、田島、小泉、田島〔ママ〕のこときく。午後森戸文相面会、了解を得。此ことと veto 実行方法、芦田に文通する為書く。

五、一一　朝、関屋訪問、内諾のことといふ、条件をきゝたがる、いはず。安倍、関屋訪問せしことをきく。芦田に昨夜認めの手紙、外務省経由届ける。〇池田、田中氏へ受諾報告手紙出す。〇緒方、前田へ電話(G. C. 小泉撤回、堀内可)。〇田辺、鈴木次長昇格反対。〇両理事に話す。〇関屋氏来訪、飯沼一省、岡田周三(新聞には嘉治隆一のこと)。○小倉、宮中にて入江侍従にきゝし話きく、宮様の発言にて始まるとか。

五、一二　一〇、参内言上、英国皇室の件御質問。○小倉氏に御所の様子話す、次のことをきく(十日、芦田拝謁(内奏らし)。十一日、安倍、和辻、志賀、田中、谷川、座談会、皇室の在り方)。文部省会議中故、芦田会見申込断る。午後芦田首相へ御使(加藤)。

五、一三　朝、安倍訪問、七日夜来訪以後のこと話す、安倍より、僕のこと加藤次長に話し、加藤次長陛下に言上したりとのことをきく、G.C.天野及三谷のことをきく。「参考にいふが加藤は悪い奴でない、新官長によつて進退を決する意見」といふ由。町村氏来訪、府内情報きく。○総理より電話数回(津田の憂慮)。

五、一四　朝芦田と電話、お上及堀端異議なき旨〔※へ引線〕きく。一・一五堀内と話す(国際連合にて)。二―二・一五芦田と会見、〔※〕此話詳細に話し、G.C.の範囲、学者、教育者天野貞祐、羽田亨etc、外交官、堀内、三谷といふ。前田、田辺、小倉氏に報告。四・三〇―六、田中清次郎氏訪問、経過話す(納得せぬ趣なり)。堀内訪問るす。

五、一五　四―六、堀内訪問、従来の経緯、堀内拒絶理由、国際関係に専念したし、他余不充分、熱意なし(宮中に奉仕)。

堀内の候〔補〕推挙理由、錦水の懇談、刷新委員会の発言振、其他、堀内に影響するか。

五、一六　大磯行。池田氏話、牧野、吉田両氏の行動、小泉問題、五月一日、五月八日西野博士、両氏〔「牧野、吉田」から引線〕に紹介するとのこと、(安本長官のこと改めてきく)。康昌、三谷、好評、堀内、不評。

五、一七　芦田に手紙。総理吉田関係のこと、如何なる都合か、きく。堀内のこと返事す。十八日午後二時、会見の旨、申来る。新聞記者、女高師迄来る。

五、一八　午後二時総理官邸。一、G.C.三谷に意見一致、御上の御同意後交渉のこと、Vichyのこと、Kadesにきくこと、但し極秘内意は田島きくもよろし。二、明十九日松平長官と会見のこと。三、加藤次長の辞表は松平氏とり、後任に引継ぐこと。四、林、次長に任用は田島、芦田了したしとして此際はふせること。新聞に出る。森戸に理事長関口確認せしむ、但し会長、辰野、田中共うんといはず。次官に関口のこと話す、政務次官、局長、次長、課長皆会議名刺出す。三谷と田島宅にて話し、お上、院長、堀端三者同意の上は異議なしとの極秘話をなす。

五、一九　十時外務省、芦田、長官十分間位会談後紹介され、鼎談す。長官、次長、式部頭辞表総理預る、侍従長の分なし。長官と相談の結果、三谷侍従長好適との総理発言あり、賛成す。長官曰く、同時は御上御淋しからんと、総理曰く一新の為には同時可ならん、官長、さもあらんかと、自分は事務はロボットなれど、天皇の御家庭のことは三十年来奉仕承知す、皇太子妃、内親王御縁談等いろいろ問題もあり、ゆるり御話すべし、長官としては三陛下に何等言上せず、「最適任者を得て喜ぶ故、三陛下に言上して自分の暇を貰ふ（察するにその為一度田島に会ふ必要ありしものか）、帷幄術とて生存前宮相の了解必要故、牧野、松平、石渡とも話す積りと」。総理は一両日中に葉山に参上、三谷の御裁可を受くる旨いふ、それにしても三谷大丈夫かとのこと故、昨日のことといはず大丈夫といふ。松平長官は加藤をやめる方よしとの意見とのこと、但し長官は大金は同時でなき方よくはなきやと一応いふ、内輪話だが先日の拝謁の Impression はよく、御満足の様子と官長洩さる（森戸文相に関口理事長、会長は三氏辰野、田中、小泉の内と手紙にて申送る）。長官は今月中に更迭実現希望。総理に林のこと又念押す。

五、二〇　朝日秋岡、永井松三、明石元長来訪。渋沢訪問。

五、二一　松田より石渡―山極の意見、加藤可、鈴木可。午後芦田葉山へ伺候、柳原秘書官電話。

五、二二　柳原秘書官来訪、九・三〇、葉山侍従長の件よしとのこと、二十四日御帰京後云々。意味判断せず、質問するも、不得要領。

五、二三　午前、南原訪問、午後南原一寸来訪、Takagi Gr Ch（又新聞に出る）。

五、二四　加藤次長事務所に来訪、午後還幸。夜、松平長官電話、二六日会見約す。

五、二五　芦田に手紙、葉山のこと不得要領、如何なりやときく、促進方いふ。

五、二六　（一〇）長官育英会に来訪。（一一）芦田より電話会見。葉山の話、M、可、但し長官とは別にをそくせよ、又御用掛とせよ。お上の仰ながら同時主張す。芦田、長官の発令を少しのばして仕事を片付けて貰ふ、一〇／六位。

五、三一　夜、芦田より電話。三谷のことよろしくなつた、古い人の辞表はとつた、三谷の堀端手続はこれからとのこと。三谷に連絡するに芦田より連絡なしとのこと、察するに三谷のことよくなつたは、葉山のをつき決定的となりし意ならん。

六、一　夕方芦田より電話。堀端より三谷、O.K.。明日本人に話す、明後日発令よきか、といふ、よしと返事す。

六、二　三谷、議会にて芦田を訪ひ、G.Cの申入を受く、安倍と相談してとて引下り、来室す。午後、岩倉総務課長より土曜十一時と申来る。時事、池田純一氏来訪。

六、三 朝日、共同記者にあふ、G.C.ごちた云々いふ、宮内秘書官一・一五来訪打合(認証式)。総理秘書官より電話、認証式以前に会見希望とのこと、前後何れにてもよし、奥歯にもの挟まつた感あることゝたしといふ、四・三〇約束にて首相官邸にあふ。昨日電話にて今日参内、政党的のことは困る、相当宮内府民主化の実状なるに、一般に封建的といはれることは説明してくれ、「大声で頃日中少しあつたが今日は御機嫌よし、書面にして示す」。穂積のこと、緊縮のこと等に食糧事情等報告せよ、林のことはあとで、又といふ。古いものを代へることはきらいの方だ、思ふ通りに結局やつた、片山は遂になし得ず、而も宮内省の評判わるし。外国記者タイム外一つ、宮内府改革断行出来るかと来れりと(労働基本法除外のこと)。

一九四九(昭和二四)年

一月一日(土) 五・二〇、四方拝、強雨、四時五十分次長と同車。一旦帰宅屠蘇の上、九時みしと同車、参内参宮。九・四〇拝賀。十、侍立。侍従職食堂、祝酒。一一・三〇大宮御所拝賀、午頃祝酒。秩父、高松、三笠拝賀記帳、松平議長年賀、帰宅。

一月二日(日) 〔全文略〕

一月三日(月) 九・四〇元始祭、十一時頃すむ。高松宮様御誕辰に付、宮邸に出づ。両殿下に拝謁、(家にて運転手と午)。〔略〕

一月四日(火) 塚越氏に秩父様十万円のこと打合す。拝謁、十万円のこと申上ぐ。池田氏の手紙の要領言上。大宮様共産党に多少とも御理解ありとのことの為に大夫と研究の対策。田島(恭二のこと、シベリヤ抑留のこと〔田島の次男恭二は当時ソ連によってシベリアに抑留されていた〕etc)、次長(厚生省及警察のこと)言上の上にて学理の進講とする旨申上ぐ。

一月五日(水) 鴨猟、赤十字、高松宮妃。朝、式部頭、槙氏来り、徳川正子さんと同乗、宮邸ゆき妃殿下と同乗す。Cooke氏夫妻等よき人、英語にても挨拶す。皇后様下賜の菓物のことあるべし。帰途妃殿下と宮内府に帰る。妃殿下、御上りの大宮様、両陛下に御会ひに御文庫へ。帰途御立寄り御話あり。

一月六日(木) 朝御召し、昨日の大宮様の共産党の御話、秩父様十万円御宜しきに願ふこと。〔略〕二・三〇—三・〇〇東久

邇氏訪問。三・三〇―五・〇〇官邸、次長より共産党のこときく。五・三〇―八、部局長新年会。〔略〕

一月七日（金）　部局長会議欠席。侍従長、寺崎と協議MCのこと。侍従二人と会食。次長、Wales公のこと進講。三―四、大宮御所拝謁、新年の御菓子を賜る（恭二の話、共産党の話、歌の話、[redacted]銀婚式[redacted]の話）。〔略〕

一月八日（土）　松本秘書役来訪、東久邇のこと、嘱託、調査局又は外事局の話をなす。秋山に二十六日のこと。高尾に三笠宮の為の会のこと。大覚寺大僧正来訪、川手掌典に詫び、[redacted]藤吉蔵のことを寄す。次長、小泉氏訪問、その結果、話に前田はあまり好まぬといふ。〔略〕

一月九日（日）　鴨、英国大使館連引連ゆく、八・三〇、松平式部頭、後藤式部官夫妻、内藤夫人同車。英国大使館連中、米国とは違ふ。帰宅、三時過。夜、詠進懐紙書く。

一月一〇日（月）　MC御訪問、御文庫九・三〇集合、一〇・〇三発、一〇・一五MC邸着、Bunkerと三谷とMC書斎に侍つ。一一・四五還御。昼食後、寺崎より三谷と共に会談模様きく。御召し、聖ルカのことと御巡幸のこと（MCの言）。牧野伸通氏、侍従次長御進講のこと。次長及経済主管、庁費予算のこと、共通、大宮様も両宮様も。田中氏、三笠宮のこと。

〔欄外〕夜、活動写真御文庫。

一月一一日（火）　〔略〕一一・三〇御文庫拝謁、昨夜の大宮様の御話のこと。松平恒雄氏来訪、Sebaldのこと、侍従長及式部頭と相談す。四・三〇―五・〇〇大宮御所大夫にあひ、皇后様除喪、歌会等に出御のこと、大宮様御意見伺のこと。Mrs Vining氏Dinner七・三〇―一〇・三〇Mrs Laurinson及Bromley夫妻、天婦羅御飯。

一月一二日（水）　葉山行幸啓一〇―一一・三五着御、六郷川にて御料車一寸まごつく。拝謁、時節柄葉山に来てよきかとの御尋。田島、賜暇の御願。Sebaldのこと、Viningのこと（皇太子[redacted]意見のこと）申上ぐ〔略〕。

一月一三日（木）　朝、源氏訳書をMiss Grayに届ける。次長より皇太子乗車石投の件、侍従長に電話す。式部頭、ヴァチカン代表拝謁の件伝意す。坊城大夫、大宮様の御意見をもたらさる、除喪陛下の思召もあれば異議なし、歌会へ出御はよく考へるとのこと、これらも三谷に電話す。入江侍従にも申入、佐藤忠雄の訳渡す。池田氏来訪、小泉の件だめ、但し妥協案提示あり。

〔欄外〕松平氏、Sebald の件電話あり、黒田式部官にたのむ。

一月一四日(金) 〔略〕牧野伯病重しとのこと、旅行取止め、御見舞、叙位、叙勲等評定す。御見舞御即行とす。夜、(村井侍従、西野侍医、葡萄酒半打)。〔略〕

一月一五日(土) 〔全文略〕

一月一六日(日) 〔略〕午後一時―五時牧野伯見舞。関屋貞三郎氏同行、帰途牧野氏親類も同行。夜、大正天皇御製拝読。〔略〕

一月一七日(月) 式部頭来室、英国大使館招待のこと、ヤーレー拝謁賜餐のこと。一一―一二小泉氏訪問、野村行一氏を表面に立て、後見役は引受けるとのこと。野村氏を侍従長のみとせず、大夫も兼ねることを希望。午後木下彪と牧野伯誄《るい》及銀婚祝詞のこと。五・三〇―六・三〇吉田総理外相官邸に訪問、穂積 Judge のこと、小泉のこと、牧野伯仕向のこと、御巡幸のこと、陛下御休養のこと。

一月一八日(火) 黒田 Sebald のこと。一〇―一一、下村寿一、東宮様のこと。葉山次長へ電話、牧野伯のこと。〔略〕次長と言葉案文相談。一・三五発山梨大将訪問、小泉、野村チームのこと、大賛成。〔略〕

一月一九日(水) 八・三〇―一一・三〇鴨、白 Chevalerie、米 Hoffman。式部頭、Literary Digest 約束違ひのこと。富安風生来訪、原稿のこと。牧野伯誄、総務課長より成案見る、秘書課長と弔詞案。皇太后様コーヒの件。松平恒雄氏電話、Sebald のこと。大膳寮を見る。三谷と東宮教育、Vining のこと、小泉のこと話す。〔略〕

一月二〇日(木) 次長と色々話す。〔略〕三・〇〇―四・〇〇 Vining と話す、東宮様御教育のこと、自分の案行はれぬも不平なしとのこと、野村、小泉、穂積のこと。六・〇〇―九・〇〇大宮御所、洋食ボンボン入等、御心尽し。広重人尽、宮廷儀式画帖、大正天皇パイプ御愛用、東山文庫、Meerschaum 製のもの。

一月二一日(金) 葉山へ伺候、朝、大宮御所御礼記帳。一〇・一七取消、一〇・四七発、午食後陛下海へ。その間に大久保利賢氏訪問。四・三〇―五・〇〇拝謁、Vining と野村と衝突が杞憂ならばよしとのこと、裁判所栄転不能ならばやめて貰ふ事も言上す、牧野伯従一位、誄のことも言上、御休養のことも言上す。七・三〇―一〇、常侍官室に御成、Auction Bridge。

一月二二日（土） 還幸二時（午前十時海岸迄御見送り後、辻氏訪問す。英米名著梗概御進講は考へ置くとのこと）。還幸前に常侍官室に御成り。三時半宮城。

一月二三日（日） 八・三〇鴨、General & Mrs Chase Commander of the 1st Cavalry Div. and officers、西村知事飛入御交歓、二時過発。〔略〕「天皇と木戸」をよむ。〔略〕

一月二四日（月） 御歌会始め一〇―一二、吉田総理、牧野氏従一位のこと、郡次長、二十六日花献上のこと。Literary Digest McJoay 来る、二―二・三〇。取引は双方の便宜、当方は近接地必要。安倍能成来訪、学習院にての挙式不干渉、献上は断る〔略〕。三谷、牧野伯万一の時のこと、式部頭に祭祀〔粢〕料の意見きく。松平氏、三番町を牧野伯に提供のこと電話。〔略〕

〔欄外〕此日午後、穂積、ヴアイニング会見、此事に付、野村行一氏に話す。

一月二五日（火） 御召し、賀陽宮のこと、選挙の結果、吉田の人選のこと。牧野伯訃音、侍従長を経て奏上、三時御弔問使。牧野伯見舞、弔問、一二―五・三〇。吉田総理に人選のことい ふ、葬儀のこと。帰庁後、葬儀のこと次長等と打合せ、九時帰宅。

一月二六日（水） 両陛下銀婚式、御祭り九・四〇参集、御祭り一〇―一〇・三〇。拝謁の間にて拝賀御祝詞言上、講堂にて一同と拝賀、御祝詞朗読、万歳三唱。侍従食堂御祝酒頂戴。皇太后宮大夫より銀婚式御祝題を賜はる、早春庭。次長より組合理事長にも伝ふ、部局長にも伝達、陛下にも言上。二―三・三〇旧奉仕者（三の間）と御成婚奉仕者（二の間）、茶菓、シヤンパン、酒、サンドイツチ、みかん、菓子等。夕、山水楼、朝日、安倍、辰野、前田、赤坂氏等五・三〇―八・〇〇、辰野氏とサトウハチロウ、徳川夢声のこと話す。

一月二七日（木） 朝、八、野村行一、九・一〇、穂積のこと、小泉のこと、Vining のこと、黒木、戸田、栄木、山田等のこと、Blyth のこと。一一、寛永寺、久邇宮御墓前祭―一二。

一月二八日（金） 御講書始九・五〇―一二、賜物伝達、賜餐、一時頃となる、柳田、長谷川、田宮、渡辺、加藤、〔空白あり〕六人。牧野伯葬儀二―三、告別式三―三・三〇、弔詞よむ、埋葬にはゆかず。次長と話合ふ。〔略〕

一月二九日（土） 大宮御所に早春庭の御礼に参上、大夫にたのむ。青山にて牧野伯墓参、井上さんにも。正午発（風気にて自働車用ひ）大磯池田氏訪問、吉田氏人選のこと、小泉氏の具体案。〔略〕

一月三〇日（日） 九・四〇孝明天皇例祭、風気にてすぐ帰宅。〔略〕

一月三一日（月） 朝、熱あり、病院にて診察受ける。静養可然とのこと。〔略〕侍従長に断り、早帰り静養。〔略〕

二月一日（火） 秩父宮事務官吉田暗〔闇〕金融の話。九時発出勤、高尾来室（御進講のこと、紀元節御神祭のこと）、鈴木佐助来室（大任のこと）。二―三松平議長来訪、（一、宗教大会のこと、二、山内侯爵のこと、三、平田中将のこと）。〔略〕

二月二日（水） 〔略〕九時発出勤、三谷侍従長、（吉田総理よりH裁判所OKのこと、招待のこと、四日高松宮のこと、etc）。〔略〕式部頭、次長、皆欠故、鴨にゆく。警察関係の人、公安委員にもあふ。六時頃帰宅、早寝。

〔欄外〕吉田首相参内。

二月三日（木） 出勤途中石黒忠篤氏訪問、Hのこと話す、裁判官の話は辞退せぬこと、長官にあらざること等。後任はいはず、但し後進に譲る形とか、裁判官へ栄転とか考慮のことは石黒氏感謝す。Hにつきては慎重、自分も石黒も話合ひたる事ありとて異議なし。山川侍医来室、鳥飼侍医新潟大学転任の件。塚越来室、神社祭祀料五倍の件、次長に話してといふ。一〇―一〇・三〇拝謁。田中隆吉、常盤松、五・三〇田中隆吉の話奇々怪々。Keenanと同類項。拝謁の話あり。一〇帰宅。

二月四日（金） 一〇、小泉氏訪問、一一・三〇石黒に頼みし件、此際大夫、侍従長[redacted]とのこと、松平のこと一寸出す。午、Malera御陪食一二・二〇表二の間。首相拝謁。三谷氏来室〔二月三日条「田中隆吉」から引線〕、いろ〳〵話す。拝謁、昨日の七十五歳退位のことにつき御話、御誤解なき様言上す。石黒氏来室、三・三〇―五・〇〇穂積の心境、思ひ当る事、住居問題に一寸ふれるらし。此点石黒同感と同車次長。〔略〕

二月五日（土） 法務総裁訪問のつもり、先方GHQへ（穂積のこと）の帰途立寄る、吉田人事のこといろいろ、一時間余話す。次長、京都所感。牧野伸通氏挨拶（故伯は田島と常に意見一致といはれたとのこと、肝胆相照云々の話あり）。二―三松平恒雄氏訪問、共同募金のこと、東宮人事更迭のこと〔頗懸念〕、長官のときの金森のこと、松本副議長の余波のこと、穂積裁判所官〔ママ〕長のいきさつ。〔略〕野村訪問、明日来宅希望す。〔略〕

二月六日（日） 九―一二、野村行一氏、東宮職人事の件懇談。〔略〕二―二・三〇辻〔一字空白〕衛門氏来訪、〔略〕御進講拝辞の件。〔野村、小泉氏午後訪問〕〔略〕。

二月七日（月） 登庁、穂積氏来室、退職前に御住居問題を片付けたしとのこと、就ては御家庭小金井とせず、寄宿の切磋琢磨の線にて解決したしとのこと〔石黒の言分と合す〕。田島は、それは急ぎそれをきめるとすれば反対の結果も保せず、その方法最良のやう[redacted]ふし、四月は一応小金井〔といふ漠たる形〕にて初まる故、共同寄宿舎のよき事を実証して、新大夫、新参与の意見によるやうにしたし、と返事す。長官その心ならば安心といふ、右は余り陰謀策略的のこと故口外は出来ぬ事、又従来説は道理あり、御主張尤も[redacted]のこと故、中々六かしく苦心すると話す。御召しあり、共産党の件。林次長、自働車係員の不始末のことをきく。〔略〕坪井博士訪問、東宮人事を話す。林野局長官招待官邸五・三〇―八・〇〇。〔略〕

二月八日（火） 一〇―一二和辻氏御進講、三笠宮御陪聴―高松宮もとのこと、侍従職反対。〔略〕るす中御召の思召ありしやに想像。〔略〕三―四安倍訪問、東宮侍従話す、賛同す。〔略〕

二月九日（水） 次長、自働車のこと、式部整理のことetc。辰野隆氏来室。次長、総務課長、入江侍従にて、佐藤、徳川のこと打合す一〇―一一・三〇。〔略〕福岡県知事来訪―行幸のことの心構話す。〔略〕

二月一〇日（木） 九時―十時、高松宮に参上、東宮職人事のこと申上ぐ、小物大夫よからん、三笠宮のこと申上ぐ、御年が若いから東宮のことなど今後も御心配願ふ事よからんとのこと、陛下との御関係等率直に御話あり、二十一日の三笠様との会のこと、御進講御陪聴のこともよく御話す。拝謁。図書寮委員の話。次長と今日の話。午餐後主計課長追加予算のこと、次長に再考方たのむ。総務課長、[redacted]女史のこと、鈴木次長、葉山週末のこと。次長に高松様のこと話す。夜、宅へ野村行一来り、承諾す。〔略〕

二月一一日（金） 穂積氏訪問、野村のこといふ、二人三脚もいふ、野村が一所〔緒〕に解任するではないかと思つたがそれはよかつた。部内もそれなら動揺なしと思ふとの話。式部頭三月四日のこと。御陪食学士院、神戸、辻、小泉、高橋、大内、原田、大類、上野、本庄等、一二―一二・四五。〔略〕穂積[redacted]す。三笠宮に東宮大夫更迭のこと言上す。松平氏、日本防衛の意味、Royall の話。〔略〕

二月一二日(土) 九時、白根松介来訪、小出英経就職のこと。一〇―一〇・三〇御文庫、皇后陛下拝謁、御思召御菓子頂く。君島一郎一〇・三〇―一一・三〇、秩父採金のこと、たのむ承諾。〔略〕警察帰勤招待数人。次長来室数回、安部磯雄祭祀料、東宮卒業に付仕向、内廷費増額問題等。午―二、要会談、支那料理、島津、細川、了。井口、東久世等無意味。二―三侍従長、通信文と贈進経典のこと。〔略〕

二月一三日(日) 八・三〇―一二・三〇 Saitama Duck Netting。米国 diplomatic Section、両隣りは、Mrs Boeringer、Mrs Spinkes、穂積氏同行。〔略〕

二月一四日(月) 九・〇五発一二・三〇頃御殿場着、宮様御床にて両殿下拝謁、東宮職のこと、朝融王のこと等申上げ二・一一発。大磯にて下車、池田氏訪問、式部頭真意のこと、東宮職のこと、総理人事のこと、等近事いろいろ話す。六・三〇着にて品川乗換帰京、宮様財政のこと御言葉あり。

二月一五日(火) 一〇、式部頭来室、Dodge のこと。一一、君島と吉田事務官引合せ、五〇〇、〇〇〇貸付。大宮御所にて、大夫に秩父様無熱のことと東宮職のこと、内奏方たのむ。二、四人座談会―四、安倍、小泉、天野、辰野、侍従長、次長、入江、高尾。安倍、長官室にて吉川と雅楽の話あり、次長と自働車のこと、秋岡東宮職のこと、かぎつけのこと等。夜 Grew 読む。

二月一六日(水) 〔略〕一一・三〇親任式、認証式、稲垣＝Morning 貸す。六・〇〇頃迄、次長といろいろ話。〔略〕

二月一七日(木) 九・四〇祈年祭―一〇・四〇。拝謁一一・四〇―一二・一五。〔略〕松本烝治氏訪問、H.事件経過報告。野村大将訪問。〔略〕

二月一八日(金) 一〇、葉山へ行幸啓、御文庫にて御見送り。一〇―一一・三〇部局長会議、放送局専務理事三月二十二日行幸申出。〔略〕

二月一九日(土) 〔略〕九・三〇―一〇、亀山直人氏、次長も同席(帝室制度調査の件)。〔略〕式部頭、中島久万吉、御巡幸反対の話、侍従次長、宮廷掛長のこと。〔略〕

二月二〇日（日） 〔略〕午食。三時半遷幸に付、車にて御文庫迄行き奉迎。侍従長と彼の室にて話す、三笠宮様の新聞にて御感慨ある様子とのこと。帰途、村田俊彦氏訪問。〔略〕

二月二一日（月） 〔略〕九・四〇仁孝天皇例祭一〔数文字分空白〕。一一・一五―一二・三〇御文庫にて拝謁。二、三笠宮様常盤松―六・三〇。御文庫にて拝謁、状況御報告六・四五―七・〇〇。〔略〕

二月二二日（火） 一〇和辻博士第三回御進講。御陪食芸術院。西洋食一二―二・三〇。三―四、村田俊彦、久邇氏のこと。四―四・三〇嘉治隆一、穂積のこと（後任花田大五郎のこと）、中江兆民のこと。

二月二三日（水） 次長用談。下村寿一、東本願寺のこと、浅草寺、下賜金願。高尾課長、御進講のこと。入江侍従、久邇氏のこと、東宮のこと、三笠宮のこと、小出英経のこと。二、牧野伯三十日祭―三・三〇。寺崎氏、米国の形勢。〔略〕五―七、予算復活相談、林、経済主管、課長。

二月二四日（木） 穂積新聞に出る。石黒忠篤氏訪問、小泉に電話、H参与のことやめ通告。発明協会に下賜金伝達。鈴木課長、行幸の話。〔略〕昨夜の予算復活整理の対策きく。穂積氏来室、東宮様には希望の結果と申上ぐること打合す。

二月二五日（金） 一〇 Ward Price 拝謁、一寸会ふ。辰野博士に大正天皇御製集進呈、吹上拝観、一―四、佐藤八郎《〔サトウハチロー〕》、徳川夢声。二・三〇―三・〇〇放送協会。寺崎来訪、式部頭、米国の話、Com の話、皇太子の話。〔略〕野村行一訪問。

二月二六日（土） 三谷と話す。一〇、穂積認証式、大夫辞令、参与辞令渡す。新旧大夫の順序、両陛下別々起立拝謁。小泉はあとで両陛下同時に椅子を頂き拝謁、大夫参与「先生」のこと。Duck Netting Dodge。新酒少々酩酊。〔略〕

二月二七日（日） 終日在宅〔略〕。午後、牧野伸通氏来訪、故伯の遺品として拝領の赤間石硯一面と、色紙一枚受領。安倍より電話、顧問一席のこと。

二月二八日（月） 穂積訪問。〔略〕池田、山梨氏に手紙、一〇・一五―一〇・三〇拝謁。一一、南原総長訪問、Blunden のことときく。エドモンド・ブランデン夫妻拝謁のこと。〔略〕式部頭より小松侯 Dia のこと、次長と共にきく。式部頭に Blunden

のこと、Redmanにきく事たのむ。次長に行幸のこと話す、三里塚の話（湯川）。小泉等誘ひ東宮御所顧問会にゆく、伊豆行のことetc。小泉氏の立場の為いろいろいふ。東宮様にも提言勿論、穂積愚にもつかぬ事いふ。

三月一日（火）〔略〕社会事業御視察九・四〇、養老院、児童相談所、授産場、母子愛育会（御弁当）、世光寮、あそか病院、三時御帰還。次長といろいろ話す、Griffs Hotelのこと、McIroyのこと。「皇居」高尾持参。〔略〕

三月二日（水）〔略〕九―九・四五次長、総務課長と行幸打合。あそか病院の人挨拶。一〇清宮様御誕辰、御祝単独言上、御三方御立ちの処。安倍能成来訪、学習院卒業式の件、正倉院火事防御策の為会議の件、侍従職のこと、賜物のこと、宮様のこと、穂積のこと、三谷のことetc。一―三、次長、総務課長と地方巡幸のこと。関屋、新居氏両氏挨拶。Reader's Digestのこと、田中徳と来訪。式部頭、アルゼンチンのこと、李王のこと。

三月三日（木）　一〇―一二、和辻氏。御陪食相伴（表一の間）一二―一・三〇、東宮大夫新旧、小泉氏、次長、警察更迭のこと。小泉氏来室一・三〇―二・三〇、小泉氏一月十八日Vining言上の書類渡す。Miss Takahashi二・三〇―三・〇〇。（四・三〇官房長官訪問るす）。法務総裁訪問（るす）。三淵長官訪問、先方より話あり、小泉、長官の時の話あり（芦田勧誘依頼）、穂積のこと有りのまゝ話す。〔略〕

三月四日（金）〔略〕陛下、昨日指御怪我、侍従職連伺ふ。白根松介来訪（牧野伯追憶会のこと〔略〕）。御陪食、議長二人と松岡前議長、二の間、三の間席次のことに付侍従長に注意、但し幣原を先にす。食卓前、小人数故、総務、式部に研究の上。幣原に失望。〔略〕

三月五日（土）　徳川義親同車、式部頭訪問、中国人献上とか御取次に反対す。〔略〕午前一〇―一一、首相官邸、増田長官に行幸総論のこと、総理に伝達方たのむ。黒田に皇居をGascoigneに送る手紙たのみ、五部贈る外Redmanに一部贈呈。経済主管に学習院寄附の為会議のこと話合ふ。（社会事業協会招宴五―（佐野恵作））。次長より大場を三淵氏の厚意に甘へる案申出あり。午前一寸俄雨。公安委員拝謁。
〔欄外〕三里塚火事。

三月六日（日）〔略〕皇后様御誕辰。一〇拝謁、天皇陛下単独言上、一〇・一〇皇后様拝謁、列立、言上総代として。大臣等休所に出づ。一一・一〇侍従職食堂御祝酒。一二・三〇―一・

五〇石川岩吉氏来室、秩父高松の性格談。〔略〕二・三〇―三・二〇徳川邸にて秩父妃殿下拝謁、松平氏夫妻も同席、ブラヂルの記者の話、ストレプトマイシンの話、御殿場のこと一寸内話。〔略〕

三月七日(月) 石黒氏訪問、一寸来意いふ。順宮様御誕辰拝賀午後三時。一〇・一五―一二、朝日嘉治御進講。一〇、三宅正太郎葬儀(代)。式部、天長節酒肴のこと、礼服拝謁のこと。総務課長、四月四日のこと、閑院邸のこと。五・三〇オリンピック映画、Gascoigne 来る、宮様もあり。〔略〕

三月八日(火) 九時出勤、和辻進講一〇・三〇―一一・四五。久宮様御命日。午、新旧閣僚御陪食、井上知治無作法。(三、Tucker 拝謁)。一・三〇―二・〇〇拝謁。加藤武男氏来訪。小泉、安倍、坪井、穂積、野村、山梨、松平、侍従長、次長と会食のこと、常盤松五・三〇―九、御洋行時期等。Vining 夫人手紙昨夜来る。之を小泉に届ける。

〔欄外左〕早春庭提出。

〔欄外上〕高尾氏訂正、代理的のもの。

三月九日(水) 戸田侍従。朝、高野御進講。司令部予算削減対策、Bunker。三・一五、会計検査院、総務課長。辰野文藝春秋。〔略〕安倍に手紙、学習院寄付の御掟口外のこと、Vining 女子部やめのこと、論語のこと。

三月一〇日(木) 〔略〕一〇・三〇―一一・一五拝謁、服装のこと。御陪食学士院一二―三、化学、地質系、工学の人十人。真島博士の御願にて研究所、賢所拝観。小宮豊隆来訪。四―五・三〇部局長会議。三、穂積送別会。〔略〕

三月一一日(金) 総務課長に小宮の話伝達。陛下御服装に関し式部頭と雑談。総務課長、学習院発御賜り書類に付き、一般気持、侍従職改革信念いふ。御召一一・二〇―一二。二時御文庫発葉山へ行幸啓直前再御召。予算問題の為め大蔵省へ行く。大臣次官不在、主計局長に話す、Moster の言に対すること。〔略〕予算問題、府費等削減は人員に直ぐ響く故、絶対に出来ぬといふ。蓋し人員の点、宮内府は行整なき様首相に話しあり、了解済に付、今更一あり行整ならといへぬ義理故、Moster に割と切出し得ぬことをいふ。但しその為三割減にきめらるゝは猶いや、然し首相に対する言明上、宮内府として一割減OKとはいへずといふ。十二日、本多国務相が自発的行整希望の意ありて、一割自発的とす。

〔欄外〕高松妃殿下来室、十二時半―一時十五分(女のこと、藤井浩のこと、職業のこと)。

三月一二日(土) 〔略〕Moster が Bunker の為緩和のことときく。次長、本多国務相訪問。一〇、図書寮正倉院の会—一、防火のこと、其後に去年の薬品、楽晋〔譜カ〕の報告。二—五・三〇牧野氏訪問、朝日の写真と開新堂二十ケ持参。六—八、野田卯一元大蔵次官を常盤松に招待、次長、塚越及主計課長飯田。

三月一三日(日) 〔略〕午頃芦田氏来訪、焼のり、天子様の話をなす。〔略〕

三月一四日(月) 〔略〕次長と予算の話、整理の場合の人事等。最高裁判所長官へ手紙。山梨大将来訪、小泉訪問の話。〔略〕二、三笠宮様、高松宮様、次長(Andre Millers、英国事状好)及天皇制の話。侍従次長、入江、山田、総務、秘書両課長。〔略〕夜 Reader's Digest。〔略〕

三月一五日(火) 学習院より献上品、安倍より受取る。式部頭に高松妃殿下のことと昨日の高松様皇太子御外遊のことといふ、王子恵の話。〔略〕一・三〇牧野伯追憶会、官邸—四、一言す。五・三〇—八、鴨、東久邇様と日銀正副総裁、調査、外事局長、秘書役招待、常盤松(渋沢、一万田と話す、高松宮のこと。)〔略〕

三月一六日(水) 〔略〕二、皇室経済会議—三、(幣原氏、小泉氏、松平氏、佐藤氏)発言あり。三・三〇—六・〇〇 Vining、小泉、野村、田島会談 dormitory のこと。〔略〕

三月一七日(木) 栄木氏に東宮御卒業仕向のこと話す。次長に四月三日御神祭予算倹約のこと。五・一〇、G.H.Q に Bunker 訪問礼をのぶ、予算に付き援助に対し。〔略〕

三月一八日(金)~二二日(火) 〔全文略、愛知・岐阜に帰省〕

三月二三日(水) 高橋真男来訪。大宮御所大夫、女官長にあひ、からし漬一箱、上り羊羹三本一箱献上す。〔略〕帰庁、次長より留守中のことときく。

三月二四日(木) 一〇・二〇—一一・二五、放送局行幸啓。〔略〕一—二、池田成彬氏来訪、式部頭の件、世界情勢、Crown 洋行の時の式部頭のこと等伺ふ。〔略〕拝謁三・一〇—四・三〇。次長と話し帰宅。〔略〕

三月二五日(金) 次長病欠。石黒氏往道に訪問。侍従次長、高木子爵十五万円相続税用、貸付の件。東宮大夫、官舎の件—

根本問題―い丶人だが一寸困ること自分予想通り。大声もす。〔略〕経済主管、二十三年度内廷費の決算、二十四年度方針のこと。入間野氏来訪、一)李王邸大韓国の件、二)三笠宮財政月二万不足。拝謁、三笠宮様御参内、銀婚式祝の件は承知しておいたがい丶かとの仰せ、勿論結構。Hobrecht のこと。式部頭、身上問題、池田氏のこと有りの儘両方とも話す。侯爵言分、つかれて勤め振に多少自信なく、田島がその点愛想をつかすことあるやと危ぶ〔む〕為め、先廻りしてやめるといふので、田島の信頼するといふ言をうそつきの人として信ぜぬではなく、自分の立場から信用されぬやうになることを危みて念を押したらしく、駄目と思はばいつでもやめてくれといつてくれといふことを繰返す。〔略〕

三月二六日(土) 学習院卒業式九・二〇―一一・三〇。無事すみ。〔略〕

三月二七日(日) 朝より左耳の存在気になる〔略〕。夜おそく、神谷美恵子さんに来診たのむ、内耳管とのこと。植氏に電話、明日の学士院長会見断り及音楽学校御供御免じ願ふ。

三月二八日(月) 午後に至り吉田三郎氏診察に来り、植秘書官同道、軽い中耳炎の為入院と決定、五時頃入院す。(一一・三〇学士院長、音楽学校行幸啓一・二〇)。内科、西野氏にも受診、熱さまし。侍従長見舞に来る。

三月二九日(火) 見舞兼用談に来りし人、式部頭、総務課長(御巡幸順序、次長と相談のこと)、秘書課長、東宮大夫、栄木事務官、小泉信三氏。(午、東宮関係御陪食、拝辞)。(五・三〇常盤松、石黒(取止め))。

三月三〇日(水) 終日在院。総務課長、御巡幸順序打合。(一〇、服装会議は田島出席なく、結局やめ)。

三月三一日(木) 病院より出勤。十時、山田学士院長来室、学士院賞が一人三万円七人となるに付、恩賜賞を如何にするやとのこと。侍従職を経て病気欠のこと、総理来訪して中座のこと、御断申上ぐ。御陪食御供の時、「どう、大事に」との仰せ。午、芸術院御陪食、豊、安藤、山田、信時、金杉、寺島、波野、吉住、守田、十三氏、外に谷崎潤一郎一二・〇〇―三・〇〇。御陪食後各所拝観。二・三〇―三・〇〇吉田総理と会見、御巡幸のこと(陛下、MC共に御希望あり、別に御妨げすることもなし御願することにてよし。但し九州は test。これで残余全部御願する意にあらず。池田蔵相 Scap に好評のこと、行幸は軍にも連絡のこと、etc。戦争はなしとの見込。九原則はMC責任といふを吉田の責任といひしとの話。Vining 夫人継続のこと、賛成とのこと、MCに連絡せしとのこと)、予算案のこと。東久邇様挨拶、日銀月給一五、〇〇〇とか。経済主管、年度処理のこと。〔略〕

〔欄外〕今年はやめること一方法、足して三〇、—〔〇〇〇〕とする一方法、総務課に研究方たのむ。〔略〕

四月一日(金) 昨日内閣と交渉の結果、総務課長来院、午前。塚原見舞。一・—四・三〇。病院より出勤。〔六文字伏字〕と久邇様のこと。関口君来府、育英会近状奏上のこと、賜事参観の人のこと。

四月二日(土) 一〇—一二、Col. Bunker 訪問(御巡幸のこと打合)。〔略〕

四月三日(日) 九・四〇神武天皇祭、不参。終日病院に在り。次長三回来訪、第一回は留守中いろいろのこと、第二回、第三回は木村皇宮警察により、自働車〔二文字伏字〕の検挙問題とのこと等。

四月四日(月) 行幸啓。内廷より御出御、東京駅一〇・三〇、小田原一一・五五御着、汽車中食事。自働車にて箱根植樹祭後、芦〔ノ〕湖を渡り元離宮公園にて御少憩後、三島経由、沼津御用邸御着。後御庭にて大宮様に拝謁、御揃ひ海岸御散歩、御邸内松露拾ひ、後御殿にて晩餐。松実玩具、酒肴料 etc。後、日緬寺に侍従長、次長、黒田式部官と宿泊。[redacted]院様御通夜法事香〔略〕。

〔欄外〕次長、ネピア訪問過半のこと、第二回会見。

四月五日(火) 行幸啓。日緬寺八時発、九時十分頃御出門、十時四十分頃御殿場秩父様邸に御着。両殿下に拝謁、休所にて昼飯頂きて後、御邸内拝見、妃殿下停車場迄御見送り。二・三〇発にて五時頃還御、後病院に入る。次長、自働車事件等話す。食事後早寝。

四月六日(水) 九時病院より出勤、総務課長、式部頭(御祝酒の件、経済九原則来年まで)。次長、Nepier と第二回会見。小泉氏来室(Vining re-new の件、池田氏と会食の件、etc)。皇太后大夫挨拶。食事、病院、処置受く。午後次長、日比谷問題、学士院問題。二・三〇—三・三〇拝謁。

四月七日(木) 一〇、Mrs Vining—一一、任期更新のこと、熟考を約す。一一、安藤正純—一一・三〇、慰霊祭のこと。一一・三〇—一二拝謁、〔二文字伏字〕のことに関して御下問、供御に関する私に関すること、侍従職のこと、天長節のことetc。吉田秩父事務官、一六日、五〇万更新手続のこと。松平議長来室、拝謁の帰途、行幸のことetc話す。〔略〕次長来室、諸事打合、石川忠のこと、拝観[redacted]遺族のことetc、高野岩三郎祭祀料のこと。帰途三谷侍従長訪問、〔二文字伏字〕に関し陛下御苦慮なきやうのこと、久邇氏十一日招待のことを明日久邇氏参内前に女官長に参考の為いふことたのむ。夜君島に電話、秩父様のこと十六日指示すとのこと、田島分引上げをいふ。

〔欄外〕国文槙専務理事来る、総務課長に引合す、皇后様宛物資の余。

四月八日（金） 八・三〇三里塚、松平夫妻、秋山、石川、秘書官、英国大使館。（松影会、越谷、秘書課長に行つて貰ふ）。一〇・四五着、御客は一一・四五頃着、牧場一巡馬車馬、自働車一時半帰着、Buffet ジンギスカン鍋、耳あしく正式の席につかず、Lady Gascoigne に謝す。

四月九日（土） 〔略〕山田三郎氏、恩賜賞今年より五〇、〇〇〇の旨話す。〔略〕食前御文庫にて拝謁、藤田警察の件。君島訪問二〇〇、〇〇〇受取る。〔略〕一、図書寮学者先生の会、晩餐官邸―七。山岸、諸橋両博士と帰宅〔略〕。

〔欄外左〕吉田事務官へ電話す。

〔欄外右〕鈴木総務課長出張願出、下検分。

四月一〇日（日） 〔全文略〕

四月一一日（月） 〔略〕一〇・三〇皇太子様御帰京、義宮御殿に御迎。耳適風。学士院会員御陪食、三笠宮、総理、佐々木、姉崎、村上、市河、宇井、鈴木虎雄、武内、久松、上野。御研究所拝見、四時過帰る。警察本部長更迭。〔略〕

〔欄外〕三谷侍従長、今朝女官長の話、久邇様のこと。〔略〕

四月一二日（火） 〔略〕一〇―一一・三〇和辻博士講義陪聴。拝謁、Vining 一年延長処分のこと言上。此手紙は秘書課長に渡す。Mrs Vining、Blyth 御陪食一二―二、松平夫人。九州御巡幸電話、五、一七―六、一二←Bassompierre 問題。〔略〕此日安倍より本貰ふ、流れる星、象徴天皇貰ふ。

四月一三日（水） 九時出勤。自働車購入問題、次長より話あり、急ぐことにあらず、一応中絶とす。拝謁、一〇・四〇―一一・一〇。〔略〕キリスト教大学下賜のこと打合す。〔略〕Mott 拝謁、一寸あう。〔略〕

四月一四日（木） Vories 夫妻拝謁。吉田事務官、金の Cigarette Case のこと、月五分のこと。一〇、緒方竹虎氏—一一、東久邇失火、保険のこと。経済主管、賜与品倉庫拝見す。式部頭、二九日 Vining Tea の話。小泉氏来て貰ふ、一—三、東宮様のことといろいろ。三島章道氏来府三—四、Girl Scout の米人拝謁と国宝の件、次長といろいろの件(河井弥八、寺尾、三里塚、自働車)。侍従次長、久邇音楽、大谷氏の件、百武の話、吉田博士、六時過帰宅。

〔欄外上〕国会図書館へ帰属転換書類のこと。Vining みしに見舞。

〔略〕

〔欄外右〕河原事務官、芸術院御陪食人名のこと。

四月一五日(金) 昨夜電話の賀来氏、祭祀料の件。Vining に手紙、黒田にたのむ。キリスト大学、下賜書類のこと。〔略〕二—四・〇〇、花蔭亭音楽の会。〔略〕

〔欄外左〕次長八軍行。

〔欄外右〕午前衆議院委員会、次長と評議。

四月一六日(土) 一〇御出門葉山。一〇・三〇キリスト大学下賜金伝達。一一—一一・三〇松平議長、ハワイの人の話。

〔略〕

四月一七日(日) 七・二〇頃目白発新宿乗換、東京駅八・一〇、臨時九・四五頃大磯着。池田氏訪問、松平のことの礼、雑件いろいろ。散歩、吉田氏邸の[redacted]迄。〔略〕

四月一八日(月) 〔全文略〕

四月一九日(火) 松平式部頭、アルゼンチン人拝謁のこと、寺崎のこと。一〇—一一・三〇呉竹寮、名取氏より内親王様の御話、食事は御相伴。次長と議会のこと其他。〔略〕

四月二〇日(水) 〔略〕天野氏奏上の前後に立寄る、「若き女性のために」を貰ふ。御召一一・一〇—一一・三〇拝謁。〔略〕水島三一郎氏訪問す(科学進講のこと)。大覚寺大僧正草繋全宜氏来訪、嵯峨天皇尊額に関し願出、旧蔵証明方話す。二、岡倉天心の話、安田靫彦、延期。〔略〕

〔欄外〕(十時天野育英会奏上)。

四月二一日(木) 〔略〕九・五〇—御会釈。一〇—一一・三〇、松谷、小泉、松平議長。(一〇、四省、社会事業下賜伝達)。三—三・一五、Vining、1)Crown Prince visit General、2)Living with parents。吉田事務官来室(秩父宮[redacted]品御買上、塚越)。五—六、次長いろいろ、憲法記念式、御巡幸警衛、町村長会長、警視総監拝謁、東宮寄宿寮のこと、議会のこと等。

Blyth 七—八・一五李王のこと、Ambassador Shang、Colonel Bunker。

四月二二日（金） 〔略〕芸術院御陪食一二—二・三〇。総理大臣来訪、寺崎のこと、追て返答の旨申す、憲法記念会のこと。当方よりＭＣ Vining会見のこと、東宮のこと、皇太子居所のことといふ。後拝謁一時間。〔略〕

四月二三日（土） 式部頭来室、寺崎のこと、ＭＣ Vining会見のこと、寮のこと、孝宮のこと。竹田宮三十年祭、墓所、一一・—一二。午食拝辞、一旦帰庁。〔略〕次長より新聞記者会よりの苦情。四—六、村田俊彦、久邇氏のこと、絶望的な話。

〔略〕

四月二四日（日） 一〇・三〇発御文庫に出勤。高松宮行幸啓一一・一五御文庫発（供奉車、徳川侍従、女官長と三人）。東雲荘玄関前にて拝辞、本邸にて支那及西洋料理頂く。一・三〇御迎へ、徒歩本邸に御成り、玄関にて御待ち申上げ、皇族、元皇族にホールにて御対面後、二階便殿、後運動会も出席。四時還御。アパート、写真班心配なし。

〔欄外〕渋沢、有馬、内蔵頭も出席、追放許願状のこと、高松邸のこと。

四月二五日（月） 〔略〕侍従長と供奉のこと、Mott訳のこと話す。高松宮、三笠宮、小泉氏、Marxの話。二、長官官邸—七、次長、城、三井。三、理化Salon—四・四五（中座）、五人（坪井忠二、大一五、水島三一郎、大一二、平田森三、三、渡辺武男、六、兼重寛九郎、大一二）。〔略〕

四月二六日（火） 〔略〕一〇—一二、和辻博士進講（続編）〔略〕進贈。高松妃殿下にViningのこと御頼みす。三笠両宮様御召（赤■）。三・四五大宮御所御着に付、三時二十分発御迎え。四・三〇—六・〇〇内廷費予算、塚越、飯田、次長。〔略〕

〔欄外〕Vining高松様打合、Doll拝見。

四月二七日（水） 〔略〕次長と閑談。〔略〕一、蚕糸会記念会館—三、賜茶あり。三、理化Salon遅刻—五、平田博士、角の出る話、陛下御楽しみ。次長と話し七時前発帰宅。

〔欄外〕一〇、三〇 Vining doll高松宮に御礼。

四月二八日（木） 一〇、大宮御所御出門、沼津行啓御見送り、特に御言葉あり。高松両宮様にVining御礼。〔略〕神奈川県知事内山、博覧会行幸の話、次長返事す。帰途、天長節用菓子、開新堂にて買ふ。〔略〕寺崎ＭＣ来訪のこと。〔略〕

四月二九日(金) 八・四〇御祭。此間拝謁、外務省一掃の為寺崎も免官、宮内府としても自然やめること言上。一〇・一〇列立拝謁、表拝謁の間。一〇・一五皇后様に総代として拝謁。二―三・三〇旧奉仕者御茶。〔略〕

〔欄外左〕代議士三宅、参内。

〔欄外右〕吉田首相に寺崎のこと奏上の旨話す。MCもBunkerにも左程信用なし、宮中に居らぬ方望む旨話あり。

四月三〇日(土) 三里塚に専門家案内。八・四〇第一車、石黒忠篤、塚越、田島、植、第二車、東畑、湯河、三宅三郎、大場。十一時着、説明十二時半、弁当(酒少々)一時半、場内巡視四・三〇迄。帰宅七時。七日四人会同して意見作るとのこと。〔略〕

五月一日(日) 〔全文略〕

五月二日(月) 式部頭、寺崎のことetc。三井、三日のこと。高尾、四日のこと。次長、御巡幸その他数件、秩父様のことetc。侍医頭、侍医増員のこと。ガスコイン夫人手紙。三―五・一〇、理化Salon、主演坪井博士、渡辺欠。部屋に帰り七時迄事務。田中徳氏に巡幸のこと。〔略〕

五月三日(火) 〔略〕モーニング、ソフト。憲法記念日記念祝典行幸啓供奉(一〇・三〇御文庫に出勤)。一〇・五五―一一・〇三―一一・三〇オープンカー。高松宮様、はしか御見舞申す、妃殿下に拝謁。午後内廷費研究。〔略〕

五月四日(水) 社会事業御視察供奉九・三〇―二・三五、後れて三・〇〇に付九時過に御文庫。大原寮、第二病院、浴風会、光明寮、母子寮。三・三〇頃帰庁、太田次官と寺崎問題。その後に経済主管と内廷費予算打合後、次長と秩父様の話等。〔略〕

五月五日(木) 〔略〕田中清次郎、来書。一一・三〇発三谷誘ふ、小泉氏方午餐、池田氏の御相伴、支那料理(池田成彬、同潔、侍従長、式部頭、東宮大夫、槙氏〔略〕)。〔略〕

五月六日(金) 一〇・三〇御進講、三の間、高田毎日社員―一一・四五。真珠献上、秘書官取次。裁判所御陪食一二―二。三、理化Salon渡辺博士主演―五・三〇。美恵子さん(アウレリウス自省録)貰ふ。〔略〕

〔欄外〕横浜博覧会のこと。

五月七日(土) 式部頭(満州皇帝(皇弟)石丸中将談、寺崎の

経過報告）。図書頭、出版書目のこと、皇族のこと。三室戸元子爵、泉涌寺法要のこと。〔略〕次長、母の会のこと〔略〕。〔略〕佐々木信綱、和辻献上取次。

五月八日（日）　朝、Newsweek DuPont のこと面白くよむ。〔略〕午食後、大森山王に芦田均訪問、就職後のこといろ〳〵話す、約三時間。〔略〕

五月九日（月）　多摩陵御参拝行幸啓（モーニングと（平服持参））。九・三〇御発輦、宅は八・三〇。一一時御着、両陛下別々に御拝礼、御弁当の後、農林省林業試験所山林御散策、四・三五還御。次長と話し、七時帰宅。〔略〕

五月一〇日（火）　石黒氏訪問、十二日きめる。〔略〕式部頭（昨日 Green 招待の話）、寺崎のこと。拝謁─侍従長。芸術院御陪食一二─二・二〇、（和歌等）土屋、（漢詩）豊島、広津、宇野。外務次官来訪、三─三・三〇。警察送迎会、官邸六─九。部局長と藤田、木村新旧官。

五月一一日（水）　式部頭、Xavier に御名代宮の意見賛成せず。拝謁。三谷に三笠宮問題話す。UP Bartholomew 拝謁。学士院御陪食一二─三・二〇、（物理）中村博士、渋沢工博、三浦医博外数名、御研究所拝見。東宮参与会三・三〇─九・〇〇、小泉、坪井、侍従長、次長、栄木、大夫、御住居問題を主として種々の問題。御巡幸日程貰ふ。

五月一二日（木）　九時出勤（塚越、飯田、内廷費予算のこと）。（首相奏上拝謁一〇─一一・三〇）。部屋に来られ、寺崎問題の御礼。御礼の意は人物不安の為かへたきこと気にかゝりしも、然し御本心でなく整理といふことをいふ。三谷に美恵子さん本渡す。献上の本二冊も。平和寺僧来庁、総務課。〔略〕二─四、内廷費会議、東宮様の寮のこと議論。四・三〇─五・三〇新聞記者団（内廷より車）。五・三〇官邸、石黒、湯河、三宅との会合、次長と二人意見きく。親切、具体的。

五月一三日（金）　九・〇〇迄に御文庫。美術展行幸啓、九・三〇御出門。一─供奉員打合会。二─三、理化委員御研究所拝見。三、理化 Salon。〔略〕

五月一四日（土）　八・三〇迄に御文庫。貿易博覧会行幸啓九・〇〇御出門─一二時頃御着。供奉自働車途中事故。〔略〕一、共同通信の人─二、次長、総務課長ときく。式部頭、笠井重治拝謁のこと、九州参議員拝謁のこと。〔略〕

五月一五日（日）　一〇、学習院にゆく、大学開校式。〔略〕午頃帰る。安倍、野村行一、Harshと訴へたとのこと、少し話す。一・三〇—五・〇〇林次長来訪、牧場のこと、東宮様祭の費用のことetc。〔略〕

五月一六日（月）　秩父宮様へ全快内祝（味醂二本）。〔略〕本多国務相拝謁後、総務課長に引合す。拝謁一一—一一・四五。〔略〕九州議員大勢来府、総務課長と話す。拝謁もあり。笠井重治拝謁の帰途立寄。

〔欄外〕若松来訪揮毫。横浜知事市長献上の件。

五月一七日（火）　九州御巡幸。駅には首相、両院議長、運輸相、厚生相御見送り。車中拝謁、都正知事、名鉄局長、滋賀、京都、愛知知事、岐阜副知事。侍立は侍従長と交代。沿道歓迎多し。京都駅より御所迄は相当熱烈。夕食は久しぶりの明石鯛。関西料理美味。大宮御所拝謁に京都府議長、市長代、市会議長、大阪知事、議長、吉井勇、谷崎二氏。一般天機奉伺記帳相当〔あ〕り。夜、飛鳥井来室。朝父末《〔ママ〕》作、名駅にて松花堂羊羹二本入一箱くれる、京都にてたべる。

五月一八日（水）　定刻御発。高見クラブ。

五月一九日（木）　〔略〕高見クラブ。

〔欄外右〕宿主に伝達、夜。

五月二〇日（金）　〔略〕大丸。

〔欄外左〕赤旗ありとのこと。

五月二一日（土）　〔略〕大丸。

〔欄外左〕赤旗一本。

〔欄外右〕天機奉伺首相。夜御相伴。西公園土下座。

五月二二日（日）　晴牛車。佐賀楊柳亭。

〔欄外左〕協楽園狂人。

〔欄外右〕乾来訪。首相へ天機奉伺申手紙。御進講四人。■■山の青年。

五月二三日（月）　知事視察、宿主伝達。春慶屋令嬢給仕。武雄。

〔欄外左〕揮毫、朝、宿主に伝達。

〔欄外右〕嬉野病院■前共産党二名。

五月二四日（火）　浦の山寺赤一本、潜龍炭鉱赤一本十人、三回移動。佐世保御着後、佐世保大黒住宅「天皇陛下」と大声。

〔略〕

五月二五日（水）　主計課長更迭の件、林より電報。上奏返電す。六時雲仙御着、食後御散歩（藍草）。久し振酒食美味。

〔欄外〕聖母カトリック、少し過ぐ不愉快。

五月二六日（木）　快晴爽快、八時食堂。九・三〇―一・〇〇、仁田峠、みやまやなぎ、ひめみやまはぎ群落、いぬつげ群落。四―六、原生沼と白雲池。店に伝達。

五月二七日（金）　曇九時発。諫早奉迎場にて赤旗一本あり。若者共■して持てり。其近くに祖国連盟の万古天覧の旗あり。愛野御展望にて奉拝の形となる。トンネルを越して Open と御乗換。西坂公園にて、遺族一人御願云々といふ。精機を先にし奉拝所後となる。精機より小雨、箱となる。奉拝は君ヶ代の直後御言葉、後市長御礼と議長万歳。三菱造船の奉拝約五千の従業員に紅白まきの式場整然たり。夜、物産、記念品天覧。三谷と同室、西洋館の古きよきものに一泊、知事、警察隊長に賜り伝達。此日長崎医大にて博士好感持てず。

五月二八日（土）　朝、丹羽周夫所長に賜り伝達。御出楼前、社長拝謁。雨の中御出発、途中にてはれ。一・一〇久留米御着、駅前混雑ひどし。予定通りにて五・三〇頃船小屋町、樋口軒御着。直ちに川岸に出御、万才に御応へ。宿主に賜ひ伝達。ふろはやめて早寝す。其前に主務官の部屋に行き、明日の日程きく。

五月二九日（日）　晴、朝つちやたび御礼。首相に返事書き、内閣の使者に托す。代議士高橋某自家庭先に来る。御座所にて少時。八・五〇御発輦、三池炭鉱に御成り、外人に御握手。三井化工にて一度混乱となる。赤旗本部に一本。大牟田駅一寸時間早く、熊本定時御着。新聞社にて一度混乱。総理より手紙の趣奏上す。これは知事公舎に御着後、三進講の後なり。副知事公舎に下り泊す。侍従長と隣室、昨年育英会にて来たりし時御馳走になりし部屋。小室興氏来訪、同情に値す。

五月三〇日（月）　気遣はれたるに係らず晴れ。知事公舎にて賜り伝達。ウドンゲの花拝見、御手播きの上、日程通り。午後突風らしかりしも三角御着の頃平穏になり、天皇旗を旒示して北松丸進む。南松丸外 Coast Patrol 前後につく。斎藤国警長官船上拝謁。九州船社長、海運局保安部長も。田島もたべる位ならと船中にて果菜召上る。海弱の大将との御考らし。天草島峠を越え八時頃御泊所着。知事等と打合せ。入浴夕食後十時就床。

五月三一日(火)　好晴。予定より十五分早く御出発。其前に宿屋前奉拝所に出御、富岡御視察五十分、船平穏、赤崎前鯛網御覧。万尾川上六十隻、八代の前にて渉御召船に御乗換。アルコール工場の後奉拝所、市長演述(約に違ふ)。小雨、松井邸、御進講三氏。拝謁、斎藤国警長官、熊本副知事等。次長より電報人事。雨ふり出す。早く就床。知事警察課長賜伝ふ。

六月一日(水)　晴。睡眠九時間爽快。みなとや。歌を書き、食後松井邸泊主に賜伝達。連絡あしく、一部は供奉車に御乗りの為、県の車にて供奉す。松井邸御庭御散策。宮本〔武蔵〕、無二の書等拝見。赤旗八代及川内両市に見る。「天皇ヒロヒトに申す、あなたは……」の文字を見る。水俣も雨、途中も小雨。かごしまは相当雨、岩崎〔谷〕荘につく。理髪。郷秘書官の手紙、白耳義《ベルギー》大使と英国大使持参。外に小泉氏来書。荷物整理、郷土食多し。

六月二日(木)　八・三〇知事奏上。午前、加治木、帖佐等小雨中行幸。午食鯛飯等。利野といふ人来訪。文旦漬到来。御進講三人の後、さつま芋御覧。午睡。御前御相伴、剣木、黒田と。植氏に返事。Lady Gascoigne にも返事。理髪の師海津氏に託す。夕食後海津氏に理髪して貰ふ。国会議員来訪。九・三〇就床。〔略〕

六月三日(金)　雨あり、餅、ちまき、甘酒。食控える。余程よくなる。港を発せられる頃より小止み、それ迄一寸降る。弁当は控える。鹿屋開拓は道路あしき為止めに決定。又明日の野井倉行も道路悪の為順序変更のこと、昼食のとき決定す。大隅一層論外か。鹿屋荘田舎宿やぶれっとして〔ママ〕しく、火鉢あり。鹿児島県知事及議長来室、宮内庁の話など雑談。陛下泊所は古風。知事、警察課長に賜物伝達。

六月四日(土)　朝、七・三〇平田邸泊所賜物伝達。鹿屋駅八・四〇志布志九・四五、志布志港九・五三―九・五八、野井倉一〇・二八―一〇・四三、安楽駅一一・〇四、岩川御下予定通り。都城ラミー工場側説明者不充分、誤解あるか。都島展望台御ゆつくり。宮崎県知事末吉に来る。末吉駅の御徒歩もよろし。弁当も折でなきよろし。宮崎着、直ちに梅屋敷に来る。入浴食後一寸同泊所近辺ゆく。共同田中、知事、主務官、技官山口来室。〔略〕

六月五日(日)　青島行幸。九―一二・五〇、御帰途南日本のこども記者花束のこと、こどものくに御立寄共に失敗、食後陛下に御諫言上す。此事侍従職にも鈴木氏にもいふ。県の総務部長にも此事其他に関連し、学察の宮内庁方針いふ。学者中島につきても総務部長変なことといふ。鈴木氏に明日のことときく。当地副官のチヨコレート事件。今日は出来事三あり。黒田対し。御腹工合よからず便所三度。

〔欄外〕三笠宮と尾島博士との座談会記事、陛下御示しになる。


六月六日（月） 予定通り、別になし。県庁屋上、進駐軍陛下と御加はり願ひ撮影、小僧握手。将来問題なり。宮崎神宮、佐藤重遠氏にあう。唐瀬原開拓辺より雨。夜は泊所の親類西次郎氏方に一泊。ふろの後黒田式部官と話す。内藤式部官兄弟来訪。主務官の話き、、九・〇〇就床。

〔欄外左〕帰還の人及在留者土下座御泊所前。

〔欄外上〕軍政官C．I．Cに御握手、宮崎神宮のこと仰せあり。


六月七日（火） 旭化成ベンベルグ、何事もなし。門川港、魚、細島港隻腕港務長。其他皆雨。列車内拝謁、知事、副知事、議長、出納長と大分知事。大分に入り駅前奉迎多し、雨。佐賀関は幸崎より、溶式精錬。別府着後、別館故自由なく入浴。知事及主人来訪、鈴木主務官九時半、明日日程等。

〔欄外上〕朝、谷二郎賜物。

〔欄外下〕石川忠のこと内奏す。陛下の命、石川のこと、石川日田のこと重て託す。入江に話す。


六月八日（水） 〔略〕午前御巡幸、県庁にて政党、新聞代表に御会釈、其他天子様を煩はしすぎる嫌あり。遺族会も同様。別大街道、山口運転少し米婦人の為斗らひ過ぎる。十万人少ひつこし。興奮と黒田いふ。陛下も外人に今少し御遠慮なき様願ひたき心地す。午食、日名子。午後御出掛前、麻生を通じての首相天機奉伺奏上す。御進講四氏に侍立して後、竹田、万里、梅園のものを拝見す。食後御進講二氏。提灯行列ありしと。庭散策。


六月九日（木） オープン御発輦の時、宿の前大変、中津にても混雑の場面一、二回。下毛郡下郷村村長以下㊡とき、しが何事もなし。堵列村民他と同じ。㊡事務所も国旗。日田も雑とう、奉迎場は近隣の人多く、多数。御泊所にて石川忠両親にあう、宿下りす。御泊所前にて鵜飼と提灯行列あり。大体大分県は陛下を引張り廻す傾強し。神栄工場にてキヤメラ班の電球破片を陛下かぶらる。夜中目ざめ行幸に関する雑感多し。

〔欄外上〕朝比較的早く御前に出で、博物の本を見る。

〔欄外左〕宿下り加藤氏、大部屋、とにかく庭広し。


六月一〇日（金） 加藤氏方より八・三〇御休所に上る。三隈川眼前に横はり嵐山の趣あり。九・五〇御発耶馬よろし。鹿鳴館、耶馬渓も亦、中食山国屋にて競秀峰を見ればよろし。時間ずれの外、万事よろしく終了す。行橋奉迎場盛なり。Openと牛。八幡に着き首相に電報。知事等拝謁、賜物伝達。新聞記者に陛下御感想伝達。〔略〕

六月一一日(土)　〔略〕朝抹茶、新聞感想用検討。下関発後、鉄道側より少に不穏の噂ありときく。広島管内石をつみしことありときく。京都駅着後、次長の伝言を以て藤田皇宮警察本部長より不穏の内容きく。侍従長、主務官と相談、予定通り還幸と決し、先行車等鉄道の用意と危害に対する供奉員の注意を申合せ。一一時臥床す。其前に次長より電話、或は三井を沼津迄出す、そして小田原より自働車に願ふかも知れずとのこと。陛下には侍従長を経て適当に言上のこととす。車窓に御立ちのこと等いろいろ話す。夜おそろしき夢を見る。入浴せず。

六月一二日(日)　九・〇五大宮御所御発。九・二〇御発車。線路警戒とのこと故、御召車に侍すること往路に比し多し。名古屋局長、管内維持安全といふ。ピストル事件等あり多少警戒す。沼津に至るも、三井課長来らず、東鉄管内も無事とのことにて御予定通り御帰京。御文庫にて御祝酒を頂き、皇后様に拝謁(侍従長と主務官)。役所にて次長等と話し、帰宅八時過。〔略〕

〔欄外〕御出発前、侍従長より形勢概略申上ぐ。

六月一三日(月)　朝、大宮御所御機嫌伺。総理官邸に名刺出す。一一―一二、九州各知事、行幸御礼拝謁。四・四五―五・三〇 Bunker 訪問、行幸九原則有りのまゝ報告、General にもいふとのこと。

六月一四日(火)　八・三〇出勤、式部官長来室 Eastman 申出の件、etc。一〇前発大宮様御見立、御言葉を賜ふ。〔略〕下村宏氏来訪、雑談。一二―一、九州知事(佐賀欠、福岡、大分別)賜餐(御陪食と同一献立、出御なきだけ、長官御思召を伝ふ)。高尾、寺崎来室。るす中新聞関係。〔略〕

六月一五日(水)　次長、外務次官訪問、寺崎のこと今週中に進めるとのこと。小泉氏に電話す。人文雑話のことたのむ。〔略〕一・四五御出門、学士院行幸。三時少し前還幸。〔略〕

六月一六日(木)　小泉氏六月仕向のこと、etc。三谷侍従長来室―寺崎のこと。吉田首相拝謁(寺崎のこと、岡田、若槻のこと)。日本学士院受賞者陪食、一二―一二。来訪、式部、Schenck の写真御署名のこと、宮廷服のこと。主殿頭、大蔵当局招待のこと。職員組合整理につき希望、委員長、副委員長。供奉員慰労会、五・三〇官邸(次長、馬のこと、北白川着服のこと）。八・〇〇相当盛会、キングコング。
〔欄外〕饗場（日大のこと）、里見弴（本の礼）、小室（知事紹介）。
〔略〕

六月一七日（金） 午、検事御陪食一二・三〇、各管内の話あり。九州警察隊長招待、官邸、五・三〇―八。

六月一八日（土） 両陛下一〇発葉山行幸に付御見送す。〔略〕

六月一九日（日） 〔全文略〕

六月二〇日（月） 東宮関係相談、一〇―一二・三〇安倍、小泉、野村、侍従長、次長。御住居問題、武者小路闖入。寺崎氏来訪を求め、外務省免官ならば宮内庁も辞表出されたしといふ。率直に承知す。陛下も御了承かと尋ぬ。陛下三・三〇御帰京。皇太后様、五・〇五還御御迎へす。拝謁。帰宅。〔略〕

六月二一日（火） 雨、侍従次長（本願寺のこと）。来訪、福岡市長、外務次官太田一郎（寺崎のこと）、寺崎英成（辞表持参）、斎藤惣一、Vining、東宮MC訪問のこと。〔略〕二―二・三〇拝謁。三、Meiji Shrine Ayame Garden Park〔明治神宮菖蒲園〕お流れにて、長官、侍従長、供奉慰労会に終る。Mrs Vining 訪問、Crown Prince、General 訪問よろし、但し Publicity 万全のことといふ。

六月二二日（水） 小泉氏訪問（MC行啓のこと、御礼のこと、etc）九・一〇―一〇・三〇。日大呉、文次官伊藤来訪、十月行幸の件、大学の特長きく。Vining 来訪、MC会見のこと（小泉氏に電話、打合す）。電話富安（[redacted]信のこと）、〔略〕図書頭（陵調査のこと、皇室制度調査の[redacted]打合会のこと）、皇太后大夫来室（行啓のこと、etc）、三谷侍従長来室（寺崎のこと）、秋山（株のこと）、内蔵頭（宮廷費実行予算のこと）、[redacted]信（リノリウムのこと）、高尾に話す。〔略〕

六月二三日（木） 〔略〕清宮様ハシカのことときく。午食後清宮様御見舞後、洗濯部、自働車庫見る。角倉氏来訪。小泉氏と電話、Viningと会見せりと。寺崎は銀花瓶一個と〔略〕決済書のことにて馬車の所にゆく。脱帽せよといふ。首相に礼。〔略〕

六月二四日（金） Vining 方による。加藤前次長、山田前市長と来訪、神宮再建の話。福岡、大分両知事参内拝謁、賜餐、役課長も同席、二の間御認め。一〇・三〇―一・〇〇。馬転換判おす。〔略〕野村氏訪問、いろいろ話す。
〔欄外〕寺崎賜物と辞令。

六月二五日(土) 大宮様御誕辰一〇大宮御所、一〇。〔略〕図書寮打合会のこと、一。夜、次長、総務、秘書、入江氏自宅へ。〔欄外〕秩父様拝賀。

六月二六日(日) 〔全文略〕

六月二七日(月) 一〇―、次長、総務課長と今夕、警衛、指導関係のこと打合。一一・三〇―一二・一五、次長等Bunker打合。三笠宮様と御話(行幸関係の話二―六)。東宮様六・五五第一ビルにMC訪問―七・二五。〔略〕

六月二八日(火) 一〇・三〇御召(三笠様のこと、東宮様のこと)。岡田大将拝謁。(Vining夫人来室、次長、総務課長と昨日の話)。〔略〕新聞記者招待、行幸関係四―八・三〇、供奉高等官全部、いろいろ話有益(田中、藤樫、秋岡、渡辺、木田)。

六月二九日(水) 一〇・三〇―一一、Colonel Bunker訪問、寺崎の後任、松井と松平のこと、及東宮御訪問の礼。天皇陛下御訪問御希望の模様。一一・四〇―一二、拝謁(御召はBunkerの前)。東宮様のThis is also rightのことにて御安心の旨、侍従長に御話の引揚拝謁の話、Bunkerとの話、松平に直接御下命の旨。松平拝謁、一・三〇―二・三〇、拝謁服装の評議。次長との話、高松様自働車、衆議院宿舎、馬の飼料、勤労奉仕、Bunkerのこと、松井の人事のこと。小泉訪問、This is also goodのこと話す。〔略〕

六月三〇日(木) 式部頭、Fellersの本のシナリオのこと。総務課長、新聞記者御会釈のこと。〔略〕

七月一日(金) 〔略〕松井氏に関する文書交換、外務省と。秘書課長、任官書類説明。二―四、安倍、小泉、辰野、天野、和辻、花蔭亭(階級と民族)。五―五・三〇外務省松井明氏と会談、Debate後次長に任す。Blyth三十分斗り稽古の後、Clever論からadviceとなる。アンビシヨン云々、クレバーはよろしいが、かくす必要あり、老子の大賢は愚に似たり、クレバーでない本務に熱心といふだけといふ。いやそれは人から見れば同一に見え、同時に野心的に見える。バンカーの意見、バンカーの為人、MCの為人等の話、結局寺崎の悪声の結果。Vining御挨拶Tスタンド贈呈。〔略〕

七月二日(土) 厚生大臣及斎藤長官参内、上奏引揚状況。総務課長、新聞人賜茶のこと三人、陛下夏休のこと。犬丸氏来庁行幸談。歯科衛生のこと講堂にあり。〔略〕

七月三日（日） 秩父様―君島一郎と九・〇五東京駅発。一二過着、午餐頂く。四・二一の汽車にて帰京。君島に渡辺愛知頭取のこととか、穂積更迭のこととか話す。

七月四日（月） 午前、経済主管内廷予算勉強。一二、花蔭亭、両陛下、寺崎夫妻御相伴―二、侍従長、次長、侍従次長、女官長、高木氏。友禅ちりめん一反夫人に下賜。鹿児島、大分、宮崎三知事、二県会議長来訪（[redacted]の話）。官房次長より次長へ電話。総理身辺のこと、自働車のこと。

七月五日（火） 〔略〕一〇・三〇―一一、拝謁、寺崎は何と感じてるかとのこと、田島はうらんでも皇室は大丈夫と申上ぐ、人物はい丶、との御話故、其点兄程ではありませんがと申上ぐ。引揚状況につき御軫念、皇室のうつ手は陰徳的に考へよとのこと。宗教的の声の[redacted]のこと。明朗の引揚寮のことetc。式部頭、葉山英人活動写真のこと。藤本愛媛大学長来訪。二―五・五〇、花蔭亭（行幸随行記者三人茶会）、いろいろ話出で、先づ好結果か。次長室にてその後の話きく。

七月六日（水） 八・三〇発、池田成彬氏訪問、小泉信三氏同行、小泉氏方九・一五頃発、一一・〇〇着午餐頂く。予期程は話はづまず。皇太子様[redacted]行幸のこと、etc。往路車中、小泉氏に寺崎事件語る。三・四五頃発、帰京。雨天。下山国鉄総裁、惨死のこと、治安心配なり。福島事件といひ国家に艱難。シベリヤ帰還兵事件といひ。

七月七日（木） 〔略〕次長、総務課長と下山氏に対する御仕向のこと相談、祭祀料￥一〇〇〇とする。東宮御警衛、水泳行幸時間等、次長と打合す。三谷と松井と明日のこと打合す。〔略〕

七月八日（金） 次長に警衛及発表のことといふ〔次行の「Embassy」へ「⇕」と矢印〕。一〇・一五Embassy、御出掛御文庫一〇・〇三御帰り。一一・四七、松井明氏御通訳、往返ともＭＣ握手す。松井と侍従長室。Bunkerと書斎にて侍従長と話す。午後市長達御会釈。三―三・三〇拝謁、御警衛のこと申上ぐ。東久邇氏礼に参上。〔略〕

七月九日（土） 午前は次長、共産党情報と式部官長の写真の話、Redmanの話についての順序。三谷、入江に相談、事前打合には松平も葉山行可ならんといふ。米側にてWhitney乗気のものは其後のこととす。Pakenhamの話。今回情報言上のこと頼む。松平議長、午後一・三〇―三・三〇、三淵氏訪問、大場のことたのむ。広島のこと電話、武田キヨ、平和祭皇后様御

言葉のこと〔02四三四〇〕。〔略〕

七月一〇日(日) 〔略〕

〔欄外〕総理はホープライトのことといわる、三淵氏来訪のこと。

七月一一日(月) 一一―一二・三〇武田キヨ氏来訪、広島平和〔祭〕へ皇后様の御言葉希望、総務課長話して納得して帰る。石田長崎〔地方〕裁判所〔長〕来訪。吉田総理参内、あはず、侍従長と話す。三・三〇大宮御所―五・一五、信州の御話、九州巡幸の話、進駐軍との了解、及警戒より共産党の話、米軍と共産党と何れよりも批難なきやうと申上ぐ。皇室の方のためによろし、宮内官其他はへらせとの話、外套地の件、タイプライター、陛下御舟のこと等申上ぐ。宮内官又は旧奉仕輩に御手厚きことは美徳なれども、それは進駐軍のにらみ結局はもつと人をへらせとのこと、池田成彬の Rot〔数文字不明〕のことも御話す。寮割拠のことも申す。大夫よりの計算の範囲内でどうしても御必要のことは陛下用のことならば又長官考えますと申上ぐ。賜はりいろいろ、相模川鮎六、[redacted]、ソバ、卵、椎茸等。

七月一二日(火) 一〇葉山行幸啓供奉、一一・三〇御着、旧東京市内警戒多し。食後拝謁。二時頃警察本部長藤田氏の車に便乗帰庁。菊五郎祭祀料¥七〇〇とすること、文化勲章のこと。

〔略〕

七月一三日(水) 〔略〕電話あり、Bunker 会見希望とのこと、五時単独にてゆく。秩父宮の Interview を陛下にもつてゆけといふ。其後の措置のことにはふれず。三谷と相談し、三谷方にて Supper をとり葉山に参上す。両人にて申上げ、翌日御殿場に上ることとす。

七月一四日(木) 鵜飼行きの式部頭に電話す。旅行やめやうかとの話もありしもよろしといふ。林次長を自宅に誘ひ、登庁して秩父様事件話す。黒田に昨日参上、今日御殿場行のことを Bunker に報告することとす。三谷とも鼎座相談す。三谷は此朝吉田総理に報告す。外務省にても若し文書を出す場合となれば関係すとのこと。九・〇五発御殿場行。Mutsu の Misrepresentation 大部分にて、殿下の意見は日本人の自覚反省要旨にて進駐軍の批評にあらずとのこと、少し争ふ。二・一一の汽車で帰り、黒田帯同 Bunker 訪問、ありの儘いふ。自分に殿下は I regret 的のことをいはれたといふ、misunderstand の原因をまきしことにつき、Bunker 了承す、但しくぎをさゝる。吉田総理に田島報告す。侍従長は葉山に参候、御報告申上ぐ。

七月一五日(金) 一応出勤、一〇・一七発にて葉山行。弁当

持参。食後一―二拝謁。委曲昨日のこと言上す。或は逆効果かも知れぬが、三殿下に此際為念《ねんのため》注意を申上げる様御命令あり。尚大宮様にも言上せよとのこと。三時発四時過帰庁。黒田氏同行、Bunker 訪問、陛下は General に新聞記者に関する注意に全く同感にて、従来も宮様方に御話あるも今回更めて伝達する様、田島へ下命ありたりとのことといふ。General に報告せりといふ。

七月一六日(土) 五・三〇迎への自働車、八重洲口より六・二〇にのる。乗換都合よく九・四五御殿場着、委曲申上ぐ。帰る時又厄介かけるかも知れぬと我儘口あり。一一・〇四発二・〇〇帰京。三時大宮御所に出で大体御話す。四―五高松宮邸に御話す。陛下の御話は承り置くも、新聞社にあはぬことは出来ぬとの御話、利用云々の御言葉もあり、不遜との御言葉頂戴す。帰庁後次長といろいろ。総理より電話、小泉を教育委員会へ勧誘してくれとのこと。

七月一七日(日) 松平康昌氏より電話、昨夜帰京、Mutsu Case のこと話す。一蔵氏電話。十九日約束。一・三〇、松平恒雄氏訪問、plum 進呈、Mutsu Case。小泉氏訪問、教育委員会のこと総理の依頼―謝絶。〔略〕

七月一八日(月) 小泉のことで総理に報告書状〔一九日条に矢印で「返書あり」〕。三笠宮様御訪問、一〇―一一、高松様のことに及び落涙す。〔略〕松平前長官一年祭拝礼。次長より共産党の話きく。

七月一九日(火) 後藤一蔵氏訪問、九―一一、学習院理事辞職のこと、来年三月迄留任のこととす、それ迄に安倍と懇談のこと、及宮中のこと雑談。一一・三〇―一・三〇、三淵長官来訪、雑談、宮様のことも申す、総理と行幸のことの話、漢籍の話、etc。角倉氏来訪。藤田嗣雄に葉書。(次長葉山へ伺候、社会状勢奏上)。〔略〕

七月二〇日(水) 登庁、総理秘書官、二五、二六、二七都合よき旨いふ。小泉氏電話、東宮様成績、式部頭に秩父 text を見せる。Crown Prince の乗馬帽子のこと、次長と話す。広田秘書官、万年堂干菓子[redacted]、るす。食後開新堂へ電話す。午後松平恒雄氏来室、昨夜新聞記者と話した話、三井氏官舎の話。次長、東宮職にて共産党の話。

七月二一日(木) 大宮御所へ、池田氏メロン二ケ、万年堂半生、開新堂二十ケ献上。〔略〕三・一七発逗子行(長崎市長 message のこと)。夕食後拝謁、宮様方言上のこと。〔略〕

〔欄外〕Willer 申出のこと（式部頭より）承知の旨いふ。次長昨日の話。

七月二二日（金）　八・〇〇御出門、九・三〇還幸。松井氏御進講。百武氏拝謁。小泉拝謁、両陛下共に御文庫にて、東宮様のこと、一一・三〇—一二・三〇侍座す。野村大夫も奏上。行幸全国水泳大会、五—六・三〇—七・〇〇。〔略〕

七月二三日（土）　御出門前御召御文庫にて。八・〇〇御出門、九・三〇葉山へ御着。車中にて辻女史のこと、かつて皇后様は話もありしとのこと故、辻氏訪問、特に御進講でなくば参上すとのこと、侍従長に話す。〔略〕山梨大将訪問せしも留守。藤沢に出て帰り少々疲労気味、早寝。此日、植秘書官をたのみ自家製菓子を大宮御所に献上、「御通ひ」の缶に入れて。

七月二四日（日）　終日在宅。此日葉山に Rowell Thomas 行く trouble ありたるらし。〔略〕

七月二五日（月）　八・三〇発出勤。次長、総務課長、秩父宮、吉田、祭祀料の件、長官鮎の件、三笠宮佐渡行の件、大場出張の件。黒田昨日の葉山のことといふ。一、日赤理事会。帰途宮根氏、侍従職のこと（服地の意味）、穂積のこと話す。

七月二六日（火）　午前、次長、三笠宮来庁、皇族会の話、二八日とか。改造の話も一寸ありしとか、今後は決してとの御話ありし由。午後式部官長、昨日 Redman と葉山撮影のこと及一昨日 Wheeler のこときく。塚越氏来室、東久邇様松本談、小原某よくないとの話。二・四五—四・四五、田端案内にて吹上順覧。次長、宇土和歌のこと、東宮アメリカ映画のこと。黒田をよび、昨日 Bunker との話合をきく。〔略〕

七月二七日（水）　〔略〕午後次長、共産党員のこと、野球等のこと。

七月二八日（木）　午後、右指ケガ、病院処置。緒方竹虎—東久邇さんのこと、[redacted]のこと。〔略〕

七月二九日（金）　五葉山発六・三〇御還幸、次長供奉。夜分いたく、秘書官電話、頓服持参。

〔欄外〕女官長夜電話、両陛下御訪問、竹屋女官迄御礼言上方御願の旨又御文庫。

七月三〇日（土）　八・三〇明治天皇祭、欠。一一、鯨拝謁。三、Pope 使節。四、Kelly、欠。

七月三一日（**日**）　八御出門、次長供奉、御見送せず。〔略〕

八月一日（**月**）　勝沼より二十九日付手紙着、返事書く。〔略〕

八月二日（**火**）　鈴木総務課長、印度行の人に御写真の件。本郷事務官京都陵墓手当[redacted]の件。

八月三日（**水**）　〔略〕午前、塚越、秩父宮シガレットケースのこと。松平、昨日の沼津撮影のこと。入江氏、辻女史のこと、百武氏のこと、警察京都旅行のこと。午後、日本タイムス長谷川、皇室キリスト教のこと。病院今日はやめ。東大水島、岡田両博士訪問。行政監察本多大臣[redacted]。総務課長、読売に生物学の件。ときわ松、蔵相招待。松平議長拝謁のこと。

八月四日（**木**）　〔略〕病院糸を抜く一部。侍従長来室、新聞記者の話。二―四常盤松、高松、三笠両宮[redacted]、右翼と朝鮮の話。〔略〕

八月五日（**金**）　皇太后宮大夫来室。部局長会議。一一・三〇抜糸第二回。〔略〕

八月六日（**土**）　高橋龍太郎氏来室、献上のこと。午食後、〔略〕岡田啓介氏訪問、酒二升、斎藤実氏のこと、宮内府に[redacted]定のこと。六・〇〇帰宅。

八月七日（**日**）　〔全文略〕

八月八日（**月**）　英字新聞勉強、Splice。陵墓〔四文字伏字〕戒告。一二・三〇発山梨大将訪問、野村のこと、小泉のこと、九州のこと、東宮御住居のこと、Sebald、保科中将のこと。〔略〕

八月九日（**火**）　次長、愛媛県海難者御供の件。皇太后宮大夫、此際行啓御止めの件。式部官長、写真の件、過大の話。外科処置。〔略〕

八月一〇日（**水**）　〔略〕松平恒雄氏（一〇―一〇・四五）、Sebald のこと、Mrs Sebald 御見物のこと。〔略〕岩波書店小林（クロース献上のこと、深井氏本のこと、[redacted]氏のこと）。〔略〕四・三〇水泳選手会見のこと。五―六・二〇小泉氏訪問。六・三〇―九・四〇秩父邸夕食、総理と三人。

八月一一日（**木**）　次長来室、秋山に高村伯父のこと、高尾のこと、大場転職につきてのことetc。病院行。東鉄局長挨拶。

吉田シガレットケースのこと。後藤隆之助来訪、小泉遣米説、三―四・三〇。Nippon Times 社長訪問。〔略〕総理に礼の名刺。〔略〕

八月一二日(金) 朝、一一・三〇迄次長雑話。病院井上女医。午食に賜りの Honey Dew 頂く。〔略〕夜常盤松、東ヶ崎潔と小泉信三と会食。小泉氏に就任秘録とペン伝を貸す。

八月一三日(土) 次長、二五〇、―〔○○○〕返還問題のこと。午食後帰宅。伊沢氏訃音龍話あり。〔略〕

八月一四日(日) 終日在宅。〔略〕久し振りに論語解を読む、いゝ気持し、何人も来らず。円満退職、早く論語にて暮したし。

八月一五日(月) 次長来室、大神宮勅使のこと、参院写真屋の御真影通知のこと、〔二文字伏字〕事件二五万のこと、病院井上女医。栄木氏、東宮様軽井沢の話。侍従次長来室、葉山の御様子。

八月一六日(火) 一〇豊島岡にゆく。秘書課長、書陵部長、本郷事務官。一〇・三〇博恭王三年、同妃殿下十年祭、Admirals、高橋三吉、近藤信竹、加藤[redacted]蔵、武者小路氏にあう。午食後、一・二〇病院にゆき、全生庵にゆく。伊沢氏葬儀、田中清次郎氏、前田多門氏、後藤[redacted]同車。黒田君に Vining 返事たのむ。〔略〕

八月一七日(水) Vining 投函。次長に今後の仕事大綱起案たのむ。履歴書勉強。二―三、小泉、野村来室、打合。

八月一八日(木) 〔略〕一時発にて葉山着、付属邸拝見。辻女史と会見。葉山へ伺候、小泉、野村同行、五―六拝謁、両陛下、侍従長、女官長侍座、Vining 方行啓のこと、今後東宮御住居のこと、寮に小金井仮御殿のこと、Vining との協調のこと、三笠宮批難のこと。食事後御庭拝見。帰京。〔略〕

八月一九日(金) 〔略〕部局長会議。〔略〕

八月二〇日(土)〜二二日(月) 〔全文略〕

八月二三日(火) 七時発、途中箱根離宮跡小憩、沼津迄自働車を小泉信三氏と共にす。スカールの両殿下を海岸に迎え後御相伴、大夫と山根学友。後保養ホテルテニスに御供す。四時発、六時大磯池田氏方訪問、夕食の卓を共にし、「顔」を貰ひ、九時発帰京。〔略〕

八月二四日（水）　次長、自働車二十五万問題、高松宮 Cadillac 問題、Yacht 問題。〔略〕午後、高橋龍太郎氏、宮相同伴来訪、献上の件、総務課長へ。〔略〕

八月二五日（木）　七時発、十一時頃御殿場着。〔略〕一一・三〇秩父宮へ伺候。小泉氏と共に開新堂菓子持参。小泉書物三冊。午餐を賜ふ。御庭拝見、妃殿下御案内。四時発七時頃帰京す。〔略〕

八月二六日（金）　次長来室〔略〕部局長会議に出る、一二・二〇。〔略〕

八月二七日（土）　九・四〇発にて伊東に若槻礼次郎男〔爵〕訪問、汽車中弁当、一時半頃より四時迄、酒二升飲み、西園寺公が宮相、侍従長、枢相は秘密なりし話、石渡子僧とのこと、同前宮相の同意不要論等。五・一七発にて帰宅九時頃。るす中、秩父宮邸より電話あり、急報にて架電す。結核予防会、九日 Piccadilly＝Hamlet 行啓の御話し。

八月二八日（日）　〔略〕一〇・四七東京発葉山行、佐藤恒丸氏訪問、入沢博士の話。侍従候所にて拝謁、二―三。五・〇〇葉山御出門、六・三〇御還幸、勤労奉仕へ御伴す。御菓子一つ賜り帰宅す。

八月二九日（月）　次長に文書持参、一昨日、昨日のこと、観瀑亭庭のこと、馬場掃除のこと、etc いふ。病院行。一―四、二五年度予算、次長、塚越、課長、係長。米陸軍次官検兵式にて砲声楽隊八釜し。〔略〕夜、今後の計画次長の文書加朱。

八月三〇日（火）　式部官長、雅楽奨励の話、東宮様の話。九・三〇創元社柏氏来訪―Vining のことは引受けず。「皇居」紹介す、又田中徳氏のこと話す。侍従長来室、Pere Candon のこと、松平氏、次長とも相談。総務課長同席、結核の会に皇后様行啓のこと話す。東ヶ崎氏シラキウス大学総長拝謁の件来訪。〔略〕四―四・四〇お文庫拝謁。〔略〕

八月三一日（水）　Kitty Typhoon。式部官長、昨日■田医博会見の話。侍従長来室、昨日御文庫二階のこと伝達す。結核予防会に電話の結果、Hamlet 行啓のこと再評議否。東宮、義宮還幸御出迎。小泉及大夫に昨日の御予定、警衛のこと話す。〔略〕台風の為早退。大場辞任発令。九時頃 Kitty 通過、十三年来のこと。〔略〕

九月一日(木) 義親氏高松宮御服装のこと。登庁後、植秘書官同道、徒歩にて宮城内被害巡視。野口明氏来室。大宮御所御機嫌奉伺。呉竹寮三内親王様に御機嫌伺、名取女史と話す。増田長官参内、御見舞のこと。被害個所修理のこと、次長及深尾氏と打合せ。〔略〕二・一五お文庫拝謁、増田参内のこと及御文庫日誌のこと。塚越氏に辞令。首相官邸に増田訪問、農作被害御下問のこと。三直宮様御機嫌奉伺記帳す。〔略〕

九月二日(金) 〔略〕一〇―一二部局長会、部局分け定員、予算問題及、東久邇訴訟のこと。二―二・二〇御文庫拝謁、Kitty 被害其後のこと、東久邇氏訴訟のこと、陛下より目隠し植物のこと。〔略〕Blyth、七―八、東宮夏休のこと。〔略〕

九月三日(土) 〔略〕次長より改革原稿貰ふ、職員縮減のこと。水泳選手は五日十時とのこと。〔略〕七、British Embassy MacDonald、次長出身承知驚く、京都 I. P. R Dr Nitobe いふ。〔略〕

九月四日(日) 午前無為。一一・〇五発、車中弁当、大磯池田氏へ一・〇〇着。五・〇〇迄いろいろ話す。良心に従ひ改革案結構、陛下の信任は別として牧野詣等等好評とのこと、改革は経済理由を専一にいふこと可とのこと。人物評、久原、井上、etc。〔略〕

九月五日(月) 〔略〕登庁、水泳選手に挨拶す。十時拝謁北車寄にて。小林雅一 Rotary 会長拝謁のこと。松平官長一昨日の Redman の話。二・二〇―三・〇〇拝謁御座所。松前博士全快とのこと。〔略〕田中徳―大谷伯のことといふ。そのこと〔で〕次長来訪。サロン読む。British Embassy に礼の名刺。次長、職員録編集のこと、歌会始のこと。〔略〕

九月六日(火) 次長来室。神宮儀式、課長来室。掌典長とも打合す。一一―一一・一五御文庫拝謁、神宮勅使のこと。次長室にて日大行幸、水泳東宮様のこと、軍人幣帛のこと。二―四・三〇松平恒雄氏夫妻訪問、孝宮、順宮、東宮のことども。次長、〔二文字伏字〕刑事々件のこと、予算会計検査のこと、etc。鈴木次長御進講のこと。

九月七日(水) 登庁の途次、白根松介氏訪問、東久邇のこときく、大して知らず。九・五〇―一一・四五拝謁御召し。御前に出でし帰途、侍従長に Intonation のこと、御進講のこと、Gordon のことといふ。十二時半頃、次長、総務課長来室、九日 Hamlet のこと。食後、日本製鉄三鬼及富士紡訪問す。三鬼は二七日に決定、富士紡はるす。吉田事務官打合、秩父宮の切符のこと。三笠宮総裁断りのこと。高尾よぶ。[redacted]御進講のこと。城図書頭、正倉院のこと。

九月八日（木） 山田侍従、御思召にて御著書持参、拝見仰付けらる。恐縮す。首相に会見希望の手紙出す。次長、伊勢勅使幣帛のこと、日大のこと、三浦梅園のこと、久邇宮転居のことetc。〔略〕図書寮展観拝見。総務課長、侍従次長、二十日のこと及欧州進講者のこと。黒田式部官、Rotary 会長、Reader's Digest 拝謁のこと、Bunker の話、水泳の写真のこと、松井通訳のこと。〔略〕

〔欄外〕森農相拝謁。侍従長来室、片山哲参内の話。

九月九日（金） 部局長会議、一〇―一一。皇太后宮大夫来室、皇太后様拝謁及行啓概論いふ。佐賀県総務部長来室。三淵長官訪問、大場の礼と東久邇訴訟のことといふ。午後小泉訪問。三笠宮（東宮教育のこと、[redacted]のこと、陛下御器のこと、Vining のこと etc）→此留守に官房長官来訪、林次長にあひ、直接官房次長に誘ひをかけるとのこと。やゝ憤慨、場合によれば辞職と考ふ。後任のことなど色々いふ。〔略〕七・三〇 Piccadilly Hamlet、秩父宮妃殿下清瀬行啓の話あり。

〔欄外上〕渡辺義郎氏へ賜りの煙草と、開新堂菓子たのむ、高尾に。

〔欄外左〕日大のこと賀陽宮に。

〔欄外右〕外人拝謁。

九月一〇日（土） 上野直昭本献上。朝、安倍と同車、図書寮にゆく。車来らず帰途困る（安倍に林次長をとりに来たこと、[redacted]学校のこと、宮内庁改革案のこと話す）。三谷に（次長のこと話す）。正倉院審議会、一〇―一、（御物調査の件、運送の件）。三島子、ボーイスカウトのこと来訪。〔略〕増田官房長官夫妻来訪、条理をつくして林のこと断る。これにて握手といふも手を出さず。但し理由は諒とせる様子。

〔欄外左〕谷崎潤一郎本献上。

〔欄外右〕一〇、総理拝謁。

九月一一日（日） 七・三〇発外相官邸へ。八・〇〇頃朝飯―一〇・四五。帰途三谷訪問、昨夜の増田会見、今朝の吉田会見話す。一―二、片山哲、就任経緯、就職後のこと、etc。帰後、雑事処理。

〔欄外〕次長十三日迄岐阜出張。

九月一二日（月） 往路安倍訪問、次長横取問題の経過、辞職のことなさそうのこと、Mussa 事件等話す。学習院高木るすのこと。一蔵、日高氏のこと etc。〔略〕神奈川県知事救恤伝達、千葉県知事御礼。午食後、式部官長、Boy Scout のこと。塚越

氏来室、検査の結果報告。早退。土器杯のこと注意。〔略〕

九月一三日(火) 総務課長、Jefferson Autograph 拝見。一○・二○―一一・三五拝謁。〔略〕侍従長、次長来室、陛下御本下賜先のこと、吉田武生のこと、津山のことetc。総務課長、長野県救恤請願のこと、横浜行幸のこと、日大行幸のこと。皇太后宮大夫来室、東久邇は大[redacted]御降嫁故、明治天皇御意思は何?との御話もありしとか、皇族様のこと、孝宮様のこと等話す。四時堀文平氏来訪、二十日の打合。黒田来室、MCへの贈本のこと、Kingのこと、松平氏へ伝言たのむ。官房長官より電話とて議会のこと。

〔欄外〕大宮様行啓宮城へ。

九月一四日(水) 次長、岐阜の話、官房長官の話。総理訪問、片山訪問のこと。松平官長、歌会選者のこと、題のこと、有力歌壇指導のこと否。次長、引揚御進講一○。〔略〕谷崎へ礼状、姉上へ返事、安否御礼。二・三○―三・○○拝謁。三谷に御本のこと(安倍等いふ)。後に電話にて、陛下御本及学者に直接に関係分のみとのこと。次長岐阜の話、山本後任の話etc。

九月一五日(木) 次長と話中〔欄外から矢印「本のこと」〕、御召拝謁一○・三○―一○・四五。一一発首相官邸訪問、増田長官、十二時帰庁。吉田総理はあきらめたとのこと、自分はまだ未練の意あり、今井一男、伊東[redacted]、渡辺武、田島了承のこといふ。〔略〕岩波書店立寄、陛下の本のこと〔略〕。侍従次長、孝宮様のこと、順宮様のこと、山川侍医のこと、御本のこと。官房両課長、ボーイスカウトのこと、山本成雄のこと、官舎のこと。〔略〕

九月一六日(金) 式部官長英国大使館訪問報告、Kingへの贈呈OK。英国雑誌London Illustrated Newsのこと。秘書課長来室、清水運転手のこと、歌会の為の中堅者一会促すこと。一一―一二・二○後藤隆之助来訪、小泉のこと、東宮御留学とからむ話、東宮様のことは小泉に全責任といひ、小泉引張出しの話をなす。高橋女史より返事あり、植君を吉右衛門氏の処にやり奔走。次長、売店のこと、平和祭のこと、東久邇事件担任のこと、自動車のこと、解約制度のこと、御陪食のこと、御文庫植木のこと。〔略〕

〔欄外〕リーダース・ダイゼストの人物論。

九月一七日(土) 芝居のこと秘書官に。小泉電話、御殿場行二五日。斎藤庭園係長に目隠しの話。深尾氏に自働車の話。総務課長、Boy Scout 両陛下、両殿下の話。日比野正之、御台所の話、Commitせず。〔略〕秘書官、芝居の札持参す。Viningに

届ける。〔略〕

九月一八日（日）　八発開新堂に立寄り、松本先生訪問。其後の東宮職のこと、及池田氏訪問のこと、巡幸のこと等話す。〔略〕林春雄氏訪問、侍医のこと意見きく。General Practicer 必要論正しく、坂口の人物、力倆ほめる。勝沼も同様。野村吉三郎氏参内、御話のことすゝめる。登庁、十二時少し前弁当。〇・五〇御出門―横浜水泳行幸、四時発五・〇〇御還幸。米兵、写真受に陛下の sign 頂く。侍従長を送り、田中清次郎氏訪問、帰宅。〔略〕

〔欄外〕林博士意見、総合医は稍老年。

九月一九日（月）　登庁の途、田中清次郎氏訪問。国体会長東、理事長清瀬来訪、昨日の挨拶。一〇―一一拝謁。吉右衛門氏に切符代届ける。〔略〕此前後次長来室、人事更迭のこと、御相伴のこと、御陪食のことetc。スポーツ関係御茶、新聞関係御陪食のこと、野に plum ■てること、山本成雄のこと、etc。

九月二〇日（火）　堀文平氏御進講一〇―一一・三〇〔略〕。Vining 一一・三〇―一二・一〇 permitting のこと、義宮のこと、今後の思付のこと。次長、総務課長及河東氏と社寺下賜金及祭祀料準備のこと、二―五。松平議長来訪、御本 Sebald の話。大場氏送別会、五・三〇―八、次長、酒きげん。

〔欄外〕東久邇氏の事件、新聞に明日出るとのことにて朝日に三井氏会ふ。

九月二一日（水）　式部官長、対日講和の話。管理部長、二課長、主計課長列席、Kitty 損害復旧のこと、自働車のこと、一〇―一二。呉日大総長挨拶、encourage の苦言いふ。広田来る、〔略〕Chichibu 様のこと承知す。公邸検分、二十日頃移転予定〔略〕。三谷邸挨拶、開新堂二十。〔略〕上村松篁氏来訪。

九月二二日（木）　次長、式部官長要談。吉田秩父事務官、広田の話伝へる。安倍能成来訪、二十八日不参。三笠宮へ参上、■言へ内親王様のこと（入江侍従に取次）。御召は安倍の為、二十分御待ち願ふ。「私の歩み」等献上。拝謁、一〇・三〇―一一。安藤正純氏等来訪。食事のとき前■書記来訪。〔略〕三谷といろいろ話す。次長と諸事、及秘書課長、病院のこと、Vining のこと。

〔欄外〕三谷と King、Gascoigne、Sebald のこと話す。Intonation のこと（Bunker、Baker、Silent のこと）。

九月二三日（金）　皇霊祭九・四〇参集、大臣多数、総理欠、高松、三笠両宮、伏見妃、久邇父子、北白川妃、竹田、閑院及

妃―一〇・五〇。Vining 東劇招待、一一、みし、周子、譲治……、役所自働車にてゆく、昼食サンド―《〔サンドウィッチ〕》。特別休憩室娘に tip、あとはあとのこと。東[redacted]にて ice crème。〔略〕

九月二四日（土） 朝、式部官長、陛下の本、英国 embassy へ持参。吉右衛門氏へ礼、酒二升。〔略〕塚越氏来室、松本元別当東久邇氏訪問の話。中川望氏にC．C．下賜金伝達。侍従長室にて正倉院のこと、東久邇のこと話す。漱石文学論説、[redacted]。Boy Scouts 行幸三・二五―四・二〇。両陛下、皇太子殿下、義宮殿下。予定通りでなし。写真多過ぎ。〔略〕

九月二五日（日） 終日在宅。論語（小泉、御殿場に吉田首相訪問。帰途、大磯池田氏訪問）。

九月二六日（月） 式部官長来室、Boy Scout 関係、Major Rivisto、松平氏に Mason のこと話すこと二回。今村[redacted]来室、帽子たのむ。秋山に筝爪渡す、御料になれば光栄の至り。大宮御所南瓜献上。昨日東久邇盛厚氏、植秘書官訪問の話。一）栗田氏のこと、二）高輪のこと、昔は木戸、近衛等ありしも今なし。高輪頑固にてきかず。小原に一任、堤、清浦二人ついて居るも、敗訴明白の様に思はるが、その暁は皆[redacted]考の尻と同じく困ることとなる。泰宮様に俊彦氏も心配。場合によりては進駐軍より高輪に居ることも八釜しくなるかも知れず、市兵衛町に早く適当の土地と家屋を求めて得る様、誰か考へられぬかと思ふとのこと。〔略〕秩父宮妃殿下御上りに付清瀬、赤のこと申上ぐ。〔略〕皇族様御話の会、Mason のこと二―五、三笠様は一人。城氏話あり、本原より情報ありと。

九月二七日（火） 植氏の話、俊彦氏の引下論にウンウン位の話とか、多少心境変化？ 一〇、三鬼氏御進講―一一・三〇（大宮御所行幸啓一一・四五）。〔略〕総理より来翰。Vining 及 Gray より芝居礼状。次長、改革要項分担等打合。新聞御陪食、社会事業御陪食、企画。

〔欄外〕両陛下、大宮御所行幸啓。

九月二八日（水） 〔略〕天野氏、羽仁もと子文化勲章の話。植秘書官、栗田氏のこと、二日、盛厚氏高輪訪問とのこと。坊城大夫来訪、昨日宮様方の行動につき御不満の話、大宮様とシツクリせぬやうなこと、[redacted]御仲よきをとのこと、南瓜のこと、東久邇のこと一度参上のこと。拝謁一〇・四〇―一一・三〇。御陪食、（安倍欠）、天野、小泉、（辰野欠）、和辻、水島、渡辺、坪井、平田、兼重―二・三〇、原子爆発のこと、捕鯨のこと、etc。三島通陽氏来室。世田谷小学校[redacted]のこと来訪。六日平和祈念のこと、首相との経緯。松平議長明日参内のこと。

小泉氏来室、御殿場のこと、池田氏のこと、御信任のこと。御野菜賜はる。G.C.、皇后様のこと、総務課長及次長と意見不一致（自分と）。

九月二九日（木） 式部官長来室、Blunden挨拶の各論、昨日の大宮御所拝謁のことetc。次長等と日大行幸のこと。水田氏来訪あはず。昇給案、新聞陪食案決裁す。二時松平議長拝謁、二―三、帰途立寄らる。次長、三笠宮に教育問題拝答。入江侍従来室、孝宮様のこと、歌のこと。四―五、吉田首相、首相官邸訪問。総理閣議より帰らず無駄足。役所に帰り、宗教の方断りる《〔ることカ〕》とす。夜、総理自ら電話に出で、明朝御餐とのこと、辞して八・三〇を約す。

〔欄外〕Y. M. C. A. ストロング拝謁。

九月三〇日（金） 八・〇〇目黒外相官邸、吉田首相訪問。宗教大会のこと、否定せりといふ。盛上らずといふ。東久邇のこと静観のことと首相いふ。ストロング拝謁のこと、陛下の外相知らぬは困るとのこと、法皇への返事、今少しとのこと。一〇粟田氏来庁せず。拝謁一〇―一一、部局長会議。安藤正純一一―一一・四〇。筧博士来室。〔略〕二・一〇孝宮御誕辰。三―四、田辺定義来訪、〔略〕林をとりに来た話をなす。式部頭、次長にStrong手続のこと。次長、木村小左衛門、高松宮のこと。〔略〕

一〇月一日（土） Blythに立寄り、首相宛本受取る。首相宛Strong拝謁事件、返書を次長、式部官長に相談、渡して外相官邸に届く。本郷課長、陵墓の話、京都出張報告。高橋龍太郎来訪、四方株のこと、中小業者のことといふ。〔略〕古河法務府、宮城地図及拝観のこと要求す。バンカー、ウィラーのことの余波か。

一〇月二日（日） 七時頃起床。論語勉強中Blyth来訪。Dykeの頃、天皇は文化的面よろしといひたることあり。〔英字不明〕五世出版費二百万円を捐てたる橋本サク男（大日Rayon）に天皇陛下より何等かのこと無しとの話故、松永御陪食のこと、杉浦夫人の隠徳、四書字引のこと話し、吉田の人物観不信頼のこともいひ、拒む様にて調査研究要すとて分る。〔略〕

〔欄外〕Blyth said you listen what I tell you sympathetically and critically.

一〇月三日（月） 神宮大宮司挨拶。次長、憲法御写真のこと。塚越氏、近藤氏、御物のこと。一一―一一・三〇岩波布川氏来訪、本二冊貰ふ。陛下御本契約のこと、塚越、鈴木両氏■。一二・三〇―一、辻永来訪―総務課長に紹介、芸術院展のこと、天皇に咫尺する記のこと。〔略〕三井課長、東久邇答弁要領のこと。次長、総務課長、社会事業神奈川県のこと、青山御所敷地分譲のこと、Nepier 同[redacted]のこと、etc。

一〇月四日(火) 九・四〇日大行幸、御文庫御発輦小雨なれど、三崎町停留場より御徒歩着。式辞、祝辞、校歌の後御言葉あり、原稿は持帰り。桑港会光[redacted]細田[redacted]の人、Metasequoia のこと、Dr Chaney の献上。昼食食堂徳川侍従、橋本[redacted]身代のこと。午後二五年度予算の経過聞く、自働車の話。佐野来訪。ロータリー会長拝謁、二・三〇。林次長、秋山主厨長接待、大膳の話し。〔略〕

一〇月五日(水) 一〇拝謁(退職者)侍立。二級官二者拝謁の間、三級官以下三の間。在職中は御苦労だつたこと。御煙草十本入。長官も三の間にて挨拶。一、生原氏、粟田氏夫妻(二、祝田町外出、稔彦王よりの御頼みのこと故、一寸今は困るといひ、希望なきに、若し天職の場合として予めきくこと御承知す)。〔略〕五、勝沼氏、夕食宅にて―九、本人むしろ御用掛希望、役所の実際就職の経緯等話す。次長、例の Whitney 写真問題、G.C.も不得已との意見といふ。G.M.C. Marquise 不得已独り熟考するといふ。

一〇月六日(木) 一〇・四〇―一一・二〇拝謁、自働車の件、昨日の粟田氏の件、夫人いやな人と皇后様仰せの旨語らる、馬のこと、メタセコの木のこと。新聞協会御陪食、馬場恒吾氏等一二―二・一〇、三笠宮新聞と自由、米関係に多少とも左右せらるゝ新聞と赤旗。三・三〇大宮御所に参殿―六・〇〇。御野菜、[redacted]等賜る。今日の御話にて気重し。

一〇月七日(金) 次長に昨夜のこと話す。根底に abdi のことあるにあらずやと思ふ。一〇、条約課長下田武三御進講―一一・五〇。侍従長に昨夜のこと話す。極一般に。黒田氏に英国 Redman にきくこと話す。拝謁三件、U.P.副社長、仏議員、フレンドに頼まれる宗教人。鈴木課長、田中侑江〔絹代カ〕の話、否定的の意見いふ。松平恒雄の調入手す。次長は絹江〔代カ〕稍肯定。松平官長に昨夜のこと話す、何れゆつくりとのこと。〔略〕

〔欄外〕写真問題、[redacted]務と次長会見、Bunker の手を抜きたき希望にて反発せしとか、MCは言出せぬも反対することなしとか、Whitney は余程希望の様子とか、余り急がぬとか……。

一〇月八日(土) 徒歩電車にて、八・〇〇発九・二〇着。正倉院のこと、次長等研究。〔略〕

一〇月九日(日) 曇、出掛の途中、若槻有格氏にあふ、若槻前首相上京参殿延期の手紙を見せて貰ふ。一一・〇五発池田成彬氏訪問。安倍は熱海より来訪、一時頃先着。次長引抜事件経緯、九月四日日曜後の首相官邸のこと、大宮御所のこと、etc。安倍君は寄附のこと。五年経常費の不足案つくれとのこと。帰途、安倍と雨中、品川乗換にて帰る。〔略〕

一〇月一〇日(月) 〔略〕一〇―一二、谷川徹三御進講、Hearnのこと、皇后様も。一、午食後、経済主管、予算のこと、三里塚[redacted]のこと。次長、厚生次官と打合のこと、大宮御所の始末のこと。三―五、動物学の会合、岡田、福田、水島、末広、竹脇、五博士、眼、水晶体の話。次長と同車。〔略〕

一〇月一一日(火) 九・三〇―一〇・四五小泉氏訪問、大宮御所のこと、次長引抜のこと、Bunker のことetc。池田氏の意見と反対のこと。御召し一一・一五―一一・二五。御陪食(学士院長岡半太郎氏等)、長岡、伊東には困る、岡田武松、熊谷、小島祐馬、柳田国男、駒井卓、一二―二・三〇。〔略〕侍従次長来室、高橋、中山のこと。〔略〕

一〇月一二日(水) 〔略〕拝謁、昨日の奉答―サンデー毎日座談につぽん。(津田正夫御進講、欠、一〇)。〔略〕高橋龍太郎御進講の話。松平氏今朝 Redman 訪問の結果。〔略〕

一〇月一三日(木) 電車にて出勤。松平来室、高松妃殿下の話。一〇、Vining 契約締結、一〇・三〇 Dr Eel 夫妻同席。午、有田氏等招待、堀田、野村、山梨、次長、官長、侍従長、小泉と九人、午―四。一度帰庁、総務課長にあひ又大宮御所、五―五・一五。

一〇月一四日(金) 八・三〇中山伊知郎訪問、十八日御進講承知、社会科学。資源展覧会行幸の件、内田博士来訪。部局長会議、御料車 Coach 改造のこと、御料車購入のこと、青山御所のこと、横浜行幸個所のこと。三谷来室、寺崎のこと。三、動物学者―五(竹脇、かひこの話)小雨。Blyth 七―八・三〇、Bunker 寺崎問題一寸話す。〔略〕

一〇月一五日(土) 高松宮邸に伺ひ、十三日殿下御来室、御用ありしや否や伺ひ、源氏招待状差上ぐ。増田官房長官訪問、御料車のこと、首相、通産相連絡の上返事たのむ。〔略〕

一〇月一六日(日) 〔全文略〕

一〇月一七日(月) 神嘗祭九・四〇―一〇・四五。一一―一二・三〇、青山御所電車通方面を一巡す、西門より秩父宮邸迄。次長、栄木辞職希望のこと、義宮様御教育のこと。三、動物学

者（皇太子殿下も）―五、魚の話。警察招待（斎藤長官）五・三〇―八・〇〇。〔略〕

一〇月一八日（火） 省線九時頃登庁。秘書課長、歌の雑誌に招待の話。百武三郎氏挨拶、孝宮様の話いろいろ。総務課長、長崎県献上の話。田中絹江〔代カ〕拝観と侍従長と会談の話、百武に対する御仕向のこと、及文五郎人形御召しのこと。次長、侍従次長及経済主管と打合せ。関口勲氏来訪、京都の浜岡三男、総務課へ話、拝謁の話。〔略〕

一〇月一九日（水） 社会事業行幸、品川、横浜等、次長供奉。雨、御文庫御見送り。一〇・三〇―一一・一五。〔略〕二・三〇野村吉三郎氏―三・四〇、中央公論と参内のこと及米国指導論。次長に此日の状況。〔略〕

一〇月二〇日（木） 三越資源展覧会行幸啓御見送。経済主管、百武氏御仕向のこと、御料車に付 G. H. Q. reject のこと（なしとのこと）、式部官長、外務次官と会見のこと、拝謁のこと、陛下、外務大臣の意見御下問のこと、内地人のことも。〔略〕四・三〇警視庁招待、田中総監早帰り、原文兵衛氏よき人らし（次長京都行）。

一〇月二一日（金） 御陪食（芸術院）一一・四五―一・三〇、佐々木信綱、清水六和、喜多六平太、佐藤清蔵、佐藤春夫、井上正夫、吉田文五郎、吉井勇。三、動物学者―五、後皇后様人形御覧。Blyth、Bunker にあひし話、先方が寺崎情報を Miss するらし。英人故わるきも Blyth その[redacted]といふ。

一〇月二二日（土） 総務課長、郵政省のこと、ハワイ邦人写真のこと etc、来年 C. C. のこと。〔略〕

一〇月二三日（日） 〔略〕五・三〇―八・〇〇百武三郎氏夫妻、侍従長、次長、名取女官、入江侍従。〔略〕

一〇月二四日（月） 午後増田官房長官来訪、総理は自働車御買ひ願ひてよしとのこと。林のこと又いふ、こちらも考へてるといふ、但し、来月等では駄目、来年三月位なら又考へ様もある、若い人に気の毒の為考へてるといふ。互に立場考慮云々の人生観もいふ。池田成彬氏訪問せりとのこと、いひ出したらきかぬとのことときく。総理発言せば辞表出すとのことなりしも、総理はいふ意見なく断念せり云々。野村大将参内一〇―拝謁。総務課長、明日の席次、賜茶の席。式部官長、拝謁に付外務省との新打合のこと、Grouse も極つたとのこと、Bunker の例の文書見せる。松平氏 Bunker に接触のことにふれる。〔略〕穂積

氏来室、本貫ふ。三、動〔物〕学者の会—五。五—、五博士招待、八。〔略〕

一〇月二五日（火） 次長、留守中の話、東宮職の人事、政府委員のことetc。拝謁一一・三〇—一一・三五、自働車の御許しのこと、魯国皇帝翻訳差上ぐ。御陪食（社会事業）両陛下及三妃殿下、厚生及法務両大臣、徳川、潮、関屋、佐藤、原、葛西、勝俣、赤木、中川。芸術院長来室、展覧会行幸啓、芸能行幸啓、及芸術恩賜金のこと。〔略〕

一〇月二六日（水） 次長に政府委員のこと。〔略〕一二、御相伴—一・二〇、黒田、植、小畑、（次長雑件）、御写真のこと、Bunker 抜きのNepierの話、ける。二—三・三〇陽成天皇の御事績、辻博士。総務課長、開院〔会〕式のこと、毎日論説委員のこと、etc。式部官長、Seals拝謁のこと、陛下服装のこと。鉄道招待、五・三〇—八・〇〇。〔略〕小泉氏に原稿返却す。高松妃殿下直々に御電話、昨日の御願の御返事。松平議長電話、小林次郎拝謁の件。〔略〕

一〇月二七日（木） 小雨なれども、引越し施行。〔略〕官房長官より斎藤隆夫に花下賜のこと、次長に長官訪問、総理も同意か確めることとす。〔略〕

〔欄外〕招待。

一〇月二八日（金） 夜中より嵐となる、御祭の頃は小雨、後晴れる。陽成天皇千年祭九・四〇。高松宮、石川栄耀の計画、都知事にても上奏如何との御話。一一—一二、部局長会議。一時、斎藤隆夫告別式。〔略〕夕方、大宮御所より思召とてナマヅ蒲焼、牛蒡、菊花、御菓子賜はる。〔略〕

一〇月二九日（土） 徒歩出勤、後車にて大宮御所賜物御礼。大野宏来訪、久松来訪、文化勲章のこと、千本菓子。〔略〕

一〇月三〇日（日） 〔略〕三・四五三谷と同車御文庫。国体発〔開〕会式行幸啓、四・三〇御出門半蔵門。壮観、御言葉あり。六時頃御帰還。〔略〕

一〇月三一日（月） 八時十五分、徒歩半蔵門より登庁。九時、次長、昨日片山氏訪問のこと等きく。一〇・三〇島野三郎訪問、Boulanger 拝謁のこと断る、〔略〕拝命の話。毎日新聞社論説委員、御研究所拝観、陛下に花蔭亭前拝謁のこと、賜茶及煙草、応接室。〔略〕二—三・三〇拝謁。五・三〇帰宅車にて。夜片付物、転居通知書く。拝謁は寺崎のこと、青山御所のこと、御本のこと、新聞拝謁等御言葉のことetc（三谷、次長は陛下の御

考に一寸反対のこと)。〔略〕

一一月一日(火) 開会式、一〇・四〇—一一・二〇、供奉。松平議長来室、幣原議長失態のおわびの話。裁判所長官拝謁の相談をなす。御帰還後御文庫にて拝謁、青山御所は無償にて払下げ出来ぬかとの御話及寺崎関連のこと。官長訪問にて困つたこと話す。黒田最近にきゝし話によれば、二世の田上は寺崎が大金によりて何とか云々といひ居りしとか。三・三〇—五・三〇常盤松、秩父妃殿下に拝謁、自働車のこと、皇太子御留学と御退位のこと、大宮様御話のことetc。〔略〕

一一月二日(水) 次長部屋にて用談、明日の席次等。一〇・三〇首相参内に付侍従職にゆく。その前に御召とのことにて拝謁す、寺崎の件、感涙す、侍従長、次長、官長にいふ。官長、戦争と天皇の手記を見せる。一一・四五首相と寺崎のことの経過話す。午食後次長と市政会館にゆき、都知事及石川栄耀にあひ、都市計画皇居に対する石川の夢の如き案をきく。帰庁後Nepierの例の写真問題にて次長、侍従長と相談す。〔略〕

一一月三日(木) 九時—十時半関屋貞三郎氏訪問、辞職の時の話。徒歩登庁。鈴木大拙氏を除き全員出席。文化勲章受章者御陪食、津田左右吉、三浦謹之助、志賀直哉、谷崎潤一郎、岡田武松、真島利行、首相、文相、三笠宮、一二—一・三〇、後楽部雅楽及洋楽。〔略〕

〔欄外〕文化勲章、雅楽部演奏。〔略〕

一一月四日(金) 九・五〇健康優良児に御会釈、拝見す。城書陵部長、正倉院の話etc。総務課長、皇后様お茶ノ水大学御言葉振り。菅野新官房副長官挨拶、事実は首相によく御話ある様希望す。両国体役員御招き、賜茶、二—四、三テーブル陛下巡々に御回り。Blyth休み、但し〔略〕と三笠宮手紙届ける。〔略〕

一一月五日(土) 〔略〕九・五〇郵政大臣等御会釈。一〇・〇〇片山氏参内—一一・三〇。〔略〕一一・四〇—一二・二五拝謁。〔略〕

〔欄外〕御茶ノ水大学行啓。

一一月六日(日) 鴨猟と運動会。朝八時自働車迎ひ、式部官長、皇太后宮大夫と同車、鴨場にゆく。Admiral Berkey Adm. Joy Gen. Conklin、Mr. Verity等、食後一時二十分頃発、二時少し前皇居着。運動会場、両陛下、孝宮、義宮、三内親王様を迎ふ。四時頃終了。〔略〕

一一月七日（月） 徒歩出勤。義宮御機嫌のこと一寸きく。〔略〕図書寮参観後、朝香若宮妃を福田外科に見舞ふ。次長、式部官長と御写真問題を論ず。総理に話すこととす。六時過帰宅。（両陛下大宮御所行幸啓）〔略〕。

一一月八日（火） 〔略〕高橋龍太郎御進講、一〇―一一・三〇中小商工業。〔略〕議会にゆき首相に面会、MC及Whitney写真のこと。拝謁三―三・四〇。総務課長、拝謁行幸等のこと、次長と拝謁内容のこと。〔略〕

一一月九日（水） 〔略〕首相より宅へ電話ありし由。日高氏のこと手紙を出す。花蔭亭、古代文化財の話、和辻、原田、原田、石田の四氏、途中失礼して日銀参与会にゆく。〔略〕総理より電話、McEvoy の御著書御署名のこと、相談の上御許しを得返事す。Morse のこと、石川欣一御進講。関氏に御会釈願ふ、紐育の西本願寺僧。東宮三里塚行啓に関し、雑件次長と話す。松平氏に写真の件、首相会見のこと話す。又伏見様三里塚同伴問題も話す。雨午後三谷、鈴木と同車帰宅。〔略〕松岡前議長に渡英前拝謁希望ならば御願して見ると日銀にて告ぐ。

一一月一〇日（木） 九時、三谷と同車登庁〔略〕。安倍能成訪問、宮中いろいろ、人事のこと etc。東宮様教育顧問のこと、奨学金のこと etc。十二時帰庁。英語研究所長小阪井氏来訪、桂離宮拝観のこと。二―四、小泉氏来庁、東宮に関する色々のこと打合。総理より電話。〔略〕

〔欄外〕マキボーイ《マッキヴォイ》拝謁。

一一月一一日（金） 三谷と同車、御文庫に伺ふ。美術展覧会御行幸啓、八・三〇御出門（次長供奉）。最高裁判所開庁式一〇―一一。学士院御陪食一二―二、高松宮、首相、和辻、土居光知、我妻、宮沢、恒藤、高垣、中村、舞出等。〔略〕勝沼博士来泊、いろいろの話。学界仕事出来ること、侍医頭以前の post とかとのこと。

〔欄外〕一・二〇―三・〇〇拝謁。

一一月一二日（土） 勝沼と同車登庁後、勝沼を大学に送る。林春雄氏と会談の筈。一〇・三〇高松宮様へ伺ふ―一一・三〇、いろいろ御話承る。東宮様御洋行、御譲位のこと、立妃のこと、皇后様のこと、東宮寮生活のこと、松平楽翁公の御話のこと、百武事件のこと etc。〔略〕

一一月一三日（日） 鴨猟。Gen. Walker 及八軍連中、食後も一回、侍従長もゆく。〔略〕

一一月一四日(月) 正倉院の為博物館行幸啓、九・一五御出門、一二頃御帰還。二—三、R. Grousset 雅楽、挨拶。秩父宮、吉田氏に車のこと話す。皇族会、四—六、朝枝中佐のソ連の話。七・三〇出発の際、松平議長重体とのこと、八・〇〇 Dinner、Ambassador Française。続いて大使館電話、死去、食後弔問、十二時過帰宅。〔略〕

一一月一五日(火) 拝謁御文庫、御散策御見合のこと。多摩行幸啓(供奉)九・三〇—四・三〇、林業試験場及御散策。帰庁後御沙汰書文案、加藤虎之亮氏とねる。拝謁御文庫、松平議長に御仕向のこと。首相訪問、同問題従一位のみ、御沙汰書結構、車おやめのこと etc。松平邸弔問拝礼。帰宅後夕食入浴早寝。次長は午前皇太后様御供、午前八時、次長、両課長相談の上、御沙汰書その他松平議長への御仕向大体案出来。

一一月一六日(水) 朝、前長官松平弔詞文案をねる。〔略〕植は松平家にゆく。食後三笠宮、ダットサンの話 etc。拝謁一・二〇—一・四〇。小泉氏来訪。二・二〇—四・一〇安田靫彦、岡倉天心の話。式部官長、手[redacted]の話。帰宅五・〇〇食事、運転手も。松平式部官長と魚籃坂に落合ひ、松平家御通夜八時、鍋島侯、黒田式部官同車帰宅。

〔欄外〕飛鳥井、山崎、大[redacted]に礼。〔略〕

一一月一七日(木) 次長御供。(東京都展覧会行幸啓、九・三〇御出門、立川、昼食、八王子、一・五〇御発)。一時松平議長葬儀—三、参議院葬、余り秩序整然たらず、会葬多数にて一時間余。還御おそく、五時頃御迎へす。

一一月一八日(金) ×中山博士御進講一〇—一一・三〇、明快そのもの。一、吉田秩父宮事務官、広田来訪、宮家分期限前回収、一四三＋七＝一五〇、—〔〇〇〇〕、利益一六五、—〔〇〇〇〕とす。女官長より御電話、高松宮御招待のことにて、御思召による御下問二回。Blyth 七—八・三〇。Blunden 東宮拝謁 impression の話。〔略〕

一一月一九日(土) Blunden のこと小泉に電話す。一〇御出門葉山へ。二、佐藤新議長来訪。〔略〕

一一月二〇日(日) 〔略〕

〔欄外〕皇太后様、三里塚行啓。

一一月二一日(月) 式部官長に Blunden のこと、高松宮御召のこと etc。水田学習院理事来室—塚越氏と相談。三・三〇葉山より還幸—拝謁、皇太子様三里塚行啓に関し、二十三日を重視せざりし御詫言上す。夕刊にて若槻氏死去のことをきゝ、

次長に電話す。〔略〕
〔欄外〕東宮三里塚。

一一月二二日（火）　朝、鈴木課長来宅、若槻氏御仕向のこと相談。徒歩登庁。次長、三里塚の話。一〇、堀内謙介―一二、御進講。三谷よりMC御訪問の御話、昨日の御詫のこと。〔略〕Reader's Digest 定礎式、高松宮、吉田首相、雨。三淵長官来訪。若槻氏御沙汰書文案。このこと吉田首相秘書官を経て同意を得、若槻氏御仕向けのこと、前例通りならばとのことにて、拝謁せず。〔略〕入浴後、改造社御製。

一一月二三日（水）　一二―一若槻氏葬儀護国寺。〔略〕二―、松平氏十日祭。一旦帰宅、松平一郎氏挨拶。五―五・三〇孝宮様新聞のこと、次長、総務課長、侍従次長と相談。五・四〇新嘗祭―二。〔略〕

一一月二四日（木）　十時、侍従長に二十六日のことをいひ、参議院に議長新任の挨拶に行き、小泉氏訪問一〇・三〇―一二、高松宮のこと、大宮のこと、祭日のこと、Blunden のこと、御洋行のこと、池田潔のこと、松平一郎のこと etc。〔略〕二、佐藤参議院議長拝謁―二・四五、単独、果物籠を賜はる。拝謁中、三谷と話す。次長、写真の話、藤田の話。官長と御洋行のこと、Blunden のこと etc。

一一月二五日（金）　一〇矢内原御進講（新渡戸博士のこと）。陛下は御興味余りなき御様子。村井侍従と話す―一二。〔略〕Blunden の本買ふ（植にたのみ）。新聞記者にあふ。二、菱刈首相秘書官御進講―三・三〇。外相より九日招待状貰ふ。〔略〕Blunden の本読む。

一一月二六日（土）　一〇・一五MC、三谷、松井、菊池 body guard のみ、一〇・〇三発、少し早く霊南坂往行、一一・五〇帰還後、侍従長室にて松井と話す。〔略〕Blunden Shakespeare to Hardy をよむ。〔略〕Blunden の本小泉に貸す。〔略〕

一一月二七日（日）　鴨猟空軍将官連、失礼す。終日在宅。Blunden Shakespeare to Hardy を読む。〔略〕

一一月二八日（月）　相沢氏来室、土曜日三笠宮訪問の話（洋行のこと、孝宮様のこと）。御写真 Whitney に贈呈手続のこと。[redacted]覚寺管長来室、[redacted]一〇・一〇―一〇・四〇。皇后様拝謁一一・一〇―一一・三〇。〔略〕三淵氏一・三〇頃来訪、池田潔の本貰ふ（三淵長官、宮内庁幹部）。二、三淵長官拝謁―二・五〇、単独。（馬場恒吾、次長訪問）。正仁親王御誕辰三・〇〇。Blunden。七、常盤松—一〇・三〇、小泉夫婦、松平夫妻、Vining、黒田。〔略〕

一一月二九日(火)　登庁せず。一〇—一二・三〇、孝宮様のこと、侍従長、同次長、入江、名取、次長、公邸応接間。親子丼、吸物、開新堂にコーヒetc。尚大難問。一応登庁、御召し御文庫拝謁三・〇〇—三・三五。みしと松平氏弔問。開新堂菓子特装。参与の内諾を得。〔略〕

一一月三〇日(水)　式部官長サロン持参。経済主管、学習院十万円引上のこと、十五万円三陛下のこと、割引金付定期のこと、百武家会計のこと。一〇、村田俊彦—久邇家教育顧問、前田、天野、山梨。一一—一二、野村大将、某大将拝謁のこと(断る)、九州旅行処置、御退位の手紙見せる。二—二・四五拝謁。三・三〇大宮様拝謁—五・一五。〔略〕

一二月一日(木)　式部官長、御歌題早く発表のこと同意す、昨日の大宮様のこと御話す。次長来室、Nepier 訪問のこと、東宮様の会議のこと、孝宮様のこと。内蔵頭来室、小切手不始末のこと、学習院のこと勅許済のこと。書陵部長、仮庫へ出すこと。秘書課長、松平信子参与のこと。侍従次長来室、両医師と月■の由にて。次長、Whitney 写真渡す、帛紗問題、招待問題、吉川局長来庁とか。黒田に日本語学校のこと。二級官昇格詮考、秘書課長。中谷宇吉郎来訪。〔略〕

一二月二日(金)　徒歩登庁。東宮大夫来室、Blunden 問題のことをきく。一〇中谷宇吉郎御進講—一二、幻燈。午後、秘書課長、次長と熟議。月給級号の検討、次長、十五号の問題一応増田に話すと決せしも、政令即応の意ありとのことに差控ふ。高松宮妃電話。三谷と同車帰宅。陛下、文藝春秋殖田の記事御不満とのこと。Blyth 七時—九時、電車、Card index の話、Blunden の話、源氏の話等。

一二月三日(土)　一〇・三〇—一一・三〇 Dodge 拝謁、夫人も、両陛下。次長、Whitney の礼を受け、ＧＨＱにゆく話、田島は断る。手紙の礼の約束を破る不信行為と思ふ。小切手不始末の善後策。一—五、Saitama Duck Netting Senator Knowland Col. Wheeler。〔略〕

一二月四日(日)　〔略〕五、公邸、東宮様のこと会議、次長、侍従長、官長、大夫及小泉参与—九・三〇、うなぎめし、酒なし、食後 Whisky。

一二月五日(月)　徒歩登庁、九時過。式部官長来室、雑談、

近衛評、真崎、吉田の平和運動の話。次長、Whitney 訪問の経過きく。午食後、朝日記者来る。松平議長の死を悼まれ散歩御止めの話を三淵氏にきゝし話、池田氏本のこと、池田氏たばこのこと etc。田中徳氏「天皇の印象」持参。拝謁御召し二—三・〇五。〔略〕秩父宮御電話、湯川博士のこと。六—九・三〇、孝宮様の会、次長、侍従長、〔侍従〕次長、入江、名取、塚原及八田。結局大谷には負担已大、鷹司氏の方よしとなる。

一二月六日（火） 八時半、李王様—九・一〇若宮米国留学、御二人も落付き迄御同行のこと、Blyth—Bunker 及益田—Sebald の線了解を求めつゝありと。益田も考慮中云々。徒歩登庁、侍従長、次長、式部に話す。侍従長、次長、侍従次長に昨夜の旅行[redacted]研究のこと話す。午後、紫雲荘の[redacted]松平氏持参、鷹司のこときく。塚越、青山分譲地面のこと、ヤナセ特別資金の一両のこと。二—四、次長、引揚のこと、[redacted]房中佐のこと、政党員数のこと、御進講。〔略〕

一二月七日（水） 高島真珠、平田中将来訪、高雄の話。二、工博谷口吉郎 Taut 御進講—四・一五。四・三〇高松妃殿下—六、内親か臣下か、宮様定職のこと、etc。信子参与、Hih〔His Imperial Highness〕。〔略〕

一二月八日（木） 吉田首相拝謁、前に休所にて李王洋行のこと話す〔高松宮のこと話あり、長官にはいひ難いがとの前提にて〕。一〇—一二、朝日記者雑談。一二・三〇—一、塚越氏、葉山丸のこと、青山地面のこと。総務課長、陪食のこと、拝謁のこと。三—四、侍従長、次長、次長、四人会議〔孝宮様のこと〕。侍従長、皇后様に拝謁後、共に御文庫にて両陛下に拝謁。〔略〕

一二月九日（金） 次長と昨夜〔の〕こと、三笠宮のこと、職組のこと。主計課長、不始末のこと、内廷決算のこと。一〇—一二、経済五人会、東畑〔食糧問題〕。〔略〕皇后様大宮御所行啓。三・一〇—四・四〇御文庫拝謁〔次長及侍従次長来室〕。〔略〕
〔欄外〕裏方と鈴木一氏会見。

一二月一〇日（土） 朝総理電話、電話十一日約束。次長来室。秩父吉田来室。一〇・三〇田宮博士—一一・二〇研究所のこと、及平田博士のこと。松平官長、Packenhum のこと、高松宮妃及英のこと、小国と相談。〔略〕小泉氏訪問、月給のこと〔松平、野村〕。東宮様御供に野村大将のこと。芦田、吉右衛門に電話。早寝。此日午前裏方、非公式皇后様に拝謁。

一二月一一日（日） 終日在宅。〔略〕勝沼博士夕食、六—一〇、

小宮豊隆、吉右衛門夫妻及芦田均。七分通り承知、動物回答のこと、時期のこと、電話のこと、車のこと、etc。〔略〕

〔欄外〕此日照宮様両陛下拝謁。

一二月一二日（月）　九時自働車にて総理と大学迄。〔略〕式部官長、鈴木次長夫人洋行の話。一〇・二〇―一一拝謁。一一―一二東久邇盛厚氏来室、六本木地価のこと、投資失敗のこと、株式のこと、証明のこと、東宮様御住所のこと、孝宮様のこと、順宮様のこと。人事書類、松平信子参与の件等署名。次長と松平十四級のこと、秘書課長高尾のこと、etc。十五日開会式、大宮御所御了解大夫経由。総理電話。四―四・三〇主計課長年末給与財源の話。五、秩父宮妃殿下、常盤松―六・三〇、MRAのこと、孝宮のこと、信子さんのこと、湯川博士のこと、広田のこと。日記、早寝。

一二月一三日（火）　次長三笠宮訪問、御遊学のこと、孝宮のことetc。学士院御陪食一二―三・三〇、十六人、自然科学、新一五、前に矢内原。松平氏三十日祭に拝礼後、式部官長御茶、雅叙園、四・三〇―六・〇〇、丁抹《〔デンマーク〕》公使、支那大使等と話す。

〔略〕

一二月一四日（水）　〔略〕二、松平氏追悼会―四・三〇、三陛下より御菓子果物。（二、理博小泉丹御進講、野口英世、欠）。長官室にて松平信子東宮参与御沙汰書伝達。次長、九参[redacted]、[redacted]のこと、小倉宮のこと、etc。[redacted]書類見る。〔略〕

一二月一五日（木）　田中尽氏来訪―深尾氏に紹介、二重橋のこと。明石氏代一月二十一日講読のこと。一〇・四〇―一一・一〇御帰途賢所前にて勤労奉仕に御挨拶。村田俊彦氏来室（久邇家の為前田君のこと）。経済主管来室、明日の内廷会計の説明。瓜生広島警察来訪。勤労奉仕けが見舞。御神楽五―五・四五。東宮様のこと会合六―一〇（侍従長、次長、松平、大夫、小泉）、ちもと、開新堂、おだまき、ウイスキ、箱弁、みかん。

〔欄外〕開会式。

一二月一六日（金）　（侍従次長発言十五日勤労奉仕のこと）。新木栄吉訪問、東久邇氏のことたのむ。（一〇―、部局長会議、欠）。田中尽氏二重橋対策報告。一、内廷会計の会議、内廷会計規則不改正の件。二、経済御進講有沢、花蔭亭―四・二〇。三谷氏と同車帰宅。Blythへも車にてゆく、東宮のこと。〔略〕

一二月一七日（土）　〔略〕一二―東通工―二、前田、久邇家のこと相談。〔略〕

一二月一八日(日) 秩父宮様邸伺候、七・〇〇発一〇・二〇着、開新堂持参(毛糸拝領)。いろいろ御話、孝宮様のこと、東宮様のこと、abdiと御洋行のこと、御祭りのこと、青山御所のこと、東久邇訴訟のこと、etc。〔略〕三・一二発沼津廻りにて七・三〇帰宅。林次長来宅、今日の御殿場のこと話す。東宮洋行協議記録持参。

一二月一九日(月) 一〇、辞令渡(一級二級陞叙の人)、式部官長、英国王室のこと、侍従最近のこと研究の件。一、新木栄吉、東久邇紹介。二、T. V. A. 都留、花蔭亭—四。四・三〇—六・〇〇次長と雑談(拝謁のこと、奏任のこと)。夕食、入浴、記録。

〔欄外〕総務課長休み。丁抹公使、工[redacted]。〔略〕

一二月二〇日(火) 次長と昨日の話。松平、小泉に話すこと、一寸反対、いろいろ話合賛成。〔略〕植氏、東久邇、新木訪問のこと打合。山中教授、歴史座談会のことたのむ。御陪食東宮関係一二—二。引続き小泉、野村と両陛下に御成績奏上。三谷、陛下の改造、岩波の話につき、たとへ話田島にも話せとのこと、病児と両親の例。M. Boulanger招待六—一一、雨ふる、一寸迷惑、島野三郎沈黙、[redacted]、北昤吉、傍若無人にしゃべるは四流コンスゴンデ《〔ママ〕》ント時々[redacted]味あり。

一二月二一日(水) 三谷に十九日拝謁のこと話す、秩父宮の話もザッと、陛下の意思を冷すことなき様念を押す。一〇、Duck Netting、新浜、Cap. Pearce V. S. N.雨、Mr. & Mrs Draper—三。雨中帰庁、書類少々、菊栄会後の音楽会に一寸出て見る。Mrs. Vining姉妹にあふ。次長午前の話、労組員のこと。鴨猟よりの帰途、内藤、元旦のことの話あり。〔略〕

一二月二二日(木) 主計課長に質問の上、十時拝謁、内廷会計の事奏上。次長、皇太后多摩御供。〔略〕五時、三谷と同車帰宅。〔略〕

〔欄外〕ケガ勤労奉仕挨拶。陛下の御言葉、塚越氏に伝ふ。

一二月二三日(金) 小泉氏と拝賀前後、十九日のこと、松平信子発令迄のこと、秩父、高松宮のこと話す。一〇拝賀(皇族、元皇族に次ぎ)三〇頃となる。一一・三〇—一二御祝酒、侍従職食堂、表よりは(次長、大夫、小泉)。小林雅一。二・一五頃発小金井へ向ふ。三、小金井、Blyth。

〔欄外〕東宮御誕辰。

一二月二四日(土) 一〇・三〇村田俊彦。一一—前田の返事のこと。〔略〕

一二月二五日(日) 〔略〕九・四〇大正天皇祭。〔略〕

一二月二六日(月) 朝地震、出勤直後御文庫に御見舞。其後状況侍従を経て言上。一〇・三〇—一二・三〇首相拝謁(蔵相に嘉尚のこと)。閣僚御陪食、両議長、最高裁長官一二—二。一寸拝謁(蔵相に嘉尚のこと)。二・三〇大内博士、経済座談会—五、統計の問題、世界市場の問題。新聞記者、馬術クラブ五・三〇—八。

一二月二七日(火) 一〇・三〇池田蔵相拝謁(賜品ブランデー、両切)。九・三〇頃(社会団体表彰伝達)(御会釈)。九・五〇、後茶菓長官、応接室押菓子御煙草下賜。山中[redacted]氏来訪。〔略〕三—五・二〇中山博士経済座談会(大内氏欠)。常盤松へ経済学者招待六—八・三〇、侍従長、次長、侍従次長。

〔欄外左〕掌典羽二重到来。

〔欄外右〕栃木県三〇、一〔○○○〕、御救恤のこと、侍従を経て内奏。拝謁、人事と東久邇裁判御下問。〔略〕

一二月二八日(水) 九・三〇管理部長等辞令渡し。拝謁(東久邇高輪契約のこと、白耳義と英王族のことの御話)。Duck Netting 大蔵省一二—三・二〇。東久邇氏より三色最中頂く、島津社長来室、午前。松平官長、正月仕人服装のこと。五—八・三〇皇族会、常盤松。(七・〇五東宮仮御所発火)、侍従をへて奏上、大宮様次長奏上。林次長、三井部長、現場行。第二に総務課長、植秘書官、小泉、大夫現場行、報告をきく、十二時前後、一時過就床。

〔欄外〕大宮様行啓。

一二月二九日(木) 歳末御祝詞、皇族等四方お上り、四人総代言上。後陛下に拝謁、火事の御詫。一〇—一一・三〇火事善後策、次長、小泉、大夫、東宮職員、塚越、三井、石川、深尾、鈴木 etc。一一・三〇—一二・三〇公邸にて弁当とりつゝ、次長、侍従長、次長、松平、入江にて孝宮(鷹司、浅野)問題。二・三〇小泉、大夫と葉山へ参上。官房長官招待、常盤松—八、副長官二、総務課長、次長、侍従長、鈴木、三井、高尾、松平欠。

〔欄外〕北海道庁サケ。次長、常盤松の帰途、御苑内清掃のこと。

一二月三〇日(金) 九時発大宮御所、歳末記帳、女官に二十五日の御詫と東宮様御所の御詫。秩父宮邸、吉田に殿下御健康のこと。東久邇氏へ最中の礼名刺。高松宮邸記帳、[redacted]と光輪クラブのこと etc。三笠宮記帳。十一時半頃帰宅。午食一二・四五発大磯行池田氏訪問、孝宮様のこと、東宮御洋行のこと、英国第一、少くも三年、早い程よしとの意見、但し平和後。吉田氏 one man のこと etc。本貰ふ。献上本二冊。吉田首相訪問挨拶、八時過帰宅。〔略〕島野スキーの本献上のこと、来訪。

〔欄外〕大宮へ行幸啓。

一二月三一日(土)　午前在宅、日記整理と論語。午後二時頃次長と登庁、スキーの本二冊、東宮様へ献上手続、東園へ。池田氏本二冊、鈴木一氏へ渡す。二・四〇―三・一五大祓の儀。その後次長と小金井焼跡へ。五時頃帰宅。〔略〕

一九五〇(昭和二五)年

一月一日(日)　五時四方拝歳旦祭。九・四〇拝賀列立(側近)。一〇拝賀侍立。認証官は祝酒。一一、一級官方々拝賀祝酒御供(三級官以下講堂も)、侍従職食堂祝酒。一一・四五、大宮御所拝賀、内宮様御機嫌御祝酒頂く。三宮様記帳。〔略〕

〔欄外〕九、みしと参内。

一月二日(月)　〔略〕九・四五迎にて御文庫に至り、侍従次長と打合せ、拝謁(孝宮様のこと、秩父様放送、三笠様読売元旦記事のこと)。侍従次長、皇后様に申上、重て陛下に伺ひ御内意決定。呉竹寮内親王様に拝謁(賜りおすべり)。〔略〕三時大宮御所。三時五十分三笠様参上、孝宮様のこと言上。高松宮御るす。〔略〕

一月三日(火)　元始祭九・四〇―一一(参集所にて高松宮に孝宮様の御話す。非常に建設的の御話、退職後も此御縁には始終力を致す覚悟にて当ること云々。一一―一一・三〇)。高松邸御誕辰記帳後、目白徳川邸年賀。〔略〕

一月四日(水)　御殿場行。九・二〇発にて一二・四〇頃着。一・五四発にて五・〇〇頃帰京。孝宮様の御話、東宮様御教育上の御意見書頂戴す(Coach の[redacted]差上ぐ)。〔略〕

一月五日(木)　四谷より代々木山谷九一、鷹司氏訪問。明治神宮参拝後、社務所にて内話す。御健康のこと、家手狭のこと、本人意思のこと、別に他に相談せぬこと etc 聞く。午、小泉邸―三、松本先生夫妻と下村宏氏、和食。後小泉に秩父宮意見書手交す。小泉訪問前に拝謁一〇・四〇―一一・―(秩父宮東宮御意見、今朝のこと)。帰庁後、次長と、東宮様のこと、火事のこと、正月祝膳のこと、東宮のことといろいろ話す。

一月六日(金)　昨日伝献依頼の増田の献上品の為、自動車出勤。御文庫にて拝謁一〇―一〇・四五。(今村信吉来訪)。部局長会議、一〇―一一・一〇、一寸火事のことにつき挨拶す、具体的防火策実施のこと、東宮大夫に前田陽一のこと、東宮御健康のことといふ。食後日清製粉正田貞一郎来訪。〔略〕秋山氏年賀Chocolate 持参。Vining に本の礼。〔略〕Blyth にゆく、東宮御所大事のことetc 会話。

一月七日(土) 拝謁九・五五―一〇・三〇。昨日大宮様御訪ねの御感想(鷹司の件etc)、次長に話す。侍従次長、歴史進講のことにて来る、関連せる故拝謁のこと少し話す。〔略〕

一月八日(日) 八・一五鴨猟。Mrs. Whitney, Major Nepier等。好晴。二時前早退。〔略〕

一月九日(月) 〔略〕義宮御殿に佐分利侍医にあふ。戸田、黒木両氏東宮スキーのこと報告。警察の人来室、小金井火事の報告。〔略〕御召し拝謁一一・三五―一一・五〇。次長の話、人事のこと、火事責任のこと、総務課長、若草物語のこと。来訪、大覚寺、山口県知事、高辻正巳、田辺定義。手紙、岡田要。侍従次長へ回す。塚越、東宮御調度のこと。秘書課長、歌会のこと、成年の日のことetc。入江氏の意見きく。帰宅後九時、次長、総務課長の来車を求め相談す。炭に中《あた》り両人不快。

一月一〇日(火) 一〇・一〇―一一拝謁、火事のこと、責任のこと、御本のこと、Grew のこと、皇族成年のこと。〔略〕二、葉山行幸啓、供奉せず。此途次三谷より投書見せらる。二・三〇―五・三〇東宮仮御所相談公邸、小泉、野村、栄木、次長、侍従長。七―九、Buffet Dinner Sebald Jessup、Dinner Jacket、Border、若草懐紙持参。吉田首相、佐藤議長、池田蔵相、太田次官、岡崎前次官、野村、堀内前大使、谷口大将、松平官長。

一月一一日(水) 式部官長、成年の日のことにて式部無関係に関し、又朝見等のことetc 異議的のこと、次長と相談。塚越予算流用のこと。(式部に鷹司氏相談とのこと、家正氏行過論をいひしとのこと)。〔略〕新木栄吉氏来訪、東久邇家のことの報告。〔略〕

一月一二日(木) 三笠宮より電話のこと。常盤松及洋行に関してのこと、ララに返事のこと。一一―一二、安倍氏訪問、学習院理事のこと、東宮様仮御所のこと、火事責任のこと、陛下の戦争責任のことetc。成年の日の書類決定。二―四、常盤松に三笠宮、秩父宮妃殿下拝謁、常盤松のことの予め御了解を願ふ。三笠宮に御洋行のこと、秩父宮、東宮御洋行に関するAbdi のことも言上。次長と火事のことの責任論、城氏と正倉院のことetc。

〔欄外〕勝沼に電話、車のこと。式部官長、石丸中将「[redacted]のしぼみ」一二読む。

一月一三日(金) 一一—一二、御歌会選者会傍聴(一一、沢田中将病気にて来らず)。〔略〕二—四、赤十字社、正月酒肴あり、一万田と共に辞職いふ。五・三〇迄役所にて待ち、首相を官邸に訪問、進退伺を出す。御思召を伺つた上何分の返事とのこと。〔略〕

一月一四日(土) 八・三〇発四谷駅より代々木に行き、山谷九一の鷹司御夫妻訪問。入江を出すが事情をきいてくれぬかといふ。それは喜ぶ所との返事、十六日と一応約す。帰宅。半蔵門より侍従長室に入り、此こと及首相に申出のこと話す。式部官長、Mason 拝謁のこと。三笠宮来室、常盤松什器各宮のもののこと、原則御引取願ふこと、[redacted]のこと etc。小泉手紙次長に渡す。食後二時帰宅。〔略〕夜大磯吉田首相より電話、葉山に伺候せし所、其儀に不及との思召との通知。

天地の力いつくしむ立消えの雪よりはやし若草はえゆ。

一月一五日(日) 〔略〕(本日孝宮様、旧皇族四人成年の日、三殿参拝)。夕方鷹司氏より明日午後四時との連絡あり。入江氏と連絡す。池田成彬氏来宅。〔略〕

一月一六日(月) 九、自働車にて行く。次長、総務課長、藍綬褒章のこときく。〔略〕午食は東宮参与会員と共にす。食後、松平信子氏来室、鷹司夫人来訪ありて、おくれの程度、質問あり。皇室の為との気持ありとのこときく。入江氏と談合す。入江氏、四時鷹司氏訪問。二、学術会議々長等拝謁。首相を訪問、思召の旨をきく。東宮[redacted]の白洲の話、四国行幸のこと。小泉氏訪問。一旦帰庁。次長と打合せ、入江氏にきく。

〔欄外〕昨日のこと小林氏にきく。

一月一七日(火) 九・一一発葉山行。東伏見邸御礼、一一・〇〇—一一・四五。辻氏訪問、学長のこと、代理のこと、伺候のこと、一一・四五—一二・三〇。拝謁、進退伺につきてのこと、成年の日のこと、東宮御所のこと、十九日のこと—一・三〇—二・三〇。(賜品バター三、チーズ二)。侍従長、女官長と奥勤務の話。四・二九発にて四谷下車帰宅。次長来訪、首相電話、Major Luis 拝謁中止の件。三谷と電話、外相及長官御一任とのことにて、黒田式部官経由やめ。

一月一八日(水) 次長及黒田と昨日の件、其他。一〇、小泉氏来室、昨日のいろいろ話す(三笠宮、次長御訪問)。久邇、常盤松一二—二・四〇前田、前田《〔ママ〕》、牛鍋。帰庁後右、左の動き次長より聞く。五時半帰宅、七時頃鷹司氏より電話、二十日とのこと、里の兄にも御話云々とあり。松平信子氏に電話。明日一押のこととす。

一月一九日(木) 〔略〕二―三、拝謁、東宮様仮御所の件、御質問数件あり。小泉別に中共のこと言上す。帰途には林檎籠を賜る。

一月二〇日(金) 朝、松平式部来訪。MC誕辰に花贈呈の件。一〇、鷹司公爵来訪、御受けしますとの返事(三谷に電話す)。早ひる後出勤す。次長始め一時頃より宮様御案内。二―四秩父妃殿下、三笠様同妃、高松妃、竹田宮等御来駕。〔略〕

一月二一日(土) 段取を次長、侍従次長、入江氏相談。一二、青陵会―一、皇太子様に関し厩焚のこと演述す。〔略〕葉山伺候。御熱高く、侍従長、女官長等によく話して御裁可。午後猶両陛下御話、御前、名取女史より申上ぐること許可を得。九時過帰宅す。御餅賜る。

一月二二日(日) 〔略〕夕刊朝日に、恭二の名、高砂丸〔シベリアからの引揚船〕にありとのことにて狂喜的。斎藤惣一氏(次長経由)たしかめてくれる。〔略〕

一月二三日(月) 〔略〕入江、次長、侍従次長と会議、段取の話。〔略〕三・三〇大宮御所にて拝謁、孝宮様の件言上、ブリ賜ふ。四・三〇高松妃殿下にも同様。五・三〇、三番町部局長新年会―八、小泉、藤田両氏と早帰りす。此日午後、孝宮様、両陛下御見舞に葉山へ御成。其際御話あり。〔略〕

一月二四日(火) 大阪山崎へ電報、高砂丸にて恭二帰つた。Sebald に礼状。Lady Gascoigne へ返事。稲田周一氏会見。入江氏昨日の状況報告。MCに内報のこと、式部に頼む。一時、三笠宮様に孝宮様のこと言上、朝香様は熱海へ御断りに出る積りと申す。秩父宮妃殿下に電話(風邪に付御断り申上)。五・三〇 Vining に東宮様のこと。〔略〕

一月二五日(水) 此朝松平氏、Bunker に孝宮様のこと話す。青山祭場へ、菓子四折連日供へ。〔略〕二・三〇―三・三〇外相官邸。首相に孝宮様のこと話す。

〔欄外〕牧野伯一年祭。三、外相官邸。

一月二六日(木) 一〇、孝宮様、名取女史御来駕、入江氏は其前に。一〇・三〇鷹司三人来駕、彼是一一・三〇頃迄、先へ鷹司氏帰る。後宮様名取。後田島、入江。登庁。鈴木次長一

二・四五発鷹司邸へ御使。一・三〇鷹司氏長官室に来る。一・四五発葉山参邸御寝室にて御報告及御祝。福沢五十年のこと。

〔略〕

一月二七日(金) 登庁の途、呉竹に御祝拝謁。沢田中将来訪。昨日の洩らしたる人に憤慨。斎藤長官訪問。恭二の着場所及健康のこと照会たのむ。至極健康とのこと安心す。田中徳来室、昨日の発表につき意見。中山喜久松、柏木一郎来訪(展覧会の件、総務課長に)。

一月二八日(土) 朝斎藤長官次長訪問。香川県知事来室。(百武三郎氏不面会)来室。御歌会二十六年題発表のこと。東宮職[redacted]者のこと。一二・〇五発新浜鴨場行、人事院関係連中。六・〇〇頃帰宅、客の車一台転覆にておそくなる。〔略〕用意万端にみし忙し。就床早きも眠りをなさず。

一月二九日(日) 〔略〕自働車にて八・三〇発品川駅にゆく。譲治夫妻、圭介〔略〕あり。有田八郎氏にあう。九・三四着。恭二〔略〕、周子と同車帰宅す。〔略〕やがて出迎への柏木君等五人も来り。入浴後の恭二中心に祝盃。両陛下思召の御酒賜る。松岡志郎兄妹来る、三時過一同帰る。前田多門、三谷夫妻、鈴木、三井、植、田端、秋山祝に来る。夕食は家内全員七人。東通工、鯛の祝到来。いろいろ話し、九時ねる。

一月三〇日(月) 九・四〇孝明天皇祭。次長と三笠宮洋行のこと、孝宮御婚儀質素のこと、稲田氏のこと、火事処罰のこと、御殿場訪問のことetc。〔略〕席次問題内藤氏。三・三〇還御、直後拝謁。〔略〕

一月三一日(火) 九・三〇、二の間、御歌会九・五〇、参殿者候所、式場。皇后様御欠席、皇太后様出御、無滞《とどこおりなく》済み、選者拝謁後長官応接室にて、選者及諸役に賜物伝達。賜餐、表一の間。一階会議室に預選者と選者座談会。二、行幸—御見送り。式部官長来室、次長、岸夫人の話。〔略〕松平夫人来宅。

二月一日(水) 鷹司氏訪問、夫人にあふ。一〇時頃神宮参拝後出勤。礼状等出す。黒田式部官にElizabeth翻訳と三笠宮渡米返事試案のこと。〔略〕三時半発岩波書店立寄、東大山中教授訪問座談会のこと、石田のこと、加藤教授御講書始めのこと。南原総長訪問四・三〇—六・—、渡米談中々承知せず。〔略〕

二月二日(木) 岸田兵庫知事来訪。総理電話、辞職のこと、安倍のこと。久邇家へ御礼。式部官長Austin招待のことの意見。栄木氏と全体今後のことたのむ。次長昨日御殿場訪問の話、特別のことなし。大磯池田氏訪問のこともきく。午食後式部官長、天皇裁判の話及松谷の話。関口君理事のこと。小泉、野村来室、Austin 事件素直に認め、将来注意すとのこと。小泉氏、御殿場大磯の話。五時より歌会に関する座談会、馬術クラブ。

二月三日(金) 〔略〕一、秩父宮妃殿下御来邸―二、御検分。一・三〇東宮職との協議会―四、御家庭的御認め等のこと。経済主管、秘書課長、長官、次長、小泉、野村、栄木、役所にて。

二月四日(土) 鴨猟、英国大使館員。〔略〕

〔欄外〕秩父宮御荷物、午前に到来の電。

二月五日(日) 七・五〇発来宮着。朝香氏に常盤松のこと諒解を求む。停車場迄歩き、ハイア《ハイヤー》にて大洞台志賀氏訪問、三・三〇発バスにて湯河原迄。田中清次郎氏訪問五・五一発にて帰る。〔略〕

二月六日(月) 塚越日銀監事のこと申出。上月復員局長来訪、細菌部隊の話。次長より四国行幸進駐軍異存なき為、官房長官と打合す。中田朝香事務官来訪。午食後安倍訪問、南原の話、石田幹之助の話。二―六、官邸にて次長、経済主管、式部官長、侍従次長、入江、名取、秘書課長、稲田氏と九人、孝宮様のこと。〔略〕

二月七日(火) 八・二〇発式部官長等と鴨場。外交団鴨猟。一一・二〇早昼。一二・四五帰庁。女官長及奥の荷物と共に葉山に訪候。三―四・三〇拝謁後、常侍官室に出御、雑談、弁当を賜り(十和田マス燻製、御菓子)帰る。帰途小泉氏により、八日の人のこと、Chief Justice の話あり。九頃帰宅。雑談。一一・〇〇就床。女官長と車中、孝宮様御内約迄の経緯。秩父妃御宿泊、朝香御詫のこと等逐一話す。

二月八日(水) 次長に昨日拝謁の話、及 Chief Justice の話。式部官長、Catholic 勲章の話、Mason のこと etc。経済主管、税のこと、etc。午、松平信子、小泉、野村―四、東宮御所の在り方のこと。Mrs M. 相当積極的、徐々といふこととす。再登庁、書類見る。次長の話、高松宮中国との問題、東久邇のこと、馬術会、印刷所のこと、東宮火事処分のこと(警察と次長打合)。〔略〕

二月九日(木) 秘書課長の意見、長官供奉のこと、次長にもいふ、覚悟の外なし。秘書官移転の話。東久邇、池田氏訪問のこと。田端より南原十五日とのこと、電話交渉す。侍従長来室、布原問題等話す。〔略〕次長、近藤直人のこと。〔略〕鈴木課長下検分出張挨拶。〔略〕「小泉信吉」読む。

二月一〇日(金) 塚越に免官辞令渡す。次長、近藤直人のこと剣木にきゝし報告。高輪邸のこと。午前午後来客なく、机の整理をなす。[redacted]、水戸部氏来訪、北白川家状況報告、七、八十坪の家新築三百万円とか、孝宮様のこと話す。戒告辞令渡す。〔略〕

二月一一日(土) 九時頃秩父妃殿下御着、十時の結核予防会へ御出席。後出勤す。河西根津美術館長来る。〔略〕小雨中常盤松にゆく。御祓ひ途中に参列、皇太子様と茶菓、職員とスルメ酒、松平信子さんと帰宅。妃殿下 Vining 行き。〔略〕

〔欄外〕鷹司氏葉山へ御礼。

二月一二日(日) 妃殿下御召パーラにて雑談。小泉、日本の大学をやめて急ぐ理由別にありや、なしと申す。三笠様洋行のこと、広田のこと、Taperecorder のこと御話す。〔略〕鷹司夫妻来訪(新羽苺)、えんびモーニング、けいこ程度との話。権宮司に司式のこと、親族友人等は一席にて御茶とのこと、記念館にて。内廷費のことより Gold を廻すこと迄話す。午食後、中村、小泉と話す。荒尾来訪。夜妃殿下、大宮御所、日光へ。就床。

二月一三日(月) 八・四五、秩父宮妃殿下御出発。三谷と同車登庁。後三谷の部屋にゆき、四国の状勢、おしつけのこと、侍医のことといふ、高松宮仲人のこともいつて見る、呉竹のことも。南原へ電話。一—一・三〇、三笠宮来訪、御留学の話、三愛記念館の話。明治神宮権宮司の来訪。三—四、堀内謙介氏来訪、MRAの人拝謁のこと、松平氏ときく。松平氏、天皇誕生日 etc のこと。夜勝沼博士来訪夕食。〔略〕

二月一四日(火) 黒田、Harp の三笠宮御返事。一〇・三〇小切手事件戒告、辞令渡し。次長に思想動向の話きく。吉田、広田会談月四%。一、孝宮様打合会—六・三〇侍従長、次長、入江、名取、秘書課長、主計課長、松平式部官長、次長、稲田氏。雪ふる。

二月一五日(水) 鴨猟新浜、赤十字社。高松宮両殿下も御出。松平、光輪閣拝借一寸いふことに打合せ。御同意。〔略〕皇居発。南原総長と葉山へ、侍従長も。一時予定、南原病気にてやめ。昨日のこと、秘書課長に整理たのむ。入江侍従、葉山はやめに願ひたしとのこと。仲媒の人に気がけなきこと、申入あり。

二月一六日(木) 稲田氏来室、先方の話いろいろきく。納采の儀、清閑寺のこと、仲人のこと、葉山のこと、新婚旅行のこと etc。〔略〕黒木三・三〇。四―五・三〇御文庫拝謁、十四日会議の結果言上、御思召を伺ふ。

二月一七日（金） 八・三〇、三谷と登庁。祈年祭九・四〇―一〇・五〇。一時、御文庫拝謁御召し。高尾課長。納采の次第等。高松宮妃殿下、五月六日は駄目とのこと、宮様御行動のこと、何か御仕事のこと。官房長官来庁、林次長の話断る。但し注文通りの後任をくれればといふ。四・三〇―Huston 邸。李承晩大統領の Tea、みしと行く。〔略〕葉山、女官長電話、皇后様の御歳のことの御話。

二月一八日（土） 南原来庁。母及歌集献上。おすべらかしのこと名取氏に研究たのむ（二二日御進講の■、葉山電話。おすべらかしなら時間変更）。松平氏 Redman の Daimler 型録。金光庸夫、高野山管長拝謁のこと断る。名取氏訪問、おすべらかしのことと陛下の先方尊重、民間尊重の意のこと伝ふ。二・三〇―五・〇〇 Vining 訪問、東宮様のこと懇談。

二月一九日（日） 終日在宅。手紙の返事書き、拝謁記事。孝宮様万事遺漏なき心くばり熟考等。午後五時半野村提督来訪、一週間あとの経緯。〔略〕

〔欄外〕呉竹寮会見。

二月二〇日（月） 入江氏来室、昨日の様子、京阪旅行のこと、いゝ方ですねー。高尾氏、二条恭仁子の控のこと、高松宮訪問、官庁訪問差控のこと話す。一一―一二小泉氏訪問、十八日 Vining 会談のこと、英大使の鴨猟の言等。午食後、次長、主計課長、予算の流用のこと、次長、増田長官と話のこと、秋山、河道屋のこと。三・三〇還御御出迎。

二月二一日（火） 仁孝天皇例祭九・四〇―一〇・三〇。電話にて光輪閣確む。拝謁御文庫一〇・四五―一一・三五御召。一、松平恒雄氏百ケ日―三〔略〕。式部官長拝謁御召。次長来室、答弁の話。〔略〕

〔欄外右〕両陛下より、松平百ヶ日、吹上「御花と御野菜」。大宮御所に御連絡。

〔欄外左〕秩父宮妃殿下御来泊。

二月二二日（水） 〔略〕一〇、南原総長進講―一一・四五。二、知事賜茶―三・一五、首相に三日納采のこと、親任式時間のこと、拝賀のこと（随意）いふ。東京都知事と石川栄耀のこと。次長よりいろいろ。

二月二三日（木） 九、高松宮へ伺ふ―九・四〇、光輪閣のこと、御承諾。観光事業のこと、総裁止めの其後の経過に[redacted]し、御婚儀のこと、陛下の思召拝察、三笠宮洋行のこと、附皇太子のこと、内親王も義宮も東宮様と御一処のこと、次長と話す。新井[redacted]訪問。二、大宮様拝謁―三、大体のこと奏上、御菓子拝領。元宮殿図面木村氏。五、稲田周一慰労会、侍従長、次長、入江、次長、高尾。

〔欄外〕口上のこと、二〇〇、〔〇〇〇〕―のこと、高尾氏と話す。

二月二四日（金） 一〇―一一鷹司氏訪問、陛下思召三ケ条拝察のこと、区〔々〕陳ぶ、五月二十日頃のこと、式服のこと、光輪閣のこと、披露宴のことetc。〔略〕拝謁御召し。〔略〕此日、読売、毎日、朝日等、最高裁判所長官候補とて記者大勢宅へ。

二月二五日（土） 九―一一納采式次第の問題、式部と高尾と異見、次長まとめ役、及元号問題研究、鈴木課長、孝宮御附女官の話、次長と相談、次長に供奉侍医のこと。〔略〕

二月二六日（日） 終日在宅。〔略〕毎日新聞電話。読売来訪。最高裁判所長官問題。五、有田、野村、豊田、徳川、小泉、松平、侍従長、次長―一〇、国際関係中心の話、東宮御洋行にも関連す。

二月二七日（月） 御召拝謁一〇―一〇・四五（大宮様御参内）。一時に帰宅す。〔略〕皇族会、三笠宮洋行来年云々のこと。二―五、次長左右動向。式部官長と三人。次長、三淵氏に御見舞を賜ふこと。

〔欄外〕秩父宮妃殿下。

二月二八日（火） 秩父宮妃殿下に御挨拶後、九時過登庁。後吉田氏、大宮御所経理の話。一〇池田潔進講―一一・五〇。大蔵省近藤直人快諾。二―二・二〇佐藤参議院議長訪問、高松宮のことに関し、観光のこと話す、六ケしからん、顕彰会の話あり。二・三〇首相拝謁。三、小泉氏来訪、栄木の件、佐藤、黒木の件。吉田首相拝謁後、小泉と雑談、納采の儀拝賀無用のこと、三淵氏へ御仕向けのこと、孝宮婚費のこと、雑談的に宮様のこと出る。高松様のこと話す。御召し拝謁三・五〇―四・四五。朝日の記者、三淵氏の話。帰宅の途、三淵氏病気見舞ふ。一寸病床にあふ。両陛下御見舞果物の礼、池田潔氏進講のこと、田中耕太郎後継人を得たりとのこと。吉田首相より来書。四国下検分のこと。

〔欄外〕次長、三笠宮邸。

三月一日（水） 次長に下検分の噂のことたのむ。高橋たね氏、三笠宮Lessonのこと。高尾氏、国寿祭祀料のこと。寺崎へ返書。田中へ祝の手紙。午御陪食、大内、中山、岡田等進講者―二。夜、今朝林次長、共同新井政治部長訪問の内容をかき、首相へ返書認む。翌日使にて届ける。

三月二日(木) 式部官長、英国大使館の話のこと。稲田氏より電話。清宮様御誕辰一〇・三〇拝賀。栄木氏来訪、身上のこと。一一吉田茂氏〔首相とは別人〕来訪、明治神宮の件。〔略〕次長、官房副長官の件。

三月三日(金) 場所、物検分す。部局長会議、特別職のこと。納采の儀、孝宮様九・五〇、拝賀一一・〇〇、後食堂にて旧奉仕者に祝酒を賜る。奈良武官長等。おこわ。卵巻竹の子。今朝帰京の総務課長に下検分のことをきく。三―三・二〇田中氏最高裁判所長官親任式、前後に田中氏と話す。総理とは参殿者休所にて四国下検分の実相語る。四―五、首相を官邸に訪問し、一)英国Court adviserのこと、二)三笠宮洋行のこと、三)宮様殊に高松宮のこと、四)侍医制のこと懇談す。前二者はBunkerの意見きくこと、大して不同意なき様子。首相として三は何か適職心掛けること、四は総理府保健[redacted]施設として考へて見ること、勝沼のことetc。〔略〕

〔欄外〕明治神宮のこと、石川岩吉来訪。

三月四日(土) 次長、昨日国会の様子、[redacted]の不始末のこと、etc、首相会談の要及昨日の孝宮新聞扱のこと、四国行幸プログラム総務課長と相談のこと、次長、主計課長等と内廷予算実行配賦のこと、一一―一・三〇。〔略〕

三月五日(日) 八・三五発大磯池田氏訪問、午餐頂く、二時過退去。〔略〕後安田靫彦氏訪問、六時頃大磯発帰宅。池田氏、東宮洋行に関する各種のこと、英王室研究方法のこと、三笠宮洋行のこと、今後皇居etc在方のこと、積極的、困難だけ。〔略〕安田氏、正倉院のこと、徳川侍従令弟のこと、鉄道のこと。

三月六日(月) 関屋夫人、みし同車、九・三〇登庁。皇后宮御誕辰拝賀、一〇、天皇陛下総代奉祝、皇后陛下奥一同列立総代言上。親任官等拝賀後、御祝酒表一の間。首相、衆議長、田中長官等緩談。一一・一五、奥食堂祝酒。小泉氏来室。次長、内廷費のこと、野村主膳監報告及内廷費の大方並質問に付き話し了解。人事院藤田次郎のこと。総務課長、四国プラン。五・三〇大宮御所御陪食―一〇、種々の御大馳走賜る。

三月七日(火) 八・三〇発大宮御所御礼記帳。次長に昨夜のこと。式部官長、東宮、ブランデン御よび、式部官列席のこと、一寸Gascoigne提案否の方向のこと。順宮様御誕辰、一〇・三〇。後三谷にGascoigneのこと話す、池田氏に同一意見。次長、渡英案を話す、其方よしとのこと、機を見て奏上のこと打合す。三笠宮来室、防空壕一〇二〔〇〇〇〕―の問題、明治神宮のこと、主婦之友のこと。四・三〇―五・三〇 Bunker 訪問、ＧＨＱ通訳なし。無沙汰詫、孝宮様〔左上に〇印〕のこと、行幸のこと、警衛のこと、三笠宮洋行のこと、Vining 任期のこと、一年業績のこと。今後の仕事のこと、その為参考の為英書よむも不効のこと etc（Gascoigne のこと間接に意をさぐる趣意）。

三月八日（水） 九・三〇―一一稲田氏〔前に〇印〕、次長、侍従次長、入江、名取、高尾と孝宮様のこと、日取五月二十日に仮決定。一一―一二・三〇御召し御文庫拝謁。一時過高松宮スキー御負傷第一報、侍医御差遣等手配す。第二報四時半やめ。二時―二・三〇竹田宮墓前祭、豊島。青木安本長官二―三・三〇、四国土木の話。次長に Bunker の話 etc。高松宮奉伺の上、五・三〇首相を首相官邸に訪問、用件三笠宮のこと、Gascoigne のこと、小泉文教委員のこと。六時過帰宅。食後秩父宮妃殿下に御挨拶。

三月九日（木） 一〇日赤へ皇后様行啓、ナイチンゲール章親授。撮影班〔右上に〇印〕無茶なり。一、大宮様沼津行啓、御見送り。二、安■行啓のこと、南原のこと、小泉来室雑談。（高松宮負傷御帰京、御出迎態〔わざ〕とやめ）。此日午後、孝宮様、鷹司訪問及 Vining Dinner。秩父宮妃殿下に挨拶、大宮様御健康の事、高松宮昨夜御見舞の御様子。

三月一〇日（金） 高松宮様御見舞、レントゲンのこと言上。一〇〔上に〇印〕、名取女史昨夜の孝宮様のこと報告、婚儀前会見 too often 説教で固執せずといふ。一〇・三〇―一一、御召拝謁。昨夜〔前に〇印〕のこと、稲田氏来訪、総て賛。一、内廷経済会議―二・三〇長官室。三―四・三〇長官応接室、供奉員打合会。〔略〕三谷を拝謁後部屋に来て貰ひ、大宮様拝謁のこと等話す。高松様負傷につきてのことも談合す。〔略〕

三月一一日（土） 一〇―一一、御文庫拝謁。式部官長来室、Gas のこと、軍人のこと。〔略〕

三月一二日（日） 四国行幸。六時起床、七・四五林次長の車に同乗。八・三〇迄いろいろ打合せ。御文庫に行き、小泉氏と東宮様、義宮の趣旨、小泉邸行啓、御勉学の事等話す。途中予定通り。愛知県知事拝謁の時、大体の事言上す。京都人出多し。早くねる。吉井勇氏等拝謁。

三月一三日（月） 出張所長来室。勝田氏も。八・四五御出門。

寒し。雪みぞれ時々ふる。予定通り宇野高松船上もみぞれふる。高松camera少しひどし。御予定通りにて知事公舎に御着。御進講二人。其後川六へ宿下り。一〇・三〇就床。

三月一四日(火) 川六第二泊。

三月一五日(水) とらや、十時就床。琴平。

三月一六日(木) 永積侍従帰京。観音寺。玉泉、短冊四枚、獅子舞、提灯、一一就床。

三月一七日(金) 好晴(だし車、観音寺)。赤旗(新居浜)。持兇器者発見(日新化学)、ウントウ《〔運動〕》一部。外套なし(朝の内例外)。あづま、西条、(十河)、提灯、一〇就床。

三月一八日(土) 雨、賜物、外套預け。鮒屋。

三月一九日(日) 日銀支店長藤本■長来訪。午後興居島御休養。高浜上陸、道後温泉御入浴。ふなや、道後、鮒屋。

三月二〇日(月) 宮城内火事、右奏上。常侍室に出でず早寝、宇和島蔦屋、さつま。

三月二一日(火) 提灯中村、中村町、松竹楼、田舎宿。

三月二二日(水) 高知、宿下り筆山荘。

三月二三日(木) 敷島紡御握手。高知筆山荘。

三月二四日(金) 朝中村の者十八才。室戸岬、山田邸。

三月二五日(土) 宍喰不審者。日和佐。

三月二六日(日) 小松島■■、まけたが残念、桑野奉迎台銅。徳島観光ホテル、一筆及宿帳第一号。

三月二七日(月) 鳴門水野旅館、御不例。御不例一日順延に一応決定、七・八。

三月二八日(火) 御静養六・二、七・三、七・二。鳴門水野旅館第二泊。

三月二九日(水) 九・二〇鳴門御発。二十八日日程通り、赤旗穴吹町。池田政海旅館、一筆。

三月三〇日(木) 池田発汽車にて小松島へ御出になり、風雨中出帆。船よひす。鈴木課長尤も悪し。陛下は平然。洲本上陸。風雨中、日程通り六・二〇頃御泊所梅桜園。

三月三一日(金) 御泊所にて賜品等。鐘紡等御日程通り。正午過ぎ御乗船、海上保安庁の船御巡視。神戸に入港後、京都迄汽車。大宮御所早寝す。

四月一日(土) 京都大宮御所にて、朝は新聞社持参の写真機、投球機御覧の上、飛鳥井拝謁の後、在京宮内庁員、皇居警察官、尼門跡等雨中御会釈。乗御。八・三五御出門、八・五〇京都御発、米原迄に大阪鉄道局長、運転部長、京都知事、議長拝謁。滋賀知事椅子を賜ひ、びわ湖開発のこと言上。昨年は副知事、藤[redacted]正は乗車せず。嵐的の気候の中に六・四〇御還幸。首相、田中最高〔裁判所〕長官等駅に在り。事務室に帰りて後帰宅、入浴就床。

四月二日(日) 〔略〕午後林次長来訪、留守中諸雑件。三笠宮、読売社長へ親展書の件、etc。

四月三日(月) 神武天皇祭九・四〇—。高松宮様に御挨拶す。愛媛知事、室戸山田氏等挨拶に来室。議会に首相訪問るす。秘書官に名刺渡す。午後御文庫にて拝謁願出て、昨日次長よりの留守中の主要のこと奏上。帰途出火跡を見る。五・三〇—八・〇〇最高裁判所新任披露。

四月四日(火) 一〇御出門。山梨植樹に行幸啓、午、夕車中弁当。停車場前混乱。知事心臓。七・二二御還幸。

四月五日(水) 一〇—一一、御召拝謁。一一—一二、四国知事拝謁賜餐。次長と用談。小泉氏要談、Viningの件、侍従長、次長と相談す。斎藤警察長官来訪、四—四・二〇、昨日の謝罪の意?〔略〕

四月六日(木) 十時—十一時首相拝謁、一一—一二、首相と長官室にて会談、内廷事情、Viningのこと、行幸感想、火事の始末、三笠宮事件、馬場社長へのこと、大宮御所焼夷弾のこと、掃除のこと、義宮様東宮職へのこと、芸術恩賜賞のこと。首相よりは文化勲章者に対する待遇、認証官に準ずることの話。〔略〕御文庫拝謁願ふ、四・五〇—五・二〇。皇后様より賜り、林檎、玉子。

四月七日(金) 一〇、両陛下葉山へ行幸啓。一〇・三〇—一

二、寺崎英成来訪、ローマ字問題、宮内庁先鞭のこと、no といふ。〔略〕

四月八日(土) 八・一五、松平官長と三里塚行、英国大使夫妻始め一行。好天気。秩父宮妃殿下御来泊。

四月九日(日) 朝食後、妃殿下拝謁、供奉の御話。銀座にて色紙、短冊、筆買ひ、揮毫。葉山丸其他。〔略〕

四月一〇日(月) 入江氏来室。内親王様のこと、葉山へ一八日のこと申上ぐ。三笠宮様、秩父宮吉田来訪。〔略〕

四月一一日(火) 富山知事(赤十字)、山梨知事、大久保海上保安長官来訪。〔略〕二・三〇―三・〇〇学士院幹事坪井博士、五月十二日御陪食のこと。〔略〕名取氏と談合。内親王様拝謁。〔略〕

四月一二日(水) 〔略〕次長と事務数件。高橋女史来訪を求め、Vining 夫人延長の心境きく、OKとのこと、旅費辞退とのこときく。村田俊彦氏来訪、久邇氏寄富〔付〕のこと断る、十五日会食承知。大金氏来訪、日銀役員拝観のこと、それより宮内省のこといろいろ懇談す。為になる人の様に思ふ、関屋はきらいといふ。午食後 Vining 小泉両氏と会談、延長のこと確約す。秘書課長、係長増加の説明きく。総務課長、聖心大学断りのこと etc。

四月一三日(木) 一〇・三〇―一一・一五 Colonel Bunker 訪問、Vining の更新のこと、巡幸のこと。黒田式部官同時通訳。〔略〕四・三〇―五・三〇次長諸件。〔略〕

四月一四日(金) 両陛下、皇太子殿下十一時還幸啓。此朝次長リゾー訪問、其結果きく、御巡幸好評。午、最高裁判所御陪食―二、判事連中宮中拝見。二・三〇―三拝謁。〔略〕

四月一五日(土) 入江侍従、red shoes 問題。野村大夫賜暇。九・三〇坪井誠太郎博士―祝辞問題。〔略〕二、日銀役員御所拝見―四をすぐ。御生研にて[redacted]御会釈、図書寮。四・四五羽沢 Garden、久邇家―八・〇〇。〔略〕

四月一六日(日) 終日在宅。五・三五、大宮様御帰京拝謁。大夫と話す、御健康、御旅行、三浦博士、三笠事件、先日御陪食のこと etc。

四月一七日(月) 寺田健一氏(尾崎咢堂のこと)に尾崎氏の意

思きまらぬ内に皇室側の都合いふのは主客顚倒といふ。拝謁一〇・三〇―一一・三〇、北海道巡幸の早きがよい理由。皇宮警察長新旧拝謁。〔略〕次長、山川侍医と話合（羽生断るとの話）。呉竹寮賜餐。五・二〇芸術院長来訪。

四月一八日（火） MC as usual、御文庫一〇・〇五、Embassy 一〇・一五、Huff 及MC出迎。一時間半。松井氏と話す。一時、松影会、拝謁御文庫前。〔略〕孝宮様のこと打合会、二・三〇―八、次長。総務、秘書、侍従長、同次長、松平、近藤、入江、名取及稲田。五月三日、五月二十日其他百般。

四月一九日（水） 拝謁三回。一〇―一〇・二〇、一二―一二・一〇（永井賜盃のこと）、二・三〇―三・〇〇（北海道行幸のことMCの意見）。一〇・三〇―東宮成績言上（小泉、野村）。三―五、首相官邸、Tea Party、GHQ関係等。話せし人、東久邇盛厚御夫妻、増田、殖田、高瀬、樋貝、大屋、首相、ガスコイン、レッドマン、シーボルト、バンカー、ベーカー、ハフ、ノーマン、石坂泰三、石川一郎、浜口雄彦、葛西次官、佐藤帝銀、佐藤議長、丁抹公使、Westlake Lingeman、一万田、太田次官。六・三〇最高裁判所招待（芝浦一ノ四七）―九。秩父宮妃殿下御泊り。十時頃御帰館後、孝宮様御慶事順序申上ぐ。

四月二〇日（木） 八・四五大宮様沼津へ行啓御見送り。〔略〕関口勲と文相問題を話す。夜安倍に電話。〔略〕〔欄外〕稲田氏来室、孝宮様千駄谷新築案、渋々同意し、自分の在任の方針いふ。秩父妃殿下御帰宅。

四月二一日（金） 土田高知御買上品を持参見せる。一〇、山崎猛御進講―一二・二〇。式部官長一二・四〇―一・三〇、英国宮廷玄人の件いろいろ協議、次長に具体案作成たのむ。安倍能成一・三〇―二・四〇、天野今朝訪問のこと、僕も一度あつてくれとのこと、宮廷のことetc。馬場新検事正挨拶。内藤の話次長より。〔略〕

四月二二日（土） 秋山来り、小人等何いふも、宮内庁の為唯がんばれといふ。一〇―一一、天野貞祐氏、就任辞退はきかず。人事其他甘《うま》く出来るだけ助言す。兵庫県知事、淡路行幸の礼。〔略〕次長、内藤の無軌道話。一・三〇―二・〇〇安倍を学習院に訪問、天野のこといふ、大体同感、可なり天野の今回のことに失望の様子。山崎を就任までの顧問とすることに話す。〔略〕

四月二三日（日） 増田官房長官電話（蔵相明日拝謁のこと）、侍従（山田）と打合せ、明日十時と決定。三谷に報告す。〔略〕

四月二四日（月） 一〇、正倉院会―一二・三〇午餐（安倍、和辻、細川、上野、原田治郎、淑人、芝、etc）。和辻「イタリー巡礼」貰ふ。（一〇・三〇兵庫県知事拝謁、紅茶のみ、一一、蔵相拝謁）。三―五、御文庫、植物学者座談会、篠遠博士遺伝のこと。供奉諸員一同慰労、三番町五・三〇―八・〇〇（牛鍋）。

四月二五日（火） 松平官長、内藤のこと。一〇―一一御召し拝謁（大宮様のことetc）。Bunker訪問、飛行機弔問。一二・三〇―二・三〇東久邇盛厚氏（新木栄吉の不満）。供奉せし田中徳等新聞記者官邸招待、洋食。

〔欄外〕裁判所秘書課長、三淵氏の献本。

四月二六日（水） 三―三・五〇高松邸、妃殿下、徳川義寛氏の件及両陛下を孝宮様と共に御招きしたき件。四―四・四〇外相官邸、首相と用談。一、孝宮様のこと、御婚礼一般、経済会議。二、宮内庁根本問題、御住居、御教育etc。三、英国の件、具体的。四、官吏渡米、具体的。五、北海道行幸のこと。六、文化勲章者厚遇のこと。警察隊長（巡幸）挨拶会五・三〇―八・〇〇、瓜生、谷口、阪本、松本等、鈴木、徳川。

四月二七日（木） 高松宮妃殿下に、三谷よりの返事により、両陛下行幸啓希望の旨電話す。〔略〕一―三、次長、三井及深尾課長と焼跡、紅葉山巡察。三―四、新木栄吉氏来訪（東久邇氏の件）。〔略〕

〔欄外〕孝宮様祝歌、都新緑色紙に認め、秘書課長に渡す。〔略〕

四月二八日（金） Blythに手紙。高松妃より電話、皇太子様も云々、十五分早くとの電話。[redacted]職へ通ずる門、次長、Maydayにて半[redacted]を成し、相談し直しにてやめとなる、二回事務官に連絡す。〔略〕三、植物学Salon―五、原助教授、ツツジの話。〔略〕

〔欄外〕午前部局長会議、天長節同様、社会事業の下賜金伝達す。東大第二工学部長来訪、御製御礼拝謁のこととす。

四月二九日（土） 八・四〇賢所御祭。一〇・一〇拝賀列立。皇后陛下拝謁一〇・一五（総代）、一〇・二〇より親王大臣以下。三の間祝酒、カマボコ、そら豆。首相、安倍来訪といふ。幣原氏と田中清次郎氏のことといふ。一一・二〇、一級二級官。一一・三〇、三級官以下拝礼後バルコニー出御、侍従長一人供奉。一一・五〇内廷祝酒、小泉と話す。一・五〇出御。二―三・五〇旧奉仕者賜茶、参集の間。三度門出御バルコニー。〔略〕

四月三〇日（日） 〔全文略〕

五月一日（月） 〔略〕次長と佐藤法制長官の話。式部官長と天長節の感想話す。服装研究開始相談、同意す。高松妃殿下、十四日に行幸啓仰ぐことにおきめの御伝言。三井 Vining の家のこと。赤十字社長に白い羽賜金伝達。芸術賞は次長代理、高橋誠一郎へ。天野氏来訪、首相訪問の経過陣容のこと。三—五、理科 Salon 花の色。

五月二日（火） 首相訪問、首相官邸八・—九、極秘にてゆく。裏門より出入。改造方針内奏方依頼、北海道及英人のこと了承を得。一〇・三〇 Mr. Hall 拝謁。一一・一五尾崎咢堂拝謁。一・三〇—二・三〇拝謁御文庫。二・三〇—三・〇〇鷹司公来訪。三十万円の挨拶その他の礼。総務課長、議員団拝謁のこと。国警本部招待五・三〇—八・〇〇。持参金管理人々選。黒田式部官。Major 山形、宮城拝観[redacted]手紙。

五月三日（水） 皇居前広場行幸啓。一〇・二〇発登庁、着御御文庫一〇・三〇、御出門一〇・五三—一一・二〇。一旦帰宅昼食。午後一・五五、告期の儀—二・〇五着替、二・二〇—二・三〇、二条夫妻面会（拝謁の途）。三—四小泉氏訪問。四・三〇—五・二〇 Mrs. Vining 訪問（両陛下に話すこと。東宮に関し）。〔略〕（三井管理部長来訪、夜）。Mrs. Vining の話。義宮同居問題方針と時期。両陛下拝謁 frankly。欠点もいふこと（warm 足りぬ）。鷹司結婚成功。東宮妃のこと。character noble friendly。Dr. Koizumi、育英会々長、天野文相経緯、清水のこと、義宮のこと、文化人集合のこと、宮殿のこと etc、鷹司のこと。安倍、小泉、山梨、志賀、田中 etc のこと、Vining のこと。

五月四日（木） 香川秘書官首相手紙持参（返事出す）。一〇、渡米国会議員団拝謁—一〇・三〇、十三人椅子あり、日本茶、日本菓子。一〇・三〇—一一・三〇高橋たね子、Vining 夫人との昨日の話の Confirmation。次長といろいろの話、義宮のこと、一級二級昇格のこと etc。黒田式部官に英国人のこと、Bunker にいふこと、口語にて口授。増田長官電話、六日午前文相認証式のこと。御研究所迄行き返事す。三井部長ガソリンの件。

五月五日（金） 〔略〕一〇—一一・二〇、午食後御文庫、徳川侍従に昨日の首相手紙のことを申上げ、想像説と違はず読売記事と同じこと奏上たのむ。〔略〕

五月六日（土） 拝謁一〇・三五—一〇・四〇。首相にあふ。一一・〇〇天野文相認証式。石川県経済部長会見。賜茶学習院関係、孝宮様、二—、無関係。〔略〕次長、総務課長、日米タイムス社長拝謁の件、各派西洋画展のこと。

五月七日(日)　終日在宅、ノーマン下巻読了。〔略〕

五月八日(月)　一〇―一二、仁明天皇事績、家永三郎(教育大学助教授)。入江俊郎氏来訪。両院議長拝謁、一・三〇―二・〇〇。経済会議、殖田席次の話、二―二・二〇。大宮様、三・一〇東京駅還御、五・三〇御機嫌奉伺。植物座談会三―五。勝沼より電話。〔略〕

五月九日(火)　高松様御前、宮様、孝宮様御挨拶の御礼話す。社会事業御視察九・三〇―三・三〇、赤十字関係。二〇分遅れ御帰還。次長より話、殊に二十日迄の御贈進等の書類決裁。〔略〕黒田案見せる極秘。〔略〕

五月一〇日(水)　仁明天皇一一〇〇年祭、九・四〇―一〇・三〇。第一銀行員井出来訪、孝宮様預金の事。食後石渡荘太郎氏、十四日御召しに付御祝の事。寺田健一、尾崎翁に餞別賜りのこと、etc。村田俊彦氏、朝融王明日来訪の内容内〔ママ〕、邦昭王洋行のことetc。増田前官房長官挨拶。〔前に×印〕東久邇様五・三〇官邸、新木、山川―九・〇〇。

五月一一日(木)　日銀一一、日銀へ次長来訪、一)東久邇法務庁、二)五・二〇閑院様御日柄、三)御服装。久邇、朝融一〇。〔略〕学士院授賞式二。菊栄会御披露にて、秩父宮妃御日帰り、御目に懸らず。

五月一二日(金)　徒歩、登庁前に御文庫に伺ひ拝謁。大野御進講一〇―一二。拝謁、東久邇教〔「総理と長官室」へ矢印〕(天皇御賛成記事のこと無根)。御陪食学士院一二―二・一〇。総理と長官室二・一五―二・三〇。植物座談会三―五、Beeの生活、岡田博士。recorder駄目。夜、理科サロン招待五・三〇―九(大島広相談)。

五月一三日(土)　九・三〇小泉、野村―一〇・四五、義宮漸次Viningのこと。〔略〕赤坂離宮舞楽Tea三―五、英仏大使等。鷹司家へみし祝詞に参上〔略〕。海上保安庁招待五・三〇―八・〇〇勤王党なり。秩父宮妃殿下御来泊。正午、大宮御所御食事。

五月一四日(日)　孝宮様、秩父宮妃殿下へ御挨拶の為御来訪、九・二〇―九・四〇。九・三〇―一〇・三〇東久邇様訪問、ひがしくに教に関し。右会見内容次長に報告一〇・四五―一一・三〇。午餐は妃殿下の御相伴、食堂。三、孝宮様賜茶、石渡と久邇宮財務の事、八田侍医頭と大宮様の事。不供奉、行幸啓

（三宮催し、孝宮様招待会へ）。御主人側三宮家五方。三陛下始め内廷御八方全部及東久邇盛厚御夫妻、空前のこと。

五月一五日（月） 両陛下美術展行幸啓（次長供奉）。総務課長、芸術院陪食のこと、孝宮写真のこと。海上保安庁次長礼に来る。岡崎官房長官、増田建設相挨拶答礼。天野文相、剣木次官挨拶。関口君にあう。食後、毎日新聞専務来室礼。高松宮妃殿下御電話、昨夜の御会合につき配慮云々の仰せ。黒田と明日の英語のこと。吉川 Lady Gascoigne のこと。拝謁二・四五―三・四五。秩父宮妃殿下、六時汽車御帰邸、其前御話あり。

五月一六日（火） 次長の話。孝宮の近況 etc、吉田、秩父宮妃御召のこと。一〇・三〇―一一・二〇 Bunker 訪問、英国人のこと、原稿持参にて話す。関口君、天野文相情報。塚越のこと。二・〇〇頃村田俊彦来訪、石渡と相談の結果同意す。但し富裕税のことのみいひしに驚く。御譲本展観。四時孝宮挨拶。

〔略〕

五月一七日（水） Vining 十八日三殿拝礼のこと。―後に精敷《くわしく》陛下の思召も伺ふ。一〇―一二、学術会議三博士御進講。一一・四〇 Bunker 訪問、黒田 interpreter 英国提案をはねる。日銀に盛厚王訪問、法務院に委すこととす。松平氏に Bunker のこと詳細話す。御文庫拝謁、Bunker 会談及東久邇教のこと。

五月一八日（木） 〔略〕九・四〇―一〇・五〇孝宮様三殿参拝、みしも参列。二・〇〇朝見。二・五〇大宮様朝見。孝宮様呉竹拝写、camera 班。一・三〇久邇氏―二・〇〇、青木、塚越のこと、一度会見の上のこと。一・四〇御台盤拝見す、朝見の儀。二・五〇大宮朝見の儀。五・三〇加藤武男氏訪問―六・三〇、熱海岩崎別荘のこと。塚越電話。侍従長 Top hat のこと。藤樫、親の喪忌の見舞、不用論。今日黒田再訪 Bunker、寺崎の影響？ 天皇の御心。

五月一九日（金） 来訪、長野県知事、上松町長、春東京副知事。松平式部官長、Redman 今朝会見記。次長のこと、婚儀、沖縄人、自働車事件 etc。関屋貞三郎氏見舞。皇后様より孝宮様御召賜る。御文庫に籠。三、孝宮様御婚礼習礼二―四。四・三〇 British Embassy―五・二〇。石渡氏電話。〔略〕

五月二〇日（土） 八・三〇青木一男氏訪問、承諾を得。小雨。安井知事祝詞執奏、侍従長にたのむ。黒田、昨日の速記持参、次長と相談侍従長にも託す、式部官長も此儘とのこと。三陛下行幸啓―供奉光輪閣。孝宮様御挙式一一・三〇。拝賀二・四〇、

列立拝謁、終りて衆院議長、田中長官、御祝酒。雨の外御予定通り御目出度し。大宮御所記帳、帰宅後、秩父宮妃殿下御帰還。〔略〕

五月二一日(日) 十時皇居への途、鷹司新夫婦、秩父宮妃御訪問。十一時頃鷹司御夫妻宮様訪問。後挨拶あり。大宮御所御使、鯛賜る。栗原来訪、のり持参。鷹司家披露茶会三—四、記念館、盛会。〔略〕大宮御所女官長に鯛の御礼。鷹司新家屋会見一寸ゆく事。秋山氏来る秘書官も。秩父宮妃殿下正賓晩餐会、官舎、七・三〇—一〇・〇〇松平夫人、義知夫妻、小泉夫妻、Vining、Gray。

五月二二日(月) 秩父宮妃殿下コルセットの件。車登庁。次長と諸事打合、二十九日皇族会のこと、熱海別荘ダメ、大宮御所へいふことetc。拝謁一〇・二〇—一一・二五。下条来訪、稲田周一来訪、〔略〕下賜伝達。午後皇族御茶会(鷹司平通披露)。二条夫妻御下賜伝達。三谷と話す、御慰労思召の小泉のこと、裁可の旨次長より談あり。Viningの本に署名のこと。入江氏招待、六、衆議院法制局長室。

五月二三日(火) 式部官長に話す、黒田速記録持参。一〇・二〇—一一・二〇拝謁御召し。大宮御所行幸啓。一二・一〇頃松平、Redman会見、strongly opposedとPrime Minister反対ならんとのことといふ。一・三〇—三・〇〇小泉来訪、石井小一郎申出、学生Apart建設の案のこと、当方義宮同居漸進のこと、東宮軽井沢のこと、英国人招聘経緯のこと話す。天野文相挨拶に来る、関口理克、資格、人事院関係のことといはゞ相談あり。Premierに話せと勧説す。五—九、久邇朝融、青木一男、塚越虎男紹介会、石渡氏も同席。永久ならねど家計一般の顧問承知、六/五第一回。

五月二四日(水) 多摩陵御参拝供奉、九・三〇御出門、林業試験所、御昼飯後、裏山御散策。三・四五発五・一〇還幸。帰宅す。〔略〕

五月二五日(木) 〔略〕車にて癌病院に関屋氏訪問、昨日希望ありしによる。牧野伸通のこと也。如何ともし難き旨いふ。十時頃登庁。式部官長、一昨日Redman訪問の話、宮中服の話。御召し拝謁、一一—一一・二〇。Vining及小泉と会見、Mac-Arthur C. P留学反対とのこと。小畑事務官に三浦博士のこといふ。結城氏へ書状。一—三、久邇訪問、村田に一昨日迄のこと話す。都留と邦昭氏話す。三・二〇—四、次長雑件。四・一五、皇統譜に署名す。四・三〇—六・〇〇次長と諸件。御文庫、永積侍従に一級官のこと。佐久間北海道副知事来訪。〔略〕

五月二六日（金） 歴史五人講、鈴木次長に一任す。義宮様のこと、侍従職にてきく。一〇、桜町天皇事績、児玉幸多一一二。（御野菜賜り御礼）。〔略〕小泉氏訪問、東宮洋行[redacted]す、池田氏入院報告。

〔欄外〕皇后、皇太后学習院行啓。

五月二七日（土） 次長来邸、芸術院「御言葉」研究、共に登庁。九―一〇阿部岩手県副知事。一〇―一一、白金外相官邸訪問。一一・三〇、一級官陞級辞令渡し（首相に報告、英人一件と東久邇一件）。陛下宣誓的のこと。秘書課長、次長、本郷氏。〔略〕池田成彬氏見舞ふ、田島ならば五分あふ（例外的に）との病人の話ながら、疲れを恐れ、明日とす。〔略〕

五月二八日（日） 桜町天皇二〇〇年祭、九・四〇―一〇・四〇。池田氏見舞、五分会見（英国人一件、池田蔵相渡米の件）。Vining 訪問二―三、義宮、順宮のこと etc。帰途三淵氏見舞。

〔略〕

五月二九日（月） 芸術院行幸（博物館）九・四〇御出門―一一・二〇還幸。芦田氏来訪。御慶事御慰労賜宴五・三〇―三番町八・三〇、大膳の日本料理、御菓子、御煙草賜ふ。皇族会二―五官邸にて孝宮様、渡辺博士、新興宗教。

五月三〇日（火） 式部官長四方山話。一〇・一〇―一〇・五〇御召し拝謁後、昨夜の御礼。（大矢孝氏来訪、池田氏見舞出す）。〔略〕（一一、Vining 両陛下拝謁、教育意見）。三谷来室、報告。〔略〕

五月三一日（水） 御召し拝謁一〇―一〇・二〇。朝日新聞野村、三淵氏使、揮毫、都新緑。官長、Siam 王のこと。芸術院御陪食一二―二・三〇、直前に再拝謁御召し。天野文相来訪、局長人事、山崎匡輔育英会のこと、末弘厳太郎 purge のこと、明治書院論語のこと。次長及城氏と御養蚕所拝見。田中権宮司挨拶。式部官長、Siam 王のこと、MRAのこと。鷹司新夫妻御招待、官邸六・三〇―九・〇〇、入江、稲田、名取、原田と四人、酒、茶、野菜、歓談数刻。

六月一日（木） 次長、総務課長候補の話、昨夜のこと etc。塚本虎二へ礼状、聖書研究侍従長へ。午食後、朝日、藤[redacted]と総務課のみにて足る様、侍従職接触無用や御慶事余談 etc。福井御進講のこと。（大宮様宮中へ行啓一・三〇―八・三〇）。〔略〕次長と話、中国朱のこと、Nepier に東久邇のこと、etc。皇太后宮大夫、三浦博士のこと、温泉のこと、拝謁のこと etc。〔略〕

六月二日（金） 雨、車にて登庁。十時より部局長会議に出席せし所、安倍来訪。心の献上のこと、〔略〕経済のこと、論語のこと、天野のこと、英国人のこと、Abdi のこと etc 話す。山崎を学習院のことも。御召し一一―一二。（野球行幸（次長にたのむ）〔「雨」に引線〕中止）。食後式部官長、Decker 拝謁のこと、次長、部局長会議の要領、宮中席次 etc。六、二十五のこと、東宮職予算のこと etc。池田氏見舞。野村順一郎返信書く。式部、Fellers の映画のこと。

六月三日（土） 御召し文庫拝謁。札幌高裁長官来訪。〔略〕次長と打合。〔略〕

六月四日（日） 〔全文略〕

六月五日（月） （葉山行幸啓）三谷と同車八・三〇発登庁、長官室にて一昨朝拝謁の人事話す。神経質にて使へぬ人―孝宮様御慶事にて「贈物拝見[redacted]なりし様子」、今更皇太后宮大夫は駄目、農林省関係方面行の外なからん、本人為にもとのこと。松平式部官長来室、土曜日東宮様 Animal Fair のときの野村大夫のこと、活動[redacted]天皇 Fellers のこと、次長に渡す。二―三、佐野利器氏来訪、管理部へ紹介す（岸田、内田、谷口諸博士）。三・三〇―五・〇〇大宮様拝謁（願出による久方振）。四国巡幸のこと、大宮御所火災責任のこと、三笠宮読売のこと、孝宮御慶事のこと、皇族会のこと、御健康のこと、十五日高松宮のこと etc。桜桃と紅白御菓子賜る。孝宮様のことは長官の御苦労の御言葉拝す。孝宮様御婚儀大方針及明治神宮関係のこと等。参議院選挙結果大体判明。

六月六日（火） 〔略〕次長、式部官長、Fellers 映画化のこと、行幸は七月には願はぬこと、共産党幹部追放のこと、橋本徹馬のこと、松谷大佐の意見のこと etc。次長に湯河元威に侍従次長につき post きくこと。英国 Lingeman 二十九日ランチ電話。〔略〕田中、天野、前田、小泉、和辻（「鎖国」貰ふ）、辰野、五・三〇―一〇官邸、次長と八人。

六月七日（水） 三谷侍従長に電話、此際としては下検分は見送りのこと申上げる様打合す。九時過出勤。総務課長候補の問題、次長と。久邇書類見る。午前中庁内外の来室者なし。〔略〕午食後外部来客なし。侍従次長に山際正道の証明書渡す。官房長官言伝として、首相は北海道行幸左程反対でなしとのこと、次長、官房副長官の電話とのこと、何れにせよ当分形勢観望。〔略〕五時帰宅〔略〕野村大将 Castle 手紙写来る、三谷へ回す。〔略〕午後経済主管、Vining の家の契約書類持参。

六月八日（木） Lady Gascoigne の礼状返事出す。皇太后宮大夫及小畑、明日行啓挨拶に来る。岩波へ酒一升、利久の本の返礼。東寺大僧正へ挨拶。佐野恵作慶福会のこと、母子会のことetc。次長、官房長官訪問打合すむ、行幸に関し。式部官長、King Birthday のこと、次長、正倉院映画のこと、鈴木一御信任のことの話。塚越氏来室、久邇現状きく、前田の書類渡す。名取女史訪問、孝宮近状きく。〔略〕

六月九日（金） 九時大宮御所にゆき御見送す。高松三笠四殿下も御見送。Blyth 書信あり。皇太后様東北行啓九・三〇。次長、湯河氏と会談し、結果のこときく。午後一―四、小泉氏訪問、北海道行幸形勢観望のこと、鈴木次長のこと、内村博士訪問のこと、義宮のことetc色々話す。池田成彬氏手術の由きゝ、見舞ふ。〔池田〕成功氏にあふ。

六月一〇日（土） 正倉院のこと技術会議へ答申（非公式）、内容相談。〔略〕

六月一一日（日） 終日在宅。但し関屋氏長男来訪、貞三郎氏昨夜死亡のことをきゝ、午前弔問す。〔略〕

六月一二日（月） 次長、総務課長と関屋氏仕向相談、祭祀料￥三、〇〇〇、御野菜、御菓子（御切花皇后様）の外、御弁当若干人と一応決定、葉山へ電話す。土曜日、石川、東久邇事件証人に出たとか。〔略〕北海道会議長来訪、下検分ある迄は不明。総務課長、福井のこと及熊ノ平御弔慰のこと、大河内信■（竹屋女官子）挨拶雑談。関屋邸弔問。〔略〕午後、元京都大学駒井博士来室、Miss Holt と皇后様拝謁の件。文部外務経由のこととす。

六月一三日（火） 次長、正倉院のこと、行幸のこと、総務課長のこと、鈴木一のこと。御還幸一〇―一一・三〇。〔略〕午後二時、久松侍従勅使、関屋邸へ。拝謁願出二・二〇―三・四〇。前後に三谷にあふ。Blyth 七―八、関屋へ香奠、長官として花。関屋邸通夜、一蔵、山崎、三谷etc。午後、市政調査会にて小倉氏談、高松宮伺候、御旅行多し花柳あること希望とのこと。大方の批判より外になしといふ。

六月一四日（水） 首相会見申込むも駄目、明日となる。午前中何もなし。読売の結婚クラブのこと。三―四・三〇ＹＷＣＡ関屋貞三郎氏葬儀、塚本司式、下村宏追悼式はせず。〔略〕五・三〇東宮参与会晩餐―九・三〇、小泉、安倍、坪井、松平、山梨、長官、次長、侍従長、大夫、黒木。

六月一五日(木)　一〇―一一、首相訪問、北海道行幸此際やめのこと、東久邇のこと、東宮洋行に関して学校のこと、成年のこと、平和早期来年初のこと、purge のこと、対ソ政策(反米思想の起きぬこと)etc。塚越氏、土曜日青木氏との話。式部官長病気のこと、下村海南のこと。〔略〕真相〔雑誌名〕見る、馬鹿げたもの。悪らつなねらひ。本郷事務官、図書寮委員のこと、植山氏、池田氏健康の人のこと。Bunker 訪問、北海道のこと。
〔略〕

六月一六日(金)　蔵相、次官、銀行局長等と打合せ、賢所裏へ。一〇、銀行協会拝謁(戸外)、拝謁のとき茶、煙草の話。一〇―一二、石田幹之助(唐代イラン文化)。食後、義宮御殿前実地踏査。五時発高松宮様へ、光輪閣拝借御礼乍延引言上。六・二〇大宮様還幸、拝謁、退下も、田虫か胃痛と食事の時いふ。北海道新聞[redacted]電話。

六月一七日(土)　御都合伺ひ、御文庫にて拝謁九・五〇―一〇・二五。鈴木信吉氏来訪、美術館のこと、[redacted]貰ふ。〔略〕夜は勉強せず寝る。みしと随分いろいろ話す、半世の述懐話。

六月一八日(日)　〔全文略〕

六月一九日(月)　三笠宮来室、Fisher のこと。〔略〕一〇蔵相拝謁。一一、本多国務相拝謁。新木栄吉午後訪問、山川〔略〕のこと了承。三谷来室、孝宮御婚儀に関し皇后様のこと、鈴木次長問題。花蔭亭より帰宅。〔略〕秩父宮妃殿下宮中にて夕食、御帰り九時―一一、いろいろ御話。大宮御所二十二日御召に名取を加へることの経緯を小畑にいふ。十二日御殿場の御話、宮様方の鷹司評 etc。妃殿下と雑談、順宮様のこと、東宮様のこと等。
〔欄外左〕御進講三―五、花蔭亭、山中教授ルーテル宗教改革。
〔欄外右〕秩父妃殿下御上京。

六月二〇日(火)　斎藤惣一同道にて Mrs Durgin 前任部長の上〔ママ〕挨拶。美しい暮しの手帖、大橋鎭子来訪、伝献。御召し拝謁一〇・四〇―一一・三〇。侍従長と Durgin 問題及び今朝又入江と全体のこと。入江にも一寸話す、二十二日名取祝い盃のこと、陛下賜餐に止まりしこと。食後、小泉氏来室、黒木評、長与善郎のこと、石井案寮のこと。御文庫拝謁。秩父宮妃殿下と御話し〔略〕。〔略〕

六月二一日(水)　妃殿下と御服装の話。車登庁。赤十字社はやめ。殖田総裁訪問。拝謁言上一一・一〇—一二、東久邇のこと、其他皇族旧皇族のこと、賀陽、久邇etc、服装のこと。十一時頃Durginへ手紙と花賜り。入江侍従来室、日、月両日の陛下の御話のこと、入江相当硬苦《ママ》。二—四、小宮豊隆、夏目漱石御進講、両陛下。秩父宮妃、今日Durgin御見舞後、午後御帰還〔略〕。午後経済主管、入間野のことにて来室。

六月二二日（木） 次長に入江の話etc。山際正道来訪一〇—一〇・三〇、高松宮のこと、あの邸のこと、東通工のこと、etc。（一〇—一一・三〇、総理拝謁）。村田俊彦一〇・三〇—一一・三〇、前田陽一謝礼のこと、池内だめのこと、色盲真相のことetc。書類返却す。御召し拝謁一一・三〇—一二。朝日記者雑談（原敬日記のこと）。高松宮同妃始め大宮様、長官始めに孝宮様御慶事に尽力を多とする旨の御言葉を拝す。大宮御所陪食（鷹司）、六・一五—九・二〇。

〔欄外、席順を記載〕

鈴木、女官長、平通、高松妃、大夫、三笠妃、盛厚、鷹司夫人、林

稲田　　　　入江

三谷、鷹司、照宮、三笠宮、大宮様、高松宮、孝宮、田島、原田

六月二三日（金） 車、大宮御所記帳御礼、登庁。黒田氏二十八日のこと了解、平生の方針話す。部局長会議、組合申出のこと、宮中席次のこと、侍従次長派遣のこと申出、義宮、東宮様のこと、小泉兼務のこと、孝宮関係にて天子様と長官とだけで難問あることにて暫くまつてくれといふ。日銀一万田Tea、高松宮邸Mr Dulles四—六。入間野氏、稲田氏等招待、官邸、次長、経済主管、主計課長、秘書課長、田島。吉田事務官に陸上競技会行啓のこと伝ふ。

〔欄外〕二八、次長告て貰ふ。

六月二四日（土） 入江侍従来室、孝宮様呉竹にて御勉強のことに反対案の向きに[redacted]のこと、名取の輔弼者のこと、何れも他に重要案件あれば此際駄目といふ。次長に[redacted]の伏見文書のことetcいふ。午食後、井上首相秘書官来る、朝香邸のこと。

六月二五日（日） 北朝鮮侵略。皇太后陛下御誕辰。九・三〇発みしを皇居につれてゆき、秩父邸記帳、一〇時迄に大宮御所に行く。拝賀後祝酒賜り、御赤飯の折頂き、急ぎ皇居に帰る。次長に輔つて貰ふ。首相欠、議長等拝賀後、祝酒御相手をなし、岡田大将飲む。〔略〕午後大橋鎮子氏来訪、随筆依頼等承諾。

六月二六日（月） 侍従長来訪、朝鮮の件につき昨日御下問のこと。同車出勤、侍従長にMC東宮洋行反対のことといふ。次長、共産党動向の話。式部官長、Rear Admiral Decker拝謁のこと。

殖田法務総裁来室(一一・一〇―一二)。御文庫御召し拝謁二―二・三〇。Mr Dulles(Mr Sebald Tea)、四―五・三〇。話をした人、両議長、南原、高木、岡崎官房長官、松井明、西村局長、一万田、高橋龍太郎、石川一郎、苫米地、野村大将、豊田大将、蔵相、堀内謙介(之に寺崎一案を話す、東宮外遊に供奉希望すとのこと故)、太田次官、東ヶ崎、馬場。

〔欄外左〕御進講欠。

〔欄外右〕十時法相拝謁。

六月二七日(火) 次長に朝香邸のことたのむ。一〇・一〇―一〇・四〇御召し拝謁。式部官長、Dulles会見のこと。午後福井久蔵来訪。侍従次長、夏の御予定のこと。二・三〇監理部〔ママ〕―六・三〇、うなぎめし、酒、味噌汁、開新堂。〔略〕

六月二八日(水) 一一、久邇様御三年祭、豊島墓地一〇・三〇―一二。図書寮委員会一―三―四、福井、阪本、山岸、芝、〔空白あり〕五人(Sebald招待、三―五 Korea問題にて中止)。

〔略〕

六月二九日(木) 次長と用務、首相秘書官来て貰ひ、次長、秘書課長同席にて話す。次長、朝香宮訪問のこととす。ViningにMC東宮洋行反対のこと奏上せしことといふ。〔略〕此日長官鮎二十賜ふ。四―八・三〇和食特別メニュー美味(両宮様御機嫌よし)、高松、三笠両宮皇族会、次長、侍従長、高尾。

六月三〇日(金) 次長、朝香氏熱海に訪問、三時半帰庁、報告きく。経済主管、孝宮財務処理の証書見る。塚越氏、久邇家のことをきく。午後一時、小泉氏に六月賜品伝達〔略〕。二・四〇―三・一五、大祓の儀、三笠様も参列。四―七、久邇宮、青木、塚越と会見、官邸、憲法〔久邇家の家憲〕作成のこと、結城氏のことといふ。あとウヤムヤ。

七月一日(土) 鈴木氏に辞令。〔略〕次長、秘書課長、好■服装のこと。〔略〕

七月二日(日) 〔全文略〕

七月三日(月) 〔略〕城氏挨拶。中田、次長訪問、朝香氏の変説通告。Fisher拝謁。次長疎開計画のこと。一―二・三〇 Lingeman夫妻、三谷夫妻、松平夫妻lunch〔略〕。歴史御進講、丸山二郎三―五・三〇。次長と(席次明日の)。〔略〕

〔欄外〕御進講。

七月四日(火) 次長、共産党状勢等御進講一〇―一一。一

一・三〇―一一・五〇殖田氏来室、やめた理由。一二、新旧閣僚陪食―一・三〇。拝謁御召し、三笠家のこと。三谷と話す。五―七Sebald、Tea、〔英字不明〕(夫婦)、佐藤夫妻、両議長、官房長官、ガスコイン夫妻、シュバリエ、一万田、etc。秩父妃殿下に御挨拶。〔略〕立太子礼研究のこと、行幸のこと。

七月五日(水) 秩父宮妃殿下、千葉行幸啓に関し御話あり。勝俣博士来る。車登庁。栄木氏来訪、義宮様と東宮様のこと。御召し拝謁一一・四〇―一二・二〇。式部官長、昨日Korea問題に関する米のquick actionをAppreciateの旨Sebald及Huffに伝へし話等。午食後再御召し、一・五〇―二・四〇。次長といろいろ。三―四、宗親係より東久邇訴訟取下の情報あり、永積侍従を経て申上ぐ。癌研究所へ行く、池田氏退院後なり。〔略〕

七月六日(木) 〔略〕水野育英会理事新任挨拶、松平氏のこといふ。御召し一〇・四〇―一〇・五〇。秘書課長、昨日三笠宮御訪問の詳細きく。Etiquetteは全然降参、歳費をむらふ《もらう》以上正しいことといふのは義務、政治の界etc。三谷来室、鈴木次長の伝言失当に付八釜しくいふ、義宮様のことに付山田引取とか。次長問題話す、堀内のこと及寺崎のこと話合ふ。〔略〕六、義宮御殿―八、東園、村井両侍従、侍従長、次長と義宮様のこと色々きく。夜、原田日記よむ、面白し、読了。

〔欄外〕〔略〕原田日記岩波に貰ふ。

七月七日(金) 〔略〕次長に鈴木のこと決心のこと話す。侍従長来室、葉山のこと、米軍のこと、服装の問題にて入江のことetc。一一・三〇―一二、小泉氏。一・三〇―二・〇〇明石照男氏。三―五、歴史御進講。慰労招待、官邸五―八。秘書課長より法務院へ東久邇訴訟取下のことをきく。発熱。式部官長、Redman訪問のこと。皇太后宮大夫、水泳行啓のこと、和服のこと、三笠さんのことetcいふ。

〔欄外〕御進講。

七月八日(土) 御文庫御召し拝謁、九・五〇―一〇・三〇、三笠宮のこと、東久邇のこと、掌典長のこと、侍従のことetc。天野文相訪問、文化財事務局長のこと。次長といろいろ及正倉院会議、鈴木、本郷、三井、近藤等と。〔略〕

七月九日(日) 〔略〕結城氏訪問(プラム一箱持参)、久邇氏のことといろいろ話す。渡辺といふ人如何。憲法結講、村田に事情きくこと結講とのこと。〔略〕

七月一〇日(月) 九―一〇、三番町検分。一〇・一〇―一

○・五○拝謁御召し。高尾課長に三笠さんのこと話す。書陵部長、二五、二六日頃正倉院会のこと、甘露寺氏、明石のこと、生駒のこと、掌典長のこと。二、式部官長、侍従長、次長と成年式のこと—四。壺切御剣拝見。〔略〕(やなぎや献上のこと、高階孵化御進講のこと)。

七月一一日(火) 〔略〕一○・一五—一○・四○御召し、高尾に三笠宮茶の湯のこと。村田俊彦氏来訪、結城訪問、青木、塚越会見等のことといふ。〔略〕塚越氏来室、久邇憲法及予算のこと。勝沼氏来室。侍従次長来室、照宮MRAのこと、高木女史渡米のこと、酒井惇子女官のこと etc。秘書課長来室、鷹司家老女、広幡氏に申込のこと同意。次長、総務課長、第八回国会勅語のこと。次長、経済主管、湯[redacted]と会見要領きく。〔略〕

七月一二日(水) 式部官長来室、松谷戦況見透し。一一・三○—一二・三○久邇宮訪問、思ひきつてすべていふ。二・一○—三・四○御文庫拝謁。次長、聖公会総裁拝謁希望のこと、Feller のこと、高階老師拝謁希望のこと。〔略〕勝沼君来宅五・三○—九・○○、Confidential に医師 advice 診察。〔略〕○久邇氏訪問。○青木、塚越、前田、原。○鷹司の会。○城、送別会。〔略〕

七月一三日(木) 次長、聖公会の人のこと(寺崎、前田紹介)。一○・四○御出門、第八国会開会式—一一・二○還幸後直ち、一一—一・一五、日銀参与会。夕立。次長、青山土地のこと、不明のこと、秘書官岐阜のこと。筧の岐阜提灯一対、洗足松平氏に持参。語学本[redacted]と野球欠席す。

七月一四日(金) 〔略〕大橋女史来る、恭二にたのむ。野村行一来室。九・三○首相内奏。検事総長認証式に首相来り、次長に新規警察長官の話なぞの如くいふ。一○・二○—一二部局長会議。次長の話一—二。御召御文庫拝謁二—二・五○。今朝死亡の三淵前長官の御仕向のこと、侍従次長、次長へ申出のこと、服装問題等。参議院正副議長挨拶答礼。三淵氏弔問。〔略〕

七月一五日(土) 秩父宮妃殿下に拝謁。総務課長と同車登庁。式部官長、共産党の話(皇族へ)。侍従長、葉山行幸につきてのこと。次長、警察転任希望のこと。安倍能成来る、心同人、心献上のこと、学習院寮のこと。〔略〕夜一蔵来訪、東宮のこと。〔略〕

〔欄外〕天野文相議会にてあふ、鈴木一文化財のこと、宇佐美のこと、但し宇佐美を首相にいふことだけ表面は。

七月一六日(日) 九—一○・二○林次長来訪、警察情報、鷹

司青写真。〔略〕一一・二〇千葉学連行幸啓御出門―五・五〇還幸。御文庫、冷コーヒ、専用車帰宅。〔略〕

七月一七日(月) 大橋原稿取りに来る、渡す。二淵氏告別式一〇・三〇。一〇・〇〇葉山行幸啓、御文庫御見送。久邇氏方へ青木、塚越、動産調べ。憲法、立会人署名捺印。鷹司一家と入間野等一席、六―一〇。

七月一八日(火) 朝、大下痢、宮内庁病院診療。〔略〕午後ソファーに横、早退、午もたべず。〔略〕次長、東宮職のこと、自働車事故賠償のことetc。

七月一九日(水) 朝、村田、変な申出、義宮様のこと。東園、遠藤来訪、侍従次長も同伴一〇・三〇―一一・三〇。次長、東宮登山のことetc、自働車賠償のこと、経済主管軟論のこと。〔略〕来訪、京都事務所技師、火災の話〔略〕etc。〔略〕式部官長、成年式のこと、皇太后アユのこと、東宮仏人のことetc。健康回復す。皇后様よりの御茶賜る。〔略〕

七月二〇日(木) 昨日恩賜茶御礼、女官長へ手紙。近藤氏同伴、山本菊一郎氏来訪。一〇・三〇―一一・三〇、三島氏来訪、来月十九日行幸啓のこと。一一・三〇―四・〇〇青木、塚越、村田会談、三番町、久邇家のこと。衆議院田中伊三次、次長訪問のことetc。小泉氏来訪五―六、明日葉山行のこと、頃日中のこと皆話す。〔略〕。

七月二一日(金) 部局長会議なし。大金元侍従長一〇・三〇―一一・三〇、赤十字のこと及次長歴代人事のことときく。一二―二・三〇、三番町公邸にて午食、高木多都雄送別、次長、侍従次長、式部官長。三―三・三〇堀内謙介来訪、Miss……表彰のこと。鈴木書陵部長出張の報告、正倉院、陵墓のこと。此日次長へ来訪、名古屋国体、豊島岡P.T.A。鷹司へ■中書返事届ける。

七月二二日(土) 伏見宮の家令来訪、よき人、吉橋元大佐。正倉院会議へ出席、自働車一時発、秘書課長途中迄便乗。三、池田氏訪問―三・三〇、鈴木一の話、宇佐美、侍従次長として如何かとの質問に、人柄、材能よろし、もつと野心あり受けまい、次長なら兎に角、兄をよんできいてもよい、好意拝辞す。顔色とてもわるし、今年六かしき? 帰途緒方氏訪問、るす。〔略〕

七月二三日(日) 〔略〕午前東久邇盛厚より手紙来る、新木氏のこと。

七月二四日(月)　一〇・三〇―一一、Bunker 訪問、Dean 将軍のこと etc。正倉院の写真撮影のこと、次長室。入江侍従、孝宮のこと。二・三〇発葉山行、拝謁一時間余、弁当持参、西瓜御すべり。〔略〕

七月二五日(火)　上野直昭氏来室、雑談(黒田氏昨日午後五時 Bunker 会見の様子、此旨三谷に電話す)。正倉院評議会一〇―一二。入江来室、順宮浅野問題、女子学習院の数学教師のこと、次長と大宮様東北行のこととMCの advice とのこと。〔略〕六、李王家御招待―八・三〇、次長、官長、秘書課長と七人。

〔欄外〕成案第二信。

七月二六日(水)　〔略〕一〇天野文相訪問、鈴木一の件たのむ、駄目(日銀無駄足)。塚越氏来室、内廷費より担保付臨時融通のこと及御両人に対する謝礼は久邇御手許よりのことといふ。村田きつてもよきかとの意味の話あり、宮様の原案により不得已と申す。一―二、二見副総裁訪問、盛厚王あまり好遇せぬ方よしとして新木事件話す。五時、首相訪問まつ三十分余、七時頃辞去す、鈴木一のこと、北海道 postpone のこと、池田氏病気のこと。〔略〕

七月二七日(木)　九―九・四五、新木氏訪問、東久邇の件辞退。一〇・三〇―一一・三〇、村田俊彦来庁、繰返し。午、伏見家―二・三〇。四時発七・四五頃着葉山行、拝謁及前後三谷と話す。御野菜一籠賜る。

七月二八日(金)　一〇―一一・三〇、部局長会議。四―六、大宮御所拝謁、水泳御成のこと、陛下北海道御やめのこと、大宮様東北行啓につき長官の考へと陛下御孝心の万全論、三笠宮共産党同情的失言のこと、三笠宮青山御所内住居のこと、和装のこと。御菓子賜る。七―一〇・二〇東久邇盛厚氏訪問。

〔欄外〕秩父妃、五時着、十時御発。

七月二九日(土)　八・二〇―九・〇〇東久邇盛厚氏来訪、真面目直説法にて反省要望す。二―三・四〇新木氏訪問、三木へ切替出来ぬ故、枉げて留任たのむ。謝罪振よくばにて承諾。陛下五・三〇葉山より還幸御迎す。〔略〕

七月三〇日(日)　八・四〇―九・一五、明治天皇祭。九・三〇―一〇・四五、御文庫拝謁、願出による、大宮御所参殿の御報告等。〔略〕陛下四時葉山御見立てす。六―九、小泉君招待、安倍同席す。気持あしく三八・五発熱、すぐねる。〔略〕

七月三一日(月)　三六・五に下るも稍変。中村君来診、ねびえ一日静養とのことなりし所、植秘書官来り、葉山より御召しとのこと。午前休養、午後一時発、六時少し前帰宅、総務課長、土田同行。三時―同四十分拝謁。松平信子さん来訪。〔略〕

八月一日(火)　三時半起床。五時上野着、七時発、秩父宮妃。御予定通り。中村君、妃殿下に御機嫌伺来る。再診の結果、大事をとり一日静養のこととす。辻政信の本よむ、中国の腐敗〔他〕人事と思へず。

八月二日(水)　次長と二十九日午後来のこと話す。宮廷費予算のこと、一二・三〇―一・三〇。来客なし。〔岡野国務相拝謁願出、明日ときまる〕。〔略〕秘書課長に盛厚王連絡たのむ。

首相に鈴木一履歴送る。

八月三日(木)　次長に湯川博士依頼のこと打合す。恰も文部省よりも連絡ありと。〔略〕天野文相より電話、田島と全然無関係で文化財事務局長に宇佐美と共に鈴木一を出すがよきかとのこと、異議なき旨いふ、此旨吉田首相に一筆す。五時過帰宅の途、伏見及李家へ bon voyage にゆく、既に出発後。〔略〕

八月四日(金)　〔略〕式部官長二度来室、Dulles の手紙のこと、赤十字朝鮮事変に活躍のこと。次長来室、侍従次長候補のこと、湯川賜品のこと、統計映画のこと etc。秘書課長、盛厚氏訪問の委細きく。新木氏訪問の段取となる。〔略〕歴代顕官録見る。〔略〕

八月五日(土)　侍従長来室、月曜日葉山行のこときく、頃日中のこと色々話し言上たのむ。次長雑談多し。〔略〕日米水泳の帰途、麻生夫人、白洲夫人、妃殿下と会談、や、しばし(あとより妃殿下よりきく所によれば、東久邇さん照宮様 party にて御不馴の由、companion 必要)。

〔欄外〕秩父宮妃殿下、午後五時頃来邸、白洲夫人同伴、麻生邸へ行かる。

八月六日(日)　〔略〕午前、朝食後、妃殿下の御話、秩父宮胸部カリエス手術の御話、高木喜寛氏へその外科医児玉周一の Reference きく、立派なものですとのこと。中村君にも電話す。大和西瓜頂く。式部より貰ひ長良香魚差上げ、十尾はかつを煮として御殿場へ御持帰りのこととす。

八月七日(月)　妃殿下九・五五の汽車迄在宅。大宮様昨日午御対面の節、服装の御話ありし由、下は上に習ふとの仰せ、和装はすそが風にひるがへることがわるい云々。吉田事務官、医療品の問題、次長同論にて相談。野村大夫雑談。午後秘書課長、高輪閣〔光〕のことと東久邇盛厚、新木の所水に流す話。本郷課長に図書寮の話。小畑氏に行啓と水害のこと。五時帰宅、三里塚水瓜頂く。

八月八日(火) 湯川博士仕向のこと、銀 Cigarette case の方よき故、電話を葉山へかける。再度課長、昇降口ゴムの問題。二見副総裁に新木問題電話す。岐阜旅程及十二日時間秘書官に話す。午後斎藤惣一来訪、役所事業一段落のこと、Report 献上のこと、結末奏上のこと。次長と雑談、読売、湯川博士のこと、予備隊のこと。〔略〕

八月九日(水) 〔略〕緒方氏訪問るす。吉橋氏、伏見氏の為挨拶。午後、宮下会の大西瓜、明年は献上とのこと、試食貰ふ。水害関係の調査の話、大宮様行啓と水害との話、緒方〔竹〕虎来訪四―五・三〇、東久邇のこと。〔略〕増田建設相明日参内のこと、だめといふ、水害復旧の話、十五日のこと明日伺つてからといふ。

八月一〇日(木) 大橋鎮子来訪、筆名のこと、譲らず。〔略〕一一時発一時葉山着。拝謁一・二〇―二・三〇、松井明及幣原議長参内に付あふ。侍従長と前後に打合す。八時北白川周宮様に御伴、保科女官長も同車、帰宅十時。エビ賜り、北白川様より西瓜賜る。女官長と服装問題等、来月約束の上御相談と申す。

八月一一日(金) 次長に昨日の話。部局長会議、雑談的一〇―一一・三〇。新木氏来訪、一一―一二、七日盛厚会見の様子〇下部参照。斎藤惣一、葉山にて奏上はやめに願ふといふ。十五日二時半と建設省に通知のこと。〔略〕鈴木一、次長に申出の三案きく、Abdi と立太子式、予備隊と馬。〔略〕

〔一二日下メモ欄〕〇徳の養成、orthodox、古典勉強、日銀行員としての限界、一万田も報告するとの話、地所の話、資金運用方法、半分は株、半分は債券、反省、外人交際に外務省と宮内省云々、宮内省に賛成のこと、麻生夫人の名はいはず、外務関係の人でも困つてるといふものあること、芳沢謙吉のことといふ。

八月一二日(土) 七―一〇・〇九沼津一二・四五―一三・五四御殿場〔略〕。沼津義宮様、茶菓を賜ふ。侍従、侍医同席。水島博士来る、殿下は親しげ也、Erziehen の重大任務云々いふ、猶御所拝観外人の話あり。御殿場駅にて秘書官にあひ、両陛下よりの植込及献上桃持参す。Operation 二・四七―五・四、長し。その後輸血及リンゲルにて、七時頃国手の話きく。八・三七終列車にて帰京す。

〔欄外〕午後秩父宮手術。

八月一三日(日) 九時過大宮御所に出づ、女官長出仕を待ちて、昨日のこと詳報して大宮様に申上げ方たのむ。〔略〕

八月一四日(月) 〔略〕来訪〔略〕小泉信三氏(Viningのこと、軽井沢のこと、登山につき陛下の仰せのこと)、鈴木書陵部長、本郷課長(正倉院答申案のこと)、牧野課長、〔略〕増原新任警察長官、山本事務官(葉山にて湯川博士のこと)。〔略〕

八月一五日(火) 九・五〇―一〇・三〇、石黒忠篤氏来庁、ホルスタイン共進会賞与下賜の件。次長、久邇氏より皇后様へ御願の件きく、no 可然《しかるべし》。〔略〕一一・四〇―一二・三〇、塚越氏に久邇家整理近状きく。三・四〇発葉山へ上る、拝謁五・三〇―六・一〇。此日建設大臣及石渡前宮相拝謁。〔略〕

八月一六日(水)～一七日(木) 〔全文略、岐阜県出張〕

八月一八日(金) 一一・四六発つばめ、六時帰京。次長駅にあり、共に官邸に来り、留守中のこときく、大宮様行啓中止のことに御決定願ふこととす、二十三日経済会議のことetc。

八月一九日(土) 次長と留守中のことといろいろ。〔略〕

八月二〇日(日) 〔略〕九・五五発湯河原行、宇佐美の為人を田中氏にきく。大磯途中下車、池田氏見舞ふ。輸血にて大に数日来よしとのこと。〔略〕

八月二一日(月) 次長と話す。侍従長に行啓取止のこと、岩手県熱望のこと、詳細話す。久邇朝融氏(一〇・三〇―一二)、光格天皇法華経献上の話、稍疑問のもの献上は不可、只程高いものはない等いふ。忠霊塔問題もはつきりいふ。邦昭氏をおくこと、徳川邸又は松平康昌邸云々いふ。駄目といふ。山梨大将に相談といふ。村田もやめ、他の重立つ二人もやめる云々理想との話。仏人招待、東宮職、式部職の打合のこと。稲田氏登庁、鷹司家新築のこと、久邇憲法内密に貸す。〔略〕松平氏、Vining手紙見せる。〔略〕

八月二二日(火) 侍従長室に三谷訪問、明日葉山行の上、奏上頼む事柄話す。岩手県経済部長、蚕糸会頭来室。〔略〕

八月二三日(水) 〔略〕三―四経済会議、全員出席、各議員勤王的発言あり、陛下、大宮様思召の質問もあり答弁す。アイスクリーム、紅茶、和菓子五つ紙包、煙草二〇本賜ふ。小泉氏室

にあり、Viningのこと、軽井沢へ行けとのこと、今の日本貫ふ。〔略〕

八月二四日(木) 〔略〕石渡前宮相、杏林堂病院に見舞ふ。バナ、葡萄を除きよしとのことにて、明日でも果物見舞方秘書官にいふ。次長、富士川博物館員の話。緒方氏来庁、東久邇氏近況、桃色云々のこと。

八月二五日(金) 八・四五、五島慶太同車、上野発白樺列車、人も少く二等車に乗る、二十一年以来多大の差。一時過軽井沢着、東宮職の人に迎えらる。一応二・三三三《〔ママ〕》にゆく。雨、伏見様にばつたり御目に懸る。後、二―プリンスホテルにゆく。東宮様に御挨拶、暫時して義宮様御着、Vining訪問、話六ケし、四・三〇辞去散歩。六・四五迎にてPrince Hotel、両殿下に御相伴す。〔略〕

八月二六日(土) 朝より清水一家の外湯沢一家も来り。晴、歓待、千曲川鮎塩焼等。伏見様、塩川、永井松三、阪本訪問、一五〇〇地面見る。ランプ等荷包して貰ひ、一一・三〇迎にてプリンスホテルにゆき、御相伴す、仏人Ragiersにあふ。三時三十分沓掛発にてVining、大夫と同車帰京。〔略〕

八月二七日(日) 九時発小泉信三訪問、Vining問題相談。一〇・四〇発葉山御用邸に向ふ。海上とのこと、立石にて待上り、昼食後両陛下に拝謁、Vining御暇の御許を得。二時陛下は再び海上、皇后様御供にて御用邸に帰り、辻氏訪問後帰京。小泉氏を招き、Viningに伝言たのみ〔略〕帰宅。

八月二八日(月) 四時発野村提督夫人弔問、ブドウ〔略〕。次長の話、牧野更迭のこと、Viningのこと、立石修繕のこと。来訪、関口勲、本郷課長(久邇氏本のこと、豊島〔岡〕墓参居のこと)、塚越、久邇、常盤松邸、厚生省のこと〔略〕。天野電話、文化財局長は駄目とのこと、関口の話と総合、大臣は事務当局より浮くとの感。〔略〕

八月二九日(火) 〔略〕次長、鮎のこと式部官長と当つて見ること、主計課長更迭のこと。茶味発送、渡辺、田中両先輩。首相へ天野返事報告重てたのむ。病気早退、中村国手来診。〔略〕

八月三〇日(水) 静養平臥。中村国手来診。主計課長、更迭人事書類。

八月三一日(木) 静養平臥。〔略〕黒田式部官来訪、メタセコ〔イ〕アの木の博士拝謁のこと。夕方次長来訪、官房長官よりの話。中村国手来診。

九月一日（金） 拝謁一〇・三〇―一一・四五、次長といろいろ、警察総〔務〕課長断りの決定とか（侍従長と内談）、侍従次長御進講のこと。〔略〕

〔欄外〕東宮顧問会。

九月二日（土） 小泉氏にVining後任のこと、東宮妃さがすこと、次長の話等のこと。稲田氏、鷹司家の図面一、三〇〇、〇〇〇円、furnitureは宮内省借、地面五五〇、―〔〇〇〇〕、一八五〇、―〔〇〇〇〕以内。芦田均に遠藤胖のことの返事書く。〔略〕次長、昨午後官房長官との話、中々ひつこまぬとのこと。二―二・三〇安倍訪問、宇佐美一本槍の意向。〔略〕次長来訪、予定の通りにて田島を日曜九時半訪問とか、何れ長官に進退任すといふことになるといふ意をいふ。此意味を官房長官にいふこと。

九月三日（日） 〔略〕終日在宅。午後町村、宇佐美訪問の結果報告。次長来訪、田中清次郎翁来訪、地租の件にて上京の由、宇佐美の件、二、三日まてと帰らる。Jane台風関西大荒れ、京都事務所報。

九月四日（月） 九時出勤台風一過相当暑し。岡崎官房長官、約に違ひ来らず。一〇・三〇発護国寺にゆき、十二時半帰庁。一―二・三〇岡崎官房長官、次長の事、従来の経過と洋行の事希望す。後任の事いふ、林同席、宇佐美一本槍。佐藤達夫、斎藤昇、嘉西、瓜生etc。御召し、二・三〇―三・三五。市政会館田中氏会見、五時帰庁。次長、総務課長と御救恤標準改定説明きく。松平永芳来訪、謁感録受取る。高尾の後任評判きく、次長より。侍従次長ダメ、野口明ダメ、鈴木、三井より輸入の方。

〔欄外〕永久王十周年、十一時。

九月五日（火） 次長に松平永芳随筆渡す。侍従長来室、御進講のこと打合す。式部官長、メタセコイヤ関係日本学者便乗の件、島津日赤社長挨拶。侍従長打合せ、鷹司父母招待、東久邇balanceの件、御進講の件、MC訪問の件etc。共同田中写真とる。田中氏と二時に会見、明朝共に宇佐美訪問のこととす、侍従長に話す。式部官長自働車の話、二世寄付のこと。田中最高長官六時―九時過、首相、文相、松本、中田両先生、小泉、安倍。

〔欄外〕秩父宮妃殿下御滞在。

九月六日（水） 八時前に妃殿下に拝謁、今回の原稿拝見。八・三〇田中氏を誘ひ、八・四五宇佐美氏訪問、大体内諾の口調、次長に電話を官房長官に頼み、細工なきやう頼む。〔略〕首相より手紙、鈴木のこと、礼は出す。総務課長、関西災害のこと。後藤一蔵来訪。町村氏と次長室にてあふ、宇佐美の外適役なしとのこと。予算査定のこと、経済主管、侍従長に午前のこと話す。塚越氏来室、青木顧問憤慨のこと。御文庫拝謁四・三〇—五・〇〇。次長のプリアム話五—六。次長と宇佐美氏、市政会館にて約二時間会談内諾。松平夫人と雑談、妃殿下と。

九月七日(木) 田中氏訪問挨拶、登庁。午前来訪、北白川家水戸部、国連協、伊藤述史。午後大宮御所、大夫に宇佐美内報。〔略〕三—四・三〇予算復活のこと。田中翁、宇佐美、町村、侍従長、次長晩餐六—一〇、盛会。〔略〕

九月八日(金) 九・三〇—一一、成年式等調査報告。次長の所へ新聞記者、宇佐美の名もいふとのこと。永芳手記を小泉氏に届け、東宮御洋行慶民手記を受取る、秘書官。正倉院予算の問題。御召し拝謁二—二・一五御文庫。帰途侍従長室。総務課長と就職後のいろいろ話。〔略〕

九月九日(土) 本郷課長、三笠御名代宮随行につき、挨拶につき渡辺。〔略〕

九月一〇日(日) 八発、三笠宮御邸に御見立。〔略〕

九月一一日(月) 次長、長田幹彦問題、筧事務官挨拶。御召し一〇・一〇—一一・〇五。侍従長と会談、三笠宮御対面場所問題と長田幹彦問題。侍従次長、海洋天文座談会名簿。来訪佐野恵作、東谷検査官、経済主管(鷹司、会計稲田に引続)、次長、官房長官は入国postのこと照会、但し林のこと何にもふれず。田中徳後任云々。呉竹寮訪問、鷹司のこときく。〔略〕

九月一二日(火) 台風Kezia来らず大によし。次長、読売記者の話、予備隊payの問題、Viningと話す。御召し一〇—一〇・三五。〔略〕経済主管、主計課長、予算の復活の話。鈴木部長と御陵破損の為の処置の話。御召し御文庫三—三・一五。〔略〕

九月一三日(水) 登庁後、小泉氏と午後の会のこと打合す。Vining訪問、両陛下思召伝達。高橋氏洋行、外交官と結婚宮中女官(学校はあまり進まず)、出発前、所、人物のこと、後継者のこと、[redacted]国民二つあること、notificationはなきも考へること慎重といふ。二、志賀、安倍、小泉、田中、御前座談会。長官、侍従長帰庁、拝謁復命す。次長、午前斎藤及増原会見の話。志賀は侍従長と花蔭亭—四・二〇。小泉安倍田中来室、田中写真をとる。安倍山高帽、伏見章子さんのこと、[redacted]宮さんのこと語る。

九月一四日(木) 来訪岡田新潟知事、高田スキー東宮行啓のこと。黒木氏、寮のこと。式部官長 Frazer 東宮様御召に関し、長官御紹介の習慣のこと、宮殿のこと etc。一一・三〇、久邇殿下訪問、首切りは早く、手当は厚くと申上ぐ(村田のことも)。昔の気風と過渡、我々は宮様をたてるが、宮様は御遜謙必要、青木も感激してする様御仕向必要、一度御訪問願ひたし、御承知になる。[redacted]絶対米国信頼か、情勢北海道へ赤が来てもか、かゝる仮定もせず、殿下もそんな考おやめ願ひたいと申上ぐ。野村大夫、寮のこと、Frazer のこと、スキーのこと。総務課長、発明協会行幸のこと、新聞社長御会釈のこと。午前秋山雑談。二十四年内廷決算、義宮二、〇〇〇─〔〇〇〇〕、順宮二、〇〇〇─〔〇〇〇〕、皇后様御服一、〇〇〇─〔〇〇〇〕。〔略〕塚越氏来訪、今日久邇氏訪問要領話す、又其後の経過きく。村田以外は通告済、道具売却等にて退職資金捻出可能、厚生省意向と同信者某方へ移転云々、道具屋某の言、サギ云々の話。〔略〕

九月一五日(金) 〔略〕部局長会議、入江氏と鷹司のこと。午後一時、高橋龍太郎氏来訪、ビール株千株五〇円にて[redacted]加募集に応じるとのこと、三宮家に限るとのこと。畠山一清発明協会々長来訪、行幸のこと。元次長加藤来訪。次長又も会議に出掛ける。打合す機なし。

九月一六日(土) 三笠名代宮御帰京、御迎え。総務課長、長崎の鐘のこと。本郷事務官報告。〔略〕

〔欄外〕朝鮮戦況、仁川上陸。

九月一七日(日) 田中清次郎氏一〇─一三、村田俊彦氏のこと etc。〔略〕

九月一八日(月) 本郷事務官、三笠宮感想文のこと。次長、昨日宇佐美に引継済とのこと。大阪知事御礼。佐藤尚武氏、国際連合協会のこと、伊勢遷宮会長のこと。高橋大将紹介住居のこと、秘書課長。Bunker 訪問、宇佐美のこと approval、陛下もＭＣに御あひになりたいかと思ふ、松平氏にて連絡するがといふ、軍機の故何ともいへず。式部官長、昨夜のこと。入江侍従、御服装のこと、新年号、御歌所のこと。

〔欄外〕侍従長来室、大宮様御訪問のこと、御服装のこと etc。

九月一九日(火) 一〇─一一、小泉氏来室、Vining 後任、Miss Rhoads のこと、高橋氏のこと etc。高橋氏に電話、Miss Rhoads の履歴書持参して貰ふ。一一─一一・二〇皇后様御召、

Viningの言葉、英語のこと、高橋のこと、高橋氏のことといふ。松平氏にBunker招待のこととFrazerは最初は小泉氏、池田潔紹介して一席の上のこととす。穂積氏渡米挨拶。午後一・二〇—二・〇〇保科女官長訪問、皇后さま御召の内容のこと、久邇氏のこと、照宮様のこと、孝宮様のこと、御服装問題のことetc。三・一五—三・五〇御文庫拝謁、Miss Rhoads御許し。新次長の問題、人事院及内閣限りにてG.H.Qに行かずとのこと、但宮内庁の対G.H.Q仁義とのこと故、明日林次長Nepier訪問のこととす。官房長官電話せしも会見不能、鈴木一のこと懇談したき為。〔略〕

九月二〇日(水) 吉田事務官、御殿場へ上ることにて日よからんとのこと、ビール株のこと。総務課長、水害県救恤のこと、フキルムのこと。一一・四〇—一二・二〇官房長官訪問、首相手紙のこと、累の及ぶことを恐るゝこともあり云々いふ。次長、宇佐美のことといふ。新聞記者団に囲まる、皇太子外遊かに驚く、次長後任内務系統迄いふ。午後時事通信社来る、宇佐美といふ、サーと返事す。富安及阪本氏訪問。小泉来訪、Miss Rhoads承知とのこと、次長人事現行。

九月二一日(木) 秘書課長及黒田、Viningのこと連絡、小泉氏にも連絡す。京都府知事、兵庫県知事、御礼言上の為の挨拶。午後山口県知事、写真帖持参。一一—一一・一五Bunker訪問、Viningのこと、後任Rhoadsのこと通告及MCにいはれたきこと、林のこと、推薦入りとの話。〔略〕

九月二二日(金) 和歌山県知事礼。自働車購入の件。MC訪問、官長、返事後程。拝謁一一・〇五—一一・二〇御座所。太田外務次官電話、鈴木一の件、次長、侍従長と相談の上、本人と長官室にて話す。〔略〕

九月二三日(土) 九・四〇御祭参集、首相、田中長官等十人位—一〇・三〇。東遊はやめ。長官室にて侍従次長と会見、長官に任すとのこと、従来の経緯と心事、今回改造は皇室中心のことetc。拝謁御文庫、一一・三〇—一二・〇〇。Vining訪問るす、後電話、新聞のこと。駕籠町帰宅昼食後、北白川様へ大十持参。宇佐美氏訪問、鈴木一事件etc。〔略〕東久邇電話。〔欄外〕稲田訪問、パージのこと。

九月二四日(日) 終日在宅〔略〕久邇家池内治三郎、大妃殿下御使、大観金柑扇面一式由、色々話きく。

九月二五日(月) 御召し一〇—一〇・五〇、御座所。稲田周一来訪。入江氏来談一一・三〇。久邇氏へ賜物御礼。文相官邸、

田中、前田、山崎、和辻、小泉。前田と市政会館迄、侍従次長適役者きく。次長といろいろ、二・三〇—三・三〇。三・三〇—四・五〇吉橋、Ozaki 進まぬ気と申す。〔略〕入江氏来話、鷹司新家庭ねぢまき必要の話、原田も近来一致とのことと、呉竹へ名取の助手を入れること、これは今日の拝謁にも関係なきにあらず、今は一寸見合せといふ、中々退かず。

九月二六日(火) 来室、秋山、昨夜のこと。野村大将礼。高橋たね子、Vining の旅行計画等。御召し一一・四〇—一二・三〇。式部官長、侍従次長のこと、鷹司結婚のこと、伏見家のこと、Oはいはず、MCのことetc。塚越氏来訪、退職金及村田氏のこと、掛物のこと及広尾の家のこと。(次長午前午後とも警察相談)。〔略〕Vining 新聞に出。

〔欄外〕田中最高裁長官拝謁。昨日の警察の話。

九月二七日(水) 八・三〇吉橋氏—九・三〇。一〇名古屋国体—一一。此間にて拝謁御召し。〔略〕次長来室四・三〇—六・〇〇、今朝の新聞に出る鈴木一の件、これに関し鈴木の心境のことetc。

九月二八日(木) 一〇—一一・四〇林次長、治安状況御進講。御召し一一・四五—一二・〇五。〔略〕一・三〇御文庫拝謁願ふ。御思召御菓子、長官始め表へ、三笠宮■物御手許へ、大宮様行啓岩手のこと。〔略〕本郷事務官、正倉院のこと。侍従長来室。

〔略〕秘書官へ高松宮御電話。

九月二九日(金) 女官長との連絡たのむ。九・三〇—一〇・三〇、立太子礼報告、部局長会議。特許局長官挨拶。女官長来室一一・三〇—一・三〇。一・四五—二、御召し拝謁、御文庫。(国分三亥来室)。二、花蔭亭—四、宇田道隆海洋、正野重方気象、辻光之助天文、藤本治義地質、坪井忠二。高松宮に昨日電話不在の御挨拶。帰途小泉君方による、愚痴こぼし。

〔略〕

〔三〇日下メモ欄〕二九日塚越君電話、青木より村田に通告よきか(朝融王いやでやらず)とのことよしといふ。

九月三〇日(土) 三谷と登庁、女官長との話etc。十時赤い羽一〇〇〔、〇〇〇〕—三陛下思召、中川望氏へ伝達。一〇・二五—一一・〇〇 Bunker 訪問。法制史学会の人。入江侍従、侍従職事務主管詮考。一一—一・三〇次長、侍従長と三人、入江、徳川のこと。附鈴木転任波紋いやになる。一・三〇—二・〇〇拝謁。

(高松宮皇太子御招きのこと)。両宮殿下馬術陪観。三谷と帰る。

一〇月一日(日) 終日在宅。〔略〕三谷侍従長来訪、入江、徳

川内命のこと。〔略〕

一〇月二日(月) 〔略〕侍従長に次長事務取扱、入江事務主管発令。侍従長今朝御召し。始めて委細御話の経緯(発明協会行幸、次長供奉)きく。式部官長来室。午後鈴木書陵部長、十一月正倉院出張、Vining のこと etc。四、大宮様拝謁願出—五・四〇、経理面のこと、Vining、林、鈴木のこと、風害のこと、行啓のこと etc。

一〇月三日(火) 大宮御所へ池田氏アレキサンドリア献上。〔略〕広幡氏来訪。一二、永田町首相官邸—一二・三〇、一)名古屋行幸のこと、二)鈴木のこと、三)Vining 勲章のこと、四)礼と稲田のこと、林のこと。二、花蔭亭—四・一〇、正野教授気象。

一〇月四日(水) (九・三〇社会事業行幸啓、次長供奉)。大宮様東北行啓、御見送りす、九・四〇。秘書課長勲章のこと、管理部長、正倉院建築のこと、一般方略のこと話す。塚越氏、大妃殿下生形見のこと、村田翁のこと。経済主管、主計課長、三笠宮防空壕[redacted]のこと、東京日日新聞本のこと。四・〇五—五・〇〇御文庫拝謁、一．名古屋行幸啓のこと、東宮様高松宮邸御成のこと、Vining 勲章のこと。〔略〕

一〇月五日(木) 黒田君、Vining 等のこと英語たのむ。式部官長。午、御相伴—一・四〇、石川、西原、吉川、本郷、久松—一・三〇。内藤人事課長、宝冠章四等とのこと、来室。侍従長来室、名取のこと、入江のこと etc、Vining 賜品のこと。三・四〇—四・四〇小泉氏来室、Vining 問題。五—五・二〇 Bunker 訪問(単独)、Vining 叙勲、侍従次長後任者追放解除(名はいはず)。〔略〕

一〇月六日(金) 来訪吉橋戒三、岡本[redacted]。黒田氏に Bunker きいて貰ふ、Vining は Whole hearts 賛成、追放問題は又あとから。総理に Vining 叙勲ＧＨＱ意向と、等級は重ていふことあるべき旨の手紙出す。一・三〇—二・〇〇、御文庫、久邇大妃殿下御形見品拝見。二、花蔭亭—四。女官長来訪七—一〇、大奥のこと、鈴木不連絡のこと、将来のこと etc。

一〇月七日(土) 女官長へ昨夜の補充手紙。侍従長来室 Tutor の疑問 etc。鈴木一来訪。一〇 Vining か高橋女史、内親王等の Tutor 名簿。鈴木書陵部長、正倉院仮庫等建築意見、田島出張日取閉庁頃のこと。式部官長、東宮様高松様へ御出のこと、条件二、一．小泉供奉、二．Vining なればの特例。次長、名古屋行幸啓のこと。帰宅。〔略〕女官長来訪、女官補充のこと、皇后様に昨夜のこと奏上、退去は退去、連絡をよくして、名取、入江虚心御奉公のこと、御誤解解けた旨の伝達。

一〇月八日(日) 終日在宅。東宮様への御話の準備。

一〇月九日(月) 軽井沢南瓜二ケ伝献。名古屋知事等挨拶に来庁。御召し拝謁。式部官長、Vining のこと。入間野氏一一—一二・三〇、三笠宮財務のこと、防空壕のこと、李王家のこと。管理部長、正倉院建築のこと。次長、予備隊発令迄経緯きく。発令。侍従長、入江氏と打合。〔略〕東宮御所六—八・三〇、論語忠恕のこと、松筆賜る。

〔欄外〕池田氏訃音、帝国銀行より。

一〇月一〇日(火) 林旧次長挨拶。御召し一〇・一〇—一〇・四〇御座所。〔略〕一一・三〇—新次長に辞令。二、花蔭亭—四、総務課長といろいろ話す。大宮御所五・五〇御帰還御迎へ拝謁。〔略〕東久邇盛厚電話、高輪玉川縁切手切金は坊主立替、坊主と絶縁を近来考へつゝあるらしきも、坊主も去るもの離れぬ様子、小原は不動産も中々売らぬとか、やけ酒眠り薬、血液は日本軍出ぬ限り、協力左程の必要なし、二人とも残業等にて健康上不可との話、敷地は個人処有云々。

一〇月一一日(水) 南瓜大宮御所伝献。式部官長、Vining 宴会参与むし返し、断る。東久邇血の問題、三谷と式部官長。日銀御受けする日時未定。書陵部長、安倍君訪問の報告。次長来室、黒田より Bunker 返事に対して、今は会見の時いつて貰ふこと。秘書課長、勲章のこと、林のこと、次長御相伴のこと、盛厚氏のこと、女官候補のこと。中部日本新聞の人四人。総務課長、行幸啓下打合。食後管理部長、Vining 家のあとの問題後、次長GHQ会見記の話、坊城大夫来室。Vining、Gray の話、精進料理の話。

一〇月一二日(木) 芦田電話、宮越のブラジルの話、三谷に連絡す、高松宮漫画の件も。書陵部長に Vining のこと打合せす。次長と昨日の話。一万田二十六日といふ。小畑来室、精進料理の話。池田氏葬儀一二・三〇—二・三〇。〔略〕書陵部長、名古屋のこと打合す、新聞も条件入ればよしといふ。〔略〕

一〇月一三日(金) 秘書課長に稲田のこと、殊に月給の点。御召し一一・三〇—一一・四〇、稲田解除か如何、粟田夫人病気のこと、板沢博士解除か、東久邇のこと言上。二、花蔭亭—四—八・三〇、侍従長、小泉氏、次長、秘書課長、五氏晩餐会。(小泉氏の話、傅育官のこと、御健康のこと、馬術部長のこと、女子部も合同のこと。)

一〇月一四日(土)　高松川六の若者来る。秋山、木下道雄理事長の話。黒田、Vining宴会のこと、長官、侍従長、官長夫人削除説いふ。本郷課長、十八日のこと。稲田周一氏来室、鈴木の経過等話す、出来れば来月一日迄自由をとのこと。十二時帰宅。多摩墓参、新渡戸先生、盛田氏、[redacted]尾氏、三谷。式部官長御茶二・三〇―五・〇〇。〔略〕

一〇月一五日(日)　終日在宅。〔略〕松本烝治先生封書、参内拝謁のこと暗にいふ。〔略〕

一〇月一六日(月)　式部官長、Viningに音楽を入れる話。次長、明治神宮の話と〔略〕、分部郵便局長の話。〔略〕皇后様行啓、鷹司邸御成にて松たけ官舎一同賜る。〔略〕

一〇月一七日(火)　九・四〇神嘗祭―一〇・四〇、高松様に稲田のこと申上ぐ。あれはよかろーとの仰せ。〔略〕松本先生来訪、御記帳と来週拝謁のこと。芦田氏、革命前夜。辻博士、星から地球へ〔辻光之助『星より地球へ』〕貰ひ礼書。塚越来訪、青木、村田にいひしも、直きに伺ひたしとのこと又直ぐともいかぬといひしとか、宮様に直接いはるゝ様申上ぐること打合す。邸は売買六ケ敷、貸借らしとか。多摩への途中、侍従長に久邇俔子様五〇万に関すること。拝謁御文庫四・二〇―五・〇〇。〔略〕
〔欄外〕天野氏電話。

一〇月一八日(水)　天野文相へ手紙、「Showin」届ける。多摩陵九・三〇―五、Camera多し。書類を片付け帰宅す。吉橋氏あり、尾崎におきまりの由に付、すべてを忘れ、御円満を祈るの少なきことといふ。京都出張所、松茸貰ふ。〔略〕

一〇月一九日(木)　秘書課長に義宮(小泉氏[redacted]後)関係一会のこと、侍従次長発令のこと。一〇・三〇―一一・三〇佐藤氏結婚式、明治記念館。御召ありし由、但し御急ぎには無之《これなし》。三谷電話、松井明氏出張足どめ、やめのこと、万一の時は侍従長とす。天野文相来室、六三功労拝謁のこと、前田のこと。松平氏、松谷大佐見通のこと。本郷課長、連歌のこと。

一〇月二〇日(金)　次長来室、昨日の天野文相の六三功労者御会釈の件いふ。一〇、北村徳太郎進講―一二、中々よろし。Vining三、宝冠にて通つたとのこと、判おす。次長と六三教育者のこと又ねる。秘書課長、次長に尾崎行良のこと話す。坊城氏来室、新宿御苑菊へ行啓のこと、別に異議なく次長と相談のことといふ。小泉氏来室、侍従長より口述済、義宮様のこと、宝冠三等のこと、伏見さんのことetc。官長、盛厚王、稔彦王、

小原の件、岡田大将訪問二時過迄、秩父宮妃殿下、初竈抹茶碗賜る。

一〇月二一日(土) 朝、妃殿下と雑談、伏見家吉橋来訪、昨夕刊に出たが、今日の御茶は単に交際の初めとのこと。〔略〕明治神宮行幸のこと、一日は断る。〔略〕総務課長来宅、名古屋行幸啓下検分の話。〔略〕

〔欄外左〕十時久邇大妃に伺ふ、朝融氏、村田のことよろしとのこと。〔略〕

〔欄外右〕侍従長に伏見のこと、稔彦氏のこと、秩父様へ[redacted]賜金のこと。

一〇月二二日(日) (宮内庁運動会、三陛下臨御、欠)。〔略〕

一〇月二三日(月) 次長、総務課長、御会釈問題いろいろ。御召し一〇・二〇—一一・一〇。〔略〕侍従長来室二度、一度は秩父さん一〇万のこと御嘉納、久邇さん五〇万のこと打合、一度は入江同意、古賀氏申出に対すること、順宮問題基本を論ず。次長、社会事業大会行幸のこと、断る方に。経済主管に五〇万、一〇万のことといふ。安倍能成来室。林旧次長来室。

一〇月二四日(火) 侍従長、明治神宮のこと、久邇大妃五〇万のこと。一〇—一二・三〇、松谷大佐の件、小泉、松平と四人、うなぎめし。文化勲章式アサヒグラフ断る、次長。中部日本新聞挨拶、名古屋議長挨拶(七宝)。二・三〇松本烝治博士拝謁、前後長官室。総務課長、名古屋行幸啓御言葉案等のこと。秘書課長、侍従次長給料のこと、一四一一号。〔略〕

一〇月二五日(水) 文部省表彰式のこと。一一・三〇官房長官訪問勲章礼、侍従次長のことetc。〔略〕

一〇月二六日(木) 寺尾博士電話、どうも不得要領。一〇—一二、一万田御進講。〔略〕社会体育表彰問題、前後に剣木次官来訪、謝罪。一・三〇 Nepier 新旧次長訪問、侍従次長のことといふ。賞勲部長訪問、Vining のこと礼。アサヒグラフ、文化の日。〔略〕

〔欄外上〕大金氏来訪、神宮が吉田茂〔首相とは別人〕とか神宮司庁等にのつとられるとの話、侍従職、砂上偶語の所。

〔欄外左〕久邇大妃御上り、侍従長連絡あり。

一〇月二七日(金) 名古屋行幸啓。一〇・三〇東京駅御発、二分斗り後れる。四・〇五御着、停車場前群衆くづれる。〔略〕名大赤を押へた話。八勝館一番奥の桐の間なつかし。きしめんあり。女将挨拶に来る。御格子おそく十時頃失礼す。

一〇月二八日（土） 秋晴れ快晴、雲一片なし。第五回国体大会、盛観なり。開場式前外人謁見、宮崎夫妻手伝ふ。式後御弁当、後競技御覧後、御徒歩ラグビー場、後瑞穂寮、大曽根三菱電機、本町中日新聞社、金山体育館にて夕刻御帰館。山崎に電話す。岡谷氏来訪。主人父子挨拶、賜品伝達す。

一〇月二九日（日） 九・二〇、八勝館御出発前に、小時庭面御散策、田舎家内部及音聞山迄。熱田神宮御参拝、侍従長両侍従、女官長両女官奉仕、高尾少し御待ち申上げ、一一・〇五発、四・四〇御帰京、御文庫無事御帰還。役所にて次長、鈴木部長、主務官と雑談。帰宅。〔略〕

一〇月三〇日（月） 〔略〕大宮司、御遷宮のことにて来室。式部官長、瑞典《スウェーデン》皇帝訃音に関すること。天野文相来訪。十時侍従次長、辞令渡す。次長と種々要談、二日晩餐の打合せ。五・三〇両次長送別会―九。早寝。

一〇月三一日（火） 一〇・三〇 Swedish Legation, sincere sympathy and condolence、個人の資格。拝謁願出一一・三〇―一二。二、緒方竹虎氏、式部官長訪問―三・三〇、稔彦王大に御奮発の様子、弁護士松村元知事おたのみとのこと。緒方氏は地所も宮家でやり、金の問題にして出来るだけけりをつける意見。

一一月一日（水） 宮本貞三郎紹介の宮城県の勤労奉仕の人、まんぢう貰ふ、皇居返礼。新侍従次長と打合せ九・一〇―一〇・三〇。鹿野氏来訪伝献。ケヤ《ママ》のこと。三笠宮義肢協会のこと。秘書課長と厚生次官の話。四・三〇秩父宮妃御泊り。Ferris 女学校八十周年祝詞拝見。

一一月二日（木） 妃殿下御用掛の問題。高橋女史電話、御記帳のこと。中日新聞社挨拶。Vining 叙勲、首相官邸一〇・三〇。拝謁願出一〇・三〇―五五。首相内奏一一・〇〇―一二・一〇。Vining 午餐御陪食一二・三〇―二・〇〇（皇后、大宮両陛下、皇太子、親王殿下等）。長官室にて安倍等[redacted]。三・〇〇―五・〇〇 Levy、ピアノ）。[redacted]、Levy。夕食、秩父宮妃及 Vining、Gray、松平信子、小泉信三、前田多門、辻松子、上代たの子、山梨勝之進。盛会。秩父宮妃御出発、〇・三〇。

〔欄外〕Truman 遭難、無事祝賀、Bunker、式部官長。

〔四日下メモ欄〕十一月二日楽部 Levy の Piano の件、照宮様、赤十字 Echols、夕刊写真のこと、及寄附金御話あり。

一一月三日（金） 〔略〕土井晩翠の為か誘導大変。文化勲章受章者御陪食一二―二、首相、文相、牧野、藤井、三島、土井、正宗、小林古径（田島欠席）。東劇見物、芸術祭初日昼夜混合別番組、九時頃途中帰宅（机上にBunkerの式部官長宛手紙あり）。

一一月四日（土） 式部官長、東久邇さんのこと、大蔵省の様子分る。名古屋行幸啓関係者挨拶に来庁、まんぢう返礼。横井議長に天皇及皇居。次長、石渡死去の報をもたらす。午後弔問、祭祀料￥三、〇〇〇、明日三級官持参。〔略〕総務課長、旅費、行幸新法《〔方〕》式。試験的に判つく。ViningのFriend講演三―五。
〔略〕

一一月五日（日） 八・三〇車にて発、周子を駕籠町より同行、鴨場行。Ambassador Sebald Admiral Joy etc。三時頃帰宅。留守に後藤式部官夫人来訪とか。生暖し。三谷に東久邇のこと電話す。

一一月六日（月） 大神宮野上氏来訪、十四日勅使のことといふ。拝謁願出一一・二〇―一一・三五、次長帯同。石渡弔詞推敲す。
〔略〕
〔欄外〕六大学野球行幸啓。

一一月七日（火） 角倉来訪、次長と用談。松影会一〇―一二、一寸顔出し。挨拶の後石渡氏葬儀一二・三〇―三。〇時半石渡氏葬式。拝謁三・三〇―四・〇〇。〔略〕
〔欄外〕Vining大宮御所へ。

一一月八日（水） 〔略〕午後御相伴の京都飛鳥井氏来室、八橋、月餅貰ふ。文相来室、国体の御礼遅まき、中小学校長校長《〔ママ〕》の話。朝一〇―一〇・五〇林前次長来室、予備隊幹部の話。一一・三〇―一一・四五拝謁、林のこと奏上す。〔略〕

一一月九日（木） 次長、十六日、小中学校長御会釈のこと。高橋氏、日展行幸啓の挨拶来訪。午後来訪なく、諸事根本的の考総ざらへ。次長に宮様追放解除のこと考ふべきかを話合ふ。
〔略〕

一一月一〇日（金） 〔略〕一〇・三〇内村教授来訪―一一・二〇、日本医学会行幸のこと。久松侍従より電話、葉山寸前《〔ママ〕》奏上事項なきやの御下問、なしと申上ぐ。〔略〕三・―侍従長、次長、侍従次長、入江と会談公邸、御結婚問題と先達てのことの要点話合ふ。大谷、浅野共やめ、可然科学的応対のこと、新たな口をさがすこと。岩手県知事、次長にあつて貰ふ。新潟県知事、東宮行啓引込めの話、大夫に連絡。総理十七日案内断る。

一一月一一日(土)　式部官長、Mrs. Kano のこと、高松妃殿下の話、care のこと断り手紙。〔略〕

〔欄外〕両陛下葉山へ十時御発。

一一月一二日(日)　〔全文略〕

一一月一三日(月)　直接登庁せず、九―一一・四五 Mrs Vining 訪問。総務課長、十五日下検分のこと。黒田、皇后様拝謁外人一件。〔略〕三、皇族会、三笠様洋行、車、学校のこと、林前次長、宇佐美次長、侍従長、秘書課長、警察予備隊の話、勝沼氏訪問だめ。次長に小林は反共の言参考にいふ、早慶戦の時の陛下の御態度。陛下還幸啓御進路、アメリカ兵分列式の為一度は先方承諾せしも、都合あしとのことにて半蔵門に御願ひす。

〔欄外〕両陛下還幸。

一一月一四日(火)　〔略〕御召し拝謁一一・〇〇―一一・三〇。学士院二部新会員御陪食、佐野博士(前田会長のこと)、林博士(勝沼のこと、医学会行幸のこと)、Vaugn 眼わるし。三・三〇―五・〇〇松平恒雄氏一年祭。夜、首相より電話、秩父宮妃殿下十七日晩餐会へ招待のこと。

一一月一五日(水)　〔略〕鈴木、三井、本郷と京都行に関し打合せ。〔略〕次長と諸事打合。小泉氏と電話打合。女官長と Gray 賜物のこと等、御文庫にて拝見(侍従長及次長と)。塚越氏、久邇氏状況。

〔欄外〕両陛下、日展及動物園行幸啓、御出掛の節御見送り。

一一月一六日(木)　〔全文略、京都・奈良出張、京都泊〕

一一月一七日(金)　〔全文略、修学院離宮、三千院、各天皇陵訪問、畝傍泊〕

一一月一八日(土)　〔全文略、正倉院、各天皇陵訪問、畝傍泊〕

一一月一九日(日)　〔全文略、神武天皇陵他各天皇陵訪問、京都泊〕

一一月二〇日(月)　〔全文略、各天皇陵訪問、京都泊〕

一一月二一日(火)　〔全文略、各天皇陵、桂離宮、仙洞・大宮御所訪問、京都泊〕

一一月二二日(水)　〔全文略、京都御所訪問、帰京〕

一一月二三日（木） 〔略〕新嘗祭五・四〇—翌日二、首相等大勢。

一一月二四日（金） 辻永氏来訪、洋画献上の件。御召し一〇・四〇—一二。〔略〕書陵部長及本郷と会談、正倉院御陵感想。経済主管、俸給上げに伴ふ内廷職員及皇族費のこと。次長の留守中の報告、諸件。三谷、Vining へ御写真の件。〔略〕

一一月二五日（土） 〔略〕四—六、Hotel Teito、Rhoads 主催 Vining Farewell Tea。Mrs Vining 方招待さる、二人。〔略〕

一一月二六日（日） Horseshow 欠。十一時発—三時帰着。Duck-netting party at Shinhama、人事院関係。
〔欄外〕Vining の為 Tea、奥。

一一月二七日（月） 一〇—一二・三〇義宮様のこと協議、次長、侍従長、同次長、小泉氏、東園、村井、遠藤。次回は五日と決定。午後御召し、御文庫拝謁。

一一月二八日（火） 穂積 Judge 御進講一〇—一一・三〇。御陪食（山中教授、岡田教授、坪井教授、三班学術座談会員）。三・三〇、義宮様御誕辰（小泉氏昨日 Vining との会見の結果）。Gascoigne 両人七・三〇 Ambassador Dening の紹介にて大勢、高松宮殿下、吉田首相、両院議長、官房長官、外務次官、宮内庁長官、侍従長、式部官長、堀内、富井元大使、一万田、古垣、馬場等。

一一月二九日（水） 〔略〕拝謁一・三五—二・二〇（御相伴のすみし後）。〔略〕Vining 訪問（るす）、和辻氏訪問す。〔略〕

一一月三〇日（木） 昨日御殿場行きの話、次長。安倍紹介の福島県棚倉孤児園谷昌恒来訪。大蔵省より Dodge 拝謁願出に付、首相に連絡取計ふこととす。結城氏来訪、村田氏十五日限り退職、五〇〔〇〇〇〕、—のこと、買手にはまだあへぬこと、五〇万円、野村信託のこと、三谷氏より渡す。管理部長と京都雑感、樺山皇宮警察と仕事懇談。〔略〕

一二月一日（金） 此日拝謁の Dodge に賜りのこと、式部官長と侍従長話す。山梨大将来訪、警察演説のこと、邦昭氏教育、就職のこと、従来の経過話す。御召し拝謁一一・二〇—一一・四五。一・三〇頃発、横浜埠頭の丁抹船に Vining に送〔別〕れを告ぐ。秘書官同乗、女官長及名取女史も御使、東宮様も御出になる。〔略〕

〔欄外〕るすにMrs Viningよりみしへバラ十本貰ふ。

一二月二日(土) 次長、年末手当のこと、特別資金のこと、東久邇重箱等買上げのことのこと。黒田氏Gen. Marquatに御料車のこと話せし話。〔略〕三笠宮様御誕辰御祝儀言上。〔略〕

一二月三日(日) 〔全文略〕

一二月四日(月) 一〇太田三郎進講―一一・三〇。〔元百武侍従長とあふ〕。侍従長と高橋先生及安田一夫人のことも話す。管理部長一二・三〇―一・三〇、三番町のこと、大宮御所水洗のこと、電気検査のことetc。坊城大夫、九条道孝令息のこと、大宮様答のこと、雑談、〔略〕久邇邦昭のことetc。徳川侍従、大宮様と順宮様の冬沼津のこと、及高橋たね、Miss Rhoads、Mrs Yasudaのこと。警察招待瓜生氏のむ。次長、皇族追放のこと。

一二月五日(火) 九時、新聞等見て十時半頃次長来室。読売、照宮、孝宮座談会今朝。侍従次長も同席、宮内庁問題とならぬ、注意にて可然。高橋たね、清宮様英語のこと。次長には林、塚越礼のこと、邦昭氏に順宮のこと、皇后様御話ありしこと、経済会議のこと、立太子式のこと、御譲位のこと、御講書始期日繰上げのことetc。義宮様会議官邸五―一〇、弁当〔内村博士、遠藤氏に一三日会見のこととす〕。

一二月六日(水) 毎日に赤坂御所の件、閣議結着の記事のこと、石川課長に質問。九・三〇東久邇氏訪問、一七日のこと御案内す。帰途Miss Rhoads訪問、二週間に一度位、御茶の実演習九分承諾を得。照宮様に一七日のことといふ。次長に赤坂問題のこと相談、官房長官訪問のこととす。書陵部長、十二日のこと、水害のこと、承知。〔略〕式部官長、松谷の話。御召し拝謁一一・二〇―一二。次長と閣議及皇室経済会議関係法律研究。〔略〕

一二月七日(木) 〔略〕一〇・〇五―一〇・三〇御召し拝謁。小島氏診療。総務課長、御修法のこと、最高裁御陪食のこと、山口喜久一郎、紀三井寺のこと。黒田式部官〔英字不明〕のこと。秘書官、東久邇様物品のこと。〔略〕東久邇御紋章付品物、植氏とりにゆく、評価六一、〇〇〇甘し。〔略〕

一二月八日(金) 野村大夫Vining〔上に×印〕のこと万般の礼。坊城大夫、二月頃沼津行啓の話、早い方より十二日申上げ云々の話。一〇―一一・三〇部局長会議、給料上げのこと、一月二日一般参賀の可否、内廷費等増額のこと、淡路行幸記のことetc。午

食後、石渡氏三十五日、成城迄ゆく、旭屋堂香〔略〕。帰庁三時。
〔略〕経済主管、来年度予算、来年のことと経済会議のこと。
〔略〕次長と東久邇一〇万円案話す。
〔九日下メモ欄〕八日次長、港区教育者と会見。八日〔前に×印〕、野村大夫にRhoads拝謁のこと、〔憤〕慨論いふ。侍従職、式部職相談するやういふ。

一二月九日（土） 登庁の途、東久邇照宮様訪問、献上のこと御話す、稔彦王御承知なき様子。侍従次長来室、歳末御仕向相談、小泉たのみし経過いひ、此際一二万、来期はベースによること話す。〔略〕帰宅後年賀状書き。

一二月一〇日（日） 松前氏電話、義宮様のこと。〔略〕

一二月一一日（月） 一〇時迄病院にて指先手術、小島侍医を煩はす。吉田秩父事務官来訪、宮様御希望承る、皇族費引上のこと話す。〔略〕

一二月一二日（火） 病院繃帯かえ、山川博士、大宮様御病状といふよりは健康状態。安倍に九条会長のこと、三矢氏博物館長のこと。〔略〕正倉院評議会一一—一二。御文庫御召し二・三〇—一二・五〇。大宮御所拝謁三・三〇—五、京都の話、東北御旅行の話、精進料理の話、Vining封書の話、早寝の話etc。さば串焼等賜はる。〔略〕高橋たね挨拶、Mrs Yasudaのこときく、三谷に電話す。

一二月一三日（水） 入間野、青木、塚越など礼のこと。吉田首相、鎖国座談会のこと三谷に話す。首相拝謁一一—一二・一五、吉田赤坂御所言及せずとの仰せ。学士院御陪食一二—二、話低調。歳末部局長のこと、次長と相談、決約十一万、長官手許に処理し残額入れることとし¥一五〇、〔〇〇〇〕—とす。五、侍従職、内村会談、長官、次長、侍従長、次長、入江、内村、遠藤—一〇。皇族〔室〕経済会議のこと、法案迫り、次長、官長連絡のこと。（塚越氏午後来訪、歳末のこと）。

一二月一四日（木） 〔略〕次長、侍従次長、義宮供御、久松のこと、etc。〔略〕

一二月一五日（金） 陛下出御なし。一〇—一二部局長会議、正月拝賀、年末給与、組合委託貸付金のこと。三—四・三〇入間野氏訪問、御本人鷹司家礼、青木、塚越分相談。御神楽六時頃終了。〔略〕

一二月一六日（土） 蔵相[redacted]のこと。一〇首相訪問—

一一・二五。皇室経済会議二十日のこと、内廷費、皇族費根本論と良心的のこと、大宮御所のこと、二重人格と彼いふ。義宮様のこと等、勝沼顧問のこと、東宮成年式と譲位論のこと、MC、Viningのこと、くたびれのこと、黒田のこと、拝観排斥。午、書陵部委員招待―二・三〇―病院後、三―五・三〇、次長、侍従長、同次長、入江会談、池田、久松、鍋島、松平、徳川二人を式部官長、徳川侍従と相談すること。夜、華族名鑑見る。

一二月一七日(日) 終日在宅〔略〕。五・三〇―八・三〇東久〔前に〕邇様〔×印〕御二方、緒方、松平、田島、宇佐美。

〔欄外〕秩父宮妃殿下御泊、大宮御所夕食に御迎のこと。御上りの前御雑談。

一二月一八日(月) 妃殿下Bible会のこと、経済のこと、八・三〇―九・二〇。拝謁一〇・一〇―一〇・三〇。陵墓監長、来室挨拶。一一―一一・三〇久邇氏訪問、青木一万(品)、塚越二万、枉駕のことといふ、教育(邦昭氏)一[redacted]のこと。一・三〇、内廷経済監査会―二・二〇。盛厚王返信(泰宮様に)。病院。総務課長、次長と講書始控のこと。管理部長と三番町修繕のこと、次長、秘書課長と秩父様財政問題のこと。〔略〕

〔欄外〕御午《おひる》、菊栄会御陪食。

一二月一九日(火) 拝謁一〇・二〇―一一・〇五。侍従次長に東久邇十万手続のこと、久邇家博物館美術品のこと。〔略〕岩波来訪、原田日記貰ふ。天子様御本紹介外国雑誌。侍従長に勝沼のこと話す。侍従長此日塚原に話す。〔略〕

〔欄外〕英国大使ウスキー二本到来。

一二月二〇日(水) (一〇―一一蔵相拝謁)。一〇―一〇・三〇会計主管と打合す。一一―一二・二〇、皇室経済会議全員出席、三木氏大に発言。二、和辻博士―四・四〇、安倍、小泉、長与、谷川。侍従次長にRhoadsクリスマスプレゼントのこと及内親王様Rhoadsのこと。〔略〕

一二月二一日(木) 登庁の途、三谷同車立寄る、塚原不同意の話。〔略〕御召し拝謁一〇・二五―一一・〇五。式部官長、大使館へのクリスマスのこと、Sebald同席の話。秘書課長、病院の会計の話、午後病院。塚原博士来室、General Practitionerの話をなす、賛成といふ。式部官長、秘書官、クリスマス賜品たのむ。警察長官に招待さる、五・三〇―九・〇〇。眠り不十分。(御召し御文庫五・〇〇―五・二五)。

〔欄外〕入江氏、スキー東久邇夫妻、東宮様御同行やめて頂くこと。

一二月二二日(金)　一〇—一一・三〇部局長会議—年末給与のこと及職服貸与のこと。一—一・三〇小泉氏来室(一二〇—〔〇〇〇〕服地伝達)。一・三〇—二・〇〇御召し拝謁。二、和辻博士—四・三〇、首相も四時迄、甲陽軍鑑の話。新聞記者三番町—八・〇〇。

一二月二三日(土)　一〇東宮御健康拝賀。一一・三〇—一二、御祝酒(小人数)。塚原酌に来り、又皇太子御誕生寄書の帳持参展観。一二—一、桑折英三郎氏、義宮様のことetc。〔略〕三—四・三〇常盤松御殿、東宮拝謁、林元次長同席。小泉氏に昨日につづきくたぶれた話をなす、青山御所閣議喰違問題及General Practitioner 問題を abstract に話す。六—八・三〇久邇両殿下、山梨氏等一席、両殿下、青木、塚越、山梨、保科、秘書課長。前田、村田欠。将来邦昭氏の問題 etc。〔略〕

一二月二四日(日)　九・二一発にて一二・三〇頃御殿場着、参邸す(開新堂持参)。黄疸とのこと、殿下に拝謁せず、妃殿下のみ。藤田〔マヽ〕といふ元静岡県知事と駅より同車す。二・〇八発にて帰京。〔略〕

〔欄外〕(秩父妃殿下)御取止め。

一二月二五日(月)　〔略〕九・四〇大正天皇祭—一〇・三〇頃。山川侍医に来室を乞ひ懇談、了承を得。式部官長、Walker 花輪のこと。食後倉橋氏来訪、御料新車見分。久邇宮参殿、邦昭様に〔略〕返却す。〔略〕夜帰宅後日誌整理。

一二月二六日(火)　朝比較的閑散、原田日記。病院の後、御研究所辻村氏と語る。総理大臣以下御陪食、一二—一・三五。御召し一・三〇—二・二〇。松本烝治氏来室、二・二〇—三・三〇、電力委員の話、河上の代りの人、田島宮内官ならねばたのむとのこと、新木栄吉をいふ。いすを一同に賜はり侍従長迄ゆく、次長と今朝の拝謁のこととは研究所のことといふ。総務課長、明日のことの話あり。秘書課長に定員のことときく。歌の添削して貰ふ。管理部長三井氏、天神壕埋立の話。村田俊彦氏挨拶に来る。朗かなる顔なり、Generation 問題の外停滞なき様子、退職慰労金のことときく。〔略〕うそをつく殿下困るといひし所、うそはいはぬ、但しうんとかよかろうといふことは落語にあらずとのことときく。〔略〕

一二月二七日(水)　渋沢氏に電話、今夜の招待。社会事業と賜金伝達。九、奉拝後懇談一〇・二〇—一一・三〇。吉田秩父事務官来訪。朝日藤井恒男来室、皇太子様のこと。午食一時頃。侍従長来室、久邇大妃殿下御心付のこと及久邇家のこと。三—三・五〇緒方竹虎氏東久邇様のこと。〔略〕

一二月二八日(木) 鴨猟、大蔵省一二—五夕方。大臣挨拶、毎年二十八日と省議云々。朝登庁、明治屋磯野氏、月桂冠大倉挨拶。御召し拝謁。午後大宮様皇居へ御上り。〔略〕次長桂御所の問題、三井氏三番町のこと。

一二月二九日(金) 一〇、歳末御祝詞言上拝謁、皇族、旧皇族のあと一〇・三五位となる。大宮御所、秩父宮(吉田氏に東京事務所廃止のことといふ、宮妃殿下にも申上げたといふ)、高松宮に記帳、三笠宮名刺。〔略〕

一二月三〇日(土)~三一日(日) 〔全文略〕

一九五一(昭和二六)年

一月一日(月) 五時起床歳旦祭。一旦帰宅後、みし、三谷夫人と同車、九時半発拝賀に参内。一〇庁員一同拝賀。一〇・四五より皇族及大臣等拝賀、侍立す。侍従長、式部官長病気、侍従次長、後藤式部官代行。大宮御所、東宮御所、三宮殿下参賀。皇太后様拝謁。一時頃帰宅。次長、秘書課長、城氏来邸、梨本様喪儀打合。年賀客、三井、鈴木、黒田等大勢。

一月二日(火) 一〇・四五登庁、次長と打合せ。豊島岡墓地御許しの為拝謁、御文庫。梨本家弔問、御遺族拝礼、妃殿下及方子殿下弔詞。侍従次長、秩父宮吉田、塚越氏用談来訪。〔略〕

一月三日(水) 九・四〇元始祭参列後、十一時高松宮御誕辰御記帳。鷹司御年賀。〔略〕一—五歌舞伎柿葺落し〔この日歌舞伎座再開〕吉右衛門夫人、渡辺錬蔵等にあふ。〔略〕

一月四日(木) 一〇・二〇—一一・一〇御座所にて両陛下に小泉、野村、東宮様御近状、成績奏上に陪席、侍従長侍座。御召し御座所一一・二〇—一一・三五。梨本宮墓地の件、長官室にて協議、次長、管理、書陵部長、本郷、高尾両課長。次長、秩父宮吉田事務官招致懇談。〔略〕

一月五日(金) 九時登庁。〔略〕次長の懸案の話いろいろ。式部官長挨拶、侍従長葉山行幸啓の話。経済主管、二十六年度内廷費実行予算方針。〔略〕浜尾新ふ育官挨拶、清水同官来室。馬術会挨拶。五—六・三〇首相官邸立食、それより梨本邸移霊祭及通夜。十時帰宅。妃殿下御入浴後、おそく入浴。床に入る。

〔欄外〕大宮様御参内。

一月六日（土）　直接梨本邸葬場にゆく。十時—十一時葬式、十一時—十二時告別式。一一・三〇発侍従長及周子を拾ひ、埼玉鴨場英国大使館招待、Gascoigne 帰任の話あり、代理大使を食後紹介せらる。五時頃帰宅。秩父妃殿下朝一寸御挨拶するのみ。留守中御帰殿。〔略〕

一月七日（日）　〔全文略〕

一月八日（月）　〔略〕御召し御座所一〇・〇五—一〇・三〇。〔略〕Rhoads と内親王様時間打合はす。官舎、五—八・三〇、次長、侍従長、次長、入江、徳川及官長。池田隆政を第一に考ふることとし、官長に調べたのむ。秩父宮妃殿下御来泊、大宮御所へ御上り、十一時御帰り。

〔欄外〕首相来状。

一月九日（火）　八・二〇—九・三〇秩父妃殿下、伊沢事件詳細の御話承る。登庁、御召し御文庫、一〇・一五—一〇・四五式部官長、朝融、松谷の話。一—二上野直昭訪問、博物館長人事のことときく。一寸三矢の名を出すのみ、和辻のことはふれず。二・三〇—四、和辻往訪す。首相の手紙を見せるも中々承知せず、但し多少の望なきにあらずやとも思ふ。次長と共に秘書課長の話きく。六—八・三〇勝沼と懇談す、相当打明けて。

〔欄外〕首相に報告返事。

一月一〇日（水）　〔略〕御講書始一〇—一一・四〇。直ちに長官応接室にて賜物伝達後、表一の間賜餐、一時にすむ。三笠宮両殿下、皇女学習院月謝の件にて来室、次長、秘書課長と話す。陛下、小泉和書の御不審。官長御歌会のこと意見交換。小泉氏等両陛下拝謁、義宮様のこと。天野文相、講書始陪聴に付、勝沼のこと一寸ふれる。和辻のことと共に。

一月一一日（木）　侍従次長に来室を乞ひ、大膳のこと、附三里塚、侍医のこと、勝沼のこと、研究所のこと、女官のこと話す。御召し一〇・〇五—一〇・四五。御歌会選者の会傍聴。午食講書始のこと改正及葉山警備のこと次長にいふ。鈴木書陵部長、文化財委員招きの件、午後予選決定をきく、折口選のもの大半。Gascoigne 礼状 sign す。

〔欄外〕勝沼、昨夜のこと電話。

一月一二日（金）　御文庫にて両陛下葉山行幸啓御見送りす。〔略〕次長と内閣官房副長官来室、仁科博士に恩典の話、祭祀料￥一、五〇〇のみのことといふ。松平氏来室、服部大佐の話の要領きく。五・三〇—一〇、勝沼博士、山川、塚原両博士、次長、侍従次長、秘書課長、日本食。

一月一三日（土） 松平氏、今朝池田他訪問要領きく。侍従次長に早速取次ぐ。高尾課長、李王公族入国に関することきく。李王家及入間野氏にいふ様話す。葉山へ電話、仁科博士のこと、李王公族のこと。佐野恵作来室、社会事業合併、田子一民のこと、歌舞伎[redacted]吉郎行幸願のこと。〔略〕年賀状整理と応制歌〔勅命で詩歌を詠む〕書く。

〔欄外〕勝沼、手順運ぶこと次長に話す。

一月一四日（日） 午前中朝空歌今一つ。かがなべてまちわびたしをこのあしたあまけにくもる子等の顔はも。風強しとて綿引きてくれる。仁科博士告別式にゆき〔略〕和辻訪問るす。〔略〕

一月一五日（月） 〔成人の日〕終日在宅。〔略〕午後、林敬三氏来訪、皇居内警察隊営舎の件、予備隊行幸の件、etc。和辻氏に電話又返事来る。大磯首相に速達。〔略〕

一月一六日（火） 高尾氏に歌直して貰ふ。多少変なれどもそれを上る（此夕書く）。のり。千葉警察隊長、御札高野山受取る。次長、立太子礼等第一回打合のこと、小川女官のこと、生研増員のこと、etc。一万田帰来、御記帳に参内。〔略〕Blyth 久しぶり、Mrs Yasuda のこときく。夜、応制歌きく。〔略〕

一月一七日（水） 〔略〕経済主管出張報告、陛下御不例とのこと。〔略〕葉山行。侍従長と〔国会〕開会式、御歌会、御進講のこと、池田隆政のこと、Grew のこと、歌舞伎座のこと、勝沼のこと、生研のこと、林報告の予備隊のこと等、佐野課長と御警衛のこと。生研所実地見る。エビ、アワビ賜る。〔略〕一万田訪問るす、大宮御所へ進上品御届け。帰宅。〔略〕

一月一八日（木） 朝一万田へ電話、Grew、Castle のことといふ。式部官長、MC Birthday のこと。花贈る不可もなからん去年の例。Gascoigne に関すること、坊城大夫、勝沼のこと打合、一度長官より大宮様に申上のこと。常磐会名誉総裁の問題、松平信子さんと相談の上のこと。次長、侍従次長、塚原、勝沼渋りの話。〔略〕陛下御不例新聞社にいふ（本郷事務官朝挨拶、午前）。〔略〕

一月一九日（金） 稲田、入江、昨夜の挨拶―侍従職片々。名古屋市長写真帳献上。浅草寺管長、安寧祈願結願の挨拶。内閣総務課長来室、開会式及陛下の開会式を御気になさらぬやうとの首相伝言。御容体連絡よろしき御様子。三―四、服部博士来室、経過の話、辞意の話 etc。〔略〕

一月二〇日（土）　朝首相より電話、昨夜ＭＣ訪問の所、親切に医薬提供云々に付、言上及礼のこと。登庁後侍従長に電話、黒田に手紙たのみ発送。次長昨日の報告。侍従次長に服部博士辞意のこと話す。官長今夜招待。〔略〕慶民氏三年祭参拝、ボーロ一箱。〔略〕四・三〇―七・三〇松平邸 Gascoigne 招待の■賓八―一一・三〇。

一月二一日（日）　八・四五―二・三〇鴨猟、アーモンド中将夫人其他 Herne 等将官連、煙草等貰ふ。〔略〕

一月二二日（月）　総務課長、御歌会諸■賜りのこと。〔略〕前田君来訪、三矢宮松、博物館のことの話。〔略〕天野文相来訪、明治史大将に小泉氏のこと、東宮様のことに■習なき範囲異議なしといふ。三矢のことといふ、博物館は館長、次長先に決定済とのこと。兎に角三矢御考慮置きといふ。塚越氏来訪、二十五年度決算、二十六年度予算のこと。次長、開会式のこと、二十五日と決定。〔略〕電話小泉氏、（文相の話）受けずとのこと。

一月二三日（火）　〔略〕三、General Walker 追悼式。国会御言葉案のこと。鹵簿交通局長挨拶。〔略〕秩父妃殿下八・三〇―一一、御病気に付、全体の御不安のこと。吉田解雇後の体勢《〔ママ〕》のこと。

一月二四日（水）　高尾に昨夜の話大要いふ。妃殿下高尾御召し。御文庫へ御召し一〇・一五―一一・二〇。竹田宮スケート選手御来室。次長、内閣と勅語案打合せ。大場氏、熊沢天皇訴訟（天皇不適格訴訟）のこと、野村大夫、浜尾氏のこと、病院十年式のこと。侍従次長に平和克復後の外交関係、宮殿部分増加のこと、給与のこと、秩父さんの病気のこと、勝沼のこと、研究所のこと、女官のこと、勅語のこと、東久邇息のこと、天皇訴訟のこと etc 話す。帰宅後、拝謁記書き、漢文勉強。妃殿下御帰殿。

一月二五日（木）　登庁、一〇・一五供奉車にて御文庫、一〇・三八分御発開会式、無滞御還幸一一・二〇。〔略〕式部官長、広島の話否。Gascoigne への品のこと。〔略〕総務課長、太田元台湾総督祭祀料一五〇〇。次長、開会式御ことば現憲法上の性質及立太子式成年式のこと。侍従次長、小川女官発令のこと。〔略〕

一月二六日（金）　集合奥二の間、御歌会一〇―一一・三〇。起立は三陛下の時のみ、挨拶ミス二回。賜餐、表一の間一・三〇、浅野長武氏、博物館長就任挨拶、御物のこと、三矢氏のことといふ。次長は田内とかいふ人。次長に諸事殊に東宮成年式等のことさく。六—八・三〇官房長官(に三矢氏のことといふ)、副長官、総務課長、次長、侍従長、同次長、総務課長、秘書課長、洋食。

〔欄外〕田中長官に電話、熊沢のこと、キチガイ。

一月二七日(土) Gascoigne進上もの、蒔絵。一〇—一二、侍従長、次長、侍従次長、式部官長、東宮大夫、秘書課長、東宮成年式、立太子礼の相談。宣示を本体とする国事の式考案のこと、神様関係等従来の例のことは宮中の行事としてすることetcにて具体的にすること。〔略〕

一月二八日(日) 〔全文略〕

一月二九日(月) 〔略〕興銀御進講のこと五日一〇—一二。内村教授、行事のこと電話あり。文化財の富士川氏挨拶来訪、桂御所撮影のこと、三矢氏のことetc。侍従次長、博物館見分の結果きく、従来の見解再検討のこと。引揚問題に中山、斎藤、倭島御進講。六—九、御歌会座談会、馬術クラブ。

一月三〇日(火) 九・四〇—一〇・一〇孝明天皇祭、皇族御参列なし。高尾氏と同車、梨本氏三十日墓前祭にゆく。田中治郎左衛門にあふ。〔略〕次長、議会の様子きく。御文庫御召し拝謁三・四〇—四・五〇。Blyth御歌会の会話七—八〔略〕。

一月三一日(水) 一一—三松谷大佐、現在及将来の見透し論、侍従長、官長、小泉博士と五人。官舎にては三—八・三〇次長、警察と懇談。五—七、Sebald方Tea、Dulles、Allison、Rockefellerと話す。飯野海運Orange献上、又貰ふ(翌日礼、からし漬届ける)。次長、医学大会行幸のこと先づよろしとのこと。〔略〕

二月一日(木) 九・三〇Gascoigne訪問、Present進呈(墨筆短冊、附属進呈、あとにて)。一〇・三〇石川一郎氏にGrew Fund十万円御下賜(両陛下)伝達。坊城大夫来室、figure skate竹田宮御希望と一寸承致とのこと。〔略〕松平官長来室、Dulles鴨のこと、内親王御教育上のこと、有田意見書貰ふ。多島博士来室。高松宮妃殿下電話、日女大寄付のこと。〔略〕

二月二日(金) 〔略〕一〇—一二、立太子礼及成年式会議第二回。一—二、Bunker訪問、北海道、近畿御巡幸のこと、皇族公職のこと、最後は四月十八日でしたといふ。高松宮妃殿下訪問、大宮御所表には未だ話なし、あれば六けし、権衡上田島にも話なし、御急ぎの要なし。文部省剣木次官に小島教授のこと。Bunker電話にて再訪、Generalの意向、北海、京都御巡幸結構、北海道は前回と大差なきも願へると思ふも、京都先に願つては如何。京都御出掛前に御会ひする。夜日記整理。

二月三日(土)　自働車の中、三谷に御巡幸のこと話す。次長に警察にきいて貰ふこと。〔略〕安倍早く来る、緒方氏来訪、俊彦氏のことは不得已との意見。〔略〕一二・三〇―二・〇〇高橋誠一郎、矢代、有光等、別に話きかず食事後帰る。有光、矢代来り、Japan Show に正倉院出品のこと。一度帰宅、大宮御所拝謁、六三制に■りやめのこと、経済会議のこと、御歌会のこと、勝沼のこと(芦田の二問題)etc。御料理拝戴、帰宅〔略〕。

二月四日(日)　八・五〇発三谷氏と同車、埼玉鴨場へ行く。Dulles 一行、食堂にて Mrs Rockefeller 隣席、Shosoin、Katsura の話をなす。〔略〕

二月五日(月)　一〇―一二川北禎一御進講よろし。食後Travel Bureau 訪問。大宮様へ開新堂特製献上。Mrs Rockefeller へ Shosoin と Emperor と Palace を贈る。御召し拝謁御文庫二―三・四〇。鈴木書陵部長一昨日のこと、及有光、矢代の第二回訪問のこと話す。次長に倭島訪問のことたのむ。侍従次長、秘書課長に女官のこと、御研究所のこと、勝沼のこと連絡す。五・三〇―七・三〇英国大使館 farewell party。秩父宮妃殿下御来泊、御参内、勝沼へモーニング持参の手紙出す。

二月六日(火)　有光次郎宛正倉院アメリカシヤウに関する返事出す。鈴木氏及次長と相談の上、侍従次長、両陛下拝謁、小川女官、御研究所、勝沼のこと申上げのことときく、二回。松平氏 Darts cup 選手権賚下賜のこと。午後小泉氏もそのこと来訪、身上くたびれ秘話す。〔略〕大蔵大臣訪問。Guide to Kaiser 貰ひ Rockefeller に届ける。穂積重遠、大学病院に見舞ふ。帰宅の後妃殿下御帰殿。〔略〕侍従次長に順宮様のこと如何の御下問と吹上普請のこと。此朝秩父宮妃殿下、職員更迭のこと御話あり、高尾課長も拝謁。

二月七日(水)　登庁前、興銀川北氏来訪。午前御成年式期日打合せ次長。侍従次長御研究のこと、拝謁の話。御召し拝謁一〇・二〇―一〇・四〇。侍従長室にて次長と話す。群馬県知事、植樹祭行幸啓請願、来庁。佐野、松竹同伴、歌舞伎座御成願出。二―四、参議院内閣委員達懇談会、皇族方等予算ますべしとの論。井口外務次官訪問挨拶。〔略〕

二月八日(木)　〔略〕高橋真男に久邇家のことといふ。〔略〕三―四・五〇松永安左エ門来訪、東電会長としての新木氏の話。電力界の内幕。科学五人会記事のこと、予算準備のこと、侍従次長、次長と話す。勝沼電話、十三日滞京出来ぬとのこと。

二月九日(金) 穂積重遠令息、皇后様御見舞下賜御礼と、病況必ずしも良好ならずとのこと。一〇—一一・三〇部局長会議、書陵部長、正倉院原田治郎のこと、本郷氏、考古学者と会見のこと、東山文庫本のこと。〔略〕二—四・三〇農業進講野口弥吉教授。次長、ムツ天然色写真のこと、刀剣届出のこと。帰宅。松井秘書官、首相の使来る。〔略〕十二日勝沼発令のこと、両大夫に話す。

二月一〇日(土) 朝、黒田に電話及後藤式部官打合せ。Dulles 拝謁のこと、Washington と往復の結果、夫妻の外 Sebald 夫妻拝謁となり、Bunker にも打合せ三時と決定。次長、総務課長、新聞写真のこと etc。鴨の官長、黒田も時間に間にあふ。三・一五—三・五〇拝謁、皇后様は風邪出御なし、御接待は皆無。五—六みし同伴、ホテル Dulles 主催 Reception、陛下の御伝言いふ。〔略〕

二月一一日(日) 〔略〕順宮さんの会、次長、侍従長、次長、女官長、入江、徳川、名取女史、松平官長、三・三〇—九、佃魚めし。

二月一二日(月) 一〇—一一・三〇次長、治安状況進講。一一・三〇—一二・二〇外務次官来訪、首相伝言、議会演説草案。外人謁見のアンタント〔合意〕。式部官につき首相の観念のこと。高崎やめて貰つたこと話す。一・二〇勝沼博士、御沙汰書渡す。次長に紹介。二—二・〇三拝謁、Dulles のこと、首相の次官への話のこと。勝沼拝謁、入江氏に頼み、侍医、侍従の方紹介。三、大宮御所、引続き東宮御所伺候拝謁、義宮様も東宮御所にて。呉竹両内親王拝謁、五時頃帰庁。植秘書官同伴。五・三〇—九・〇〇勝沼、次長、侍従長、東宮、皇太后宮大夫、村山、小島、山川、佐藤と会食。松永、河上、伊藤忠、宮原来訪八・三〇—九・〇〇、新木勧誘の件。

二月一三日(火) 七・四五発新木栄吉訪問、一〇・三〇頃迄、河上への no は一応取消再考といふ点迄。一旦帰庁、御召し拝謁一一・二〇—一一・四〇。〔略〕

二月一四日(水) 一〇・一五—一一、高橋真男来訪、久邇家のこと話す。首相拝謁前、御巡幸と成年式のこと話す。一一—一、日銀参与会。食後石川一郎、二君によばれ、新木受諾のこと、塚越処理のこと、一万田と宮崎のこと等きく。次長、成年式等の其後打合のこと、叡福寺のこと、義宮、清宮卒業仕向のこと、三階明けのこと等きく。総務課長へ武井理三郎に照会の

ことたのむ。官長、元軍人の動き、戦犯（木戸氏）の動きのことをきく、abdi 問題もふれる、時事の話 etc。〔略〕

二月一五日（木） 積雪一尺交通杜絶。徒歩出勤。門内除雪不充分、出勤者も少し。御召し御座所拝謁一一・四五―一二・二〇。次長出勤後、除雪のこと、主膳訓練のこと etc いふ。出勤者非常に少く、四時に早帰り指令とのこと。四・三〇帰宅。

二月一六日（金） 一〇・二〇―一一・三〇部局長会議、三階宮殿化のこと等。一二―五、佐野博士、次長、管理部長、不川、深尾、長崎、書陵部長、本郷、和田、官邸、午、西洋料理。新木電話挨拶。

二月一七日（土） 祈年祭九・四〇―一〇・二〇。〔略〕小泉氏訪問、五時過迄いろいろ話す。abdi 問題、彼は不賛成。

二月一八日（日） 終日在宅、拝謁の記事、拝命以来の分再検討、半ばにも達せず。七―八・三〇、吉田事務官来訪、秩父宮殿下、副睾丸御手術決定とのこと。

二月一九日（月） 九時御文庫にて拝謁、秩父様のこと奏上。梨本守正王五十日祭、一〇・三〇発にて一二過帰庁、塚崎元判事来訪、式部官長、服部大佐情報直接奏上のことに打合す。鈴木菊男、皇太子妃候補の名簿の件、正倉院の件、本郷課長、後奈良院コロタイプの件、三井深尾氏、佐野博士茶の件、沼津護岸の件。〔略〕帰宅後、松平信子さんと秩父妃殿下の御話承る。高松宮両殿下、秩父宮妃殿下、九、御来訪（八・四五―九・三〇）。侍従次長も午後来室、御進講の研究の話、侍医懇親会の話。〔略〕清家梨本家令、銀煙草入を賜はる。

二月二〇日（火） 昨日九時過御来泊の秩父宮妃殿下、今朝七時御発御帰殿。御召し御座所一〇・三〇―一〇・四五。侍従長来室、前田拝謁の件 etc。一一―一一・三〇塚越氏来室、高橋真男及田中次郎左衛門家のこと話す。〔略〕次長に秩父さんのこと極秘話す。〔略〕

二月二一日（水） 登庁、仁孝天皇祭、陛下軽き御不例、入江侍従御代拝。梨本妃殿下御訪問、賜品御礼。一二・一五―四・五〇新浜鴨場行 Ambassador & Mrs Cowen to Philippin, Huff, Canada, etc。乾杯過ぎ早寝。秩父様御手術の報告に吉田事務官来る。

二月二二日（木）〔略〕拝謁願出一〇・一〇―一〇・一五秩父宮のこと、東久邇大宮御所へ御上りのこと。〔略〕次長に高松様御意見ニ、スキー内藤のこと、馬術国体のこと話す。高橋真男来訪、石油クラブとして考へる云々。安倍能成来室、学習院行幸啓のこと、Abdiの話す、Premierと懇談せよ、早くゆつくり。総務課長、NHKの話etc。次長、衆議院予算総会、御渡欧記念御茶会のこと。〔略〕

〔欄外〕高木多都雄氏来室挨拶。

二月二三日(金) 式部官長、駐米大使の話、大久保利賢、前田多門、小泉信三、津島寿一、坂木、児玉謙次、加納、つるみ、斎藤惣一、南原ダメ。高橋芸術院長挨拶。御召し拝謁一一―一一・三〇、総務課長、体のこと、ホルスタイン医学会陳列、学習院etc。佐野恵作挨拶、禄の話、田子一民の話。午後、高瀬青山来訪。二―四・三〇、農業御前座談会、野口、湯浅、大後、三井、明日山五人、小泉博士同席。〔實川〕延若の祭祀料。五―九、小泉、侍従長、次長、入江、次長、十人、西洋料理。

二月二四日(土) 九・三〇高松宮訪問、皇室経済会議の空気、追放解除空気、秩父宮のこと、勝沼経緯、スキー皇太子様蔵王のこと、天皇杯のこと、etc。秩父さん明日訪問取やめ、吉田電話。塚越、高橋訪問の電話。〔略〕

二月二五日(日) 終日在宅、〔略〕室戸岬記念碑の御製揮毫頼まれしを書く。悪筆如何ともし難し。

二月二六日(月) 鈴木文四郎祭祀料一〇〇〇。前田多門、拝謁の為往返とも立寄る。abdiの話少しふれる。Y〔吉田茂首相〕に話すこと左程急がざるも、Yに話す外なしとのこと。女官新旧東と小川挨拶に来る。辞令は侍従長渡せしと。午後経済主管、主計課長帯同次長来る、富裕税のこと。次長と医学大会、学習院、ホルスタインのこと話す。学習院賞品やめのこと。〔略〕三谷と雑談。

二月二七日(火) 〔略〕鈴木書陵部長、山陵祭出張の報告、■■物、御陵の防火の事。照宮様御手紙束の事、次長に話す。坊城大夫挨拶。秩父妃殿下明日の事、総務課長。御召し一〇・二五―一〇・四〇。御陪食芸術院。新会員、山口蓬春、中村研一、堆朱、高村、芝、野口、梅吉、文相、高橋、信時、一二―二・二〇。室戸碑のこと。北川氏来室。東宮御所のスキー等、一万田御進講のこと。

二月二八日(水) 九時少し前、秩父妃殿下御着、御容体伺ふ奏上方拝承。登庁起立のまゝ御座所拝謁申上ぐ。微熱がネーとの御話。〔略〕一万田御記帳に参内、あふ。鴨猟埼玉、米国外交団連中一・三〇―五・〇〇。大宮様沼津へ行啓。一・一〇御出

門に付御見送をす。三笠宮に陪乗す。〔略〕

三月一日(木) 〔全文略〕

三月二日(金) 新聞閲読後一〇―一二順宮様の件相談、次長、侍従長、次長、入江氏。両陛下御揃の所へ奏上することの御許を得る為拝謁。食後、国民の中の天皇試写。〔略〕三・五〇清宮様御誕辰、両陛下及宮様に拝賀。〔略〕

三月三日(土) 〔略〕二―四、陛下御外遊三十年記念茶会、奈良、及川、沢田兄弟、甘露寺、浜田、八田等。cold meal と菓子パン、食堂、談話室、コニヤク、コーヒ。〔略〕

三月四日(日) 〔略〕北川肆朗来訪、黒川羊羹持参、室戸石碑御製揮毫。〔略〕

三月五日(月) 〔略〕一〇―一二立太子礼成年式相談、侍従長、次長、式部官長、野村大夫、長官、次長、秘書課長。一応の案、召される人の範囲研討のこと。官長、徳川慶光のこと、高松妃殿下の御思召。食後、書陵部長来室、文化財委員会の話 etc。〔略〕

三月六日(火) 〔略〕天皇陛下拝賀一〇・一〇拝謁御召。皇后陛下拝賀一〇・二五講堂一同。首相以下拝賀一〇・三〇―祝酒。一一頃、食堂にて旧奉仕者と祝酒、おこわ、煮〆、豚汁。高橋龍太郎来訪、サッカー天皇杯のこと、久邇邸のこと、久邇襖のこと、内宮のこと。河合良成氏、富山県行啓のこと。〔略〕Newsweek 十数冊見る。〔略〕勝沼より長距離、十三日、十四日のこと。

三月七日(水) 勝沼のこと秘書官に話す。一〇・二〇順宮様御誕辰御祝詞言上。式部官長、クックの話、不得要領。山田博士、学士院授賞式行幸のこと。順宮様、両陛下に奏上のこと打合、侍従次長と。次長と富山行啓やめ。五月赤十字行幸啓願ふ。御巡幸方針等話す。〔略〕

三月八日(木) 来客なし。午前、侍従長、次長来室、九日奏上の方法講究。The Little Princesses 黒田氏より借読、家にても。深尾業務課長、佐野博士の話きく。

三月九日(金) 賜杯のこと、時事、東京。一〇―一一・三〇、一万田総裁御進講(機密のことといふ)。〔略〕両陛下拝謁奏上、田島、稲田、侍座、侍従長、女官長、二・〇五―三・一〇。

三月一〇日（土） 首相より、野崎南米の電報来る。田宮理学博士、徳川研究所のこと、九―一〇・三〇、東久邇、後藤氏の件、倭島局長を次長に訪問して貰ふ。原リオ所長の意見きくこととなる。〔略〕食後、〔略〕緒方〔欄外★〕、辰野、田辺、前田歴訪〔略〕。幣原議長急逝電話、首相秘書官より次長に連絡。〔略〕

〔欄外〕★緒方氏在宅東久邇氏の件、俊彦氏のこともいふ。文藝春秋の稔彦王の話。

三月一一日（日） 〔略〕一―二、世田谷玉川岡本町幣原邸弔問、body 拝礼。〔略〕

三月一二日（月） 次長、幣原氏御仕向のこと。一〇・三〇―一一・四〇御召し拝謁。そのあとに加藤虎之亮氏、幣原氏誄案文持参、御沙汰書とすること改訂頼む。塚越氏来室、山梨大将の邦昭氏の件〔略〕。日銀は穆一件もあり私は一寸遠慮のことといふ。秘書官、勝沼明日の打合に学士院へ行く。御沙汰書案文、松井秘書官を通じ首相に打合す。〔略〕貞次郎意見書読む（松平氏経由）。〔略〕

三月一三日（火） 九・三〇勝沼博士来室、侍従職へ秘書官誘引。十時皇后様拝謁、次で両陛下拝診、御認後一時半東宮様拝診、小泉氏と時余会談後、義宮様拝診前後、内親王様拝診、五時半頃来室、共に官舎にゆく。侍従長と次長、東園、村井傅育官、遠藤、向坂侍医、次長と食事及義宮様のこと。八・三〇迄和食、酒相当す。勝沼疲労且問題あり云々一寸いふ。幣原氏御沙汰書案首相ＯＫ。一一・二〇―一一・三五拝謁願出。朝陵墓監挨拶。午後田中徳来室、幣原議長訃につき御見舞のこと、葬儀当日葉山行のこと意見。松平信子さん来室願ふ。常磐会名誉総裁のこと、理事長より話ある迄は何ともせずといふ。

三月一四日（水） 勝沼八・三〇発沼津行、大宮様拝診にゆく。一〇―一〇・二〇次長、侍従長、同次長と順宮様のこと、今般徳川の帰京の上とす。〔略〕二―三、松元敬三（東久邇家老女紹介）来訪、九牛一毛主義、一人前主義いふ。次長と雑談。〔略〕

三月一五日（木） 式部官長来室、意見書（交渉等、侍従長、石丸志都磨）、坊城大夫、大宮様御健勝御伝言、勝沼早寝中上のこと。御召一〇・三〇―一一・一五。侍従次長来室。衆議院内閣委員皇居拝観後、木村委員長、松岡駒吉氏等懇談一・三〇―四。高橋真男来訪四―五。東宮様御見舞御落馬、拝謁す。〔略〕

〔欄外〕内大臣的の人必要、皇族職業、皇太子教育のこと。

三月一六日（金） 御文庫にて両陛下奉送、新車。女官長より、十八日俊彦氏、泰宮様御同意御上りのこと打合あり、鄭重なる御茶及御土産はお■のこと打合す。一〇・三〇―一二部局長会議、旧奉仕者問題、地方職員問題等。〔略〕シヤーハン写真の礼状。野口興亜社長訪問、久邇家の為。東久邇稔彦王御案内。育英会訪問、剣木知事のこと。秩父宮妃、光輪閣おそし。

〔欄外〕幣原氏葬儀一―一二。

三月一七日(土) 鈴木部長、正倉院のこと、陵墓監人事のこと、京都出張のこと。次長鳥羽水産のこと。飯野海運 Sunkist 献上のこと、田島へも Grapefruit と各十。秩父様に差上げる。登庁前に秩父宮妃殿下拝謁。〔略〕秩父宮妃殿下、三・二一発。午前、鈴木へ三矢宮松来訪。秘書課長、三笠宮事務官更迭のこときく。四―五、新木栄吉来訪、盛厚自働車及家のこと。〔略〕

三月一八日(日) 〔全文略〕

三月一九日(月) 山本事務官沼津行幸啓のこと、Lady Gascoigne の手紙。〔略〕林議長来庁、答訪。一一・四五帰宅―四・〇〇迄有田八郎、野村、豊田、山梨、小泉、松平、侍従長と会食。一度登庁、次長に東久邇ブラジルの電報の話あり。〔略〕関口勲君来庁、文部次官の話。

三月二〇日(火) 次長 Bowles 拝謁のこと。総務課長、京都出張の報告、御巡幸のこと。〔略〕四・三〇陛下還幸。長官室にて次長、侍従長、次長、徳川、入江両侍従―六、順宮様のこと。〔略〕

三月二一日(水) 九時車にて登庁、通常服に替へ参集所へ。高松、三笠二殿下、竹田、北白川大妃、〔北白川〕妃。帰庁、論語勉強して御待ちし、御文庫前陛下御見立てす一二・三〇。〔略〕

三月二二日(木) 〔略〕平塚行幸主務官、高尾学習院主務官〔空白〕、行幸啓の話きく。〔略〕一―四、佐野博士を迎え正倉院問題、鈴木、本郷、和田、三井、深尾、石川、次長と仮庫位置 etc。五・三〇―九、東久邇二人、粟田、多羅間〔俊彦〕、緒方、前田、下村定、松村元大臣、次長、松平、秘書課長、和食。

三月二三日(金) 〔略〕首相訪問一〇・三〇―一一・三〇、平和成立後宮殿、式部官兼任問題、成年式、立太子礼、陛下のこと etc。国会議員宴必要、対外見すぼらしき方よし、平和克復後しばらく大切のこと。〔略〕侍従次長、分類学者の話、葉山のこと、etc。天野代議士、三笠宮のこと。京都技工吉信氏来室、三矢氏に岡崎官房長官宛名刺渡す。内廷費のこと、次長と共にきく五―六。

三月二四日（土）　首相宛書状、渡英官吏に宮内官も入れること申入る。車にてゆく。一〇・二〇東京駅へ高尾事務官とゆく。葉山御用邸着十二時頃。浜へ出御中。供奉員と食事。一・三〇御出門、平塚ホルスタイン牛御覧に行幸。首相、農相、岡崎長官等あり。四時過御帰邸。皇后様、御手前御茶頂き又椎茸十、柿餅賜り、東京駅六・一五帰る。Little Princesses 読了、侍従長を経て久邇襖のこと、秩父様のこと。

三月二五日（日）　〔略〕三・四五―五・〇〇両陛下葉山より御帰還御迎へ、内廷庁舎前。

三月二六日（月）　八・三〇発、車にて御文庫、九・一五発両陛下学習院卒業式、還御一一・三〇頃。此留守、青柳愛知知事来訪、両口屋持参の由、天皇、皇居返礼。香川県知事金子挨拶。日高文部次官挨拶。秘書課長、三笠さんのこと。書陵部長、安倍氏に正倉院のこと。法務総裁、次長をよび写真のことの打合せ。〔略〕

三月二七日（火）　参議院桜内辰郎来訪、歌右衛門後援、宮様方に御依頼のこと、秘書課長と話す。御召し一〇・一〇―一一。侍従長と打合せ、秩父宮へ〔略〕侍従次長持参のこと、久邇襖処理のこと（田端日銀交渉）。〔略〕一―二・二〇内廷会計予算のこと、次長、侍従次長来室、順宮様岡山のこと両陛下ＯＫのことetc。〔略〕内廷経済予算会議の後、松平来室に付 abdi のこと一寸話す。巡幸もや〻つぐないの意あり、多少治安不安を敢て御出掛度しとの意をき〻同感す。前仏大使未亡人皇后拝謁のこと。

三月二八日（水）　三矢氏、官房長官に面会したとて挨拶。総務課長、植樹祭下検分の話。秘書課長、三笠宮、田中更迭のこと、身体障害名誉賛助のこと。主計課長に内廷会計の説明今一度きく。午後一時半―四五分御文庫拝謁願ひ、内廷会計予算御説明、御裁可を受く。二・三〇―三・二〇浅野博物館長、行幸啓のこと、総務課長と話す。東久邇邸伺ふ。俊彦氏御見送出来ぬ御挨拶、殿下も御出になる。平塚盛況の御話あり。〔略〕鶴見電話、高岡副知事にたのまれた皇后様の代りに皇太子様とのこと駄目といふ。

三月二九日（木）　一〇・二〇御文庫発、東京駅より宮廷列車、一二過沼津駅御着。午食。侍従次長御使として秩父宮御病気御訪問〔略〕御文箱。その留守中門外一寸散歩。大夫、小畑事務官、小原侍医と侍従長、永積侍従、永山侍医に夕食又一同と共にす。大宮様より賜り一封、供奉一同へ。御すべり等賜る。八時侍従

長、侍従次長と宿下り、千本菊屋。〔略〕

三月三〇日(**金**) 八時朝食、九時十五分御用邸に行く。〔略〕外に御煙草一〇〇本とか。九・四〇両陛下海浜御散歩御伴す。御本邸趾にて大宮様御出まし。始めて拝謁す。共々御散歩。一一時過御帰還、大宮様に御挨拶申上ぐ。午食後、一・三〇御発車、一・四五沼津駅発、三・五〇東京駅御着。役所にて次長に東久邇氏昨日のこと等きく。〔略〕

三月三一日(**土**) 明日行幸のこと、本郷事務官打合せ二回。次長、成年式等大要のこと。〔略〕総務課長、明日の車のこと、マチス展のことetc。一二・二〇発新浜にて課長以上懇親会。〔略〕

四月一日(**日**) 徒歩、半蔵門より御文庫へ直行、九・〇五着。旬祭の為侍従長等おそし。日本医学会行幸、写真班等秩序ありよし。十分遅れにて十二時還幸。直ちに徒歩帰宅す。二—五、林敬三来訪、りんご若干持参いろいろ話す。順宮問題にふれず。〔略〕医学会の場にて勝沼見かける。

四月二日(**月**) 一〇—一二大久保海上保安庁長官御進講陪聴。黒木東宮様のこと。午後一・二〇—二・〇五朝日、読売記者。御召拝謁二・〇五—三・四五。嵯峨大覚寺竹の子。式部官長と十日Gascoigne夫人招待に付、相客相談す。五時頃帰宅、今朝拝謁のこと書く。鈴木書陵部長にボーロ托す、桃山陵墓監へ。

四月三日(**火**) 黒田式部官、拝謁のこと及外交団名簿持参。九・三〇神武天皇祭—一〇・二〇。〔略〕二—二・一〇拝謁。侍従長と林次長、御進講のこと。久邇さん一、〇〇〇—〔、〇〇〇〕のこと、打合す。二・三〇—五・〇〇、三階模様替相談、首相の意見話す。〔略〕

四月四日(**水**) 九・四〇御文庫、一〇・一〇御出門、原宿発、赤城山、緑の植樹へ。三、前橋御発、五・一五原宿御帰着。直ちに帰宅。帰途は佐藤参議院議長便乗。勝沼君と懇談。〔略〕

四月五日(**木**) 次長、三井部長にて庁舎費用、模様替七一、—〔〇〇〇〕。式部官長之憲兵情報etc、十八日のこと。〔略〕保科女官長電話、皇后様久邇さん一、〇〇〇、〇〇〇御話済。〔略〕

〔欄外〕伊能知事来訪。

四月六日(**金**) (塚越、久邇さん一、〇〇〇、〇〇〇のこと打合)来室、後藤中将、山梨大将、安倍能成(水田氏、開発銀行役員のこと)。一二—一・三〇松影会一階集会室に出席。御酒と煙草二十本入、押物菓子賜り。加藤進来室、大神宮のこと、大金氏のこと。二―五、花蔭亭水産進講、檜山教授。帰室後、博物館行幸啓のこと打合。〔略〕

〔欄外〕本郷課長、黒木参会。

四月七日(土) 雨中、八・一五、みし、松平官長夫妻と同車、三里塚にゆく。英大使館員。馬車にて一巡の外、三才の名馬見る。五時過ぎ帰宅。高松妃、東久邇警察調を松平に見せる。〔略〕

四月八日(日) 〔全文略〕

四月九日(月) 八時発御文庫。博物館行幸啓。琳派展覧会及Matisse展覧会。一一・三〇還幸。午後、書陵部長、関西出張報告。皇太后宮大夫、愛知、岐阜行啓のこと、博物館行啓のこと。経済主管一〇〇万円の処理の筋を話す。皇太子様映画ニュース等。四・五〇―五・三〇帰宅。秩父宮妃殿下今日御来邸、御入浴、椎茸賜ふ。〔略〕勝沼に電話、切符OKのこと、モーニングのこと。

四月一〇日(火) 〔略〕一〇・三〇―一二・三〇豊島岡、梨本氏百日祭。秩父妃、高松、三笠三殿下妃の参列。勅使入江、皇太后宮御使高木。田宮博士電話、研究所案後れるとのこと。二―四、花蔭亭、瀧博士、養殖水産のこと、中途退席。四・三〇退庁。〔略〕Dinner 七・三〇秩父宮妃殿下、Clutton Redman夫妻、Dening夫妻、松平母堂、式部官長夫妻。一同帰り十時、松平夫妻十一時、松平母堂も御宿泊。秋山メニュー素敵。

四月一一日(水) 妃殿下、松平氏とparlour、高尾のこと、広田のことetc及自動車のこと。出勤九・一〇。一〇―一二林予備隊総監御進講。食後、次長、大神宮司のこと、総務課長奉拝のこと。挨拶、林政課長、吉田秩父事務官etc。名取氏来訪、清宮様御菓子下賜。二・三〇みし誘ひ外相官邸にゆく。MC罷免のこと、三谷にたのみ御報告。式部慰労、丸梅五・三〇―八・〇〇。官房長官電話。参内御文庫拝謁九・二〇―九・三〇。松平氏車かりる。勝沼電話打合。〔略〕

四月一二日(木) 三谷MC問題にて打合に来室。其前に官長も同問題。官長Bunker訪問手筈とす。勝沼来室。天皇陛下は最高裁判所谷村判事認証式の為御時間なく単簡《簡単》。吉田首相に三谷と同時に会見打合す。Bunkerと打合のこと。勝沼、皇后様拝診後吹上を一巡す。午前中徳川の報告きく会のばし、午後侍従長室にて開き、一応皇后様より順宮様へ御話のこと御願に決す。田中徳、陛下MC訪問希望説。六―一〇晩さん、勝沼、小泉、西野等侍医五人、入江、徳川、黒木及次長、十二人。小泉来室、MCのこと、此日Matisse展の為、仏大使館にてTea四―六。天野文相にabdi首相と話せしこと一部いふ。

〔欄外〕侍従長、次長、入江、徳川、官長には松平信子さんの話を伝ふ。

四月一三日（金） 勝沼沼津行八・三〇すんで迎えに来る、登庁。用度課長、盃につき全銀製のものを見る。〔略〕Bunker返事、誰にもあはず、羽田云々。松平及侍従長と鼎座相談。侍従長message。羽田、宮様と一応考へ首相にも相談せんとする所、大磯へ行つたあと、後松平、Col.テートより電話、雑音的出発。五時頃になる頃、黒田宛Bunker秘書田上より電話、之も雑音的。松平、黒田官舎に来る。そこへ侍従長、松井秘書官へのBunker電話持参。それは二つとも日曜に陛下に拝謁希望のこと、午前のとはChange mindらしく、これの意味いつもの例のことか。前日申入のlunchか。従来のEmbassy訪問をも敢てするかの問題。大磯行七―一一。二時半松井氏来庁。

四月一四日（土） 一〇・三〇Bunkerを松平訪問の上、十五日正午Embassy陛下訪問のこととなる。MC参内させ得ず残念の感になやむ。拝謁二回早朝一回八・二〇、夕方六・〇〇。宮内庁病院十年祝一・一五―三・三〇。〔略〕次長来訪明日のこと。御文庫へ参内。羽田自働車Ceremonyの残。〔略〕

〔欄外〕芸術院、五、一八御陪食のこと。

四月一五日（日） 一〇時半松井氏と御文庫へ。松井氏昨日の首相、MC会見の様子等奏上。一一・五〇MC訪問、一二・四五Embassy発還御。御茶頂き、内廷にて新聞記者に一寸あひ、松井の話は後日とす。〔略〕Bunkerへの礼及挨拶、黒田式部官に依頼、電話して貰ふ。御訪問の節Bunker予期せしも、Huffなりし為。

〔欄外〕松平官長、黒田侍従、Bunkerに手釦〔カフスボタン〕、Huff、Caudaにシガレットケース下賜。

四月一六日（月） 五・一〇松平官長同乗、羽田飛行場へ行く。三谷侍従長は首相より上席にて御使。式後夫人及General名簿の人だけ握手す。Bunker、Huffにも握手す。帰宅八時頃、松平氏と朝食後出勤す。午後成年式のことにて官房副長官の所へ次長、秘書課長行く。侍従次長来室、順宮様へ皇后様御話あり、異議なき御様子。次長、午前中打合の様子。石川案内の外人の件etc。新警邏課長挨拶。秘書課長、三笠宮義肢会のこと。三笠両宮御招待。妃殿下、石田馨、入間野、侍従長夫妻、次長、秘書課長十人。

四月一七日(火)　MC不参内、陛下訪問につき外字新聞以外特に書かず。次長、二十四日公立大学長奉拝のこと、侍従次長、今後進む方針のこと、入江、学習院有賀部長にあふこと、及皇后様田島大宮様に上ること御異議なきこと etc。明石氏来室、渋沢邸赤十字の時行幸のこと、MC発後に一度参内せばよかりしと思ふこと。次長より、田中徳に秘書課長話のこときく。沼津行のこと話す。入江の立場のことも。三―四・三〇順宮様御入来、賜り高松御菓子及塩。今一度登庁、沼津行きめて帰宅。Blyth、MC御訪問のことと、孔子顔回の為に泣くこと。此人の為に先例を破らぬで誰の為に破るか。旧誼に厚くて結構。MCは退官と同時に参内は Humiliate で出来ぬとの評。〔略〕

四月一八日(水)　呉竹名取氏訪問、昨日挨拶と順宮様のこといろいろ。高橋龍太郎氏訪問、久邇邸の買手可然人なきやきく。人事院総裁、山下るす。佐藤課長にあひ、平和と式部、成年と東宮職のこと。一般宮内官別種の人の扱等話す。式部官長、六日 peace 成立説の話。西野氏会葬。御召し御文庫二・二〇―三・三五。徳川侍従と順宮様の話。小泉氏と明日東宮様のことの話。〔略〕

四月一九日(木)　開新堂二五入持参にて一一、米原行にて沼津へ伺ふ。〔略〕四・〇五電車にて帰京。〔略〕

四月二〇日(金)　御召し一〇・二〇―一〇・四〇。秘書課長、伏見さん結婚式場のこと、侍従次長昨日のこと、入江、缶詰のこと来室。組合職員挨拶。京都出張等の人挨拶。二―五水産第五講花蔭亭。外務次官電話 Dulles、Sebald 拝謁の件。〔略〕

四月二一日(土)　広島県知事、内親王行啓の礼及国体行幸啓御願。塚越氏、長尾新輔インドネシヤのこと、堤康次郎のこと。〔略〕一・三〇―一・四〇御召御文庫、帰宅一・五〇。〔略〕

四月二二日(日)　〔略〕車をよび登庁。Dulles、Sebald 拝謁四―四・五〇。

四月二三日(月)　〔略〕吉橋伏見家令、光子さん尾崎結婚の発表、一一・三〇―一二。鈴木及三井部長用談。次長、庶務室のこと、山本忠興祭祀料のこと。〔略〕

四月二四日(火)　登庁後御文庫にて奉送、九・三〇。葉山へ行幸啓。西野博士父子挨拶。役所にては御紀拝読。一二―二・三〇市政調査会理事会後、関口氏訪問。るす中岐阜県知事訪問。午後、佐藤(工)児矢野(医)御文庫拝見のこと三井部長報告。Blyth 七―八、原田日記の一節翻訳。〔略〕

四月二五日(水)　一二―一二・四五上智大学教会ポルトガル大統領追悼式。〔略〕三・三〇―四・〇〇、Col. Winton、Mr Rizzo、Col. Nepier 訪問、御巡幸のこと。来室、本郷課長及正倉院和田所長。大蔵省飯田課長、松島無尽理事長、秘書課長promotion 書類。総務課長、天長節御救恤書類、加賀山国鉄総裁事故に付。野村大将 Moore の手紙の写を寄す。〔略〕

四月二六日(木)　一〇―一正倉院評議会全員出席、佐野博士等。来室、本郷課長、鈴木部長(正倉院のこと)、城氏(李鍵公離婚のこと)。高島屋仮縫。次長いろいろの話。六―九、久邇父子、前田、山梨、青木、塚越、次長、秘書課長、秘書官。〔略〕

四月二七日(金)　〔略〕松平官長来訪、Sebald のこと、Ridgway のこと、吉田、木村のこと。木村よりの電話。New York Times 読む。社会事業天長節御下賜金伝達。中川望来室、二―三、児童憲章へ行啓願。〔略〕

四月二八日(土)　〔略〕東通工井深、手提用 Tapecorder 持参、永積侍従に引渡す。式部官長、動物愛護会赤坂御庭断りのこと。次長、興信所写のこと、無難。天長節御出まし度数のこと。昨日、安倍の駅長の頑張の話。〔略〕

四月二九日(日)　八・二〇次長と同車、賢所御■、陛下御一方三殿、臣下のみ参拝、雨中神楽殿より。一〇・二五講堂にて一同拝賀。首相等の参集所及祝酒所。皇后陛下に御祝詞。一一・一五―一二、食堂御祝酒、おこわ、■一。二―四側近奉仕者八十人位賜茶、各机御巡り。メーンテーブル、長官、侍従長の外、奈良、阿部、及川、百武、河井、大谷。帰れば大鯛一尾、次長と両人に賜る。

四月三〇日(月)　〔略〕侍従次長と順宮様問題、昨日の御祝御催しのこと。今後の step のこと。鉄道弘済会長恩賜挨拶堀木氏。菅野官房副長官、松平 Sebald の線で Ridgway 五日御前云々のこと。吉田首相来室、Ridgway のこと、法律改正の為の人のこと etc 五十分。三谷に打合せ。Gen. Ridgway 二日御訪問にきまる。松井氏連絡及電話数回。新聞記者吉田訪問■かて、■数名来る。〔略〕此日総理に明治天皇紀貸すこと約す。

五月一日(火)　九・五〇白い羽に賜金、島津社長に伝達す。一〇―一一・三〇島津御進講。拝謁一一・五〇―一二・二〇。来室者、〔略〕共同田中徳。次長、斎藤長官訪問、近畿行幸の声の問題。松平氏に Sebald の線 Ridgway のこと、税金のこと。

首相に手紙と明治天皇紀(百五冊)。〔略〕

五月二日(水) 内廷庁舎より一〇・二〇御発にてSeb〔ald〕、Ridgway御訪問。三谷陪乗、供奉車に松井氏と同乗供奉。Ambassador Sebald玄関前に迎えて二階に御案内、Genに御紹介。二人は階下にてAmbと話す。一一・三〇頃発還幸。Returnの話一寸ありと。式部官長、陛下万歳の話。次長、明日総評さわぐ話、三階修繕第二案のことetc。三・五〇沼津より還啓の大宮様奉迎拝謁、帰庁後、伏見光子御仕向のこと。〔略〕

〔欄外〕村瀬直養、小汀、津島寿一、大野龍太。

五月三日(木) 〔略〕一〇・三〇発御文庫へ。openにて一〇・五三御発一一、憲法記念日式典に御伴す。さわぎありし様なるも、壇上では左程感ぜず。〔略〕五—七、外相官邸cocktail party、Clutton、Redman、Sebald、etc。林議長と佐藤議長に首相観いふ。〔略〕

五月四日(金) 英文新聞と明治天皇紀にて午前すみ。一二・四五発憲法記念館、蚕糸会三・一〇迄。首相内奏四・四〇頃迄。高松高等裁判所長官認証式。次長、侍従次長と岡山の件等協議。察した様子とのこと。

五月五日(土) 〔全文略〕

五月六日(日) 〔略〕午後、室戸岬御製碑のこと北川氏来訪。

五月七日(月) 室戸岬御製碑、名の書直し、高力氏に手本書いて貰ひ両方郵送。式部官長、Sebald御茶の話。堀切善次郎氏来訪、阪谷子伝献上のこと。午前一一・一五—一二・一〇御召し拝謁。次長、御巡幸段取等の具体論。入江氏、御進講のこと、こちらより順宮様のこと。拝謁後侍従長は次長とも打合せ。〔略〕五・三〇—九、高松宮両殿下御招き、渋沢、山極、次長夫妻、侍従長、秘書課長。両殿下御満足の旨、御帰り後、態々御電話老女よりみしへあり。此日大宮様博物館、皇后様鷹司邸御成り。浜野茂氏来訪るす。Chevalerie夫人プランタンに関する手紙可なり失礼。

五月八日(火) 午前少し雨。一〇・三〇Bowles老夫妻拝謁、一寸あう。〔略〕侍従次長と岡山行打合。二—五歴史御進講、児玉、秀吉家康信長。大覚寺後水尾天皇御紀持参、御祭りに何とかといふ、断る。〔略〕

五月九日(水) 一〇—一一、安倍来訪、三十六人集献上の話、

Abdi、吉田首相との話のこと等話す。次長、成年式饗宴メニュー等いろいろの話（辞任の時は緒方といふこともいふ）。皇太后宮大夫、常磐会名誉総裁、皇太后、皇后両陛下御願のこと、六月行啓のこと、蚕糸会愛知岐阜行啓のこと。侍従長、近畿行幸のこと、打合せ上奏のこと。侍従次長、岡山行。〔略〕大宮御所へも大覚寺代番のことの話あり、断りたりと。

五月一〇日（木） 秩父妃殿下京都行きに付自働車等の打合、書陵部、管理部連絡のこと注意。山梨大将来室、久邇邦昭氏訪問せし由、襖百万円問題〔略〕等話す。〔略〕次長、総務課長、入江主任侍従、永積侍従と相談の結果のこと。次長出張のことをく。中学校長奉拝、総務課長。職員録等勉強。〔略〕

五月一一日（金） 部局長会議一〇―一一。服部滋賀県知事、次長と協議、「挨拶」。鍋島佐賀県知事挨拶、安倍君三十六人集献上持参、総務課手続、現物は侍従職へ回す。松平官長提案、Ridgway へ花贈呈の件、Sebald と打合の上実行。侍従長御思召伺の上、二―五・二〇、三上助教授康熙の話。〔略〕

五月一二日（土） 〔略〕侍従次長三越行啓御供より後来室、岡山の話きく。〔略〕六―八、御文庫御相伴始めてなり。スープ、肉一皿、野菜とイチゴ。建設大臣の御両親様明日皇居をといふ電話かゝる。日曜ではどうも……と返事す。非常識と思ふ。又義知氏の話で白耳義夫人に先達ての失礼分明せる様子。〔略〕

五月一三日（日） 〔全文略〕

五月一四日（月） 一日登庁、九時供奉車にて御文庫。九・三〇御出門、YWCA、津久戸学校、牛込区役所内市民館、武蔵野引揚寮、武蔵野病院、赤十字子供の家、半蔵門還幸啓、三・二〇頃。直後御文庫にて拝謁、侍従次長と共に、侍従長、女官長侍座。明日午前、再度順宮様の意思を皇后様に御確め頂くこと、松平により内話進めること etc。学士院幹事、明日のこと等にて来室。帰宅。〔略〕勝沼上京、明日のこと電話打合。小泉は大したものとのこと。

五月一五日（火） 次長、近畿より昨夜帰京の報告きく。Mrs Ridgway 切花御礼状のこと、黒田にきく。勝沼博士十時に来り、十時半両陛下拝診。一一―一、皇后様呉竹にて順宮様と御話合ひ。侍従次長も同席。其結果佳局良好。一・四五―三・三〇学士院授賞式行幸。御文庫にて女官長、侍従次長、名取氏等、順宮様真意を知る為鳩首。大宮御所順宮様のこと、侍従次長と共に約一時間拝謁言上す。御異議なしと拝す。先帝と〔池田〕詮政とのことなど御話あり。陛下、侍従次長運び方御注意。三笠宮、自由恋愛論、東久邇、鷹司夫婦同席の上のこと。勝沼五・三〇東宮様、呉竹御認め七・〇〇拝診。義宮様八・〇〇拝診。

五月一六日(水) 白根氏、国際興業社長小島氏同道バス乗入の件、断る。御召し一〇・一五―一一・三〇。黒田式部官、外人拝謁の件、侍従次長、直宮様、照宮、孝宮等申上の順序相談。三笠宮、高松宮は此日済。秩父宮は十九日。十七日夜内親王様と目安つく。侍従次長大活躍。一二―二・二〇学士院御陪食。挨拶田中山口県知事、斎藤静岡県知事、斎藤。〔略〕書陵部長、東山本展観のこと。大宮御所小畑行啓段取のこと、五―一〇官邸、東宮参与四人、野村、黒木、侍従長、次長と相談。東宮御洋行のこと、来年四月以降のこと等。勝沼博士も参列。

五月一七日(木) 朝、ブラジル。新聞記者来訪。陛下 Sign、Interview 等断る。皇后陛下御不例、児童の会行啓御取止め、御ことばを送る。渡英官吏のこと秘書課長にきゝ、人選、松平氏に話す。田中徳、京都新聞行幸のこと。二―四・一五頃迄家永博士親鸞の話。四・一五頃大宮御所小畑事務官来る。電話もあり大宮様狭心症とのこと。早速両陛下御見舞御出門、首相に電話、医師と御近親通知手配、やがて大宮御所にゆく。塚原、村山も拝診。陛下に拝謁、有りの儘発表方御許しを受く。先へ帰庁、新聞発表をなす。吉田首相も大宮御所に至る。

五月一八日(金) 長官応接間にて御葬儀打合会。その前に岡崎長官来訪相談。後、法務総裁来る。夜中一時半頃、法務総裁及佐藤法制局長来る。二時過大宮御所行き、三谷に法的意見話す。大宮様御死顔拝謁。秩父妃殿下、宮様御上京の御話。三・三〇頃帰宅ねる。秩父妃殿下朝五時半御帰り。八時過登庁拝謁。一―三会議。秩父、高松、三笠及東宮、御殿記帳弔問。松井氏来る。その前官房長官来る、午前。会議再開。七―七・三〇拝謁、松井のこと、多摩のこと。帰宅、一月一日の前の頁。

〔一月一日の前の頁〕五月十七日大宮様崩御。法制一応研究、大体考慮。六時過首相に大宮御所にて会ひ、副長官でもまわして下さいといひ、国葬当然、但し質素の旨いふ。八・三〇御帰還故、総代として両陛下に拝謁、侍従長、同次長と御悔申上ぐ。帰庁後次長に[redacted]して、部署それぞれ研究して貰ふ。夜一〇時より会議、部局長の外、関係課長等。官房長官来り、廃朝其他初歩的疑問になやまさる。国葬か否か、法的根拠及占領治下にて国葬好まぬ、首相の話。岡崎電話し来る。但し陛下の思召次第ともいふ。御文庫にゆき、三谷を通して此間のこと伺ふ。陛下国葬御希望のこと承知す。容態書発表、之も御裁可を得。九時半頃 Ridgway 副官 Winton 書翰持参す。一時過会議続行中に法務総裁と佐藤再来、自己の意見のぶ。国葬令失効のこと etc。国葬をさす国費支弁宮廷費の話あり。三谷は陛下の名代にて大

宮御所御通夜故三時頃訪問。佐藤法理論話す。勝沼電話、来室者十八日、加藤進、大谷正男、松井明、芦田均。

五月一九日(土) 八時、鈴木書陵部長同車、渋谷にて深尾本郷両課長と乗合せ、多摩陵実地見分。十二時十五分帰庁。一—四・三〇大喪会議出たり入たり。二・三〇—三・〇〇御文庫拝謁。四、両議長来訪、院議弔詞御取次す(御文庫へ出て御取次の上、陛下感謝の旨の御言葉伝達)。勝沼午前るす中来訪の由。服装問題、式部官長、侍従次長懇談。八田博士、田子一民氏等来弔。秩父宮殿下一時半頃御来邸。五時帰宅、妃殿下に服装のこと話す。七・一五秩父両殿下大宮御所へ上る。九時帰邸。秩父様心配にて大宮御所にゆき、秩父様御帰り後帰宅。此日陛下七・三〇御出門、大宮御所一〇—御発門還幸。御船入の儀。

五月二〇日(日) 八・三〇—一〇—次長、三井部長と相談す。委員長のこと、陵の建設と予算のこと。一一—一二秩父宮殿下拝謁。岡山の件既に御承知、御話す。午後、首相秘書官よりMC元帥より弔電来れりとのこと、御文庫、永積侍従を経て奏上。松平式部官長電話、高松宮様御注意、追号の文字のこと。veilのことこちらからいふ。妃殿下、朝より四時迄大宮御所。四時、遠藤、寺尾拝診。

五月二一日(月) 高松宮様拝謁、大宮様御手許金、女官の御話等あり。地鎮祭に三井部長等行く。侍従長、同次長の話。二期庁舎へ出御はよし、生研は考へもの。両陛下一一—一二大宮御所。四、Clutton官舎にてあふ。御文庫拝謁。六、Cluttonに御礼の為、英国大使館にゆく。帰宅。次長来訪、大宮御所内の様子きく、八・三〇—一〇。

五月二二日(火) 秘書課長に高松様葬場の御意見話し、事情だめのこと申上ぐる様いふ。加藤虎之亮来訪。誄及追号第二をたのむ。拝謁九・四〇—一〇、Clutton昨日六時訪問の要領、追号第一候補。次長と岡山のこと、成年式のこと等話す。陛下大宮御所一一—一二。一—庁内会議、予算概数。二—三、三笠宮御訪問。三—四・二〇大喪儀委員第一回会議、辞令貰ふ。Brinkleyの話、天皇裁判のこと、鈴木部長追号の話。吉田首相訪問、辞令挨拶。櫬殿拝礼のこと、Cluttonのこと、参内のことetc。民主党の人、葬場の政府答弁、密葬、平和後国葬論を陛下いやとのこと云々との話、それは違ふと今迄の経緯いふ。此吉田の思ひ違ひ(と本人いふ)のこと、陛下に御文庫拝謁申上ぐ。帰宅後松井にいふ、電話にて。皇后陛下より、卵、松茸、エビetc下賜、秩父様御宿の為。〔略〕此朝、高松様葬場新宿論否定、高尾にたのむ。

五月二三日(水)　次長に昨夕のこと話し、菅野副長官に連絡することたのむ。岡崎長官の失あるやに思はる。九・三〇―一〇・三〇御文庫拝謁。委員各庁御[redacted]のこと、御成年式のことetc。一一―一二陛下大宮御所。高尾、秩父宮拝謁。午少し前、河井弥八氏、国葬法につき意見求めらる、いへずといふ。従来の経過御話す。平地の[redacted]は困る。三谷に昨夜来のこと話す。侍従次長に御慶事問題進展のこと。康熙字典、佩文韻府。式部官長にも岡崎のこと話す。彼は駄目といふ。拝謁御文庫、陛下柩後のこと、相続のこと(法律のこと)etc、五・四〇―六・三〇。帰宅、謚号の為徒歩一往復す。〔略〕

五月二四日(木)　御召し拝謁一〇・一五―一〇・三〇、始めて庁舎出御。勤労奉仕に御答への方法再打合。一〇・三〇―夜一〇・四五儀典部打合会(午、夕及他休憩一回)。全体の儀式一応研究。夕食時帰宅。三直宮大殿下御会食の席御召挨拶に出る。埼玉議長、広島知事来室。松井氏来室MC贈勅手続のこと。首相槻殿拝礼のこと打合。加藤博士より第二回御追号案到来す。〔略〕

五月二五日(金)　侍従次長、馬を気を付けよとの仰。加藤虎之亮へ手紙。図書館にて調べ。次長といろいろ。松井氏電話MC賜りのこと。Brig Gen. Piburn にたのむこと。六―六・三〇御文庫拝謁。鈴木氏と陵誌のこと。三―六大喪儀委員会、斂葬の儀の行列、道筋、参列範囲等。夕食後、秩父両殿下と書斎にていろいろ御話。鹵簿のこと、癩事業のこと、御歴史々料編纂のこと、歌集のこと、右費用のこと、内廷費、皇族費の最近傾向のこと、皇后様のことetc。陛下の pocket money。〔略〕

五月二六日(土)　終日在宅。三井部長、秘書課長、次長等事務いろいろ。昨夜の話次長に密話(祭官委嘱のこと)。午後歯落熱[redacted]、一・三〇―五。一一―一・三〇馬車検分。来訪者、奈良県知事。MCへ贈品の送状Sign。高木八尺、冨山、佐藤来訪。松平康昌氏、池田家訪問(四)。結果あしからず。松平、次長大宮御所へ行く前による。三谷訪問、昨夜の話の一部伝ふ。

五月二七日(日)　妃殿下に拝謁願ひ、鹵簿のこと申上ぐ。服装問題〔の〕こと御話承る。小雨、大宮御所、大夫と大宮様御財産のこと、御歌のこと、癩のこと等話す。工事一巡す。豊島岡工事も一巡。午食後、多摩陵工事一巡す。三時半帰宅。五時半御文庫に出で、五・四〇―六・三〇拝謁。侍従室、女官長及入江と照宮さん宮廷服のこと。皇后様の御為、親王妃への手前も、照宮様へ一声必要論をなす。

五月二八日(月)　加藤虎之亮氏三度目来訪、諡につきては秘書課長と。話、内容とも打合せ、平易文章語。一〇―一二葬儀参列者範囲委員会。高知県知事来訪。侍従長来室、癩のこと、歌集のこと etc。御服装問題のこと(三谷は不知)、女〔官〕長も来る。祭官西三条にて Empress 一寸御意見。追号のこと、支那のと重複如何。本郷に調査頼む。News 見て早く帰宅早寝。三笠宮御食事、両殿下と御一所。

五月二九日(火) 女官長と参殿者候所にて会談。照宮様に対する考は周宮様からか、直宮様かの話。御召し拝謁、三笠宮昨日の御話。御追号(Teimei 第一の御考らし。支那との重複かまはずば Teikei もよきか。皇后様と御相談の上、後刻久松侍従よりあれでよしとのこと)、及癩に下賜のこと、先例皆早く発表のこと申上ぐ(嘉西次長と話す)。三谷昨日の三笠宮様のこときく。本郷第二回支那諡号調査報告、入江侍従、東山御文庫入りと皇太后様御物調査のこと。〔略〕次長に諡号見せる。〔略〕黒手袋借りる。帰宅すれば内藤式部官待受け、書類決裁す。ワラビ皇后様より一同へ賜り、女官長へ御礼言上。

五月三〇日(水) 一〇祭官長始め顔つなぎ挨拶。一〇・三〇―一一・二〇葛西前厚生次官、癩の話きく。午後次長現場視察。侍従長来室求め、追号のこと、癩のこと、服装問題のこと、順宮さんのこと、松平氏今日池田と再会見とのこと。侍従次長、池田問題徳川方面の情報。松平氏池田と会見の結果、明日午後池田と池田の家事相談人高橋と松平三人、夜は田島、池田、松平三人会見のこと。〔略〕

五月三一日(木) 九―九・五〇書斎にて秩父宮拝謁、癩につき御話合ひす、余り大げさでもなき御希望。一〇―一一・三〇大喪儀委員会、大体のことときまる。予算六一、〔〇〇〇〕―程度も二分するとのこと、よしといふ。総務課長、写真の人と現地交渉。午食を松平、池田及経済主管、高木金次と会食の結果きく、もれの大驚く。加藤博士、誄及追号のことにて来る。松平氏と吉田にて池田と会食五・三〇―八・三〇。山梨県知事、恩賜林御礼、椎茸献上。〔略〕

六月一日(金) 侍従長、同次長に昨夜のこと、下賜金と癩との関係のこと、誄文案話す。侍従長と御追号のこと。秘書課長に癩のことの感想きく。経済主管に下賜金のことをきく。拝謁御文庫一・三〇―二・三〇。次長と大喪諸問題。〔略〕塚越氏来室、久邇家のこと、父子行状のこと、邸売却談。御邸立退問題四―四・四〇。五・三〇帰宅。六・三〇侍従次長を内廷に誘ひ、松平官長邸に行く。池田父子にあふ。〔略〕

六月二日(土) 八・五〇―九・二〇秩父両殿下拝謁、先夜の

礼の仰せ別になし。順宮様席次のこと申上ぐ。御存知なし。更めて申上げることとす。三鬼氏来訪。北区長等弔詞捧呈。知事会内山知事。午食後、本郷課長、中国皇妃追号調書持参。二—三、大宮御所殯宮検分。白布不足注意。癩書類を借りて帰宅す。六時頃御文庫に出勤。殯宮移御の儀に大宮御所に供奉。十時過帰宅。

六月三日(日)　九・一〇御文庫に出勤、両陛下に供奉、殯宮移御後一日の儀御祭り。一〇・五〇頃帰宅。一—四・三〇三井部長と同車、多摩東陵工事視察。〔略〕七・三〇三谷氏と同車、大宮御所殯宮祗候、首相等八—一〇。但し三十分交代なく大金氏と話す。妃殿下七時前に御入浴〔略〕。

〔欄外〕次長報告に来る。正午少し前。

六月四日(月)　次長と話中、高松宮様御来室、大宮御所の今後のことといろいろ御話、御追号のこと及癩等記念方法等申上ぐ。式部、銀狼章の話。一・三〇—二・三〇御文庫拝謁。三—四・三〇侍従長室にて侍従長及同次長と、今日午の池田会談の話及今後の順序のこと。

六月五日(火)　九・一〇過に御文庫(一応登庁後)。式部粗漏の次第注意す。二十日祭に大宮御所供奉す。十時半過帰庁。再び大宮御所に三笠宮御訪問、癩記念のこと、御追号のこと御話す。御異議なし、質素説承る。一旦帰庁、Union Jack with Kings arm の話をなす、黒田式部官。〔略〕二—三・一〇拝謁御文庫。加藤虎之亮博士と御追号説明書起案たのむ、雑談。侍従長室にて侍従次長と浜尾のこと、岡山のことの話きく。両陛下岡山の件の御意思拝承。三谷のみに大正天皇と大宮様のこと話す。部屋にて次長より事務きく。御追号の書式、本郷課長より受取る。〔略〕

六月六日(水)　三大喪儀国費等調たのむ。一〇・三〇—一二、三井部長、秘書官と豊島岡視察、御行列のこと、便殿等研究す。官長、隔殿拝礼のこと報告あり、Silverwolf のこと。追号説明書を加藤博士持参、一二字句修正す。明〔日〕の為誄訂正希望、加藤博士にあり。拝謁御文庫御許しを得、再推敲あり。山田侍従にたのみ再御許しを得。首相訪問、御追号のこと、予算のこと、死刑執行やめのこと。社会事業下賜金一封(白赤羽に分配)、癩と皇太后様、六月二十五日発表のことの概略。侍従次長、入江に昨日のことに関し御歌のこと話す。大宮御所、皇太后宮職廃官につき寛大なることたのむ。秋山もそんな話してたとのこと。癩は■直後の話、皇室機密費困ること etc。隔殿御拝問題も関連あり。〔略〕

六月七日(木)　登庁後、追号説明書二、三枚書く。一〇―一二・四〇課長連、二十二日朝からの順序打合。式部官長英国行のこと等。二時頃御文庫、山田侍従により御追号書類を可頂く。後次長に渡し、秘書課長及書陵部長に示す。発表は明日十時。五・三〇―九文相官邸晩食、前田、森戸、田中元文相、次官、秘書官等(英国 Birthday 非公式賀意、松平 Clutton)。宮様御入浴。

〔欄外〕六日〔略〕夜は追号裁可を仰ぐ書類浄書。

〔欄外〕森戸前文相来訪。

六月八日(金)　九・四二御文庫発にて大宮御所。御追号奉告御祭。十一時頃帰庁。十時追号発表。説明書を大夫に届ける。加藤博士電話、追号のこと新聞記者。午食後、大宮御所大夫訪問、廃官のこと etc。午前に次長にいろいろ話す。御尊号に関連する秘話も。御召し二・三〇―三・〇〇。陵誌高松様御筆草稿拝見。書陵部長及本郷と話す。高松宮御希望のこと。女官長朝食電話。京都事務所長来室、八ツ橋。京都飛鳥井氏不正事件ある話(次長)。

六月九日(土)　朝、ハム等御手許より材料下賜のことあり。役所にて三谷侍従長と話す。御礼も侍従長を経て女官長経由のことゝす。Delicate のこといふ。官長 Redman との話、Silver-wolf のことと顧問のこと再燃か。次長御下賜金及癩のこと、愈各論。皇統譜署名。関屋氏へ一年祭御供へ開新堂、奥へも連絡。(三谷及侍従次長と順宮様のこと)〔略〕。

六月一〇日(日)　午前在宅。一一―一二秩父宮殿下御召、御話。一―四・二〇多摩陵所工事検分、三井、鈴木氏と共に。

〔略〕

六月一一日(月)　登庁、終日在室。来訪、元山梨知事、植樹祭写真帳持参、図書室へ。高橋たね、大喪儀 Vining 花のこと、no といふ。彼女参列のこと。次長、厚生大臣、次官に癩のこと、下賜金のこと相談同意(次長秩父宮拝謁)。自働車 Lincoln 補助椅子なきこと。式部官長、池田発電話明日一旦帰岡、月末再上京とのこと。内藤議員に案内状のこと、経済主管、高松宮来訪のこと。黒田に Vining 返事たのむ。侍従次長、皇后様順宮様意思心がわりなきこと。大宮御所女官のこと etc、葬場便殿御とうば〔東場〕のこと etc。帰宅〔略〕富士川来訪、三矢宮松氏の話。

六月一二日(火)　〔略〕朝、勝沼氏と電話、今夜殯宮祇儀及明日の順序話す。式部官長、外交団参列の話 etc。侍従次長、六月末仕向のこと、etc。侍従長、御願の問題、明夜 Dinner のこと、夫人葬場参列のこと。次長、高松、三笠殿下訪問、癩問題のこと、発表文案色々御意見申出あり。祇儀の話高尾にいふ。

〔略〕大宮御所祇候視察、勝沼にあふ。

六月一三日(水) 〔略〕次長、癩のことの作文出来のこと。一一・四〇―一二共に御座所拝謁、御裁可を得。緒方竹虎に電話、天皇鹵簿に入られるは皇室喪儀令立前なること話す。〔略〕塚越電話にて、飯野海運社長訪問、久邇家のため。首相に十五日及二十一日発表のことといふ。陛下、三直宮六殿下と順宮、清宮様御会食、秩父様九時御帰還。勝沼博士七・三〇―九・〇〇。妃殿下に拝謁。日銀〔略〕参与留任。

六月一四日(木) 〔略〕野村大夫挨拶。勝沼へ参列する様、電話方植氏へ話す。官長、日英協会の二十八日秩父妃殿下台臨のこと云々ダメといふ。三井部長、車点検方たのむ。厚生省発表文案を三時頃持参す。帰宅後塚越来邸、飯野の社長個人で一三、五〇〇、〇〇〇で買ふとの事賛成す。救癩の事かぎつけたか、田中徳来邸(大夫より遺言書発見、宮様方御覧のこと、陛下にも見て頂くとのこと)。四・三〇―一〇・二〇大宮御所殯宮祇儀、安倍能成、都知事、亀山直人氏etc。

六月一五日(金) 九―九・一〇厚生大臣に癩の思召伝達。両陛下、三十日祭拝礼行幸啓供奉九・四〇―一一―。陛下御遺書拝見になる。二・二〇―三・〇〇御召し御座所拝謁。官長喪期の話、明治天皇紀英照様第一期二十五日を参考として、Ridgway の tea 等に出席のこととす。大宮御所にて御遺書拝見す。日曜晩、東宮様を三宮様支那料理御招きの件、入江と話す。食後、秩父様御召し七・三〇―九・三〇。御遺書一部を宮内庁役人に発表のこと、東宮様御招きのこと etc。

六月一六日(土) 秩父宮様御発表(Will の一部)のことは時期、方法問題と書いて申上ぐ。登庁、入江来訪、東宮様のこと。三谷来室、Dr. K 極秘のことも御遺書に関連話す。御召しにて御文庫へ。三谷と同道拝謁、一〇・三〇―一〇・五〇。明日の宮様の御見分のこと etc、秘書官にたのみ、一一・五〇雨中東通工相談人会へ行く。一・三〇山梨大将訪問。久邇氏邸売却に付■新の話 etc。三時帰宅、秩父様拝診医四人と会合。次長来宅仕事打合。四―五・三〇秋山一寸来る。首相詠やり直し、加藤博士になる由。自働車 Lincoln 借来、都会議員参列問題の結末、大喪関係、宮内庁役人に対する下賜のこと etc、次長より話あり。次長とは東宮会食問題、Will の一部発表問題 etc。

六月一七日(日) 〔略〕三谷訪問。東宮様、直宮様御集会御辞退の件。大宮様の御感想の件、話す。一二―五・一〇多摩行。次長、三井、鈴木三君と。二・三〇頃秩父妃、高松両、三笠四

殿下多摩御見分、サンドウ〔ィ〕ッチ、洋菓賜る。六殿下御揃、町野支那料理御相伴す。高松様侍女も手伝。御遺言の予め伝達のこと、重ねて秩父高松両殿下より御話。

六月一八日(月) 大宮御所へ参集、九・三〇発引より夕方六・〇〇原宿着迄、豊島、原宿、浅川山陵と大体予行演習。東京都内は馬車。疲労す。大宮御所にて朝大夫より山川侍医の話きく。大正十四年八月、子供の引つけやうのことあり。それ迄大体日中よくなく、女官は皇后様付、大正天皇御気の毒とか。入沢と皇后様と転地にて意見正反対。強引に十五年八月葉山へ。それ故煩悶にて、身体の御病気はなからんとのこと。

六月一九日(火) 〔略〕九時頃大宮御所にゆき、御祭に参列す。特に高松、三笠両宮も御出席、後拝礼。認証官の内[redacted]侍座す。高松宮、秩父妃と交代。十一時頃帰庁、侍従長来室、御土かけ、御書き物御歌焼却、秩父様御会食のことetc。一一・三五―一二・一〇拝謁。来室者、岡本愛祐、渡米Message、八瀬〔童子〕会代表、京都飛鳥井。官長、総務課長、参列新聞記者のこと。中部日本、貞明様御歌。秘書課長、首相誄、次長、諸事今日拝礼者四七三とか。有田八郎、葬儀に参列出来ぬ抗議。大宮御所にて高松宮様に御土かけ八方といふ。但し、雨はやめといふに対し、それはおかしいとのこと。では墓場で可然といふこと。

次に御斂葬工事御覧は、工事の邪魔にならぬやうとのこと申上ぐ。帰宅後、妃殿下に陛下思召(会食)伝達。

六月二〇日(水) 登庁直後高松宮様御直電話、御土かけ、東宮様もとのこと。豊島へ次長等習礼。伊藤真一氏来室、安広氏祭祀料受領の為。芳話長講。午後御土かけ及工事御覧に付、次長、両部長と打合せ、二―三。馬車、衣裳つけ[redacted]の上。自動車、同じく多摩行列及自働車停車練習挨拶。皇后様願出拝謁、久邇家昨年夏以来の詳細、侍医、次長侍座。帰宅後、大宮御所大夫に御土かけの点、遺書一部発表の点、山川博士[redacted]関連の陛下御気持等confidentialに話す。高松宮邸に出で御土かけ、インクライン動きて後のこと、豊島岡奉送後出発のこと、一々御意見あり。御遺書一部のこと、部局長会議及松影会にtextだけの話をなす。

六月二一日(木) 〔略〕拝謁願出一一・四〇―一二・二〇。式部官長及侍医長と連絡す。三浦篤氏来室。三・〇〇厚生大臣に五〇万円贈与伝達。東京都及警視庁の報告一覧す。次長、万般OKとのことときく。大宮御所にゆき一旦帰宅、夕食。高松宮に拝謁、御土かけ、山陵御着のときのこと、遺文発表のこと御同意を得。七時頃御文庫行き、七・四二御出門、霊代奉安の儀後、供奉御許し願ひ、大夫といろいろ打合せ。大宮様御書付全部一応拝写、部局長会議のこと等話し、帰宅。

六月二二日(金) 四時起床、六時十分発御文庫へ。六・四二発大宮御所へ供奉。当日殯宮祭、引続き発引の儀、無滞八・三〇御発。御天気よく、沿道馬車鹵簿に適当人数適当所置誠によろし。予定通り万般進行。一〇・四〇両陛下入御、葬場殿にて。早弁当。一・〇〇発、原宿一・四三、此間又よし。写真班もよし。浅川迄の汽車、両宮様と御同車す。山陵の儀も無滞、両宮は工事の始め御覧。御土掛は両陛下、皇太子、直宮五殿下。首相等も五・三〇に来り、一時間位待合。六・三〇より陵所の儀、七・一〇頃終了。御還幸途中雨強し。無滞御済みの御挨拶を両陛下に申上げ退出。八時頃夕弁当陵所にてすみ。此日秩父宮殿下大宮にて奉送後、多摩葬場。式後直ちに御帰り、御恙なし。

六月二三日(土) 秘書課長に大宮様御所感ガリ版頼む。野本主務官にて午前大宮御所権殿翌日祭。午後山陵第一日祭、無滞相済ホッとす。昨日の電報に答へ、赤湯佐藤法亮へ手紙。帰宅後六時頃、穂積重遠氏見舞、絶望とのこと。入江侍従に電話、御見舞のこと打合す。二十五日両陛下宮様方御招きとのこと、及二十八日頃御帰殿のこと妃殿下より承る。此日役所へ来訪、日赤社長、中川望、後藤一蔵等。〔略〕

六月二四日(日) 〔略〕三井部長に電話、Lincoln検査のこと。秋山司厨長電話、二十五日献立材料注意。二十七日三宮両殿下御招きす。

六月二五日(月) 侍従次長より二十八日の話あり。岡山の件。九・四二発御文庫、大宮御所、一〇・二〇頃御還り、四十日祭。平沼横浜市長、雅楽の話、駄目といふ。一・三〇—四・五〇多摩東陵前山陵祭。帰庁後newsと当日放送原版きく。此夕両陛下三直宮六殿下御招き、皇太子、義宮、順宮、清宮も御同席、御揃願もあるとのこと。news及録音も。皇太后採用車、菊御紋外し、〔略〕秩父宮様試運転〔略〕。

六月二六日(火) 妃殿下に二十八日午後のこと申上ぐ。〔略〕侍従長拝謁の結果、皇后様添書分も同時説(臣下のことは職分違ふ)にて多とせらる、対象疑問等にて、余りパッとせぬ方よきやうの御考らしく。部局長会一〇・一五—一一・四五そのつもりにて話す。従て一応皇宮警察及松影会方面のこと再考のことゝす。坊城大夫、部下及自分のこと考慮云々の話あり。秩父さんの御好意にて、鈍鑑〔鑑鈍〕もの三越にてとる。本日陛下御研究所及御田植。皇統譜署名、多摩東陵のこと。次長、侍従次長に二十八日順宮御会見の相談、菊栄親睦会の御意向。

六月二七日(水)　妃殿下より、大宮様伝記々録のこと等御き丶になりたき御希望のこと承る。〔略〕御召し拝謁一一・三五―一二。一一―一一・三〇小泉氏来訪、中元御礼伝達。〔略〕帰庁し、女官長電話ありしとのこと故御文庫にてあふ。大宮様御書きもの丶話。一括一度のつもりできく御希望の様子、数回に分けるやう処理の旨答ふ。六―九・三〇秩父様御送別、高松三笠四殿下も来臨、丸按〔略〕。お次の二人はその一部だけ。まづ御決定らし。鈴木書陵部長に来て貰ひ、貞明皇后御事績調査資料あつめの話のこと。此夜、大宮様手記ガリ版刷五枚、秩父さん妃殿下に手交。

六月二八日(木)　八・三〇 Lincoln と Packard とにて秩父両殿下御帰殿。三笠両殿下、次長等御見送。坊城大夫に大宮様御書きもの一括でなく、分けて御文庫宛送付たのむこと電話す。此旨女官長へ伝言、偶来室の侍従長にたのむ。侍従長は十七日以後、那須行幸説をもち来る。大体賛成す。加藤博士、昭憲皇太后を昭憲皇后とせよとの説。警察海原氏挨拶。御召し拝謁一〇・二五―一〇・四〇。次長、大喪の儀あと始末の事柄いろいろ。〔略〕三時帰宅。四時頃池田三氏。四・三〇順宮様、名取氏来邸、六時過迄松平官長、稲田侍従次長も。〔略〕

〔欄外〕一旦辞去せし池田氏、松平氏をたづね明日会見希望とのこと。此日順宮様先へ御退出。白のワンピース、黒色の大きな花リボン。

六月二九日(金)　松平官長及侍従次長来室。昨日会見の結果の順宮様の側のことをきく。松平氏一〇・三〇池田訪問す。一〇―一一・四五服喪中の陛下方御行動の問題。坊城大夫の話。大宮様書きもの第一回、女官長宛送られる筈。女官長より電話、秩父宮御宿御苦労との皇后様の御言葉伝達。却つて恐入りますと申上ぐ。松平、池田訪問の結果、からだのふれること、狷介一寸問題の話。侍従長訪問、次長、徳川とも今後打合す。八・三〇―一〇・三〇安倍能成来訪。御製集毎日新聞社に文章をかくのを見てくれとのこと。最近の宮中事項いろいろ話す。

六月三〇日(土)　一一―一一・三〇法務総裁訪問、皇族御活動のこと、大喪儀関係のことの礼。山梨大将、佐藤軍医中将のこと。殖田委員長初めへ佐藤中将のこと書面出す。松平、Sebald 訪問の報告。〔略〕皇后様より特別の賜、御野菜御菓子及錦ちりめん一反。二―四、池田侯爵、松平、稲田、大体ＯＫのこと。〔略〕

七月一日(日)　午前、外相官邸杉浦秘書官電話、Dening 略歴届ける。午後、山梨大将電話、久邇のこと、保科中将も同意するとのこと。〔略〕

七月二日（月） 官長Pakenhamの話。Sebaldによる今後Ridgwayの話。皇后様の方よりMrs. Ridgway訪問は不賛成といふ。願出拝謁一〇・四〇—一一・二〇。次長と経理の人の■■は一掃のこと、大喪儀仕向品のこと、皇太后宮職廃官のことetc。首相へ書状出す、DeningのAgreement。岡崎長官電話、三日、四日中なら改造あるもよしと返事す。Kate台風余波少し停電二回。六—一〇青木、塚越、山梨、保科会談、久邇家のこと。洋行御受のこと、就職のこと（場合によれば学校一年延ばす）。久邇朝融さんには山梨氏直諫、御子さん方の為に移転に際して教育上のことを申す。青木も今回は財政上出来るとの話、云々。

七月三日（火） 〔略〕官長来室、品川御用邸開放の話。御召し拝謁一〇・四〇—一一・一五。次長、組合葉山のこと、癩改組のこと、正倉院予算のこと、etc。食後一—一・三〇警察撮影等大喪写真。読売が喪儀経費に付不正とか不当とかの話ある由、調べること三井にたのむ。官房長官より明日認証式打合あり、侍従長と電話御都合伺ひ、九、内奏、一〇、式となる。Blyth稽古、東宮様近状前途光明なきこと、単調なこと、性的年頃のことetc。小泉に電話。

七月四日（水） 首相八・四五出頭、大喪儀覚書の大要話す。一〇・一〇認証式、佐藤、高橋、野田、根本、橋本、益谷。橋本に癩のこと話す。鉄道局長更迭挨拶。一二—一・二〇American Club独立祭Reception。五—六・三〇Amb. Sebald方Reception。Kislenko両方に出席。秩父宮妃殿下御来泊、御食後御挨拶。読売記者、辞意ありや、皇太后宮職廃官等のことききゝに来る。〔略〕

七月五日（木） 石川忠主務官、五十日祭大宮御所雨中行幸啓供奉。願出拝謁一一・三〇—一一・四五、大喪儀関係御慰労の御仕向のこと、及読売新聞今朝の記事に関すること。午食後一時頃御文庫に行く。前次長と打合。一・三〇—五・〇〇多摩五十日祭、雨中カウモリ傘さし先行す。陛下はさしかけ。還幸啓後大宮御所に上る。秩父宮妃殿下の山陵にての御話による御写真、御詠書、御日記等拝見。西洋菓子頂き、妃殿下と同車帰宅、食後妃殿下いろいろ御話、毛利公夫人の癩の話等。

七月六日（金） 式部官長、外交回復式部関係行事表。次長、賜物等差の話のこと。穂積子息来訪、田村元通相挨拶。三井氏に大宮女官自働車のこと。青山挨拶に来る。鈴木、三井、深尾、正倉院につきての意見。食後、三谷侍従長来室、等差賜物のこと、高松宮下賜の可否のことetc。二—二・四五拝謁。次長、私の辞職説、頃日中ある話きく。小泉氏訪問、当分辞職話せぬことといふ。大正天皇のことにつきての陛下との問答話す。秩父宮妃、中元御挨拶賜る。

七月七日（土）　秩父様、川津氏迄御礼状。川西、鈴木信吉葉書。官長、中山実の話、九条道彦陵墓監の話。侍従長、津軽海峡のこと、保安庁にきいた話。次長、総務課長、外部仕向の相談。大村清一秘書、大同毛織専務の父に花をくれとのこと、先例なし断る。〔略〕四—五・二〇安倍訪問、Resignation 評判に関し、昨日小泉に話せしと同様のこと、及皇太子のことといふ。六—七・三〇御文庫御相伴、塚原、徳川、久松、小川、亀井、話題なく一人で少ししゃべりすぎ。二日、次長と話の件にて手持下賜品見本一覧す。〔略〕堀内謙介氏 Wasson。小泉信三来室、義宮様 Christianity のこと。田島心境のこと、安倍との話。

七月八日（日）　〔全文略〕

七月九日（月）　九—一〇毎日新聞御製企画の話、侍従との内話では駄目、平素の方針のこと話す。一〇・一五—一一、御召し御座所。侍従長室訪問、「主婦と生活」の亜硝酸のこと、毎日新聞のこと、及岡山のこと etc、侍従次長も。侍従次長、式部官長来室、細川等親類異議なしとのことにて今後の処置順序。次長、内部賜物のこと、特に長官のことは侍従長に任すといひ、侍従長には辞退のことといひ、陛下の思召による旨強調す。式部官長、国際基督大学のこと。塚越氏来室、久邇家のこと、邦昭点数、就職のこと etc。深川一楽のこと。毎日新聞寄贈の本は図書室へ。News 映画見て帰宅。秩父妃殿下に賜品御礼。次長の所へ厚生省予防局長来り、宮内庁の方の下賜金幾何かとの話の由。保険協会百万円、新橋第一四五十万円とか話ありし由。

七月一〇日（火）　秩父妃、昨日菊栄会にて御上京、今朝御帰殿。Gen. Piggott のこと、式部に話す。九—一〇山梨大将久邇家のこと、成績、就職、Mat〔数文字不明〕及 Committee のこと、分担のこと。田島興銀より飯野就職の話をなす、賛成とのこと。五城寮へ絵又は植木のこと。侍従長電話、高松さん賜物、田島賜物勅裁のこと。〔略〕二・三〇—三・三〇大喪儀慰労、岡崎官房長官、安井知事、田中総監、斎藤長官、加賀山総裁、賜物及賜茶極上。三・三〇—四・〇〇池田侯拝受の旨直ちに拝謁奏上、新聞にもらす。

七月一一日（水）　順宮様のこと各新聞先づよし。次長、正倉院予算問題、高輪御用邸問題、北海道治安問題、松本治一郎問題。式部官長、Piggott 問題と Deway 拝謁問題。一一—一・二〇正倉院評議会。〔略〕三笠宮様、虚子毎日原稿を見せらる、

ＯＫといふ。四—五、橋本厚相、癩予防協会再興順序のこと、順宮御慶事、現役閣僚のこと。吉田良金挨拶。〔略〕

七月一二日（木） 〔略〕次長、近藤問題、大蔵省官房長との話合。大喪儀総花は貞明皇后の御気持と不等一般の為、東宮成年式はこの調子でなきこと、順宮慶事は平和後にても大体孝宮同様のことといふ。拝謁一一・四五—一一・五五。賜餐一二—一・一〇。あと賜物伝達。後、賜食名中の松影会員に大宮様書付の話、写を秘であげる。大谷、白根、加藤、八田等、西川、[redacted]方、黒田等。侍従長より賜品頂く。侍〔従〕次長と三人で雑談す。拝謁御文庫五—五・三五。佐々木信綱来室、歌集と貞明皇后弔歌。呉竹寮訪問、順宮様にも御祝。

〔欄外〕侍従長より金手釦拝領。入間野氏より電話あり、鷹司家のこと、航空会社のこと。賀陽氏洋行、秘書課長に名刺。勝沼君と順宮様見合問題、Blyth の話。

七月一三日（金） 一〇—一〇・二〇保科中将来室、久邇さんのこと話す、能《〔ママ〕》島の方の話の模様きく。御召し一〇・二五—一〇・五〇。法務総裁、宮様方就職のこと、高松宮に御話す。日赤はイヤとの話。一二—一・四〇新旧閣僚御陪食。橋本厚相、外苑のこと、木下道雄氏のこと、癩は児玉秋介のこと。高橋通産相、ビール会社増資計画のこと来室。官長報告、Deway 拝謁のこと、高松さんのこと。葛西氏賜物挨拶。高橋たね氏、Jane Bowles の手紙持参そのこと話す。六—九、東久邇盛厚、照宮、新木栄吉、二見副総裁、山川、侍従次長、秘書課長、植。秩父妃殿下食後御参加。

〔一四日下メモ欄〕十三日、秩父妃殿下一泊。十三日、新旧閣僚御陪食前、一一—一二・二〇迄首相拝謁。

七月一四日（土） 秩父宮妃殿下に Piggott のこと、癩に付橋本厚相との話のこと、宮様 Depurge 関係のこと、高橋龍太郎ビール株のこと申上ぐ。九時過登庁。高橋たね氏と打合、Bowles 夫妻十五日夕食とす。〔略〕官長、キリスト大学代表女生《〔ママ〕》及男生《〔ママ〕》にあつた話。侍従次長皇后様那須行御服喪のこと。

〔略〕午食後次長、大喪儀に骨折の人に手当金額及範囲のこと。

〔略〕

七月一五日（日） 終日在宅。〔略〕夕方、久邇邦昭問題につき、山梨大将、昨日本人、今日朝融氏に面会。飯野入社の意見一致、但し長官は知らぬ顔とのこと。Dinner Mr & Mrs Bowles、神谷博士夫妻、川西君、上代さん、おことさん、高橋たね氏。

〔略〕毎日新聞の New Japan 進呈。

七月一六日（月） 久邇由雅さんに御手紙。青木、塚越に上半期御礼。山梨、保科に御菓子位如何と申入れる。御召し一一・一五—一一・三〇。池田清志氏来訪、よさそうな人。体格検査、明日多摩行幸啓のこと。〔略〕岩波にて寺尾氏原稿受取り送る、書留にて。次長高輪御用邸のこと。〔略〕

七月一七日（火）〔略〕渡英内定の大蔵省伊原隆氏来訪、英国にて御調べ願ふやも知れず、宮内省現状話す。一・三〇—四・四〇供奉多摩東陵行幸啓。次長報告、宮内庁官吏洋行のこと。大宮司辞任、後任は佐々木侯爵とのこと。少宮司及大金氏来訪とのこと。御野菜皇后様より賜る。山梨、青木等にも同様とのことにて、女官長に礼をのべながら意見及昨日の手紙のことい ふ。首相拝謁のこと十九日十時と御決定。Blyth、高松妃殿下、秩父様御訪ねに付、赤十字社のこと申上ぐ。よつてたかつて御願すればといふ御話も出る。手柄顔に「宮様の御言葉」。御野菜結城氏へ御福分。孝宮様、順宮様御見合費用等として〔略〕頂く。丸按も。

七月一八日（水） 妃殿下御挨拶、出勤。高尾課長に大喪儀骨折の賜金額裁定す。昨日の野菜賜りのこと及宮様名義のこと、特に三笠宮に申上のことたのむ。拝謁願出一〇・四〇—一一、神宮のこと。式部官長、佐々木侯のこと、Redman Sebald のこと等。午食後一—二高松宮妃殿下御来室、高松宮御心境、皇后様の為、将来会社の重役、大宮様御病気のことetc。秋岡少宮司来訪、役所として別に意思なしといふ。祭主賛成前提。侍従次長に昨日のこと話し、今後の善処。塚越氏来訪、上半期決算。幣原氏初台家図面の話etc。〔略〕

七月一九日（木） 入江侍従来室、東宮御殿場御訪問の件、小泉氏御伴でゆくこと。首相拝謁一〇—一一・一〇。其後一寸来室、墓地（牧野伯）の石のこと、皇室用財産云々話す。大金来室、大宮司のこと、陛下のことetc。京都副知事水害御礼。午食後、保科氏来室、邦昭氏就職決定のこと。次長、文部人事遅延のこと、予算のことetc。三谷来室、吉田首相奏上のことに関連。〔略〕小泉氏来室、東宮様御殿場のこと、御小言のこと。日高次官来室。帰宅後、金井清来訪。山梨大将電話、明日のこと。

七月二〇日（金） 原宿駅直行、那須行幸啓御見立す。首相、池田、天野、佐藤、根本、橋本、大橋、岡崎等あり。二十秒遅発。一〇・二〇—一一、篠原三千郎、京浜急行田中社長、長谷川取締、広橋真光来訪。抽象論は何ともいへず、具体的のとき御返事すと申す。一二—二・二〇飯野、俣野、三盃、池田三重役、久邇様父子、山梨、青木、塚越、保科及秘書課長、秘書官。久邇氏今日手紙のこと実行するといふ。宮様方自働車のこと。〔略〕

〔欄外〕塚越電話実行ありしと〔「久邇氏今日手紙」から矢印〕。〔略〕

七月二一日(土)　〔全文略〕

七月二二日(日)　勝沼君電話、八月は那須及軽井沢にゆくこと、その前一寸小泉と話すことにて取計のことに約束す。〔略〕貞明皇后御斂葬、当日に当り一ケ月遅れにて勤行〔略〕。

七月二三日(月)　次長供奉の話、大宮御所職員のこと、予算のことetc。京都府会議長来室。総務課長、煙草箱のことヤメの話。坊城大夫来室、そろそろ皆自覚し出したとのこと。九条家のこと、宮さん達のこと。午後次長、午前の博物館米国美術展の相談会の要領をきく。総務課長、北里研究所恙虫の為め、宮内庁大内山に鼠をとることの話。ニウス映画見る。〔略〕

七月二四日(火)　午前、明治天皇紀よむ。次長、予算のこと、大宮御所人のこと、明日談合のこと、侍従次長との話、葬場殿東京都払下のこと(主計局に仁義のこと)、皇后様、照宮様etc。一・三〇官房長官訪問、那須連絡の為何かあるや、臨時議会開会式、講和に関することetc。〔略〕松平信子さん電話、癩のこと。〔略〕

七月二五日(水)　三井、鈴木、西原同乗出勤。鈴木書陵部長来室。貞明皇后事蹟調査のこと、図書寮委員会のこと、学習院名簿のこと、多摩東陵拓本のこと、正倉院図譜のこと。経済主管補正予算のこと強弁。一二―三、二葉クラブ癩の相談。陛下殿下方の御思召説明。皇室に税の問題。児玉政介世話役きまる。石坂、佐藤尚武、下村、矢野、葛西、黒川等。次長、午前の大宮御所の人のこと、大夫秘書課長談話のこと。久邇朝融氏来室、御学友が海牛の天然色活動献上云々の話。色紙束の賜りのこと、飯野のこと、新邸のことetc、ザックバランに話す。〔略〕式部より長良鮎二〇到来。

七月二六日(木)　八・四五上野発、一一・四六黒磯着。西野氏と同車御用邸着。陛下御散策中。午うどん頂く。二―三・三〇拝謁。その後三谷と用談。七時過夕食。三谷及御用掛雑談後、入浴、就眠。

七月二七日(金)　九・一〇―九・一五拝謁。斎藤警察長官、樺山部長拝謁、九・四〇―一二・二〇。御散策御伴。昼パン。自働車にて殺生石見物、山楽寺横目一覧。陛下新車見る。一服後三・〇〇―附属邸内親王様伺候。種々御歓談にて四時過となる。女官長より御思召にて、鮎九尾照焼賜る。新木栄吉及入間野にも女官長より御野菜賜る旨の御話あり、結構と申上ぐ。黒磯駅長と話し、定時上野着。

七月二八日(土)　閑院春仁王来邸、約一時間〔略〕。登庁、官長に石田直太郎の為人《ひととなり》きく。京都府知事、御礼と水害事情。官長、服部、松谷のこと、高松宮との平和訂結のときのことetc。大夫に陛下の特命伝達。次長、米国美術博覧会に御物のこと。総務課長、天然色写真断り。〔略〕二―二・四〇大宮御所にて高松宮拝謁、癩のこと、大宮御所人事等、連名処理勅命のこと。此報告、侍従長宛に認め、侍従職に渡す。四―八徳川邸、鈴木、村瀬、小林、渡辺等。穂積危篤との報、次長に知らせる。

七月二九日(日)　九・三〇―一一、伏見妃殿下訪問、昨日の件に関し、△の件御話す。一度華頂さんにあふ事懸案として帰る。午後、朝刊朝日読売に皇太子妃記事あるに付、毎日記者電話あり。〔略〕

〔八月四日下メモ欄〕△見透しは決裂としても長年のこと、子供さんのこと、再考願はしく、又不得已としても法律的でなく示談的なること、内密なること。閑院さんの受入態勢のことetc。

七月三〇日(月)　朝、伏見様電話〔略〕。登庁、〔略〕秩父さんへ癩相談会の報告。次長穂積仕向。松井秘書官来室、Ridgwayの件。高松宮様drop in。癩に付十六日会合のこと、一年祭迄回憶集の事。田中徳来室、昨日の記事のこと、記者の質。三笠宮訪問、癩のこと、御遺産のことにもふ〔れ〕る、御歌の御話あり。穂積氏弔問。松井氏電話Rizzo松平の像のこと。〔略〕兵庫知事、タオル意味不明。

〔欄外〕穂積博士死去。

七月三一日(火)　穂積氏叙位叙勲書類。松平にRidgwayのこと話す。Scandal問題、天然色映画、久邇問題。塚越来訪、邸変更後予算、幣原邸四五〇万問題etc。午後次長、高松様十六日問題、日曜日新聞問題、塚原診断のこと、etc。穂積〔略〕の花。松井明氏五・一〇発那須行の前立寄る。松平Sebaldに話しに行く話をなす。帰宅するや閑院様より電話、六―六・三〇伏見様へ伺ふ。〔略〕穂積通夜、八時過伏見さん立寄る。〔略〕

八月一日(水)　〔略〕(一度Ridgway訪問後、調印後御招きのこと。Sebald訪問、道は一つSebaldかRizzoかとの話、松平)。一二・三〇―一・三〇―二・二〇穂積葬儀告別式少し遅刻す。石坂泰三来室三―四・二〇皇室経済の状況とその法制の話。帰宅すれば閑院氏待機。晩めしうなぎ、後、伏見妃殿下も来邸、九時頃迄協議。〔略〕田島、明朝華頂氏訪問を約す。帰宅の途、結城豊太郎氏弔問す。

八月二日（木） 九―一〇・四〇華頂博信氏訪問。石黒忠篤氏来室、穂積葬の礼、及蚕糸会総裁皇后様にとの話。入間野氏、御野菜御礼と孝宮様財産運用のこと。松井明氏、那須の話と昨日の予定三、四頃となるとのこと、侍従長経由のこと（秘書官奏上）いふ。Rizzo Sebald のこといふ。石川岩松、生花連盟高松様総裁、高瀬会長の話。午食後一―一・三〇天野文相、当分このまゝのこと、進藤氏のこと。式部官長室にて今朝の話、手を引くこと至当との話。広島知事、国体の話ありのまゝのことゝいふ。伏見妃殿下に今朝の報告、大体意見一致、土曜会見協議上の条件鵜呑論いふ。次長に高松宮に大正天皇遺品分け調渡すことたのむ。石坂に法律案文十部送ること秘書官にたのむ。越後屋の菓子とる。帰宅。秩父様七時半御着、いろいろ御話十時過迄。

〔欄外〕三谷侍従長に電話、松井の話。佐藤議長来室、那須八月十四日のこと、十和田湖のこと。三・三〇松平 Sebald 会見、午後五時前。

八月三日（金） 八・四五発那須行。偶然佐藤喜一郎と隣席、華頂さんの話出る。続いて宮中経済のこと等も相当の話信頼して話す。義親氏も同車。自働車は女嬬等同車。食事後二―四拝謁。その前に侍従長に面会す。秘書官拝謁のこと、華頂家のこと etc。上り急行にて帰京。黒磯の自働車又女嬬乗る。帰宅前伏見さん電話。閑院さん明日会見希望の由にて十一時約束す。

八月四日（土） 次長、国会と還幸と汽車のこと、岐阜への式部の手紙やめのこと、昨日高松さん会見のこと。総務課長、毎日と蚕糸会へ御製及大宮様御歌のこと。児玉政介約束違ひ、次長にあって貰ふ。一一―二（秋元弁当）閑院さんに、昨日のこと始めて真剣後悔のこと、不人情な話（直ぐ芦田にとつぐ案）も出づ。弁護士の話。伏見さん立寄り会見場へ、又五時過立寄り栄木たのむことゝす。〔略〕高松宮両殿下、大宮御所にて癩の御遺書と皇后様御処持品等。久邇訪問、千田及徳川と天然色活動写真関連のことといふ（御留守に付、池内にいふ）。

〔二日下メモ欄〕八月四日補遺。内閣電話、全権人選、那須侍従長へ。松井明、あす那須へ首相使者として経緯説明にゆく。侍従長にあひ直接奏上せず、前回の失当は首相も認めて松井経由了解を求む、又老人優遇のこと突如賛成の旨話あり。松平官長に Ridgway に関する日取のこと電話す。二七、二八、二九、来月一〇、一一、一二。七日調印として。

八月五日（日） 侍従次長に速達、勝沼拝診のこと、十日池田拝謁のときの新聞写真のこと、国会に付還幸のこと。昨日到来の飯野のハネデユ〔メロン〕五の内一つを吉右衛門、一つを小泉氏に福分けす。〔略〕結城氏御通夜八―八・三〇。〔略〕

八月六日（月）　次長と十日那須写真の話、久邇関係天然色活動、読売の話。吉田首相の手紙（秘書官拝謁のこと、老人）。書陵部長、陵墓水害実地の話、桂離宮調の話。総理へ返事、一度面談希望（思召もあり）。一一―三結城氏葬式、村田俊彦と話す。仁義をつくすに免職となりしこと、顧問の人達に不服の野狐禅的言辞、今後一切とりあはぬこととする。式部官長、華頂事件、秘書官直奏事件、読売事件 etc。三谷来室通訳のこと、国会間際御帰京のこと、御同列？　栄木君に電話、水曜の約。小泉電話。三矢宮松氏来室。

八月七日（火）　山陵造営日取、三井、深尾氏と話合す。次長に皇室経済法五年目調の件等、〔二文字伏字〕事件十万円のこと etc。一一―一二首相を官邸に訪問、蔵相に大宮様相続税のこと、松平渡英のことといふ。官長に渡英のこと、秘書官直に拝謁のことのけり等いふ。皇太后宮大夫御願処理のこと、百日祭直後。女官結婚論話す、渋沢、新木の名いふ。高尾に華頂事件の大要話し、栄木の適否きく。最適とのこと。一万田来訪、結城祭祀料御礼。久邇池内電話、連合活動の人とあひ、久邇さん手を引いたとのこと。〔略〕松平官長電話。

八月八日（水）　〔略〕三谷に二七日一一時のこと通報、Interpreter のことたのむ。吉橋祐君夫人の代として先日中の挨拶。高松妃殿下来室、米寿■、千葉胤明のこと、それに関する原稿のこと、常盤会館のこと、Mrs. Sebald のこと etc。坊城より御書付到来、総務課長、記録写真帳の話、百部説。〔略〕皇族譜研究、華子は皇族譜は嫡出。二―三、部屋にて栄木氏に概略話し、官邸に行く。竹前氏となられし経緯きゝ、差当り栄木氏に用なれど車にて両氏を送り帰庁。〔略〕

八月九日（木）　八・四五発那須行、開新堂二十入常侍官室、十五入両内親王様。両陛下御散策御帰りおそく、拝謁二・三〇―四・〇〇。入浴後五・四二発にて帰京、超満員にてボーイ室にて帰る、tip。此朝、華頂事件、朝日青鉛筆、毎日三面記事出づ。華頂氏より発表らし。

八月一〇日（金）　東宮大夫来室、先日の Blyth の話、読売の妃殿下の話等、近日真剣に御相談しますといふ。坊城大夫来室、御自身の範囲相談あり、二三意見いふ。高松妃殿下御来室、一〇・五〇―一一・三〇。一昨日の原稿御返上、女官長等の心事、閑院春仁来訪の話、戸田の名は御話す。次長、式部官長来室。御願御供養の時の問題、侍従長と相談のこと、次長にいふ。原文兵衛氏渡米挨拶、帰宅後閑院御夫妻来訪、梅干二瓶頂く。雷気味（両陛下には田島より御詫奏上たのむ、三宮及菊栄会幹事には話済)。

八月一一日(土) 栄木〔略〕贈呈のこと、秘書課長と相談。佐々木大宮司挨拶。〔略〕帰宅後官長電話、silver wolf の贈呈、Clutton 来ること。〔略〕大雷雨。五、永積博士告別式。〔略〕

八月一二日(日) 〔略〕三谷電話、国会勅語、貞明皇后御葬儀[redacted]付加する御諚とのこと。不賛成の旨いふ。池田参内のこと、newsmen なしとのこと。

八月一三日(月) 九・三〇―一〇・二〇元宮内官中村四郎来訪雑談。官長二度来室、車の話、箱根の話 etc。池田父子、那須行報告旁来室。次長にセルロイド整理のこと。奥より御茶頂く。熱又三七・三、何事も懶く足もだるし。早退。

八月一四日(火) 終日引籠。〔略〕植秘書官書類。〔略〕夜おそく、次長、総務課長来訪。開会式勅語案の訂正。付属して一応内閣へ断る。

八月一五日(水) 九時前、秩父妃殿下御着、徳川正子さん来訪。十時 Clutton 来訪。Silver wolf、黒田通訳。首相、重て勅語案訂正御裁可のこと頼み来る。次長、還幸御迎へに行くに託して御願試むることとす。〔略〕七―九、松平信子さん来訪。〔略〕

八月一六日(木) 十時発、書陵部長と豊島岡、伏見博恭王五年祭。両陛下還幸啓御迎え原宿駅。御料車事故御詫に御文庫。所労のこと御耳に達し女官長を経て御尋ねを蒙る、恐入る。開会式も次長にたのむ。開会式後、二期庁舎へ御帰り御迎えして拝謁、三・四〇―四・〇〇。侍従長室にて二十五日のこと打合す。次長と三番町行き。四・三〇―八・〇〇秩父妃、高松両、三笠四殿下、石坂、一万田、矢野、下村、厚生大臣、長官、山口局長、児玉。日本食、獺のこと。多摩東陵図面御目に懸く。
〔欄外〕御料車事故、御詫。

八月一七日(金) 秩父妃殿下、資金運用、広田一口でなき方よろしからん。二十五日のこと、九時登庁。九・三〇―坊城大夫、二十五日のことよろしくたのむ。女官結婚のこと etc。御文庫拝謁一一―一一・二〇(大宮御所権殿御拝より御帰り後)。食後、原宿駅御見送り、益谷、佐藤、山崎、天野、岡野、高橋各大臣等。松平官長来室、久邇さんに関する徳川喜好の話等。中央公論南といふ人、陛下の御寄稿六けしと返事す。歌はそれは余地あらんといふ。石川栄一、皇居造営国民運動望ましいが尚早といふ。

八月一八日（土）　高尾課長、宮様車の話、大同毛織の話、入江侍従京都御寺の話。式部官長、高松妃園遊会の御話、癩の為。〔略〕夜八時過徳川侍従来訪、今日の順宮様御行動のこと上々吉。二十二日夕呉竹へ隆政氏来ること賛成す。

八月一九日（日）　〔全文略〕

八月二〇日（月）　大正天皇実録図書寮より借覧。高松宮様御来室、陛下より一昨日次長に託し宸翰、大宮様御財産脱税等なきこと云々の話。癩一寸心細し、今後も督励の思召のこと。次長、御料車事故始末のこと、フヰルム始末のこと、二十五日御食会のこと、皇太后宮職のことetc。一・五〇―四・一〇癩募金発起人会。一松、賀川、下村、広瀬発言。次長と故障車責任問題。高松宮邸へ上り癩の報告。帰宅。〔略〕

八月二一日（火）　読売記者既にあり、東宮様妃のこと、先達ての経緯、訂正申込のことなど噂話す。全権委任状認証のこと、次長、官長、内藤相談す。食後、二十七年度宮廷費予算一―四・三〇。松井の代り調査局長土屋隼とのこと。侍従長来室。〔略〕

八月二二日（水）　昨日の閑院春仁氏の毎日に吃驚せしもの、今朝の毎日の華頂さんの記事に二度ビックリ。〔略〕内閣との交渉、認証儀に付書面来るとのこと。一二時発大崎行き回送列車に乗り、五時頃那須着。五・三〇―六・四五拝謁。大雨中宿舎、入浴後夕食。本郷主務官と二人アユ塩焼一尾づゝあり。あと本郷氏と談話、宮内庁秘事ニ三。

八月二三日（木）　朝七・三〇、知事、議長拝謁侍立。八・三〇黒磯御発一一・三〇原宿御着雨。食後次長に御警衛のこと、予算のことetc話す。大正実録読む。小泉氏来室、頃日中のこといろいろ話す。喪章のこと、式部の書類に捺印す。帰宅し順宮様賜品拝見す。夜、秩父宮妃殿下、順宮様御殿場にて御迎への詳細と華頂事件に閑院春仁さん御報告のこと、etc。

八月二四日（金）　九・一五御文庫にゆき、百日祭権殿供奉、雨、一〇・四〇頃御還り。呉竹寮へ昨日賜品の御礼に参上。一・〇〇御文庫にゆく。山陵祭五・〇〇過ぎ還御。秘書官等終日登庁せず御祭りの方。〔略〕八―八・四〇小坂武雄氏、深井氏手記文藝春秋のことにて来訪、長官就任の経緯、きかるゝ儘に話す。電灯故障、早寝。妃殿下も早く御休み、御来客もなし。

八月二五日（土）　次長に皇室会議、癩資金に宮内庁員寄付のこと。式部次第書と実際との差のこと。引続き宮廷費査定の結果の報告。官長、二十七日十一時のこと。Sebaldより[redacted]のこと。Bunkerの手紙、拝謁一件。後、経済主管、主計課長、秘書課長、次長と、内廷費三〇―《〔,〇〇〇〕》、―《〔〇〇〇〕》皇族費二四〇―《〔,〇〇〇〕》の話合をなす。田中徳、此際abdiのこと如何、なしと返事。高橋真男、久邇さん顧問の断り、当方もありのまゝ話す。も一度考へませう、いや考へんでもいゝですよにて分れる。大協株必ず儲かるとき替へてくれといふ。首相に辞職風聞の話せしことといふ。二時過空腹にて帰る。〔略〕妃殿下に朝と午後拝謁。皇室会議員改選のこと、高松宮の御手紙のこと、貞明様相続税関係のこと、癩発起人会の状況と予防協会改組のこと、及吉田首相拝謁のこと等御話す。役所にありし中に閑院さんより電話とのこと。秩父妃殿下を通じ、高松様に天子様御文のこと、解決要領御報告す。

八月二六日(日) 朝十五分間、妃殿下と昨夜の大宮御所の御様子、高松宮様へ御伝言願ひしこと、御話済のこと承る。九時発御帰殿。黒部西瓜大賜る。午前、Reader's Digest。〔略〕

八月二七日(月) 小泉へ返事、次長にピカソ展のこと。鈴木書陵部長、皇太子妃のこと来室。一〇・二五御文庫にゆく。次長、警視庁より電話。官長に電話。Ridgway羽田とのこと。間違なしと分り御訪問一一―一二、御会見内容松井氏よりきゝ帰室一一・四五。食後、官長来室。Ridgway御よびの大方針いふ。三谷訪問、千葉胤明のこと、寺崎のこと、首相と会見す。三・三〇全権認証式、一寸顔出す。池田蔵相と大林組のこと話す。秋山、一昨夜のmenuのこと、news見る。高松宮へ上る。

八月二八日(火) 次長来室、共同記者退位及陛下声明の話。御召し一〇・二〇―一一・三〇。加賀山之雄退官挨拶。御召し中高松宮妃殿下御来室、御置手紙。次長に御召しの御説明等。首相来室二・二〇―三・一〇。願出拝謁三・一五―三・四〇。侍従長と御文庫にて今朝来のこと話す。多摩東陵、正倉院倉書類捺印。〔略〕

八月二九日(水) 早起。食前、昨日の拝謁記書く。秘書課長と皇族会議選挙のこと打合す。桜菊社の人来る。最不愉快の人物。国鉄新正副総裁挨拶。国際会議全権御仕向実録等調査、明日吉田首相御暇乞の賜品のこと、次長と相談。葉巻の銀箱とす。鈴木書陵部長、九条家本のこと。MCへの手紙机をさがす。〔略〕帰宅、MC手紙机さがす。

八月三〇日(木) 吉田首相拝謁一〇―一一・二〇。拝謁後、二十八日御話のことはすみましたかと確む。拝謁中侍従長と話す。一二・二一にて沼津行、三・〇〇着、義宮様拝謁賜茶。四・〇〇発、御殿場五・〇〇着。秩父様訪問、メロン及オムライス頂く。林次長にbase upのずれせぬよう話したとの話。六・一二発、九・〇〇頃新橋着帰宅。沼津、御殿場、開新堂二〇個持参、沼津にて桑名主人、御殿場より汽車、田村両夫人にあふ。

〔欄外〕朝、高松宮訪問、名簿及昨日会合の御話をなす。

八月三一日(金)　九・二〇—一〇・三〇広橋真光氏と品川のこと率直にprivateに話す。次長に連絡す。次長、東久邇五〇万事件のこと。官長Ridgway二案持参。〔略〕大宮御所の人片付くこと。昨日課長会議にて貞明皇后救癩賛成のこと。三・三〇出発、羽田に吉田全権等送る。米機十数機遥か上空に来る。入浴後、原田日記よむ。

九月一日(土)　八・四五上野着、九・五五発沓掛着。富士川氏出迎られ、private hotelに着く。佐藤、黒木両氏と話す。東宮様御遠馬。四時過御帰り。厩前にて拝謁す。伊能群馬知事参上、渡英話きく。六・三〇御相伴、引続き食堂及二階談話室にて雑談、十時半迄。Ridgway御訪問のこと、吉田首相最近逸事、言葉のきれい及正確、宮廷儀礼のことetc。浜尾及学習院学生手塚同席。朝開新堂二十五持参。殿下御遠馬後の御挙〔献上品の意〕に八個、夕食の時、一寸食糧少いとの御話。

九月二日(日)　五時頃目覚め、清々しき朝一寸良し。八時過又御相伴にて朝食を頂き、九時過自動車拝借、湯沢を訪ね留守番の人を訪ひ、来夏は有料で貸したい希望を申し、塩川、永井、松本重治氏歴訪、正午前に帰る。松本氏方にて外交話等きく。午食後一時退席、殿下Tennis拝見、二時十五分辞去。林檎一籠を賜ひ、二・五一沓掛発にて六・二七上野着帰京。

九月三日(月)　次長病欠。登庁後、次長来室。高松妃殿下、大宮御所女官へ御遺品渡済云々の問題、反省を約したのみとして大夫に相談、善処されたしといふ。御召し一〇・二五—一一・四五。食後塚越氏、久邇氏近状、当方よりも最近のこと残らず話す。山川氏、東久邇氏自働車事故のこと、及五〇〇〔〇〇〇〕—の事。式部官長、池田侯爵のこぼし、要領きく。反省すべきは鷹司とは違ふ点あらず。次長、鷹司和子流産の事。三笠宮御手紙。五時帰宅、山崎より来書、礒見位階のこと返事出す。宮内庁今は管轄なしとのこと。共同より照会、中日号外放送、陛下四県行幸のことの実否。

九月四日(火)　高松宮より電話にて九時参邸。妃殿下、葉山松の木二本の問題、癌研の為の寄附のこと、千葉胤明のこと。

御召し一〇・二〇—一一・四〇。侍従長室に立寄る。午食後、貞明皇后御歌集のこと、鈴木書陵部長と話す。一—二・四〇、三笠宮、昨日の御手紙に対する弁駁と癩問題の報告、御服装問題。山川氏富裕税問題のこと。〔略〕秘書課長、書類、人事。総務課長、赤十字のこと、昨夜の共同の行幸誤報のこと。官長来訪、高松宮妃と皇后様のこと、赤十字のこと、三笠さんのことetc。朝日秋岡氏、講和御製依頼、放送、謹話等考へしも止めのこと説明し、慶弔相半し困る旨いふ。六時半過となる。〔略〕

九月五日(水) 山川博士の来室を求めしにより来る。塚原のこと、試みるとの話。清水谷一番よし、次は松室とのこと。坊城大夫、九・三〇—一〇・三〇御遺品分け関係促進。Jewelsは表向きでなき点注意のこと、行政整理の為おそくなること、転職の人二重どりを余りに露骨でなきこと、女官のことetc。其間林衆院議長来訪。捕鯨船(林兼)行幸のこと、否定的返事をなす。高松宮妃殿下来室、奉戴か、賛同か、癩 Garden Party のこと、遺品につきてのこと、greedy 云々のこと。食後、官長、池田侯爵との会見のこと、侍〔従〕次長と会計顧問とす。次長病気一寸出勤、大宮様御歌蚕糸会のこと、予算関係貞明皇后記念のことetc。寺崎告別式、青山。〔略〕和辻の本、献上手続す。岩波本貰ふ。秩父妃殿下御来泊。塚越氏来室、久邇メチヤいふ。

九月六日(木) 次長病欠。総務課長に芸術院賞御陪食の話。侍従次長、御進講の話、岡山の話。そこへ官長来り、池田侯爵小生に会見希望の話。十日午後三時ときまる。一〇・三〇—一一・二〇ユネスコ藤山愛一郎、事務長同道。豊島園にて催すこども会に陛下御研究品貸下のこと、総務課に連絡。入江侍従来室、御歌拝見のこと。拝謁一一・三〇—一一・四五。〔略〕官長、徳川頼貞のこと、侍従長に御進講連絡す。机掃除。五・三〇帰宅。大金益次郎挨拶来室、日銀重任の為。

〔欄外〕朝、一見副総裁に電話す。大金のこと。電話あり、よろしとのこと。

九月七日(金) 野村大夫来室、歯の手術のことより、未必ながら或は辞意申述の時あることの予告、東宮様のことといふ。放送会長古垣氏、仏大統領の伝言。岡野国務相拝謁。官長、Colonel Adams の話、一寸おかしい経緯。総務課長、名古屋の旗のこと、大宮様親筆のこと、東本願寺法要のこと。次長出勤。東京裁判頃の書類拝見、安堵。御召し御文庫一・三〇—二・五〇。〔略〕書類整理、侍従長と古垣御進講のこと電話す。五時過帰宅。〔略〕

九月八日(土) 侍従次長来室、岡山の件、家の件、家具の件、附女の件、御進講のこと。伊藤隆来訪。黒田式部官、英国新聞副社長拝謁の件。田村課長、Cameraのこと。一〇・四五―一一・四〇、小泉氏訪問、東宮様、義宮様御訪問感想と講和と御退位に傾く話。吉田に陛下御尋問の件の意見きく。天野文相訪問、首相と話合のabdiに関すること、要領話す。〔略〕官房副長官来訪、Ridgwayと首相代理との話。御文庫拝謁八・〇〇―八・二〇、入浴、就床。秩父妃殿下、三時頃御帰殿。

九月九日(日) 九時参殿者候所にゆき、益谷首相代に九・四五にあふ。調印の報告。侍従長奏上す。昨日のことはRidgwayはその為とのこと。安倍訪問一〇・三〇―一一・四五、東宮様のこと、講和に付陛下のstatementのこと、これに関するabdiのこと、陛下首相に進退御謀〔諮〕りのことの可否、不破家のこと。〔略〕

九月一〇日(月) 総務課長と同車、全権への仕向用意のこと注意。侍従次長、昨夜来御遺品にて六ケ敷ことの様子聞く。文書御裁可、部分的にても促進の外なしといふ。Ridgway、一七、一八の内とのこと、一八に御願ひすることとす。〔略〕高松さん松のきれた御挨拶。官長と一昨日のRidgwayのこと話す、次長にも。山陵着工祭無事すむ。一一・四五―一二・五〇、久邇さんに有りの儘殆んど話す。拝謁一二―二・四五。図書寮委員の会合のこと、本郷課長。三―六池田侯、高木金次、松平氏も。侍従長とRidgwayへ御諚伝達方の話、吉田よりの話。

九月一一日(火) 全権帰朝迎の勅使の前例調、植氏にきく。次長、侍従〔次長〕、官長と一応の案作り、内閣に次長に行つて貰ふ。官長、今朝Adams訪問のこときく。一八日確定。田中長官拝謁。田島願出拝謁、一一・一〇―一一・四五。田中氏室に待ちあり一二・三〇迄。次長の内閣打合の結果きく。Ridgway御茶のこときく。〔略〕御召し御文庫二・三〇―三・〇〇。Ridgway招待十八。秘書課長に陛下の仰せをいふ。入江侍従を通じて十四日午後Ridgwayのこと申上ぐ。次(表のこと)長主膳監辞意のことetc。〔略〕

九月一二日(水) 勝沼君来室。願出拝謁一〇・三〇―一〇・五〇。常侍官室徳川侍従と話す、池田侯爵の噂。秋山Menuのこと。〔略〕秘書課長、肺病等長期欠勤始末のこと、松平氏旅費のこと。総務課長、賜品の計算の話、ユネスコに陛下御研究貸下のこと。松平、Ridgway一八の日もれること。次長、皇后様御思召のことの話。〔略〕

九月一三日(木) 九―一〇・二〇渋沢敬三氏訪問、論語のこと、清水谷、古田俊之助のこと、高松宮妃殿下御殿のこと、東宮御所候補のこと、小林久四郎のこと、慶光のこと、会社顧問久邇のこと、水産進講のこと。次長、官長、外人拝謁のこと、十四日両陛下御仕向のこと。官長には岡山侯爵に関する徳川侍従の話に関する所見。腹工〔具〕合あしく午はやめ。黒木氏、三和銀行寄〔付〕富のこと、華頂令嬢東宮候補のこと、中日、産業経済。高松妃殿下来月園遊会にメニユーヒンよぶ可否、否といはず。次長、黒田十八日のこと。犬丸氏経済調査機関の話。予算勉強。
〔略〕

九月一四日(金) 次長と種々話合ふ。正門をあけること、東宮様教育のこと等(両陛下十七日多摩御参拝とのことに付、大正天皇の前例を以て研究のこと、秘書官を以て侍従職にいふ)。十九日三時御茶仮決定、首相の都合きくこととなる。一〇・三五発羽田行、羽田にて正野に三和寄富のこと、私は断つた話をする。吉田首相無事御使、三谷侍従長の扱ひ方よく安心す。一二・四〇全権及全権代理参内、拝謁の後冷酒するめ。首相と一八日のこと、一九日のこと。Ridgway 米国案寛大の仰せのこと話す。四・一五発、米国大使館茶会へ行く、みしと。橋本厚相に癩経過奏上のことといふ。松井秘書官に三点首相にいつたこと懇談す。電報照会あり、国情違ふ、陛下の言葉発表不可といひしとのこと。

九月一五日(土) 朝、毎日 Ridgway 宮中訪問の Scoop 記事あり。登庁、次長にこのことの処理。多摩行幸の警備情報及多摩陵御拝の方の可否三件処理たのむ。風生来室、さぎ草写真拝領のことにて天恩感謝のこと、句集貰ふ。入江氏も来室、御進講のこと、前田と古垣に電話す。其前に御召し一〇・一五—一〇・五〇。首相内奏一一—一二・三〇。御相伴三の間一二・四〇—一・四五。首相に皇后様御思召御菓子一箱。御研究所にて拝謁。〔略〕

九月一六日(日) 皇室会議々員互選三の間。立会人三笠宮、管理者長官、秩父宮は書面投票、他の皇族は皇后様始め皆投票。高松、三笠、秩父宮妃、順宮の順序。御茶頂き帰る。十一時頃、秩父宮妃直接選挙場、午後抽斗等不調。四・四〇—六・三〇安倍来訪、先日の案賛成、陛下首相に御話になること試みることよからん、但し鼎座は出来ぬかとのこと、三笠宮のこと、昨日の富安風生のこと、小人物、酒のことetc、論語の話も。秩父宮妃おそく御帰り。

九月一七日(月) 秩父宮妃殿下拝謁。大宮女官より高松宮のことに陛下御不満の話一寸出づ。書類決裁後実行御期待は当然と申上ぐ。占有の異動論。塚越氏、山梨大将来室、久邇さんの近状打明く。先方は大久保氏未亡人、杉村陽太郎未亡人の話。

黒田氏明日手順説明す。一、御文庫に出掛け多摩御伴、五帰庁。
〔略〕

九月一八日（火） 表一、二、三の間検分写真のこと。Gen. Allen及外務省情報部より申入にて、Adamsに適合して以前の方針とす。官長、十一時になり急変す。次長、総務課長と正面に迎ふ。前例とせず、総務課と妥協、外相及Scap順潮に希望の四条件叶へば、敢て不服といはずといふ。松平、外相に当る。ひどい見幕駄目。予定通り二・〇五に帰る。安心す。外相先達てのmemoの問題は陛下の立場上困るとのこと。官房長官を以て参謀長にいつた由にて、済とのこと、Ridgway一行来る前に陛下に申上ぐ。侍従次長に池田の件懇談す。侍従長に長田幹彦のことに関し首相と話せしこと話す。書陵部長、正倉院地鎮祭のこと。久邇大妃の使者池内来る。御宸筆と光琳花鳥写帖の話。〔略〕

九月一九日（水） 〔略〕御召し、一〇・一〇—一一・二〇。高松宮より御電話、二十六日迄留守。それ迄に大夫より書類出たらば御前に御披露。万事御帰京の上とのこと、癩の児玉のこと、遠回しの御話、かばふことといふ。鈴木、三井両部長出張報告。次長、支那よりの退位newsきく。夜、首相より手紙来る。陛下の御前に。〔略〕三—四、講和一行御思召の茶会。四—六、小泉氏訪問。例の問題、大体同意を得。夜、三菱株のこと電話。黒田氏にBunker手紙たのむ。Genに御礼名刺取次ぐ。Sebaldの御礼、直接陛下宛は如何かと思ひ、三谷と相談、黒田にいふ。夜、塚越より電話、久邇大妃、初台の家いやとのこと、朝氏の意見ならん。再交渉可然といふ。

九月二〇日（木） 首相へ昨日返信。服装研究すること。一〇—一一・三〇古垣鉄郎御進講。黒田氏Bunkerの手紙書いて貰ふ。女性改造に皇太子妃のこと、閑院の文あり。産業経済二四／八見る。戸田と結婚との華子声明。一—二・三〇高橋大協。久邇さんのこと再応考へる、河上と相談のこと。富安風生、内謁の礼。〔略〕電話松平信子さん、明夜映画秩父妃殿下御伴のこと。

〔欄外〕黒田に活動札二枚〔略〕渡す。

九月二一日（金） 一〇—一一・五〇前田君御進講及其後雑談。一時過、久邇家より宸翰もの来る。家の小言なきやう頼む。二—四、田中最高裁長官訪問、例の問題殆どすべて話す。abdi反対は確言す。何かあるのは日本の国会にても論難あるべきに付、批准前は余りいへぬのではなきかとの説。〔略〕六時帰宅。食後今日午御着の秩父妃殿下に御伴、みしと有楽座にゆき、癌の寄付映画パンドラを見る。Ridgway、Sebald、Redman、

Cook 夫妻、高松妃殿下、三笠殿下等にあふ。〔略〕

九月二二日（土） 八・四五—一〇大夫坊城御形見分けの書類持参説明をきく。一〇—一一・三〇徳川家正氏、大阪の寺の両陛下像のことクダクダ話あり。住山中将のことも。到底大使など無理との感あり。河上弘一訪問、新木のこと、其後如何、よしといふ。次に大協顧問三〇《〔〇〇〇〕》—のこと承知したとの話。陛下御心配では云々の話。〔略〕御文庫拝謁、今朝の書類捧呈。

九月二三日（日） 〔全文略〕

九月二四日（月） 終日在宅。〔略〕七—一〇・三〇林敬三氏来訪。〔略〕

九月二五日（火） 官長、King 病状のこと、一〇・三〇 Clutton 訪問のこと、徳川家正噂、首相より手紙服装のこと、新聞洋行記事のこと。坊城大夫、文案持参のこと。女官長電話、女孀加藤いらぬこと、御寺への裏地のこと。早速女官長と大夫話合ひ解決、書類返却を受く。書陵部久邇さんのものゝこと。一一・四〇—一・五〇御文庫拝謁。二—五歴史談話会。次長と形見分の範囲頒合の話。文案の話、小野の取消の話、久邇さんサギの話 etc。

九月二六日（水） 首相へ手紙、葉山狼藉事件、松平洋行のこと、批准国会開会式日取報知依頼早く。塚越氏、久邇さん家のこと。松平信子さん電話、御木本行幸啓のこと。予備隊林総監訪問、十月二日十時天機奉伺ときめる。次長、順宮様岡山行云々にて侍従長に電話、侍従次長と懇談す。書陵部展示会見る。侍従長に行幸啓のことといふ。秩父殿下来月上京の話。夜、NHK新指揮者八—一〇。松井、茅野に狼藉事件のことといふ、国会勅語の件も。岡野国務相、東宮御所三[redacted]のこと。

九月二七日（木） 九—一〇久邇朝融氏訪問、大妃殿下が真に困らるれば考えるとして、兎に角ある日迄によい家なくば初台に願ふことと話す。陛下の仰せとて、皇后様レストランにて払をせよ云々の話とのこと、田島言上の結果といふ。式部官長 Japan Times 記事の話。書陵部長、展示会行幸啓の話。一一・三〇—一二高松宮様御訪問、貞明様御遺品帳のことにつき申上げ、秘書課長参考の為に大夫訪問す。林氏、昨日の話取消に来る。高橋大協石油、久邇氏五〇《〔〇〇〇〕》—の顧問に御願するとの話感謝す。次長、橋本大臣によばれ、宮内庁も行政整理せよとの話。夕食後、田園調布矢野恒太弔問。塚越氏訪問、今朝久邇訪問、高橋のこと。次長の話、樺山皇宮警長の話。Abdi の台湾 news のこと。進駐軍全軍情報のこと。法務府大橋総裁、斎藤国警長官等と会見。治安状態悪しきも、行幸啓は差支なしとの意見。田中耕太郎夫人電話、学生 center 高松妃殿下のこと。志賀選集第八巻献上且貰ふ、礼状。富安風生電話、時事新報記事にて心配のこと、心すなといふ。

九月二八日(金) 広島知事、議長来訪、佐藤前名古屋市長来訪。一〇・三〇―一一・三〇部局長会議。坊城大夫と遺物追加の話。一二―二、芸術院賞御陪食。久保田万太郎、芸術院部長を図書寮に紹介。二・三〇―五・〇〇歴史座談会、花蔭亭。加藤虎之亮氏、皇后様より賜りの硯の詩の本に題字とのこと。五・三〇―六・二〇松井秘書官、葉山狼藉の結末のこと。後藤をやめよとのこと。宮様に事務官、女官をおくことの首相の伝言。〔略〕

九月二九日(土) 願出拝謁御文庫九・三五―一〇・二〇。直ちに高松妃殿下、御木本真珠行幸のこと、学生 Center のこと、癩の園遊会のこと、Lady in waiting のこと。小泉氏訪問、東宮御進学決定のこと、abdi 関係首相と懇談のこと。次長、総務課長、熊本婦人会非常識のこと、比叡山所謂勅封のこと。高松様よりの電話の為、大宮御所にゆく。御退出後、長与善郎訪問、武者を進講のこと。帰宅すると、橋本行政長官より電話ありたりと連絡にて首相官邸にゆく。次長提出の紙を見て、猶減員との話故、思ひ付困るといふこと、御家庭と他役所とは違ふといふ。橋本、僕が怒つてることとして扱ふ。〔略〕

九月三〇日(日) 〔全文略〕

一〇月一日(月) 次長、官房長官訪問、松平のこと。大野木、剣木訪問、行政整理のこと。斎藤国警、警戒大げさでなきこと。両陛下図書寮へ行幸啓。一二―一二・四〇 Sebald 訪問、行幸啓広島、近畿のこと、今迄は Aide de camp をあへる《〔ママ〕》こと、李王と国籍のこと、二〇万贈与のこと、葉山のやうなことの起きぬこと、正当防衛のこと。御文庫拝謁一・三〇―二・〇〇。大夫、御遺品追加。次長、麦秋の話のとき小泉氏来室。四―五・三〇東宮様御教育方針等。帰宅後、松井秘書官電話にて、一日三日午前ときまり、後二日午後となる。田中耕太郎訪問す、御退位問題はセツトル《〔settle〕》、陛下より吉田への御話は少しわざとらし、吉田よりそれとなく奏上にて可。国民への address は文章ねり必要、条約発効後。国会開会式御言葉は慎重のこと。〔略〕

一〇月二日(火) 次長、現在人員表、橋本国務相へ持参。侍従長室、行幸啓、退位問題の結末等話す。御召し一一・三〇―一二。米 Adjutant General より葉山の件手紙来る。Kuroda Gibbons のこと、Redman に頼み済とか。高松妃電話伺ふ、二十一日に手品の話。目黒外相官邸に至り、一時発三時半箱根着。首相と広島近畿行幸のこと、平和克復につき勅語のこと、その奥の退位問題のこと(よく小泉と相談するとのこと)、葉山問題Sebald訪問のこと、宮様事務官lady in waitingのこと、松平出張のこと、〔承諾しましたかなーとの話、了承しませぬとのこと〕、服装問題、内廷費皇族費のこと、定員橋本と交渉経過のこと、東宮御教育及御配偶方針のこと、天皇旗のこと、皇族のことetc。隔意なく了解。〔略〕るすに秩父様御二方来泊。

一〇月三日(水) 妃殿下御挨拶。行幸啓のこと、次長、総務課長。手品のこと、次長にきく。〔略〕岡山に順宮様のこと、侍従次長困却の話きく。一〇—一二小泉氏訪問、昨日の一伍一什と文書により年代的に委細話す。吉田首相と会見の為めに。〔略〕侍従次長来室、参所会のこと、岡山行啓のこと。目白徳川義親訪問、手品のこと、きゝしまゝ高松宮邸へ報告。帰宅、秩父さん夕食賜はる。食後殿下に拝謁。〔略〕岡野国務相電話、東宮御所隣三和銀行寄富金。

一〇月四日(木) 富山佐藤助九郎来訪、大正天皇御製除幕式来会のこと断る。九時過登庁、手品の話、秘書官に話す。十日行幸先のこと総務課長。御遺品。勝沼補追のこと大夫より電話。一〇・一〇—一〇・四五御召し。大久保武雄来室。〔略〕二・三〇浅野博物館長、細川侯、河原田稼吉、近衛通隆来訪。陽明文庫出開帳、博物館行幸の願。侍従長来室、一昨日の話をする。次長、李王さん問題、鈴木一訪問のこと。六—九、東久邇二方、前田、緒方、下村、新木、二見、次長、松平。

〔欄外〕下村宏、撞球〔ビリヤード〕東宮行啓のこと。

一〇月五日(金) 三井部長、火曜及昨日の横須賀、横浜の米官憲の処置(葉山事件)報告、今後のこと。渋谷三来訪、秘書官に回す。一〇・一〇—一〇・四〇御召し。東久邇、昨夜の礼、緒方経由も。一一・四五—一一・五〇、願出拝謁。〔略〕小泉に電話、今朝拝謁のこと。官長、Deningのこと、garden partyのこと、鴨猟のこと。上代氏来訪、日女大五十周年皇后様行啓のこと、侍従長と話す。首相、小林判事認証式、内奏(三・三〇—四・五〇)後話す。今朝御下問の件。御召し五—五・二〇。帰宅後、松本薫氏と話す。読売記者来る、二度。箱根行のこと、貞明。

一〇月六日(土) 自働車故障おそくなる。錦水へ明日の注文をする。斎藤国警長官、葉山の始末のこと、行幸啓警衛のこと。一一—一一・三五Sebald訪問、閣議了解事項説明、先方の命令、警衛責任は要求なき限りなきこと。拝謁願出でぬこと等のこと。秘書課長、三笠宮、ブラジルの旗へ揮毫のこと。〔略〕大

宮御所、高松、三笠御遺物御礼。妃殿下、御滞在延期の御話。〔略〕

一〇月七日（日）　三笠妃、臨月近きも、今夕出席希望あり、錦水へ打合す。永積侍従電話、明日ニウスに秩父様御誘ひの可否、妃殿下に承れとの御命。明夜は外出を避くとのことにて御誘ひなきこと、拝答す。〔略〕毎日電話、靖国社御参拝のこと。六―九、三直宮両殿下六方御会食、御相伴す、錦水。三宮家より大夫等へ慰労品御持寄。小泉君電話、池田氏法事のこと。

一〇月八日（月）　官長に garden party のこと等、中村嘉寿のこと、拝謁。侍従長、Prime Minister 高松宮のこと、蔵相今日十時拝謁のこと。野村大夫来室、三和銀行のこと、〝侍従〟に帰ること。次長、李王家法務府見解きく、外務省きくとのこと。書陵部長、十七日部長課長るす、先導役は誰か etc。田中徳、宮殿増築のこと、type writer のこと、秋山洋服支給のこと。〔略〕首相に大宮様遺品届け方のこと、黒田 Redman 訪問のこと。塚越来室、憲法追加のこと、大協のこと、河上、青木、会談のこと etc、news 見て六時頃帰宅。秩父様へ麻生和子来訪、白洲を通じ細川侯、端渓硯献上、拝見す。王舟堂の研。宮様御入浴。

一〇月九日（火）　妃殿下パーマに御送りして登庁。徳川頼貞御進講に一寸挨拶。一〇―一一・三〇図書寮委員の会、久松、諸橋、山岸、阪本等。御召し御文庫、二・三〇―三・〇〇。松平に瑞典のこと伝ふ。次長来室、御召しのこといふ。十一日開会式御言葉の案来る。広島副知事来室、国体の話。〔略〕此日、三矢宮松氏、帝国ホテルの件。

一〇月一〇日（水）　秩父様、多摩陵御参拝。鈴木書陵部長に注意。秘書課長と三笠様御子様御誕生のこと、昨日秩父宮御召の話等きく。総務課長、本郷、山田侍従と国体行幸啓方針打合せ。〔略〕二・三〇御文庫に御迎えす。朝方、陛下社会事業御視察行幸啓御出発の際、御還御直後御召しの旨拝す。拝謁、二・五〇―三・三〇。帰宅。四―七・三〇、松谷大佐、小泉、侍従長、官長及秩父宮殿下。食事は大佐、侍従長、小泉。皇后様より御思召、松茸賜はる（呉市助役に断る）。

一〇月一一日（木）　一〇・一〇御文庫、一〇・三八発開会式。千葉県知事、市川市長、昨日の挨拶。一二―一・三〇御相伴、すまし汁、豚角煮、エビ辛、香の物、バナナ、御菓子。官長、〔二文字伏字〕離婚の話、高松宮意見書内容想像（何とか仰せ）。総務課長及本郷、広島下検分の話。陽明文庫行幸のこと。〔略〕次長、総務課長に昨日の宮氏との接触問題のことといふ。黒田式部官に羅生門札二枚呈上。侍従次長来室、昨日の呉竹の話、附女の話etc。

一〇月一二日(金) 一〇―一一・四五大津敏男元樺太長官御進講、別に新しきことなし。富士製作所田中清一、国土計画の宮殿造営富士北麓説、承りおく。近江絹布会社の件、近藤又神奈川知事、次長にあふ。次長来室、近藤のこと其他庁内いろいろのこときく。御召し三―三・四〇。五・三〇呉竹に勝沼君を誘ひ、侍従長と小泉氏訪問。〔略〕

一〇月一三日(土) 秩父妃殿下名古屋行。役所では何もせず、昇給の判(十月一日付分)と宮殿再建献金に対する手紙案文。一一・一〇頃より三番町行き。青木一男、塚越、高橋社長紹介、顧問の談合つき。朝融氏と話つく。食事、邦昭氏来る、二時散会。初台の家はどうもいや。西落合か、柿木坂できめたいらし、早くきめること話す。〔略〕

一〇月一四日(日) 〔略〕一〇・三〇―一一・四五、書斎にて宮様拝謁御召し。読売記者の追ひかけ、退位かとのこと、松平渡英のこと、官房長官のこと、除喪のこと、利殖のこと、伊藤のこともいふ。〔略〕Ruth台風。

一〇月一五日(月) 御召し一〇・一五―一〇・四〇、次長、総務課長、近畿御日程案きく。大体方針注意いふ。京都元府会議長行幸に付来室、知事に話し下さいといふ。次長、外務省、内閣に行く、李王さんのこと。久邇さん、憲法追加文に立会人署名捺印、青木一男に送る。Newsを見て、同成会の会合にゆく。妃殿下名古屋より御帰り、御土産頂戴す。〔略〕保科女官長電話。深夜共同通信電話、困る。

〔欄外〕三井氏と次長と用度課のこと。

一〇月一六日(火) 〔略〕次長、昨日鈴木一氏来訪ありしこと(李王のこと)、昨日彦根市長来訪のことetc。侍従長に御影東山御文庫奉安のこと奏上打合。〔略〕次長来室、外相、次官会談の結果等、鈴木一連絡の話、次長、李王訪問の話。徳川侍従、岡山行のこと打合。〔略〕女官長電話。

一〇月一七日(水) 〔略〕秩父宮十八日午後五時半御上りのこと、女官長に田端経由す。次長、李王へ高尾にいつて貰ふこと。秘書課野本、明後日の主務官のこと、全体御懸。〔略〕式部官長、観桜、観菊会についての意見。林次長来室。伊藤君〔略〕秩父さんの御金の話をなす、溝口氏に紹介。

一〇月一八日(木) 朝、橋本厚相電話あり、観菊会のこと一寸きく。登庁後、次長、吉川、高尾に事情（雅楽）きく。橋本参内せるにつき、観菊会当方立場話す。次長と共に拝謁、李王、桃山、国籍のことの中間報告上奏。〔略〕次長と本郷主務官、広島下検分の話きゝ、御日程案作成す。書類にサインし六時帰宅。〔略〕

〔欄外〕〔略〕秩父溝口紹介、植氏にたのむ。

一〇月一九日（金） 直接御文庫へ。九―一一、上野博物館行幸啓、考古展と陽明文庫展。天野文相来室、広島便乗のこと、文化勲章のこと、天皇中心答弁のこと、abdi 変心のこときく。こちら皇室と国民と同体のこと御下命ありしこと話す。萱野副長官来訪、観菊会の名称のこと、雅楽取止めのこと話しに来る。有りの儘に話す。次長といろいろ話す。〔略〕秩父両殿下首相御茶に御出席。

一〇月二〇日（土） 次長、水害御救恤のこと、大宮御所人員整理のこと等。室戸岬山田鋭一郎氏より揮毫礼ならん、大マグロ一尾到来、官舎連に分ける。〔略〕四―七・三〇徳川邸。宮様へ松平一郎氏御夫妻来訪。牛鍋、妃殿下御出になり御礼恐懼。

〔欄外〕塚越君来室、西落合の家のこと。大橋光吉処置とか、第一信託仲介にて同盟通信顧問？

一〇月二一日（日） 辻永電話、日展行幸のこと。箱根吉田首相、宮様台臨御礼言上のこと。朝、高須の老婆、宮中拝観のことにて来る。〔略〕高松邸、常磐会貞明皇后記念バザー〔略〕両妃殿下、照宮、孝宮様等、徳川家各君、etc。〔略〕秩父さんの御厚意。Vitamin 注射。

一〇月二二日（月） 次長、水害御救恤案決裁。拝謁願出一〇・二〇―一一・三五。片山哲息清水来室、ハワイ産 Queen Emma 伝献す。武者小路、志賀、長与、安倍来室、花蔭亭二―四、小宮も。雑談、祝儀。葉山事件処理（注意）。式部官長、旅費一、〇八〇千円とのこと。朝日記者観菊会のこと etc。高尾にきく。山口等、救恤金、次長伝達す。News 見て帰る。久邇様賜り。礒屋コーヒ茶碗、博多織卓袱。秩父様と間違なりし由。拝謁直後、山田侍従を経て信玄神社御遺物賜はること、これにて最後なること申上ぐ、御裁可を得。食後宮様御召し、及頃日中世話になつたとの御挨拶と明日公務の妨害とならぬ様、出勤せよとの仰せ。

一〇月二三日（火） 三笠宮内親王、午前三時五分御誕生電話あり、不取敢《とりあえず》参殿記帳、モーニング。秩父様御帰りに付妃殿下に御挨拶。久邇大妃拝領物御礼御参殿。高橋真男には紋付もの丶下賜可然こと池内にいふ。林総監参内拝謁（一〇―一一）。

伊原隆氏に手紙出す。願出拝謁、三笠宮内親王容体のこと、久邇さん西落合決定のこと、御名代問題御下問あり。二―四・三〇花蔭亭、小泉参加。後官舎晩餐、侍従長、次長、山田と六人、八時散会。〔略〕

一〇月二四日（水） 式部官長、Sebald abdi の話ありしとか。首相と瑞西《スイス》にて同席の話。〔略〕鈴木氏、正倉院等図面の報告。〔略〕京都所長、馬車運転手に返礼、空也最中六一五づゝ頒引にもたす。皇統譜署名。彦根電報。〔略〕供奉準備。

一〇月二五日（木） 侍従長と同車登庁。侍従次長、順宮さんのこと相談あり。定刻御出門、東京駅に首相以下大勢御見送り。沿道小学生等堵列多し。名古屋駅頭市会議長御礼。京都も両陛下の為か堵列多し。七条駅写真中位。大宮御所御着後、京都府知事、議長、市長、市会議長、大阪知事、議長、拝謁侍立す。

一〇月二六日（金） 京都市中堵列多し。沿線も多し。兵庫、岡山、広島知事等同乗す。拝謁もそれぞれあり、定刻御着。海岸庭園御散歩あり。後宿へ下る。吉川子爵元別荘とか。まだ宿屋の体を十分なさず。吉戸氏電話あり。主務官と打合せ。〔略〕

一〇月二七日（土） 五分後れ御発、あとは予定通り定刻御泊所へ御帰り。六方学園にて三笠宮様。東洋工業午食。式場、サッカー、レスリング、喜生園皆順潮、帰宿。賜物伝達、木野藤雄氏来訪、其後の御互の話、明日の御日程主務官より。色紙五枚書く。

一〇月二八日（日） 朝、ボートレース御覧、バレーボール御覧。一〇・三〇広島発、五・〇〇京都着御無事。〔略〕

一〇月二九日（月） 〔略〕八時一寸前に木藤発、大宮御所にて八・三〇迄両陛下供奉。仙洞御所御庭御散策、九・〇〇七条発御帰京御供す。滋賀県知事、長浜の方二ケ所はふくまずといふ。岐阜県知事等雨中四・四〇東京駅御着。気持よからず御文庫にて御茶後、次長に国会のこと、宮殿造営問題等きゝ、帰宅。

一〇月三〇日（火） 式部官長、洋行の話、宮殿問題、巣鴨及軍人一派刺戟の話。侍従長、化学工場の話。徳川侍従、順宮様岡山止めのこと知事に話す話。いづう寿し、はも、さば及木藤さはら味噌漬献上。大須弥彦来室。江崎東京所長きっぱりいふ、長浜二ケ所は駄目と。宮崎県知事、鹿児島県知事、救恤金御礼来室。その前に御召し拝謁二―三。次長と順宮の話、拝謁の話、小学校行幸の話、第三高女への話 etc。同車帰宅。〔略〕

一〇月三一日（水）　勝沼君を四谷に迎え登庁。勝沼君、侍医と相談、侍従長室にてその結果又相談す。一二―一二・三〇Sebald 訪問、広島行の感想と松平のこと。一・三〇―三・〇〇緒方竹虎来訪、退位問題に付、古野と緒方、斡旋との通信、本《〔ママ〕》になるとのこと。何等か動きありやなしといふ。それに関連して立場話す、confidential に。次長と松平旅費のこと、久松のこと等話す。皇統譜、容子御登録す。貞明皇后御遺品拝受御礼と癩病院経営者挨拶に来る。小泉氏来室、四・二〇一応紀尾井町行安倍訪問、夕食、十時過帰宅。〔略〕

一一月一日（木）　御召し、御座所、一〇・四五―一一・三〇。首相に手紙書き届ける。一―二・三〇次長、秘書課長等と皇室経済法改正案をねる。〔略〕

一一月二日（金）　国会図書館行幸のこと、角倉と主務官。十一時、みしと同車、菊を観る会、新宿御苑雨中。前田夫妻と邂逅す。一・三〇―三・〇〇御文庫にて小泉、野村、東宮様学習院大学部御進学のこと等、奏上侍座す。朝日新聞記者と話す、三・一〇―三・二〇。野村大将来訪、三・二〇―四・〇〇御木本の民間対策、外交のこと、社会事業家のこと etc、退位論下村が何かいふとのこと、はつきり自説をのぶ、注意すとのこと。〔略〕

一一月三日（土）　〔略〕次長と話す処へ侍従次長来り、東山御文庫等の為出張のことＯＫす。昨日の義宮様に関すること話す。皇后様御伝敷帳拝見す。文化勲章受章者溜りにゆき挨拶す。首相内奏手間取り稍後れる。式後写真中、首相、文相居る所へ行く。文相、相当首相に敬意を表す。想像以上なり。御陪食後談話。茂吉老衰何もいへず、西川も病気はつきりせず、吉右衛門（小宮の草稿ならんを出して等、三津の逸話、最初の生前歌舞伎受章者、両親のこと etc）。一寸長かりしもよし。光田氏余り頭よき方にはあらざらん。武者の話、徹底真実人生観よし。柳田国男自分及家族よりも民《〔俗〕》族学会の人喜ぶとの話。一寸此人に好かぬ面ありと思ふ。陛下入御の時、御召し拝謁す。田中徳に様子話す。〔略〕

一一月四日（日）　終日在宅〔略〕。中村吉右衛門来訪、万一天覧の時は清正がいゝとの話。〔略〕

一一月五日（月）　西原、入江と次長と共に下検分のことゝきく。後次長、不穏の情報を見せてくれる。御召し一〇・五五―一一・二〇。黒田氏に Vining 返事たのむ。入江に久松のことといふ。上川侍従を断つたとの話、重て頼むまいといふ、次長に。宮本貞三郎菓子貰ふ。佐々木信綱、貞明皇后歌の解の本貰ふ。〔略〕

〔略〕

一一月六日(火) 登庁後官長来室、Siam のこと。〔略〕坊城大夫、東山文庫行日録持参、九条家文書のこと、英照皇太后御品のこと、侍従長に直ぐ電話連絡す。宮本貞三郎氏来室。鈴木書陵部長、閉庁、出張のこと。俣野飯野社長来室、舞鶴行幸御立寄御礼。久邇さんのこと話す。佐藤議長公邸。〔略〕外務次官に、首相、李王のことにつきてのことといふ。

一一月七日(水) 御文庫へ行き、国会図書館行幸御供す。参議院議員藤野氏、長崎県へ御出での碑揮毫依頼。東洋工業行幸礼。金森館長も。〔略〕次長いろいろの話。四―五、小泉訪問、李王問題ぐち。〔略〕

一一月八日(木) 御文庫、日比谷公会堂へ行幸御供す。広島知事議長、行幸御礼。〔略〕田子一民氏、今朝の御礼来室。塚越氏来室、久邇さん近事。侍従次長、皇后様の思召(久邇家移転までの御苦労だつた)拝承。〔略〕

一一月九日(金) 厚生大臣に癩資金二百万円伝達、人形の話、知事の話、児玉の話 etc。部局長会議(一〇―一二、タバコ問題)。奈良県議長奉迎文持参。官長、巣鴨の空気、賀屋迄も。広島旅館挨拶。発明協会及特許局長官挨拶。毎日新聞社、天皇陛下歌集挨拶、御召し二・一五―三。高橋真男三―四、大協石油二〇〇〇権利申出あり。〔略〕(次長と打合、皇后様行啓のこと)。

一一月一〇日(土) 〔略〕Vining 夫人へ返事出す。食後、侍従長等と呉竹拝診後のこと相談す。四・三〇陛下拝診後に侍従次長、勝沼等奏上のこととなる。学校ありのまゝ。御挙式五月にのばす。〔略〕

一一月一一日(日) (東京駅御発車と同時に御召し、約一時間)無事御着京。

一一月一二日(月) 京大インターナショナル歌ふ。知事、此事の挨拶あり、学長よりはなし。首相の手紙、次長に電話、首相に返ずること。

一一月一三日(火) 橋立御泊所玄妙庵。宿下り、掬翠園。

一一月一四日(水) 朝、主人御下賜木杯の扉書をたのむ。五・三〇、京大学校再訪、行幸御礼と少し学生さわぎ御詫の心重々なれども、御詫は長官の Discretion〔裁量〕。同学会、解散済、処分考慮、輔導等不足充実考慮云々。

一一月一五日（木） 午、信楽、知事の我田引水的か。五・四〇頃着御。楽々園着御後雨。提灯行列、花火。

一一月一六日（金） 琵琶湖東より湖北、湖西一巡、紅葉よし。臨湖試験所何事もなし。

一一月一七日（土） 御休養。仙洞御所にて尼門跡、堂上、事務所員等拝謁。〔略〕

一一月一八日（日） 此朝、首相手紙両次長手紙持参。奈良県へ。吉野桜花壇。

一一月一九日（月） 〔略〕知事官舎御泊所にて両条約書批准御認証（拝謁願ひ、吉田書面のこと言上）。その際、長官談か私の名においてかの声明的のは、批准認証の此際でなく、効力発生のときだとの為念の御話。東宮成年式で京都桃山等へ出掛けるのとかちあふこと、順宮さん御慶事のこと、両陛下伊勢京都行幸啓のこと、三者の timing の関係のこと、奈良は条約認証が行はれ喜んでるネー。提灯行列ありしと。宿下り、月日亭よろし。剣木副長官に託し首相へ返事書く。〔略〕

一一月二〇日（火） 奈良御発、三重県へ。松井首相秘書官待ちあり。首相の秘命、副大統領 Barkley 来朝拝謁のこと拝謁御許を得。四日市伊藤邸、伝七氏挨拶あり。宿下り。〔略〕

一一月二一日（水） 知事公邸御着、宿下り、千歳山頂作〔ママ〕、沖文夫来訪、後田中次郎左衛門氏も。

一一月二二日（木） 松阪、市議に共産党員数名あり、最近事件ありし人十余名保釈中とのことにて多少心配す（着御前ビラまきありし由なるも）。静穏、而かも熱烈可驚《おどろくべし》。紀州は皆神武以来のこととて熱狂的。賢島ホテルよろし。小泉氏、昨夜の来信に返事出す。〔略〕

一一月二三日（金） 一〇―一二、御進講三氏及標本に付御説明。雨ふる。二―三、標本御説明。

一一月二四日（土） 昨日の荒天候拭ふが如く快晴。午前御散歩、午後十二時御発、天皇旗翻り御木本に行幸。御木本拝謁の際、態度無作法。昨日打合の奏上文などそこのけ〳〵。憤慨す。御予定通り二見御着。二見館に宿下りす。由緒、御部屋十五畳、十二畳はしぞ〔ママ〕。手箱の洗面等旧式。主人、御泊所洩れの間接不平いふ。〔中村〕左洲〔日本画家〕の話。

一一月二五日（日） 八・三〇御発、四・四〇御帰京。御酒、スルメ御文庫にて頂き、部屋に帰り、官長よりTait大佐からの話きく。

一一月二六日（月） 登庁前、天野文相来庁、京大事件御詫びのこと言上方依頼、沈痛の様子なり。拝謁願出一〇・一〇―一一―Barkleyのこと、後藤式部官打合。両陛下へ、大宮様御遺品陳列拝見。午食、日米協会Union Club Barkley熱弁。次長、るす中の話、鉄道職員局長、次長訪問あり。夜、津田塾のこと、川西氏来訪。三谷評もする。皇居再建反対論きく。

一一月二七日（火） 次長、諸事打合。御召し一〇・一五―一〇・三五。官長、Sebaldとの話、Barkleyに関すること。一二・四〇―一・四五小泉氏来室。十五日首相との話のこときく。又汽車中の御話のこと等いふ。〔略〕

〔欄外〕三笠宮洋行の件にて拝謁の筈なり。

一一月二八日（水） 坊城氏来庁、日枝神社のこと。秘書課長、十七日自働車事件の処理。次長、番町小学校行幸のこと。一〇・一五―一一松本先生訪問、御進講のこと、吉田評も。岩波に立寄る。Barkley夫妻、Sebald夫妻帯同、両陛下拝謁。松平ホテルへ御使、return call。一二・四五首相邸Lunch。Barkley夫妻、Mrs Ridgway、Hussey参謀長夫妻。

一一月二九日（木） 京都知事チリメン返却、総務課にたのむ。京都知事風邪にて拝謁賜餐遠慮。三笠宮様御来室、御渡米希望、斎藤との話。拝謁少時、一一・三〇知事拝謁侍座、引続き賜餐、一・三〇頃迄。二―四・三〇行幸あと感想研究会。図書寮、本郷[redacted]然のこと。

一一月三〇日（金） 九時高松宮様に伺ひ多摩東陵の御揮毫御願して登庁。午後、御木本に「あなた」いふに（田代洋レ会長、進講）一〇―一二。五・三〇―六・三〇、馬術クラブ。巡幸供奉慰労、牛鍋。秩父妃殿下に拝謁（首相電話、一日朝めし断る）。〔略〕

一二月一日（土） 八時登庁、モーニングに替へ梨本邸へ。御祭りの後一旦帰庁、後豊島岡墓前祭へ、それにて帰宅。秩父妃殿下、三時にて御帰殿。

一二月二日（日） 〔全文略〕

一二月三日(月) 御召し一〇・二〇―一〇・四五。一一―一二、高輪東久邇大宮さん拝謁。緒方と相談、顔ぶれかへる。陛下の御招き御受けのこと。高輪御用邸につきての話故官舎立退のこと。〔略〕山岡内燃機進物総務課に返す。塚越君来室。久邇さん引越強行のこと、売物計算のこと、資金運用のこと。一一―二、斎藤惣一来訪、三笠宮のこと。野田俊作、御木本の謝罪、加藤の親類。〔略〕

一二月四日(火) 陛下、番町小学校、次長供奉。次長供奉後ビラの話。一二・三〇―二・三〇外相官邸(新聞社員五時文句了解)、巡幸模様、京大、御木本、三笠宮渡米のこと、成年行事十一月のこと、etc。秘書課長、松平氏旅行のことと皇太后宮人事のこと等。本郷課長と一処に桂、宮本のこと。〔略〕

一二月五日(水) 九―一〇・三〇小泉氏訪問、昨日首相との会談の話、官長延期の話。書陵部長、貞明皇后御歌の経過。次長と昨日のこと打合せ。首相へ上川洋の名をいふ。蔵相へ秋立太子のこと、宮殿再建時機尚早、首相との話を通知す。原田健氏来訪、山形赤湯の話、長し。佐藤喜一郎訪問、御進講のこと。勧誘、了承す。

一二月六日(木) 山梨大将訪問。Depurge 願書を出すこと。久邇近状いふ、九・三〇―一〇・三〇。松本学氏、宮殿再建しつこし一一―一、御趣意難有し、個人としても時機未だ熟せず、首相と相談の上始められたし。朝より食欲なし。午、粉しかたべず、夜もあまりたべず。国警御巡幸先隊長慰労、三番町。〔略〕

一二月七日(金) 坊城大夫来室、御形見分け明細帳受領。三谷侍従長に保存を託す。清水谷女史婚意なしとのこと。直ちに大屋に手紙書く。一〇―一一・三〇部局長会議。午後、大谷正男氏に貞明皇后の書付のこと、松栄会に話すことたのむ。此人大グヅなり、驚く。次長を松村氏訪問、東久邇稔彦氏のこと、高輪は買受希望とか。五―七、三番町、国警長官始め招待。

一二月八日(土) 内閣本府二十年永続表彰の話あり。〔略〕

一二月九日(日) 九時発、葉山行、十時四十分頃着。侍従次長と話す。陛下御不例。Gown にて拝謁一一・一〇―一一・五〇。食事、侍従次長等に開新堂持参。一時発、辻まつ氏方五十分位訪問、〔略〕内親王様先生のこと。Mrs Rhoads 訪問約一時間。内親王様先生のこと。帰宅〔略〕。留守に二見館左洲、色紙及伊勢海老持参。

一二月一〇日(月) 〔略〕侍従長に御不例のこと打合す。十二日御還幸とのこと。松井秘書官ダレス午餐のこと首相の意をもたらす。山岡氏行幸挨拶。午帰宅。安倍、小泉と三人、例の問題会談、一二通文章作ることとなる。帰庁、侍従長、次長、式部官長とダレスのこと相談。本郷課長来室、揮毫のこと。三井部長、千葉の同下[redacted]のこと。石川課長、岩波写真文庫のこと、次長に例の文章経過話す。六—八・三〇新聞招待。三番町。松井氏に電話す。此日三笠宮より御電話、首相にあふ、前洋行につきあひたしとのこと。〔略〕

一二月一一日（火） 官長、Sebaldと話せしこと内報、伊原より来信見せる。同返書書く。此日皇太后宮職廃止委員会、次長出席（参）。〔略〕職員組合長等三名、年末五千円要求書持参、次長、秘書課長に渡し、内閣へ取り次ぐこととす。次長、皇太后宮職処理の結末聞く。〔略〕

一二月一二日（水） 松井へ自宅より電話、十八日のこと未定。書陵部長、歳末金の礼、岩波の返事予想。〔略〕二・三〇還幸御出迎す。Sebaldより電話。〔略〕

一二月一三日（木） 官長、Dulles坂下門か二重橋か。一〇・一〇—一一、御文庫御召し。小宮来室、十二時十五分前に参集所へ行く。学士院御陪食、高松様、首相、一二—三・〇五。次長、東宮様と新聞団の話。帰宅後、永積侍従電話。林博士御見舞のこと。〔略〕

一二月一四日（金） 〔略〕一〇—一二、松本博士、電力事情御進講陪聴。一二—二・四〇、東京会館Dulles歓迎会。久邇邸御礼参上、朝融王に御目にかゝる。Ridgwayへの七宝花瓶。後藤課長、Ridgwayなし。坂下門、Morning三件きめる。御召し拝謁三・五〇—四・一〇。侍従職と打合。

一二月一五日（土） 投書的熊沢天皇援護者及右翼的、秘書課へ。南原氏退任挨拶、一〇—一〇・四五。一一—一一・三〇、竹田恒徳来室、外遊の話、日光へ行幸啓のこと、高輪御殿処分済とのこと。次長に衆議院委員会のことをきく。秘書課長、高松様六〇〔、〇〇〇〕—届けた話、近頃宮内庁届く。万世の為太平を開くに当るもの御発表必要論（abdiの反対）。数名に委嘱して作成すること。午食後、沖中内科に林博士見舞、御思召スープ伝達有の儘いふ。〔略〕助九郎挨拶に来る。大正天皇詩集の礼。

一二月一六日（日） 終日在宅、例の文章を試む。粗雑未定稿出来す。〔略〕

一二月一七日（月） 〔略〕御召し御文庫一〇・一〇—一一・三

○。次長、小泉氏等招宴のこと。〔略〕兵庫知事来訪、何の意味なく菓子貰ふ。侍従次長来室、懸案いろいろ、ローヅのことetc。秩父宮妃殿下御来泊(可なり長く御話いろいろ承る)。

一二月一八日(火) 内廷会計検定会議一〇—一一(会議中御召しあり)。首相一一・三〇内奏、一二・二〇すむ。表三の間にて顔合す。Dulles 一行御陪食一二・三〇—二。Dulles 夫妻、Smith 夫妻、Sparkman。Sebald、外相とあと宮内側。三—四・三〇学習院評議員会、安倍に例の原稿渡す。(御召し明日に願ふ)。昨夜二重橋ちん入の話。〔略〕例の原稿推敲す。

一二月一九日(水) 九・三〇矢内原新学長来庁、三谷にも。佐藤喜一郎御進講、タイのこと、銀行のこと。一〇—一二、序に池田成彬の家、秩父さんにと、吉田首相の話、華頂氏復縁のこと。菊栄親睦会来会の東久邇宮様の御面会、御召しの為他日に願ふ。二・三〇—二・五〇拝謁、昨日御召し二回御延し願ひしもの。三・三〇—四・三〇佐藤議長来室、Dr. W のこと、佐藤清彦のこと。一旦帰宅、みしと三番町、松平氏の為外交団 Reception。〔略〕朝、葉山ノルウェー人ちん入のこと、午後自働車事故のことをきく。

一二月二〇日(木) 次長と長寿者特典のこと。昨日の外務次官の話のこと。官長、東久邇若宮新木のこと。御召し一一・〇五—一一・四〇。高尾に御話のことは考へて居りますと申上ぐ。〔略〕秩父妃殿下一二・三〇—三松平官長送別、後藤式部官御相伴。約束の皇居再建の中村元督、松本学来らず。東久邇氏の希望ケ丘訪問四・二〇—五—〔二文字伏字〕離婚の事、高輪払下のこと、訴訟遺憾の事も表明、わるかつたとの事。民主的貴族的のこともいふ、早寝。勝沼電話、順宮様のこと■でよかつた。

〔欄外〕塚越来庁。

一二月二一日(金) 緒方竹虎来庁。九・二〇—一一。御召し、一一・〇五—一二、二回御陪食一二—一・三〇。佐藤議長来室、共同友人の件、仙台東北帝大のこといふ。次長、予算査定の今後につき協議。復活要求の件。次長及秘書課長に秩父様今冬の場所、紀尾井町のこと相談。秘書官、久邇引越、五升持参。〔略〕加藤博士、貞明皇后のことにて来る。

一二月二二日(土) 〔略〕小泉氏訪問、例の草稿渡す。東宮大夫更迭のこと一寸いふ。〔略〕

一二月二三日(日) 一〇・三〇—一二、越ケ谷 Duck netting、予備隊関係。帰宅後及出掛前、Gespräche mit dem Kaiser〔ドイツ語、天皇との会話記録、拝謁記を書いたの意〕三日間分。四、伏見家へ御礼。四―五・三〇東宮仮御所へ御祝、食堂で小泉、野村等、旧職員、小山、緒方等と雑談。MacDonald の話、Dulles の話、Sparkman の話他、同成術《〔ママ〕》の話 etc。〔略〕

一二月二四日（月） 社会事業御奨励、十五団体に賜金伝達。上野陽一挨拶。同上懇談会一一―一二。〔略〕御召し一・三〇―二・四五。侍従長と話す。改造の情報きく。〔略〕ニュースの後、部局長会、松平、坊城送別会。朝坊城来室、次長予算復活の結果。〔略〕官長に陛下の調査下命事項約せる統率《〔帥〕》権のこと。

一二月二五日（火） 〔略〕御文庫御召し一・一〇―二・一五。三輪小十郎来庁。二世部隊映画見る、六時過ぎる。〔略〕

一二月二六日（水） 認証式前五相にあふ。首相にも。官長 Spellman 拝謁の話、首相乗気とのこと、再考を促すこととす。関口勲来庁。二時御出門、三時四十分、葉山両殿下附属邸に拝謁、六時過帰宅。

一二月二七日（木） 官長、スペルマンのこと、次長予算折衝の結果と土器杯のこと。皇居再建声明のこと、自働車過失のこと。竹田さんスケート選手来室。〔略〕二・三〇―八・〇〇、例の文案、小泉、安倍二君と夕食。〔略〕

一二月二八日（金） 御用仕舞にて弁当後一旦帰宅。四―八、参議院議長官邸にて戴〔数文字分空白〕。田中長官と高碕〔達之助〕元満重総裁、共産党の話、すごくもあり。〔略〕

一二月二九日（土） 終日在宅。例の書類推敲。〔略〕

一二月三〇日（日） 九・二一発、電車中サンドイッチ、沼津御用邸内親王様御機嫌奉伺。御相伴仰付けらる、ライスカレー、サラド、温菜、果物、紅茶。泉屋クッキー持参。約二時発御殿場、三時両殿下拝謁、クッキーと飯野のグレープフルーツ五個、夕食妃殿下の御相伴。六・一二発帰宅、新橋九時。鵠沼御邸の件御相談、御金融のこと etc。久邇様よりカステラ、大妃殿下入船堂賜ふ（蔵相秘書官電話）。

一二月三一日（月） 九発、葉山行き、附属邸両殿下御献上クッキー〔略〕。侍従長といろいろ話す。戴[redacted]のこと、皇太后宮職のこと、スペルマンのこと etc。拝謁一一・四〇―一二・一〇。弁当たべ、三時過帰宅す。〔略〕

一九五二(昭和二七)年

一月一日(火)　一〇・二〇―一一・三〇次長等、紀尾井町官舎組全部と秘書官。一―二帝国ホテル Ridgway の Reception〔略〕。久邇さん西落合に年末賜品御礼言上。黒田式部官、Ridgway 親書、賀状のことにて来る。二日、官長、副官迄答礼のこととなる。〔略〕

一月二日(水)　終日在宅。〔略〕松平氏送別会に招待、七―一〇・三〇。例の作文一寸見せる。

一月三日(木)　九時頃葉山に向ふ。拝謁一一―一一・三〇、附属邸に至り、皇太子殿下、義宮殿下拝謁、東宮様無表情、義宮お言葉振よろし、此こと野村大夫等と話す。両陛下附属邸へ御成りにて、供奉連とライスカレー食べる。二・三〇発、途中林春雄博士弔問して五時頃帰る。徳川邸へ年頭、〔略〕帰宅六時頃。七・三〇―一〇・三〇 Redman 方 Dinner、官長、送別の話、Prof Lyelle、Mr Pakenham、Mr Goodman、荒川夫妻。〔略〕

一月四日(金)　初登庁。次長と菊栄親睦会のこと、東宮写真のこと、message 形式のこと等打合す。官長、東宮様用度、秩父高松宮服地は注文等にてポンド貨を若干通為替認められたしと一万田総裁訪問話す。同意す、三十万円迄として。十一時頃帰宅す。秘書課長に近衛氏家のこと、鵠沼なら金釦のこと、溝口に連絡するやう話す。〔略〕小畑君挨拶に来る。部局独立せぬこと、総務課と打合のこと etc 話す。夜、例の作文推敲。

一月五日(土)　朝官長より電話、三〇万限度の話を昨日御始定、尤もとして取扱ひしとか。九・三〇―一一、小泉氏来庁、菊栄親睦会御断りの話、高松さん御招き提案何れとも返事せず、写真一件、回収焦慮せぬこと賢明といふ。新年第二版を渡す。松平が決定不賛成のこと話す。林春雄氏祭費〔略〕、侍従小畑等の秘書課書類。一旦帰宅、羽田に官長見送る。吹よせ入船堂二罐賜る。〔略〕

一月六日(日)　九・三〇―一〇・四〇、秩父さん溝口来訪、藤沢に新邸買入資金一御所費〔略〕立替の件、登記のこと注意す。午食後一時発鴨場行、国警連中。

一月七日(月)　首相へ手紙、牧野伯石のこと、経済会議のこと、作文のこと。野村証券前田といふ人来る。証券信託のこと断る。日銀木尾氏来る。三百ポンドのT．T申込書三通に長官として署名す、捺印も。追加扱ひといふこと。東久邇盛厚さんの話、新木は木戸、斎藤す〔ママ〕。Spinks 電話。次長に秩父さん〔略〕のこと、経済会議のこと、西川祭祀料、十日の会合のことといふ。塚越氏来室、久邇さん近況報告。後藤課長、Girl Scout 皇后さま拝謁断りのこと、外交団鴨のこと。朝日、毎日年賀。侍従長来室、作文みせる。重光秘ならよしとのこと、秘書課長、高松さんのこと、秩父さんのこと。夜。七日七―一〇、次長、鈴木氏と鼎座、皇太子様妃殿下の範囲打合第一回。

一月八日(火)　一〇―、Spinks 訪問(坂下門パスの為、来訪を便宜訪問となる)。葉山第二事件謝罪文、大覚寺のこと。今井来室(雑談共産党)。三谷侍従長、改正案の話。佐藤元侍医頭、小畑転勤の礼。〔略〕宮殿打合会二・三〇―五・〇〇。徳川侍従来室、内親王様のこと。〔略〕

一月九日(水)　〔略〕保野氏カルカン献上に来る。明治天皇紀よむ、一・三〇―三・〇〇西川正治会葬。次長、皇太子赤十字社名誉社員のこと、鉄道早発のこと、大膳一月十日のこと。

一月一〇日(木)　午前中何もなし、明治天皇紀よむ、参考となること多し。〔略〕次長と成年式のこと、経済会議のこと etc。五―八、三番町、高松、三笠両宮御招待、侍従長、次長、高尾課長、両宮御機嫌よし。皇族費改定次長御説明す、宮殿綜合計画、観桜会の話なごやかし。

〔欄外〕〔略〕夕、皇族御招きす。

一月一一日(金)　八・四五発雨中葉山行、侍従次長と対話後一〇・五〇―一二・〇五拝謁。カルカン賜ふ。供奉員に入船堂持参す。〔略〕夜、陛下との御話要領書きのみにて早寝。

一月一二日(土)　三木守人氏来訪、筆屋献上のこと知事にといふ。Sebald、Dulles 賜餐の御礼を伝ふ。返事出し葉山へ届ける。後藤氏比島へ message、高松さんのこと、経過報告あり。午食後〔略〕、多摩東陵工事視察、多摩陵にも参拝す。秩父妃殿下の為、肉を買ひに松井迄車たのむ。〔略〕

一月一三日(日)　〝天皇陛下〟をよむ。朝妃殿下に御挨拶申上ぐ。〔略〕

一月一四日(月)　妃殿下に御挨拶して登庁。手紙天野、本の礼。岡部せんべい礼、軽井沢修繕見積りのこと、高木八尺へ報告。〔略〕学習院理事来訪、月謝値上に付、報償値上の話、山口院長、政府の賞金、宮内庁と同額の話、行幸願へぬとき御名代の話。〔略〕次長、十七日御供のこと関屋衣子のこと、久松のこ

とetc。緒方電話、大雨中。〔略〕

一月一五日（火） 終日在宅、例の作文。三谷の意見参考として取入れて、新年第三版と首相謹話第一版。〔略〕

一月一六日（水） 〔略〕御文庫に葉山よりの御帰りを御迎えす。〔略〕

一月一七日（木） 〔略〕三・三〇—四、山口県防府市長報告に来庁、四・一五—四・五〇水島教授帰朝挨拶に来室、文部次官日高氏来室、近藤直人氏のこと、次長に話す様話す。〔略〕

一月一八日（金） 一〇—一一・三〇経済会議説明要領等会議。次長、経済主管、主計課長、管理部長、監理課長、秘書課長。会議中御召し故拝謁一一・三〇—一二・〇五、勝沼博士来室、徳川侍従来室、英語教師のこと、Rhoads御陪食のこと、岡山行母娘のこと、花蔭亭にて池田を東宮様等に御紹介のこと、学習院寄附のこと、照宮様自動車事故のこと。〔略〕

一月一九日（土） 〔略〕重光果物のこと秘書官にいふ、メロン二個、三谷持参。塚越来室、一一・三〇—一二、久邇さん、かじに又かつがれる話。〔略〕

一月二〇日（日） 終日在宅。〔略〕

一月二一日（月） 〔略〕一一—一二、皇室経済会議。一二—一・二〇同御陪食。植氏と牧野墓地を見、石のこと考へる、現場にて。認証式後、本村裁判官来室、岡本愛祐来室、定員のこと恩に着せた話、皇室経済のこと、東久邇さんのこと。御陪食中に橋本挨拶に来た故、橋本厚相辞任自邸挨拶。六・二〇—一〇・一五、東久邇稔彦王、緒方氏来邸和食。

一月二二日（火） 〔略〕開会式行幸供奉一〇・一五—一一・三五。午後、工藤壮平氏来室、呉羽山大正天皇詩碑の話〔略〕。〔略〕此日、開会式るす中橋本次長訪問、経緯語る。〔略〕

一月二三日（水） 一〇—一二、午食後、一—二・四〇大公使信任状捧呈式次第の会議。御召し二・五〇—四・一〇拝謁。皇室経済会議の様子等。会議中、中川大阪管区長挨拶。

一月二四日（木） 御召し御座所、一〇・〇五—一〇・二五。来室、侍従次長、高木御用掛、宮廷服の話、洋服の話etc。一〇・四五岡谷順之助氏来訪、秘書官にきいて貰ふ。熱田神宮寄附のこと。牧野伯三年祭、墓前十一時。首相官邸目黒一二・三

○―二。親類八人の外は、樺山老と〔川合〕玉堂画伯との三人のみ。山梨大将来室、Depurge 報告のこと。邦昭氏嫁さがしのこと。五―八、三番町、青木、塚越、朝融氏に東日本国土開発総裁のこと苦言、内容証明の話をなす。後、四氏二殿下の外、二顧問、山梨、保科、飯野社長、一同三人、大協も同様、次長、秘書課長、秘書官とも十六人。

〔欄外〕森戸来室（小泉礼讃、学習院教授陣と東宮教育、三笠宮の思想傾向）。

一月二五日（金） 御召し御座所一〇・二五―一一・一〇。鈴木部長、[redacted]の経過、九条文書のこと。来室、津島寿一比行きの挨拶、飯野海運昨夜の礼〔略〕。竹田宮、洋行御挨拶。紀元節の話、新聞に在り。御署名、次長に話し、文部省にいつて貰ふ。本郷事務官に天理教真柱及〔空白〕氏宛手紙渡す。

一月二六日（土） 九・三〇―一〇・四五、川西氏来庁。次長、剣木訪問紀元節問題済んだとのこと。昨夜来のこと、入江侍従を経て奉答。〔略〕読売記者、宮内庁病院のことにて来る。〔略〕

一月二七日（日） 侍従長、秘書官と同車。周子をつれ、越ケ谷鴨場英大使及館員。〔略〕

一月二八日（月） 次長、静岡県知事訪問、緑の会のこと、秩父邸のこと（高尾氏を以ていふこととす）。鈴木書陵部長、華族名簿、黒田、Clutton 招待のこと、大宇陀行幸記念碑のこと、すぐ書く。西崎岡山副知事挨拶。林総監新年あいさつ、予備隊の話一寸きく。用度課長、賜り銀盆見本を持参。陛下御不例、御文庫に行き侍医にきく。東久邇両殿下参内、安倍に論語講義断る。佐藤清亮に返事書く。大要、佐藤議長に連絡手紙出す。

一月二九日（火） 快晴にて侍従長、秘書官と同車。九時発新浜鴨場にゆく、午食中雨ふり出す、濠州大使始め外交団四十名位。帰庁。〔略〕Blyth 訪問〔略〕稽古中止とす。

一月三〇日（水） 〔略〕次長来室前、外国信任状、各論のこと。青山御所、実証の話、etc、伊原氏航空便来る。英国 civil list の調査書、次長に渡す。礼状かく。高瀬、青山一一・一五―一二・二〇久邇さん、ム〔ル〕チ事件。谷口国警次長挨拶。〔略〕一―三、衆議院議員内閣委員会、宮城の中一覧及改正案説明。書陵部長、豊島岡盗難事件、次長にム〔ル〕チのこと話す。秘書課長、経済法改正の説明。ＥＳＳにゆく。五―八、三番町、小泉、安倍、松平、坪井、山梨、三谷、野村、黒木と長官、次長、懇談。

一月三一日（木）　塚越氏、一一・三〇―一二迄。高瀬氏、青山の久邇さんの話をする、far eastern とか一寸心当りいふ。二―三、小熊　捍《まもる》〔国立遺伝学研究所所長〕、遺伝研究所行幸申出。高橋真男来訪、久邇、塚越をやめてくれとの話持参、笑つてたといつて下さいと返事、不調の話 etc きく。此時秘書課長、秩父宮家訪問のことときく。静岡県にて百万円買受の話 etc。五・三〇―九・三〇東久邇、緒方、入間野、次長、秘書官六人会食。〔略〕

二月一日（金）　〔略〕次長、車買入のこと、学習院月謝のこと etc。国警次長、賜物の挨拶に来室。午後、図書寮催し展示会一二・三〇―一・三〇。午後、次長来室、清明寮コックのこと。〔略〕

二月二日（土）　〔全文略〕

二月三日（日）　〔略〕一〇・三〇―二、Duck netting。埼玉猟場米国外交部。〔略〕大隈とリーダーズダイゼスト編集長に紹介名刺。〔略〕

二月四日（月）　〔略〕登庁前、女官長、高松女官等四人挨拶、下賜金運用のこと及結婚のこと一寸ふれる。一二・三〇―一・〇〇帰宅。秩父宮妃殿下拝謁、伊太利の件、瑞典の時 Companion のこと。午前一〇―一〇・三〇御召し拝謁。一〇・三〇―一一・三〇馬車実地に見る。本郷事務官来室、天理教のこと。認証式の三人挨拶に来る。

二月五日（火）　新聞見る内御召し、御文庫一〇―一一・三〇。一一・三〇―一二・一〇常侍官室にて女官長と久邇さん話、皇后様の御言葉。食後次長、今朝検事正訪問の話。高松妃殿下参内。後、次長と両人にて拝謁、御文庫三・三五―四・一五。久邇さん訪問、置手紙、明朝訪問の旨いひおく。

二月六日（水）　九時久邇氏訪問、追及一時間半。一〇づゝ青木、塚越のことといふ、帰途青木一男氏訪問るす、次長に経過報告、青木訪問のことたのむ。一時発鴨場行、Amb Rusk Ass Secretary Johnson 一行。五時帰宅、発熱気味、早寝。英国皇帝逝去の為、新聞通信社より電話引ききり無し。次長に頼み出ず。次長、黒田に電話し、先例等調査方たのむ。

二月七日（木）　〔略〕一〇・三〇出勤す。熱まだ三七あり。次長、式部、後藤、侍従長と相談、偶御進講の松井氏同席、田島、Dening 御使することとし、首相の意見きく、ＯＫ。御裁可を仰ぎ三・一五英大使館にゆく、御使でなく記帳す。御研究所迄御報告し、早帰り早寝。秩父妃殿下電話、英大使館必要なしと申上ぐ。

二月八日(金) 九・三〇出勤、次長に昨日の国会のこときく。御召し一〇・三〇—一一・四五。加藤虎之亮氏に論語のことたのむ。〔略〕永積侍従紹介、久邇さん関係、末永一二三及春日井来室、両顧問に行けといふ。次長来室、いろいろ話す。

二月九日(土) 九—一〇・三〇青木一男氏訪問、昨日の東日本開発のこと及先日来のムルチのこと話す。同車登庁。徳川侍従、順宮様家具のことの打合。鈴木部長、怪漢豊島岡に潜入の話、天理教出版のこと、大宮様歌集のこと。黒田氏、十五日Cluttonを十二日にすること、一五日近く卒式、両陛下御名代及供電のこと、大使館側との協議のこと。〔略〕一・三〇—五、津田理事会、小泉氏へ例の文案届ける。〔略〕

二月一〇日(日) 〔全文略〕

二月一一日(月) 九・三〇供奉車御文庫、一〇御出門。永積、山田両侍従と同車、久邇話にて知らぬ間に着。願出拝謁一一・三五—一二・二〇。食後逗子発一・五七、東京三・〇五着。神宮書類に判。〔略〕黒田氏と十五日のこと相談。次長五—五・三〇いろいろ。

二月一二日(火) 一二・三〇—二、Clutton送別会、Redman De la Mare Goodman、Smith Ross、オードブル、魚、鴨サラド、アイスクリーム水菓子、赤白、シャンペ〔ン〕に代り酒。塚越氏来訪、久邇さんのこと、天理教真柱来訪、献上のこと。五—六、高松宮訪問、英国王Memorial service御出席の旨申上げ、御名代のこと申上ぐ。彼是仰あり、次長、侍従長、黒田と相談す。予定通りと帰せしとき、高松宮御直きに電話あり、秩父さんと御相談の結果御受けとのこと。〔略〕

二月一三日(水) 三笠宮drop in。戴冠式御名代どうするか、外遊にとつては最もいゝ機会だがとの御話、いつだか、御派遣あるかも分らず、又あつても御近い御関係の方ですかしらといふ。一一過ぎに官舎へ帰る。黒田氏、高松邸にDetail打合済にて待ちあり。一一・三〇Dening大使来り、Royal messageを持参、直ちに侍従長を経て葉山へ申上ぐ。高松両殿下、御名代のこと、花のこと、awkwardをなきこと確めのこと申上ぐ(Dening座席のことといひたり)。一—一・二〇佐藤議長来訪、[redacted]のこと。三—五、松谷誠氏来室、再軍備問題　五—九、官舎にて三谷、宇佐美、小泉と例の作文、次長の修正案にて論議す。(入江氏御進講計画相談、朝)次長、午後、参院内閣委員会に出席、今野の質問ありすむ。

二月一四日(木)　一旦登庁後、黒田氏と帰宅。一〇・三〇 Minister Clutton 来る。秩父、高松両殿下弔詞に対する御答礼を取次げとの話、その後[redacted]とを出し、明日の式のこと打明けて話あり。正式に高松宮両殿下御名代、秩父妃御参列のことを inform す。その足にて高松宮にそのこと申上ぐ。十二日夜分、葉山へ御用掛のこと、電話九通話との御話あり。御列予行、車の整備等差図す。〔略〕秩父宮へ Clutton message ceremony す。〔略〕七・三〇—一〇・一五英大使館、岡崎国務相、井口次官等と式部官二人。七・一五頃黒田明日の detail 報告。

二月一五日(金)　登庁前[redacted]、首相に朝海奔走の礼書く。一〇帰宅、秩父妃殿下に今日 memorial service 時間、順序等申上ぐ。一〇・三五発ゆく、最前列右リッヂウェー夫妻、左御名代両殿下及秩父妃殿下、右英国側大使各国公使等、左首相、両院議長、最高裁判所長官、各国大使閣僚等、Ridgway 御名代より後れて来る。帰りは全く御同時御同列。高松宮に御挨拶す。秩父、高松両宮に松平手紙のこと申す。宮崎厚生次官来訪、癩理事長のこと。高尾に三笠宮 Coronation のことといふ。次長といろいろ話す。

二月一六日(土)　九・四二発東京駅より逗子にゆく。雪。一一・一〇—一二・二五拝謁、二時頃発三・三〇還幸啓、雪ひどし。帰宅後、高松宮妃殿下御直電話、復命のこと如何とのこと、それには及びますまいが御電話の上、御上りも結構と申上ぐ。入浴早寝、どうも元気なし(るすに宇垣氏名刺あり)。〔略〕

二月一七日(日)　〔略〕侍従長、総務課長と九・二〇発御文庫へ。一〇御発、大宮御所御拝礼後、多摩御陵参拝。二・五〇還幸啓。〔略〕秩父宮妃殿下出仕後御来邸、帰宅前に御帰殿。〔略〕

二月一八日(月)　一〇—一一・三〇国警長官御進講陪聴。願出拝謁一一・五〇—一二・一〇。次長来室、坊城氏神宮発令とのこと、本郷課長式年祭のこと。News 映画見る五—五・三〇。例の作文試みる。
〔欄外〕高松宮妃殿下御来室の電話ありしも御進講の為御出でなし。久邇さんへ電話するもまだ。

二月一九日(火)　朝、例の作文三谷に見て貰ふ様書き渡す。帰庁の時返事あり。朝、久邇さんに電話、青木訪問強硬に願ふ。一〇・三〇—三・〇〇新浜鴨猟、Glenn 中越等、語学教授。四時発小泉邸訪問、秋山外孫死去にて留守。帰宅後食事の上、有楽座 Tale of Hoffmann、高松、三笠両殿下等。保利長官、独立式典の話。

二月二〇日(水) 小泉氏へ作文届ける。御召し拝謁一〇・一五—一〇・五五。〔略〕秩父宮より御手紙(溝口持参)。三—四・二〇女官長来室、久邇さんのこと皇后様御心配、大妃裏方にたのむ云々。御止め願ひ、久邇さんのこと東久邇さんのこと等話す。官房長官に電話、適当な方法ならばよろしかるべし、内示たのむことといふ。首相に手紙出す。〔略〕

二月二一日(木) 久邇さん、午後二時青木訪問の報あり、両陛下に経由上奏、御安意を乞ふ。侍従長室訪問、秩父さんの手紙手交考慮たのむ。松井秘書官在室に、昨日首相へ返事のこと(例の極秘作文のことを除き)心得て貰ふ。作文又も練る。〔略〕木戸日銀行員来室、東久邇若宮のこと、新木にも話したとのこと。小泉氏と三番町にて話す。秩父さん御手紙のこと、反対の方。〔略〕

二月二二日(金) 〔略〕一〇—一一・五〇水島御進講、宣伝家むき出し且少しくなれなれすぐ。侍従次長に警戒のことといふ。〔略〕

二月二三日(土) 〔略〕加藤進氏済生会のことにて来訪、次長にも話して下さいといふ。〔略〕四・三〇—五・〇〇小泉氏、昨日鵠沼訪問の話きく。〔略〕

二月二四日(日) 一〇—一一・二〇小泉、野村、黒木及次長来邸、東宮様スキー御警衛のこと。午食後、作文再検討。新版を侍従長及次長に送る。午前、芦田均氏よりKingの葬儀新聞写真送り来る。〔略〕

二月二五日(月) 〔略〕三井部長、自働車Buick二台買上のこと、綜合計画のこと、皇居内整備綜合計画のこと。願出拝謁、御文庫(次長と同席一部)一・四〇—三・〇〇。〔略〕

二月二六日(火) (野村大夫小泉電話)東宮様スキーに昨日両大人供奉の報告、万事御無事、小泉氏は午後拝謁中に来訪次長に報告さる。此日次長学習院職員仕向のこと、東宮職と侍従職と連絡のこと。御召し、御座所一〇・一五—一一・一五。再御召し、御文庫二・〇〇—三・一五。高橋大協社長来訪。外人拝謁の件、三笠さん。黒田式部官、芦田の写真の説明のこと、fisher手紙のこと。次長、広川農相母堂に喪中御見舞のこと、順宮、池田氏写真のこと、伊賀上野博覧会のこと(総務課長)、部屋割のこと、宮様旅行のこと、etc。秘書課長、九条家本のこと、鈴木部長。

〔欄外〕藤沢より返事。主計課長、所得税のこと。〔略〕

二月二七日(水) 九・二一発、秩〔父〕宮藤沢邸に伺ふ。一〇・三五頃着、御二階にてCoronationの御依頼及東宮様のこと承る。午食頂戴す。結構なる心尽しなり。二・一五発三・一一東京駅着。〔略〕

二月二八日(木) 一〇—一二平塚農学博士御進講、蚕糸のこと。食後、塚越来訪二〇—受領のこと。青木氏、久邇さん訪問ありしこと、蔵島のこと。秘書課長、秩父宮邸御椅子のこと、植木のこと、三笠宮老女のこと。高木健吉弔問、木村小左衛門へ勅使のこと。夜、作文推敲。

二月二九日(金) 外務次官電話、朝海のこと、石油会社の人拝謁、Sebaldのこと、勲章のこと。一〇—一一・一〇、安倍能成来室。卒業式行幸啓願のこと、下賜金のことは来年度に於てと話す。例の作文相談、従来のこと皆肯定。御台し拝謁一一・四〇—一二・四〇。重ねて御召し御文庫二・一〇—二・三〇。次長、天満宮のこと、次田来訪のこと。五—九・三〇、官舎会合。例の作文、小泉、三谷、宇佐美と四人。菊栄会弁当。

三月一日(土) 夜中に目覚めて作文の思付き書付ける。此続きにて作文前後の仕上げを急ぐも結論を得ず。黒田式部官、Sebaldにあひ、石油会社の人止めのこと、了解すとのこと。築地本願寺、木村小左衛門告別式、一。長谷寺、高木健吉葬儀一—二。帰宅後作文の想を練る。〔略〕

三月二日(日) 〔略〕終日茶の間こたつ。午前にGespräche mit dem Kaiser。午後十時過、例の作文推敲。

三月三日(月) 都知事、動物園恩賜の御礼に来室。御召し拝謁一〇・五五—一一・三〇。〔略〕るすに佐々木大宮司来庁。二・三〇—四・〇〇皇居巡見、侍従長来室、座談会のこと、Ridgwayのこと、堀内謙介のことetc。Newsを見て帰る。〔略〕例の作文。

三月四日(火) 御召し拝謁一〇・〇五—一〇・四〇。作文三通清書す。次長に秘書課長と作文相談のことたのむ。次長、御進講者御陪食のことetc、東宮御卒業に付御陪食のこと。五—六・三〇首相訪問、英国戴冠式御名代のこと、独立に付式典のこと、おことばのこと、信任状捧呈式のこと、服装のこと、勲章のこと、予算のこと、皇室経済法のこと、順宮様七百万円のこと、山梨大将、松平信子推薦のことetc、東宮様のこと。小泉氏邸に新版を届け、東宮御所に伺候、拝謁、御ことばあり。

帰宅後、朝日園田副民、放送局松井来訪、朝日コロネーション、秩父様御健康、東宮御遊学いふ。

三月五日(水) 一〇―一一、次田氏、町田局長来庁、次長と共に、本丸のこと及青山専用線のこときく。一一―一一・三五御召し拝謁。一一・三五、一旦帰宅、秩父妃殿下に、直訴の要なきも手続上六ケしきことあること申上げ、殿下にお伝へ乞ふ。一二・四五―三、Swedish Legation Lunch 妃殿下と同車。御文庫へ御召し拝謁三・二〇―四・二〇。四・三〇妃殿下、椅子御覧に御来庁。〔略〕

三月六日(木) 一〇・一五―一一、御召し御座所。おことば八紘一宇的、入江侍従と久邇さん北辰教の話。次長拝謁、恩赦のこと。一二―二、青松寺角正、牧野精進料理。二―三、侍従長、次長、小泉氏、東宮様のこと。三―四、侍従長、次長といろいろ、四―四・三〇共同岩本氏。chancellor のこと、永積侍従、久邇さんのこと。五―九・三〇次長、高尾と官舎にておことばのこと、若い人の感覚のこと。

三月七日(金) 野村大夫来室、清水侍従のことといふ。御召御座所一〇・一五―一一―戴冠式日取のこと御下問 etc、久邇さん北辰教のこと。常侍官室、黒田氏 Redman 礼書。鈴木部長来室、大宮様歌集のこと、正倉院出張のこと、御式年祭のこと。昼食ぬき、午後帰宅。人事、飛鳥井、久松の話 etc、病院のこと、御進講御陪食のこと etc、英国雑誌、おことば案推敲。

三月八日(土) 願出拝謁、御文庫九・四五―一〇・一五。飛鳥井、久松引導渡すこと etc。広幡元大夫来室、東伏見宮大妃殿下足のおけがと御遺言のこと、その他東久邇、賀陽の差、鎌倉にて阪田何ももくろみ深川料亭、近衛も関係とか、いろいろ元皇族の話。次長、二十七年度内廷予算のこと。秘書課長、三笠さん来庁の話、おことばのこと etc。〔略〕

三月九日(日) 終日在宅、おことば作成。〔略〕

三月一〇日(月) 〔略〕九―一一、高尾氏来室、おことば、高尾案をきゝ、若干意見いふ、飛鳥井のことときく、共に登庁。一一・〇五―一二・一〇御召し拝謁おことばのこと、久邇さんのこと、式の後に手紙のこと、高尾に陛下のこと話す。一―二・三〇宮殿改装実物直検、内廷会計二十七年度実行予算、次長と主計課長。〔略〕小泉氏訪問、次長と相談決断のこと。〔略〕

三月一一日(火) 鈴木部長、安倍正倉院評議会長訪問の話、小宮、上野直昭同行の話。宮崎厚生次官と次長と来室、癩の会の陣容のこと、高松宮のこと、下村会長、高野理事長浜野常任理事のこと、長官顧問は次長の考のことといふ。勝沼博士に、東宮は洋行に堪えるやの心得にて拝診のことといふ、午後堪え得との返事あり。〔略〕御召し二・三〇―三・〇五。〔略〕総理と四・一五迄会談。新木五―五・四〇、東久邇辞退のこと。

三月一二日(水)　田畑氏来て貰ふ。小畑氏来室、佐藤[redacted]、三谷来室、葉山行幸のこと、Crown Prince 健康上差支なきこと等話す。Illustrated News 貸して貰ふ。一一―一一・三〇日銀、副総裁に新木辞任及盛厚氏のこと話す。拝謁御文庫一・四五―二・五〇。入江侍従に盛厚及照宮様のこと話す。総務課長、十七日主務官、係、週間行幸のこと、独乙祝典の話あり。〔略〕

三月一三日(木)　九・三〇松井秘書官。一〇―一一、小泉、野村、皇太子学業上奏侍座、小泉氏と一寸話す。一一・三〇―一二・三〇東久邇盛厚氏に新木に仕向のことと元皇族品位のことといふ。〔略〕二―四、小林正一郎会葬、日銀東宮参観のこと二見にいふ。〔略〕次長とテニスコートのことetc。帰宅おことば練る。芦田直披くれる、国防[redacted]けと。
〔欄外〕次長に厚生次官へ事務費増加せぬこと、Ridgway 会見ランチのこと、米国のあと英国答礼なきこと、Sebald その儘のこと。

三月一四日(金)　登庁後新聞をよみ、Sir Christopher Chancellor 拝謁前一寸あふ。一一―一二、加藤博士とおことばの事話し、加朱依頼、新旧二稿渡す。入間野氏来訪一―二、三笠、鷹司、朝香、東久邇のことをきく。松井秘書官来室、Sebald 拝謁、極秘の件、不能且此際なき方よしと、一応口実は御風気とすること、Ridgway も御風気にて二十五日迄と松井氏先方へいふとのことに同意す。北海道知事御進講のこと三谷申上ぐ。御召し三・一〇―四・一五。次長、東宮様 escape 事件。帰宅後秩父宮妃殿下拝謁。六・一五発村田、松平康昌出迎ふ。

三月一五日(土)　朝、次長に電話、小泉訪問たのむ、小泉にも電話。登庁。三谷に東伏見けが御見舞のこと、escape 其後のこと、松平へ御酒賜りのことetc。次長、小泉訪問の結果きく、小泉始め案外黙秘せり、但し殿下も学友も野村御小言とか。〔略〕松平挨拶に来室。斎藤国警長官、樺山更迭のことをきく、平素の主義いふ。次長にもあふ。日銀秘書役、東宮御見学の打合、〔略〕るす中小泉氏来る。〔略〕

三月一六日(日)　終日在宅。一〇―五・三〇式部官長来訪、渡欧報告、Sebald へは写真を頂き〔し〕こと。Coronation 御名代の話、吉田首相、供奉長までいひしこと(名は秘す)。英国

Memorial service の経緯、おことばのこと等話す。侍従長に御写真のこと打合す。

三月一七日(月) 〔略〕多摩御参拝に供奉、一〇―一一・五〇。秩父妃殿下御上京、御眼にかゝらず。三・三〇―四・三〇内廷予算会議。松平式部官長に両陛下の御写真渡して持参して貰ふ(電話報告あり)。加藤博士、おことば加朱分につき打合せ、五―六。食後、加藤博士加朱分を浄書研究。

三月一八日(火) 九時頃 Sebald 訪問、面会して bon voyage いふ、陛下に御礼言上方依頼あり。一〇―一一北海道知事災害進講、知事中々よろし。〔略〕秘書課長、次長より京都事務所の乱脈きく。三―四、石清水八幡宮司来る。五―九・三〇黒田におことばの意味説明、経歴話をやる。〔略〕一一迄おことば推敲。

三月一九日(水) (加藤博士へ出状)新木栄吉来訪、奥より御菓子下賜の御礼に参上とのこと、侍従次長に引継ぐ。東久邇御夫妻、新木訪問、記念品ありしとのこと、又その時充分意見を開陳したとのこと、山梨大将、追放解除の挨拶、堀中将等のこときく。次長と同道拝謁、内廷会計のこと、後、単独に拝謁、照宮様のこと(野口明のこと)。午食後、首相に手紙書く、Sebald 御写真のこと、Ridgway 御訪問のこと、松平旅行の礼。二時御出門、供奉強雨、三・四〇葉山御着。五・〇六発、強雨中新橋に帰京。

三月二〇日(木) 秘書官に日銀、教育のこと処理たのむ。侍従次長に鷹司家、入間野報告書手交。入間野、新木等内廷御仕向の話、照宮のこと。次長、昨日次官会議で菅野が捧呈式のこと何かいつたとかの話。東大寺管長来訪、協賛会発起人断る、顧問返事留保、正倉院展観日繰上げ、六ケしいと思ふか話す。〔略〕小泉氏に最終案送る。〔略〕

三月二一日(金) 〔略〕一一―一二、小泉氏来訪、明日首相、東宮様拝謁のこと、東宮様報告のこと、おことばのこと(皿を割つた女官とのこと)。首相秘書官電話、米国批准のこと、Dulles へ首相電報に陛下の御言葉を入れる御許しのこと。葉山へ電話し、後、杉浦秘書官に電話す。〔略〕

三月二二日(土) 九―九・四五、馭者、舎人等服装会議。一〇―一一、次長、人事異動案きく。一一時発一二・四五葉山着、願出拝謁一・四五―二・二〇。小泉氏と東宮首相に賜謁のこと相談。首相、東宮に、後、陛下に拝謁、其後首相と打合す。Ridgway 御訪問やめ御招きのこと、東宮様戴冠式のこと人選再主張、信任状捧呈式了承済、宮内庁人事、発効後親電等のこと、Dening無挨拶のことetc。松平拝謁後、御召し拝謁六―六・一五、御相伴六・三〇―七・二〇。大磯に行き、八・四〇―九・二〇迄用談、帰宅十一時。Ridgway二十七日一二・三〇のこと、朝鮮李王のこと、久邇、東久邇若行状のこと、拝謁しばしばのこと、陛下御心配のこと、朝鮮戦況のことetc、Ridgway手紙に陛下御満足のこと、首相、昨日の電話のことトンチンカン。〔略〕

三月二三日(日) 松井にRidgwayのこと、松浦[redacted]次のこといふ。終日在宅。〔略〕

三月二四日(月) 次長、石川へ通知のこときく。京都会計課長のこと。秩父宮妃殿下、皇族休所に御召し、松本季三志のこと、結核大会皇后様行啓のこと。高松宮御来室、五、二一、大阪児童福祉会行啓のこと。佐藤恒丸、礼解除。鉄道列車課長挨拶。高木御用掛、御服装のこと、話題常識御進講のこと、女官服装のことetc。侍従次長、三谷の話及二七日のこと。一―一・三〇松平、首相のこと、四―四・三〇、二度[redacted]いふ。一・三〇―四・〇〇松平洋行談の会。〔略〕

〔欄外〕次長へ厚生省。

三月二五日(火) 二七日案内のこと、式部官長と打合。二八日席次、田端より。二七menu秋山。一一・一二発にて葉山行、御召し一・三五―一・四五。還幸啓供奉、三・三〇御着。次長、石川の話、順宮様御茶の話。栃木[redacted]長挨拶。三階緞帳切れ等見る。〔略〕高松宮御都合伺ひ、結日に付、書面にて大阪へ行啓駄目のこと申上ぐ、此手紙持参、吉島事務官に渡す。

三月二六日(水) 八・三〇発御文庫へ行く。九・一五、御文庫御発、学習院行幸啓、皇太子様、順宮様御卒業。首相、天野、ニュージェント祝詞。午少し前還幸啓。〔略〕田村儀典課長、Murphy、Agreement、三谷と打合す。〔略〕次長に人事異動経過きく。願出拝謁御文庫二・五〇―三・四五。呉竹に御祝による、御留守。高松さん御直御電話あり、松井、田村同意。Deningのアグレマン書類持参。次長、萱野と会見のこときく、五月三日の式のこと、信任状捧呈のこと等。六時退庁後高松邸拝謁、新聞の投書関係のこと、蚕糸会総裁皇后さまのこと等、名取さんと電話、明日御茶につき一時御答礼のこと詫び、開新堂一〇〇箱斗り御祝として進上のこと話す、植に一二〇個たのむ。松井、夕刊にもれた話あり、調の上、返事す、なしと。

三月二七日(木) 登庁前常盤松に上り、東宮様に拝謁御祝詞言上。戸田侍従と西洋菓子百個、二十九日御祝献上のこと打合す。次長に昨日の高松さんのこと申し、処理頼む。御召し拝謁、吉田首相、発効前陛下 Ridgway 御訪問のこと、R. 御答礼のこときく。又 Statement のこと、賜りおことばのことの話あり。Ridgway 夫妻御召し午餐一二・三〇—三—。一万田の代秘書役石川の東京在任のことい〻に来る。出来ぬ旨いふ。次長と公使接受の話。塚越来訪、久邇さんのこと余り要領を得ず。とらやの御菓子賜る。〔略〕

三月二八日(金) 次長と接受のこと、高尾を外務省へ交渉すること、儀装馬車のこと、Ridgway 平和後の資格のこと話す。名取氏昨日の挨拶、照宮さんのこと話し、順宮様、清宮様のこときく。三井部長、葉山カーテンのこと、石川のこと、見廻り定期のこと。侍従次長に昨日陛下御話のこと連絡す。万代に松本季三志のことときく。百点との話。一二—二、御陪食、安倍、小泉大に語る、御召し拝謁。シヤム皇后の来朝の話、後藤より一寸きく、次長に話せといふ。一次長秘書課長外務省と話合のことときく。〔略〕四・三〇—五・三〇安倍訪問おことばのこと、やめる意もある話、石黒忠篤の名もいふ。〔略〕

三月二九日(土) 登庁後、次長、皇太后様伝記の人の礼のこと、一部に異議いふ、シヤム皇后来朝のこと。秘書課長補佐、式部職に課長をおく案持参。御文庫拝謁、女官特別職の拠点と衣服備品のこと申上ぐ。秘書課長、人事更迭案持参決裁す。石川忠もすべてOK。馬車図面見る。東宮御所へ御祝の御菓子献上。食後、朝日福富と雑談。〔略〕

三月三〇日(日) 〔略〕午前中書斎にておことば整理最後案作る。〔略〕

三月三一日(月) おことば案二つ次長に渡し、侍従長、高尾に見せ、次長案決定頼む。豊田喜一郎、叙位叙勲の件にて坂薫氏来訪。皇居拝観につき新井尭爾来訪。一二—二・三〇進講者[redacted]十氏御陪食。式部官長、シヤム皇后来朝接待の事、御文庫に伺ひ、七日御陪食、御車拝借の御許しを受く。〔略〕

四月一日(火) 〔略〕三谷来室、おことばの事、慰霊祭のこと話す。拝謁御座所、首相に手紙、発効直後御ことば案、リッヂウェー御訪問日取早く御知せ etc。人事異動辞令交付、松平。吉田首相訪問に付、田中記者来室。万代電話、松本季三志のこと。四時小泉氏、次長訪問とか。〔略〕

四月二日(水) 次長、昨日小泉氏との話、及おことばにつき最終的意見。野村大夫来室、銀座事件及その処理につき懇談。〔略〕御召し一〇・二五—一〇・四五。一一、林議長に緑り羽根下賜金伝達。午食後、皇宮警察新旧課長挨拶。侍従次長来室、皇后様御進講のこと、石黒忠篤のこと、日高孝次のことetc.。御文庫拝謁一・二五―一・四五。皇后宮より拝領品。三時過青木一男より電話、久邇さん東日本との関係の事報告あり。松平式部官長来室、首相訪問の事、御和装のこと、首相評、読売記者の事等。

四月三日(木) 救世軍大将拝謁の件、植村司令官来訪。三谷来室、川越、坪上昨日来訪ありしとて、在倫 Ambassador 信子さんとの話きく、結局山梨と鈴木九万コムビ? 吉田首相より使ひにて、短い方おことばのこと、こちらも遂に再考方いふ。四・三〇頃帰宅。秩父宮妃殿下、シヤムのこと、ロツクフエラー会館のこと。五・三〇御文庫。松平信子さん八時まで雑談。原田日記むさぼり読む。

四月四日(金) 両陛下、静岡県十国峠植樹祭行幸啓、次長供奉。東京駅奉送迎。二回、一〇・一〇、四・四〇。山崎、村上両相及長崎〔国鉄〕総裁と話す。一一・三〇―三・三〇秋本にて松本季三志、万代、加藤武男、小泉と五人会食。松本よき人らしきも、英国供奉の任にあらず。五月二日のこと、三谷の話等話す。〔略〕

四月五日(土) 登庁後、秩父宮邸皇室用財産のこと次長に確かめ、又その所管庁は宮内庁にて、宮内庁を措きて処理出来ぬこと確認す。拝謁願出九・三〇―一〇・二〇。小泉氏訪問、おことばのこと、ロツクフエラー秩父宮邸のこと。一〇・三〇―一一・三〇次長、五月二日追悼式のこと、黒田、シヤム貴賓のこと。一時頃帰宅〔略〕原田日記正誤表、岩波へいふ。〔略〕

四月六日(日) 終日在宅。〔略〕首相に、小泉と相談の結果おことば原案でよき旨、書留速達で出す。〔略〕追悼式おことば作文。

四月七日(月) 次長に追悼式のこと、久松のこと、治安関係御進講のこと、李王賜金のこと打合す。後藤中将挨拶。八田元侍医頭挨拶、宮内庁病院のことときく。黒田氏英訳のこと、松影会に挨拶にゆき、次長に代つて行つて貰ふ。タイ国皇后様始め両陛下午餐会、秩父妃殿下も一二―二。〔略〕侍従長、追悼式御思召をきゝ、話しに来る。次長に取次ぐ、徳川侍従、順宮様岡山行のことときく。四・三〇退庁。五・一五―六・三〇迄タイ大使館妃殿下に御伴す。妃殿下御伴して帰宅食事。首相より手紙。岡崎国務相電話。〔略〕

四月八日(火) 式部、馬車駁者の帽子のこと、写真参考に見て高帽にてよしといふ。次長に吉田返事のことといふ。一〇・〇五—一〇・五〇拝謁。小泉氏来訪、吉田の返事いふ。十日三里塚行き約す。八・三〇迎えとす。田中耕太郎来室、本を貰ふ。御陪食、志賀、安倍、武者〔小路〕、小宮、小泉、長与、和辻、田中、谷川、三上、村川、家永、児玉、一二—二・三〇。此会の人花見。次長、たばこ関係接待新浜行。共同田中来る。三谷、外交に転出なきやときく、一一。

四月九日(水) 次長打合(外務次官電話 Agreement とのこと、事実上陛下の御耳に達すること)。御召し一〇・一〇—一〇・四五。侍従長室、再度御召し約十分。総務課長、行幸啓のこと。〔略〕新木君来室、松永横暴とのこと。二・三〇—四・二〇新木、青木、入間野、塚越。両陛下賜茶花蔭亭。御土産羊羹と煙草、御茶も上等アイスクリームあり。松井、ブラジル、パキスタン Agreement、侍従長と相談、御先許を得。秩父妃殿下午後御来館、高松妃殿下御来訪。〔略〕

四月一〇日(木) 〔略〕八・一〇—四・二〇、三里塚。小泉氏及植氏同車、英大使館一行。帰庁後次長に話きく。御文庫拝謁、発効時期のこと。〔略〕

四月一一日(金) 次長と午後の御行事のこと、勅使伊勢の御差遣のこと等話合ふとき、侍従長も来会、喪、神宮等のこと。侍従長、川越と再会見、小泉と石黒とあった話 etc。次長、掌典二人と来室。勝沼君一寸顔出し。首相来室、一二・一五—一二・五〇頃迄諸事打合、おことば案二通持帰る。午食後佐藤議長、法■の件にて来室。御召し二・一五—三・二〇。秘書課長、アグレマンの今後のやり方、書面交換のこと、異議なし。次長、大神宮方面のこと etc。掌典長来室、三殿御親祭のこと。

四月一二日(土) 次長、鈴木管理部長来室、打合。今後御行幸のこと、貞明皇后歌集のこと。〔略〕NHK記者来る、しつこし。〔略〕

四月一三日(日) 終日在宅。〔略〕一〇—一一・三〇坪上氏来訪、Mrs MC のこと、商事等のこと、毛並の極上を補ひ得るや疑念なきにあらず、吉田首相なぜ直接話さぬか、きいても首相任命せぬかも知れず、それでは具合あし、故に取次がぬといふ。了解するらん。岡崎のこと(御大喪)及首相 Dulles 電報のこと etc 話す。〔略〕

四月一四日(月) 首相秘書官電話、明日面談するとのこと。手紙は出さず。願出拝謁一〇・一五—一〇・二〇。女二理学博士御進講には欠。日銀一万田、McQueen 拝謁希望の内意きく。

〔略〕北海道副知事、御巡幸希望申出。〔略〕次長に〔以下空白〕夜つかれる、稍不眠。

四月一五日（火） 一〇―一一、三階修理壁紙等実施。〔略〕三・三〇松井秘書官来る。Lord Kirrean 拝謁のこと、局長連帰国のこと、Ridgway のこと話す、米原行幸碑のこと、石井柏亭画集献上、十九日皇后様馬術クラブのこと。〔略〕本日午前御召しの節、修繕見廻りの為、マーい、、昨日のことだから、との仰せありし由。

四月一六日（水） 侍従長と北海道のこと、秩父宮御食事のこと、菊栄親睦会のこと、T―カットのこと。キランのこと話す。御召し、一〇・一〇―一〇・四五。二掌典と平和克復につき神事打合せ。どうも矛盾あり。管理部長と絨壇打合。二重橋調査のこと、次長と打合。入江、明日宮様方大宮御所に御寄合のこと。塚越君来室、久邇さん注意のこと。夕方、首相よりおことばの一節削除の手紙来る。小泉氏訪問、困つた話をなす、侍従長も訪問す。秩父宮両殿下御来泊。夜、名取さんに順宮様御無事に帰京のこと電話す。

四月一七日（木） 首相へ返事を書き、その返事の原稿入れ、対案原稿をも入れ小泉氏に送付方秘書官に頼み、御文庫に行き、侍従長と打合せ、吉田と面会前拝謁せぬこととす。吉田へ手紙内容侍従長次長にも見せる。大宮御所及多摩参拝供奉、小憩中、書陵部長と新陵検分。三時過吉田首相会見申込に対し返事なし。追悼式おことばの返事来る。〔略〕

四月一八日（金） 朝、秩父宮殿下に拝謁、戴冠式御伴の人のこと全部申上ぐ。登庁。松井氏首相手紙持参、御進講にゆく。北海道知事、行幸希望六ケしきこと話す。但し一応は行事輻輳とのみいふことたのまれる。二―三・一五、外相官邸、首相と会談おことばのこと、北海道のこと（no）、ＧＨＱ局長連拝謁のこと、松平信子さんのこと。四・一五―四・五〇拝謁、神宮中の勅使のこと理論も、おことばのこと。次長に結果話す、帰宅後小泉に電話、代案考へる。松平信子さんと大使の件話す。十二時迄。

四月一九日（土） 首相へ昨日拝謁の感想書く、手紙書留にて送る。小泉氏に見せる。昨日の様子話す。大神宮来訪、喪のこと話す。一一・一〇―一一・五〇厚生相拝謁、火事、ストライキ奉告、鳥取火事一〇万円御裁可。次長に二九日のこと話す。外務次官に李王さんのこと打合す。次長にいふ。〔略〕農相三里塚大げさに驚く。〔略〕松井秘書官来訪、首相の手紙持参、Ridgway の地図のこと。〔略〕

四月二〇日(日)　御食後秩父両殿下拝謁、大宮様御歌の事、伝記の事御報告、松平信子大使のこと、大夫をなぜかへぬかとのこと、Coronation 御伴東龍太郎かとの事、おことばは六ケしい、此際やめて正月御放意といふ例よくはなきやとの事、十時頃御帰還。三笠宮御来邸、オリンピクのこと御尋あり、吉田首相は東宮様 Coro〔nation〕の外に経費は一寸躊躇せぬか、皇族費増額の経緯に見ても、三笠宮様御洋行の当然と政府側がいふまでは待ちの方得策でなきかと申上ぐ、それもそうとの事にて、此際は問題にならぬ事間接申上ぐ。四―九・三〇、侍従長、次長、小泉おことば会議、大体首相案に従ふ方よしとなる。

四月二一日(月)　次長と Ridgway 地図献上のこと、瑞典皇太子様拝謁のこと等打合す。鷹司神宮総裁来室、[redacted]平和克復神社関係の事、意見書提出。御召し一一・三〇―一二・〇〇。侍従長とその事話す。後、一年祭次第内藤式部官、二日おことば案決裁。安倍訪問二・三〇―三・二〇。おことば原案固執。小泉氏訪問四―四・五〇。吉田の意見尊重説、帰宅。おことばについての長官としての考まとめる、完全なる主権の問題。

四月二二日(火)　早朝おことば案最終整理、及首相案賛成の理由ノート作る。十時拝謁前、侍従長とその事打合す。御召し一〇―一一。首相訪問一一・一五―一二、おことばの事、陛下御軫念のこと、農林大臣三里塚の事、北海道談話の事、英語に訳すること、身上の事、緒方、石黒もいふ。松平信子さんのこと、大夫のこと。北海道鳩見会の人総務課へ。式部官長、Marquat 等拝謁のこと。陛下、菊栄会おすみの頃一寸拝謁。後藤、信任状捧呈式具体的日取のこと。新聞記者諸君と雑談、六時過迄。大金氏来訪、神様への告文に祖宗に愧づ結構(国民に対しては勇気なしと)と進言、賀陽氏借金の事。〔略〕

四月二三日(水)　〔略〕一二、海洋学御進講。一寸拝謁、祝詞の事。一文、矢尾板説明捺印。〔略〕次長におことば仕上げの事。消防おことば案。大観に画記たのむ。秘書官煩はす。五―七、岩波七回忌、一言とても駄目、あくび度出疲労困ぱい。七・三〇就床。野上女史話かける、勝沼の事、最中[redacted]よかつた。

四月二四日(木)　次長おことばの仕上げ。来月十七日喪服のこと、最近御写真のこと、赤十字おことばのこと。首相拝謁一〇―一一・三〇。その後面会、Ridgway 御訪問及答礼の事。このことの為、松井氏五時過来室。侍従長、次長、式部官長と相談す。一一、御訪問三答礼ときまる。入江氏に御歌のこと、同君随筆のこと。〔略〕式部官長といろいろ話す。賀陽のことetc。〔略〕

四月二五日(金)　三笠宮御来室、金子《きんす》自弁すればオリンピックよきかとの御話、それも不可、時期おまちの事申上ぐ。一〇・一〇―一一・三〇部局長会議、旗の問題。一―二、小泉、大夫来室。東宮様講師のこと、御召し拝謁。三・三〇―四・二〇小畑薫良氏とおことば英訳の打合せ。おことば清書、御練習用差上ぐ。〔略〕

四月二六日(土)　入江氏と喪、菊桜のこと、式部官長雑話。御出門一〇・四八、御還幸一一・五五。Ridgway 御訪問前後■つくも、他は前例通り、食後三時迄事務整理。三―三・三〇 Ridgway 訪問。その直後御召し拝謁。五・四〇頃御文庫に上る。松井から申出(Ridgway 今日の話を米国へ電報のこと、拝謁御許しを受く)。六―七・三〇御相伴、サンキスト、わさび賜る。〔略〕

四月二七日(日)　〔略〕一・二一発、秩父宮様に拝謁の為藤沢にゆく。堅い、抽象的、まづよからんとの事。従来の経緯ざつと申上ぐ。森博士、毛利公爵、竹田宮等と御茶を頂き、小田急にて帰る。夜、駕籠町に投石事件あり。

四月二八日(月)　九、高松宮邸拝謁、おことば申上ぐ。別に御話もなし、戦争の事はいはぬよし、今更平和論をいふといはれる外御話。貞明皇后御歌の事も申上ぐ。北海道支庁の人御礼。入江氏、御歌の事相談。これは午後植物解説と同時に次長に渡す。Japan Times 写真の事で一寸誤解の事きく。十一時、法務総裁拝謁後御召し拝謁。東海銀行に立寄り、農相官邸へ行く。一二―一、三笠宮様御来室、約五十分位おことばに付御熟考御説あり。結局はよし。小泉氏来室、三時頃、君主の評定。小畑の英文を黒田に示す。〔略〕御文庫拝謁。帰宅。松井氏も来訪、リ大将祝詞持参、華府平和発効ラヂオ、そして答電を御文庫に通ず。

四月二九日(火)　九時前秩父妃殿下御着。東ヶ崎氏に States のこと、Nippon Times 写真のことといふ。登庁。御文庫に拝謁、内祝詞言上及 Ridgway の手紙のこと、同氏転任御仕向のこと。庁舎にて黒田式部官とあふ。午帰宅。〔略〕林敬三氏来訪。〔略〕皇宮警察官西、来泊。真垣中山氏来訪、椎茸到来。九時頃高松宮御来邸、その内に秩父妃、高松妃御来邸、十三日のこと、十九日貞明皇后御奉遷のこと御話あり、三笠宮、おことばの意見書御持参御来邸。

四月三〇日(水)　妃殿下御召し、Lady G 皇后拝謁のこと、Lady in waiting のこと etc。九時過登庁。侍従長、同次長来室を求め、十三日宮殿下も御出席のこと、十九日のこと、昨夜のこと話す。シヤム皇后手紙の答へのこと。御召し一〇・二五―一一・三〇、再度一一・四〇―一一・五〇。次長と芸術院行幸のこと、裁判官御陪食のこと、etc。Ridgway へ手紙 sign す。〔略〕二―三、小畑氏と英訳相談。〔略〕六・三〇―七・三〇和蘭女王誕辰 party。後夕食、松井、首相の Ridgway へ御陪食依頼、一〇日として御願ひす、三谷経由。〔略〕

五月一日(木) 秘書官に英訳とりにいつて貰ふ。〔略〕朝日佐藤、お歌のこととすまぬのこと。侍従長訪問、二十七日休暇のこと、英文のこと、Ridgway のこと。松井秘書官に英訳見せる。May day 大くづれ。五・四〇―八・〇〇呉竹御相伴、岡山知事、侍従次長、徳川侍従、名取氏。御文庫にゆき、皇居前さわぎ入江侍従迄。九・三〇、金井と話す。

五月二日(金) 御文庫九・四二―一〇・一六。新宿御苑追悼式行幸啓供奉、[redacted]。プランタンより来書。一一・一五、三笠宮拝謁、おことば御意見御採用なき事言上。〔略〕信任状〔捧〕呈式書類決裁。〔略〕六―八、米大使館 Murphy 新任 Reception。一万田、渋沢米大使のことといふ、他日蔵相とも話す。

五月三日(土) 午前一時入江侍従来訪、怪文書事件、侍従長、次長を呼び黎明に及び遂にねむらず。次長に警長官〔ママ〕に報告のことたのむ。法務総裁、首相にも間接報告たのむ。九時登庁。秘書課長に話す。御文庫へ行く途中、煙突に上るを見て、次長、警察方面と連絡、又は警衛厳重申渡し供奉す。煙突の上、鉄かぶと巡査と対座す、式典は無事に終了。約一年苦労のおことばもよし。還幸一時降りて居る。しかもこれは〔一一文字伏字〕のこと。怪文書も同一人らし。次長に概況をきゝ、不取敢御詫びに拝謁す。進退は首相をへてと申上ぐ。供御、警備等指揮。帰宅。次長来訪、聖旨の話あり、その後の状況きく。三時首相官邸園遊会、五―六、首相と話す。辞職願出す。外相、米大使館の話等。〔略〕

五月四日(日) 三日夕持参の Murphy 大使の Dulles 伝言奏上の為御文庫上る一〇・一〇―一一。命に依り黒田に依頼、即日返事出す。田中清次郎氏訪問。煙突事件退身の方よしとの意見、おことばについての所感きく。〔略〕黒田氏に立寄る。此朝秩父宮妃殿下御上京。聾唖大会に御出ましになり、二時頃御帰り四時御帰藤。〔略〕

五月五日(月) 九―一〇白根松介、MRAに三笠宮御渡米の事の相談、大体大筋の当りのよろしい、余り問題にならぬ内に消して下さいといふ。了りましたとて帰宅す。加藤武男氏訪問、吉田首相との経緯を話し、渋沢だめは同感、新木よかるべしとの意見三日きく、三菱田中完三、飯野某の事きく。一時過帰宅す。宇佐美次長来訪、其後調査の結果の文書持参。いろいろ話あり、特別職は不問か辞職かの二つに一つとの事、加藤武男氏は不用論。明日部局長訓示の原稿書く。

五月六日（火） 一〇―一〇・三〇仏大使親任状呈出式、大使大礼服。あと新聞回覧す。午食後一・二〇―二・二〇不祥事件訓示打合せ。三重県知事、次長にあふ。次長進退伺受取る。貞明皇后御集の事、本郷課長。二・二〇―二・四〇御召し、三谷、新木の事話す。三・三〇―三・五〇Dening大使信任状、Redmanの外大礼服武官三人、Roberts、De La Mare。秘書課長、処分問題等、掌典長事件の親のこと。〔略〕小泉電話あり。

五月七日（水） 印度大使信任状の式一〇―一〇・三〇。御召し拝謁一〇・三五―一〇・五五。小泉氏来室一一―一二。二日夜の事も話す。新木のこと、渋沢のこと等。食後新聞、明日の主務官説明、十二日の説明、鈴木部長、玉座敬礼の事、Ridgway御招きの書類、秘書課長、旧皇族分配金の事。一―二・二〇安倍能成、雅楽の事、天野の事etc。三・三〇西班〔牙〕《スペイン》信任状捧呈式。首相参内一・三〇但し会はず。次長、三笠宮都立大学寺沢助教授釈放の件、高松宮、久邇三島行きの件、二日、三日のおことば新聞社批評の件。藤倉記者会見。首相手紙来る、陛下御取上なしとの事。外務次官、大使履歴送付。小泉と電話。

五月八日（木） 八・三〇御文庫に行く。九・〇五御出門、三越日赤展覧会へ行幸啓。一〇・二〇―一二、小泉氏訪問、今回の辞意の所以説明、今夜吉田首相に伝言たのむ。〔略〕田中徳氏、煙突事件など。次長に昨日の首相手紙、小泉訪問の心境説明、大沢無関係らしきこときく。三・三〇伊大使信任状。三・四五―四・一五御召し御座所。塚越君報告。吉田首相に小泉氏にきいてくれと頼む。次長に御召しのこと及特使御陪食案のこと。

五月九日（金） 登庁後、一〇―一〇・二〇米大使信任状式。一〇・三〇―一一・二〇、小泉氏、昨夜首相と話合ひの結果の報告をきく。浅草寺清水谷氏来訪。次長、学士院御言葉訂正のこと。秘書課長、指紋。外務大臣電話、認証式のこと。高松宮御直電話、十七日御昼飯のこと。次長、侍従長、同次長と相談、事務官迄御やめのこと通す。石坂泰三、一六日一〇時、津島寿一、二八日一〇時御進講の話をなす。明日の席次の問題等、大使認証式の話ありのびる。河田烈氏と電話、二二日午後のこと、新木の為め十七日一会催すこと秘書官に話す。高松宮、十七日午両陛下と御食事のこと断る。

五月一〇日（土） 十七日新木都合あしき話きく。儀装馬車の通過を見て急ぎ参集所にゆく。丁抹 Tillitz 赤色大礼服。一〇―一〇・三〇、次長と留任のこと話す（此朝小泉に電話し、次長同意ならば首相に留任返事する旨いふ）。次長異議なし。洋行等の話をなす。暗に将来の為万全のことをさとる様な話をなす。貞明御集出来。高松宮御電話あり、直きに十九日両陛下臨御なきかとのこと誤解の旨申す了承。一二―一二、Ridgway 夫妻御送別ランチ。首相、外相夫妻及宮内官陪す、銀花瓶一対贈らる。首相に話す、身上の件全部、陛下の multiplex もあり、怪文書極秘とすれば辞職の理由や、ぼける為もあり留任すといふ。大使出発前御陪食のことも話合ふ。三・三〇―三・四〇法王庁公使信任状呈出式。四時首相内奏す。その時田島身上も奏上す。四・三五終るを待受け、煙突犯人処置のこと、三笠宮都〔立〕大寺沢〔助〕教授釈放運動のこと話す。夜認証式、新木外三人に挨拶。十七日きまる。式後拝謁願出、留任のこと申上ぐ。〔略〕

五月一一日（日） 〔全文略〕

五月一二日（月） 朝〔略〕新聞。御召し一〇―一〇・四五。次長と諸事打合。松本駐英大使 Coronation 打合す。〔略〕天野文相来室（伊勢小学校長会の件）。一・四五御出門、三・一五還御、学士院へ行幸。次長、〔三文字伏字〕釈放遅延、精神鑑定とのこと、Ridgway 帰国に付式部官長御使、花束。秩父宮両殿下八時御着、高松妃殿下御来邸、十七日午后のこと御下問。

五月一三日（火） 次長に昨夜のこと御返事相談中、小畑来る。十七日弁当の問題何だか変なり。御召し一〇・三〇―一一・一五。其前に勝沼君来室、病院の構想話す、たばこ止めよといふ。陛下のおくせ目立つといふ（小泉と松本、東宮御所二十一日三時半といふ）。一二―一二・二〇、学士院御陪食。本郷氏と御集の話、大宮様の話。石田礼助大正詩集を贈る話 etc。次長、いろいろ話。大喪儀祭官仕向け等。〔略〕

五月一四日（水） 次長、式部官長に進退のこと、Gascoigne のこと話す。侍従長連絡、今日一日は解放のこと。小畑氏、山田三良、小林躋造御見舞の思召のこと及納采の御儀のこと。一一―一一・三〇松坂屋桜菊会のこと。山田三良博士、美甘内科御見舞、御思召伝へスープ伝達。〔略〕黒田式部官、Spinks Lady Gascoigne のこと、次長伊勢のこと、その他外務省信任状管理、内閣に助言形式のこと。宮様に拝謁、大公使宴会のこと、煙突のこと、辞表のこと。

五月一五日（木） 妃殿下御話、十七日服装問題、華頂家のこ

と。登庁、次長に諸問題。一〇・三〇瑞典《スウェーデン》信任状式、後拝謁一〇・五五—一一—侍従長とも話す、次長に話す、九、十両日外国大公使午餐、秩父宮もお出のことetc。伊勢小学校長のこと、秘書官に黒田へ伝言。〔略〕三—四、首相と会談、英女王誕辰祝電のこと。Dulles Message大公使(外国)九、十二日、首相も例外的に出席。駐外大使はやめ、伊勢へ首相扈従断る、煙突の人の其後、Dulles贈物(Sebald不用説)陛下御軫念のこと、主管大臣拝謁させる、三笠宮のこと、etc。黒田氏とSpinks及Lady Gascoigne午餐のことetc。五時過帰宅。秩父さん微熱。
〔欄外〕岡崎に日本大公使御陪食やめ、Dulles Message写渡す。

五月一六日(金) 次長に秩父さんの話、皇后様のこと、鳳輦のこと、グレーモーニングのこと等話す。一〇—一二石坂泰三印度の話。渋沢外務次官来訪、英国へ照会のことの事実を確めに来る。侍従長に秩父さん昨夜の話を話す。保護司大会のこと、白根松介氏来室。〔略〕妃殿下、茶の間にて東宮ラヂオのこと承る。

五月一七日(土) 貞明皇后御一年祭九・四〇—一一、権殿の儀。〔略〕

五月一八日(日) 午前在宅。二—三・一五大祓の儀の為正門内へ行く。〔略〕

五月一九日(月) 八時発大宮御所に行く。八・三〇権殿の儀、霊代奉遷馬車にて御供、皇霊殿御着一〇・一〇頃。皇霊殿の御親祭一一。食後侍従長と渡英の人のこと相談、下村氏電話、事務所のこと、会名藤楓のことetc。二・三〇御喪明奉伺。三—四、両陛下、三宮様、九条氏、大宮様親族賜茶、侍従長、女官長陪す。四・三〇湯川氏来訪、皇居拝観のこと。御参宮下検分打合、三—四・三〇。帰宅後五・三〇—六、加藤武男留職勧告。

五月二〇日(火) 次長、神宮の神饌料のことetc。北海道馬の人にあふ。一二—一・二〇Judge連御陪食。三—御文庫拝謁。三・三〇葉山御見送後首相官邸、菅野副長官に御大喪終了の挨拶。大前晴一氏、市街地信用組合大会行幸のこと駄目といふ。五・三〇—六・三〇外務次官のことetc。七・三〇—一〇—、英大使館Lady Gascoigne。秩父宮[redacted]、妃殿下二十三日御出席のこと。

五月二一日(水) 釧路神氏馬の話、九・三〇—一〇・三〇。次長、拝観のことetc。参議院平林来訪。参院議長来訪。〔略〕侍従次長、順宮様のこと(朝日藤倉辞職のこと)。〔略〕

五月二二日（木）　九・一〇―九・五〇橿原神宮御参拝希望。前田代議士。高階権宮司。次長、[redacted]島のこと、御服装のこと等。一一・三〇発河田烈氏同道葉山へ、一一・一五頃着。二―四、御進講。その後河田氏を鵠沼へ送り、六・三〇帰宅。〔略〕

五月二三日（金）　大江官房長来室、天長節のことの返電、参考の為に貰ひおく。三井書陵部長、出張のこと。〔略〕二七日の為、植、秋山官舎検分。鈴木管理部長部内のこと雑話。四・三〇還御、御文庫前に御迎す。李王さん御一周年問題、御服装問題、皇后さま問題等々。〔略〕

五月二四日（土）　次長と李王問題話す、九・五六―一〇・一五。順宮様御納采の儀、ボーイスカウト三島氏小山氏来室、一一―一一・三〇拝賀及祝酒。〔略〕

五月二五日（日）　終日在宅。〔略〕秩父宮に李王家のこと有りのまゝに話し、御批判は御自由なるも、宮内庁は[redacted]とは存ぜずといふ。小高と李王さんとの関係如何と反問ありしも溝口のやうなものかと申し大して攻撃なし。〔略〕田辺氏〔略〕、辞職一件、米大使の件及前田のこと話す。〔略〕秩父両殿下午御文庫へ。〔略〕

五月二六日（月）　法務総裁来室、橿原神宮のこと納得して帰る、狂者扱い結構永いはどうかといふ。小泉氏来室、東宮様皇族の御招き来月十三四日頃のこと、寄宿は御受けの方に決す。陛下の御許しを得ること、御召しを御猶予願ひあとで拝謁す右御許しを得。次長、侍従次長来室、光輪閣の問題と皇后様悪口のこと、動物園行幸啓のこと。〔略〕吉田首相へQueenへの御親電御出し可然《しかるべき》旨手紙出す。午後、関西下検分報告きく。三矢宮松氏来室。〔略〕

五月二七日（火）　朝の内、お茶の室御様子作る。植、秋山来る。大体きまる。一一時頃帰宅。〔略〕宮様は十一時頃御出掛になり、九時過に帰宅。

五月二八日（水）　次長（古島一雄祭祀料の件、貞明皇后幣帛分配の件、身延七百年の件）。一〇―一二、津島寿一御進講。一・五〇―三・二〇御文庫拝謁。皇后様結核の会午前、常盤会午後行啓（義宮様も三直宮様へ）。矢尾板掌典、御告文のこと。帰宅後妃殿下茶の間へ、今日の皇后様の御話と川津氏病気のこと。〔略〕

五月二九日（木）　天野文相内奏前に一寸話す。天野文相内奏後、松井御進講後一寸拝謁、植物図鑑、癩の献木及名称のこと申上ぐ。写真熊谷に貰ふ。Vining本貰ふ。〔植と秋山whisky上一本で〕。留守中田中清次郎来訪、御木本社長も名刺代りは内容見ず。翌日返却す。〔略〕会後秩父殿下御召しabdiなきは《ママ》上天皇の在り方、高松さんへの大喪につき仕向等の御話。

〔欄外〕〔略〕陛下と東宮様とのこと。

五月三〇日(金) 行幸のこと総務課長の話きく。御召一一・一五―一一・四〇、侍従長と話す、秩父さんの昨夜のこと、陛下の記録、小泉と永積のこと等。一二・三〇―二・三〇 Spinks送別会。五・三〇(共)の暴行期待にて多数居残り。七・三〇に帰宅。自働車待機せしむ、一〇時次長来宅報告。秩父宮日英協会へ御出掛け、車従を皇警にたのむ。

五月三一日(土) 秘書官邸に来る、溝口氏昨日来病気の為め。但し出勤に付■き登庁す。Viningへ本の礼〔略〕。松本大使来訪、随員のこと、交通のこと、祝電のこと皆話す。増田一妻女手紙の再就職の話、秘書課長にきく。次長、京都の情報。〔略〕(法務総裁拝謁三〇／五のこと御報告)。〔略〕

六月一日(日) 新木大使訪問、東宮外遊のこと、其後のこと、宮崎のこと、電力会社のことetc。宮崎氏訪問。一旦帰宅、宮様に御挨拶、御帰還。〔略〕次長、行幸情報持参く〔れる〕らし。

六月二日(月) 九・一〇東京発、首相以下閣僚多数御見送。途中より晴晴御予定通り、斎館に着御、宿下り、水月旅館サーヴィスわるし。夜、岡田庵主挨拶に来る。

六月三日(火) 外宮、内宮御親拝。御親拝後京都へ御発。小学校長御会釈。御所御着。知事等拝謁、大谷法主、視察の皆様、侍従長に伝達。

六月四日(水) 警戒裡に畝傍桃山御親拝。三時頃無事御帰還。一時間半仙洞御所御散策、長官は疲れぬかの御言葉。

六月五日(木) 〔警察官吏拝謁のとき「特に」の御言葉賜ふ旨御願ひす〕。京都駅、新築貴賓室御覧、九―四・四〇、四・五〇御還幸。次長、式部官長と話し、英国大使館Tea。〔略〕

六月六日(金) 多摩御参拝供奉、一〇―一二・三〇。式部課長、九日、十日のこと、拝謁のことetc。鍋島、小泉氏、田辺定義氏、管理部星野等。塚越電話、東日本のこと(総務課長、皇族さんのこと)。〔略〕

六月七日(土) 次長と寺院下賜金のこと。加藤武男氏来訪一〇・三〇—一二・一五。東電問題、中根、田中鉄三郎。三重知事挨拶。〔略〕首相へ速達出す、供奉のこと、英女王御答電及松平使者好遇のこと、矢内原のこと、首相席次のことetc.。〔略〕

六月八日(日) 中村順一氏と話す。Windows for the Crown Princeを読む。午後雨ふり出す。正午過両殿下御着。雨中四時発、Colonel ClarkeのSayonara Partyに出席。佐藤、田中耕、高橋等と話す。Miss Rhoads訪問、Elkintonにあひ、十三日lunch一応きめる。〔略〕

六月九日(月) Miss Rhoadsに電話、一六日六三〇とする。Elkinton招待。一〇・五〇—一一・二〇御召し。一二・一〇—二・四〇大使(仏英印伊西)御陪食、秩父両殿下、首相、外相夫妻。次長、事務、順宮様、成年式、盆手当の事等。侍従次長、京都の事、蚕糸会の事(九条、大谷)皇后様皮膚病の事、用談。長官盃渡す、御大喪幣帛御下り頂く。〔略〕妃殿下今日のこと御批評。

六月一〇日(火) 出勤後電話、殿下の昨日の御感想、式部に通ず。大宮司及山田市長挨拶。山梨大将、邦昭氏の候補者、松平直鎮関係者、Depart 売子、如何といふ。General Clark拝謁のこと。一二、三笠宮列車事故言上。米大使、瑞典、丁抹、法王庁公使、高松宮ランチ一二・三〇—二・三〇。食後高松宮御訪問、過日の李王さんのこと弁明、皇后様蚕糸会総裁御断りのこといふ。北海道御巡幸のことの話あり。三番町検分。夜秩父さん御召し、京都のこと、東宮のことetc.。

六月一一日(水) 朝Clark大将拝謁。〔略〕午後Alexander国防相拝謁。Lloyd。〔略〕

六月一二日(木) 九・二〇原宿一・〇〇那須行幸啓供奉。二・三〇—六・三〇御散策の御供。〔略〕

〔欄外〕〇緒方竹虎御進講。〇ソ連代表部のこと。

六月一三日(金) 両陛下、十時御発、三時頃御帰還の御予定にて八幡澄心亭へ御出掛の時御供せず、ホールにて御挨拶後、警察の車にて巌雲寺御墓参詣、和尚にも面接香花料、車運転の人。一・五一発にて五・〇〇帰着、役所にゆかず帰宅。田辺総務課係長同行す。

六月一四日(土) 妃殿下御話、ムルチの会社と保護司の問題。登庁後、緒方、東久邇一会のこと、日銀のかまぼこ返却のこと。〔略〕宮様、東宮御招待光輪閣。〔略〕

六月一五日（日）〔略〕一一―一二、宮様御召し、Vining成年式によぶこと、皇后様蚕糸会総裁のことetc。京都の大谷、文書のこと話す。侍従長、次長を批難のこと。〔略〕

六月一六日（月） 昨夜秩父宮より中元御挨拶、硝子壺、反物の御礼、妃殿下迄申上ぐ。松平式部官長にMidnight blue Dinner Jacket切地代一四二〇二渡す。東宮様仕立の事電話きく（会議御成年式の事、一〇―一二）。〔略〕

六月一七日（火）〔全文略〕

六月一八日（水） 入江侍従、三笠さんの話、尺度違ふとのこと、皇后様へ一人行啓のことetc。女官長、皇太子記念スタンプのことetc。食後Tに行き、秩父さん内祝飾を頂く。〔略〕

六月一九日（木） 一二・四〇―一、林議長来訪、引揚未済者大会行幸の話。Noのふくみにて話す。宮城拝観奉拝は余地ありとのふくみ。一・三〇―二・三〇日赤本社、癩の集会報告会、陛下に申上げることあること申す。佐藤議長、黒川元厚相、下村定、矢野一郎。五・三〇―九、室町按針、五月三日おことばの御礼。小泉、安倍、侍従長、次長、秘書課長、黒田、秘書官。

六月二〇日（金） 八・三〇頃雨中上野駅にゆく。九・三〇発青森行きに乗車、穂積君と同車、二時過那須御用邸着。御散策中にて五時頃御帰邸。臨時拝謁。〔略〕

六月二一日（土）〔略〕Viningの書読む。朝食後拝謁。十一時午食、一二・二〇の宮廷車にて還幸供奉。四・一五、長官室にて次長と話し書類を見て帰る。〔略〕賜り、那須にて、オレンヂ五、グレープフルート二つ、干菓子。〔略〕ロンドン伊原氏、本四冊到来。〔略〕

六月二二日（日） 九・四〇―一〇・二〇綏靖天皇二千五百年祭、小阪来訪。午食後みしと秩父宮に伺ふ。慶事内祝水引き、松■持参、御土産カステラ。石田礼助訪問礼、開新堂。〔略〕

六月二三日（月） 鈴木部長、総務課長、南米の人。荒垣天声人語の話。並木主務官、芸術院行幸のこと。一〇―一二、綏靖天皇の事績。一二―一・三〇、三九会。二―小泉氏、東宮様妃の問題、学校の問題等。伊原氏来訪。少宮司秋岡来訪。朝日記者来訪。

六月二四日（火） 内藤、内外人席次表、総務課長水害のこと、来月十日未帰還宮殿奉拝のこと、ブラジルのこと、Emery教授フキルムのこと。一〇・一五—一〇・四〇濠州大使信任状捧呈式。一一・二五—一二・〇〇御召し拝謁。一・一五—三・三〇貞明皇后を偲ぶ会、藤楓会。在南米ブラジル人、荒垣日道来室御進講のこと　黒田 Redman 帰朝後に按針[redacted]すこと、官長、外交団のこと、再軍備のこと。四—五、下村元大将、戦犯夫人の怨言のこと。（下村、田島会見したといふことだけいつてよいか、よい、それ以外いはぬ）。〔略〕

六月二五日（水）　総務課長、六・二五警戒のこと etc。一〇・二五—一一・二〇御召し、拝謁。内外人席次の研究、一応よからんとて内藤氏に返す。但し次長帰庁の上のこと。一・一五御文庫にゆき、一・四二発学士院へ行幸、供奉、芸術院授賞式、三・二〇帰室。〔略〕秘書課長、三笠宮赤旗のこと、久邇の話あり。

六月二六日（木）　一〇・三〇蘭大使信任状捧呈式、あと外相拝謁（工作付[redacted]）一二—三、芸術院受章者御陪食、日夏（耿之《こうの》介《すけ》）、[redacted]泉、川端、ペン[redacted]長し。後藤来室、Chetteur 帰国についてのこと。高橋真男来訪、高松宮行状のこと、久邇蘭のこと etc。六—九、伊原氏招待、侍従長、同次長、式部官長（¥五、〇〇〇伊原氏に持参）。〔略〕

六月二七日（金）　〔略〕田中清次郎氏を送り一一・四〇頃登庁。両陛下バッソンピエール拝謁より自働車御帰還。登庁前御召しとか。猿之助来訪。和泉屋クッキー。依仁親王三十年祭二—。ノルウエー公使信任状捧呈式三・三〇。四—五、小泉博士。新聞記者。〔略〕

六月二八日（土）　次長出張中のこと。浜野藤楓協会常務理事来訪。一一、豊島岡久邇知子女王五年祭—一二。式部官長来室、皇太子様御装束のこと、外交官[redacted]のこと、巣鴨木戸のこと。〔略〕

六月二九日（日）　終日在宅。気分勝れず。Vining の本時々よむ。

六月三〇日（月）　次長、癩のこと等。侍従次長、式部、次長にて服装（皇后様）のこと、洋装長目のもの、立太子のときはチエラのこと。御召し、拝謁、侍従次長、女官、順宮付のこと。明治天皇御進講、食事せず、気分あしし。小畑と総務課長、葉山行幸のこと。三・四〇大祓、雨。〔略〕七・三〇—一一、米大使館 Dinner、首相、麻生夫人、渋沢次官夫妻、荒川昌二夫妻、松井秘書官夫妻、緒方竹虎、クラーク大将夫妻、ヒッキー参謀長、ターナ参事官夫妻、海軍武官等と田島夫妻、三谷、松平等二十八名。「五本の指」と子、活動写真見る。

七月一日（火） 書陵部長等、明日正倉院評議会打合せ。松井秘書官に印度大使のこと、東宮紀念切手のことetc連絡。次長と諸件打合せ、勲章いろいろ。食後塚越氏、久邇家近状。鈴木管理部長、葉山雨防ぎの話。永積氏来室、久松のこと四—五。帰宅後六—七、カナダ大使館パーテ〔ィー〕、高松宮に癩の人お茶のこと申上ぐ。〔略〕

七月二日（水） 御召し、一〇・二〇—一一。一一—一、正倉院評議会。次長、位階の話、立太子礼盃のこと。侍従次長、永積邸普請、内親王用に。皇后様御服装のこと。式部官長、印度のこと、立太子のこと、麻生和子のこと、高松宮のこと、カゲヤマのことetc。〔略〕

七月三日（木） 一〇—一二緒方竹虎御進講、東南亜細亜諸国のこと。御前に出る前来室、自由党のことといふ。石橋湛山のこと一寸ふれる。〔略〕一・三〇—五部局長会議、煙突事件による善後案と郵便切手東宮様御肖像のこと。Viningの本よむ。

七月四日（金） 朝日記者、三笠宮のこと。一〇—一二宮坂国人、ブラジルの話。Major General Chanbora夫妻迎引に来り、米軍将校クラブClark大将のBuffetにゆく。二時過帰宅、トースト食べ東宝三—三・四〇。Tiltman来訪、小泉博士に電話にて頼む。御召し御文庫拝謁。一旦帰宅、六・三〇頃米国大使館にゆく。〔略〕

七月五日（土） 次長と東宮のこと、切手のこと、宮殿計画のこと等話す。大日本紡の人、献上総務課へ廻す。式部官長来室、洋行土産ネクタイ一本貰ふ。高松妃殿下の御話を聞く。松平信子、長官も近来遠〔ざ〕けるとのこと云々、李王事件、英大使拒絶のときのことばのことetc話す。侍従長等の更迭云々の動きのことetc話す。衣服問題等。〔略〕Viningの本読了。〔略〕

七月六日（日）〔全文略〕

七月七日（月） 松平官長再手術。吉川stampの意見持参す。郵政省も必しも積極でなき話をなす。侍従長来室、岡義武の代り海後宗臣、明治の教育の御進講とす。一昨日来のことに連関して話す。食後黒田君にViningに送る読後感を話す。中川、樺山本部長挨拶。〔略〕

七月八日（火） 一〇・一五—一一・〇五御召し、拝謁。山梨大将来室、邦昭さんの候補者、徳川の話、巣鴨の話、木戸吉田への伝言の話。一一・一〇―一二・三〇坊城来室、池田の婚縁を司る話、大宮様の葬式の性質の話、岡崎とけんかの一案話す。午食後三谷来室、下村、山梨拝謁のこと、巣鴨の対策の事話す。次長、ダイヤの事大金と話す。久松の事。〔略〕

七月九日（水）　〔略〕谷井周来室、令嬢Viningへ紹介のこと。侍従次長、今夏東宮、義宮、順宮、清宮那須のこと〔略〕。〔略〕侍従長電話、首相参内御希望とか。首相へ手紙書く。黒田氏とViningの本の事。小泉氏四・三〇―五・四〇、東宮義宮の事頃日中のいろいろ話す。〔略〕

七月一〇日（木）　一〇―一一、名取女史来室を乞ひ、那須の夏のこと、その他きく、憂鬱。次長、式年祭のこと等。石黒忠篤氏来訪、北海道馬の人のこと、御進講のことといふ。宮様御出掛は御自由のこと。一・一〇頃次長と久松辞表のこと。厚相来室、るす家族奉拝のこと、公会堂の様子のこと。鈴木部長、営繕費予算のこと。式部官長、銀瓶のこと、山梨大将戦犯のことetc。五時帰宅、皇后様御茶頂く。秩父妃殿下御泊り、御話七―八。〔略〕

七月一一日（金）　首相十日付返書あり、折返し返事書く。一〇・三〇―一二・〇五葉山行幸啓供奉。小畑に車中昔話。食後拝謁一・一五―一・四〇。〔略〕

七月一二日（土）　次長、鷹司自働車の話。西原関西出張の話。〔略〕

七月一三日（日）　〔全文略〕

七月一四日（月）　〔略〕侍従次長、式部官長十二日服装会議の話。〔略〕秘書課長盃の模様。次長と三階一巡、黒田氏にCharisma の事きく。明治天皇紀よむ、二十三年頃の事。〔略〕

七月一五日（火）　一〇―一二、立太子式等、式部、掌典等協議会、掌典の人の反応を見る。相当強くいふ。明治天皇紀をよむ。食午後、大津事件、第一、第二国会の頃。〔略〕

七月一六日（水）　〔略〕一〇―一二、山梨大将、巣鴨を半日訪問の時の話、A級では橋本欣五郎、賀屋、大島浩一番弁ぜし由、天子様に対しても彼是思ふものもあるといふ説も小声でいつたとか。食後、次長、昨日の延会今日午前の話、装束だけの案考へること。明治天皇紀を読む。〔略〕

七月一七日（木）　鈴木管理部長葉山修理のこと。一〇―一

〇・五〇横江嘉純氏来訪、貞明皇后様大理石像のこと。〔略〕
四・二〇―六、小泉氏来訪、野村行一辞退のこと、後任のこと等。風〔邪〕気味早寝。秩父妃殿下御来泊。

七月一八日（金） 秩父妃殿下、朝登庁前に御話。別に之といふことなし。次長に野村氏辞任のこと話す、儀式のことの其後。〔略〕一〇・三〇発葉山行、秘書官同行す。一二時着、侍従長といろいろ話す。陛下、海へ御出まし。四頃御帰り、四・二〇―五・一五拝謁。秘書官プラム取りに行く、伝献す。〔略〕
〔欄外〕外囲検分。

七月一九日（土） 鈴木部長と昨日葉山外囲検分のことといふ。次長には昨日の拝謁のこと、一婦人の生神様の問題、式のことetc。塚越氏来訪。次長再来、東久邇稔彦氏の書状のこと。
〔略〕

七月二〇日（日） 終日在宅。〔略〕葉山より電話、明日油壺行幸不可なきも、警察側特に情報なくば可ならん。第二報、大学構内に御警衛の入ることツラ〔ト〕ブルを考へやめと。
〔欄外〕緒方氏より電話、東久邇のこと話す。当分にぎりつぶしてくれとのこと。

七月二一日（月） 〔略〕加納氏電話、National City Bank の会長会見のこと。妙心寺管長古川大航来訪。次長、保護司会行幸のこと。朝日藤倉来室。野村大夫来室。職員録見て大夫後任考へる。午前高松宮御来室、蚕糸会総裁御引受のこと申上げてくれとのこと、大理石像のことふれる。〔略〕

七月二二日（火） National City Bank of N. Y の Chairman of executive committee Mr Burgess 氏来訪、加納氏同道、皇居内一巡す、好紳士、九・一五―一〇・一〇。一〇・一〇―一一、野村氏と辞任の話、後任の話。侍従長、後任の話来室、金井ツルのこと、山梨葉山のこと。式部官長雑話数刻。〔略〕松井氏電話、明日、首相四時訪問のこと。

七月二三日（水） 一、田中伊三次来訪す。一種の選挙運動らし、始め怒り後恭順す。つまらぬ奴と思ふ。四―四・四五、首相と会談、大夫後任、立太子礼のことetc、拝謁のこと話す、二十六日ときまる。次長と首相との話。それより田中、後、藤倉と雑談。〔略〕此夜せき甚し。

七月二四日（木） 九―一一・三〇宅にて小泉氏と話す、大夫問題。外国の御伴は辞せぬ口調、井上成美をいふ外、前言の繰返し。柴田雄次、野口明の名いふ、後藤光蔵も大金も。昨夜の

せきに閉口、中村国手来診す。〔略〕

七月二五日(金)　式部官長にBurgessのことetc。三谷侍従長訪問、葉山にて内奏願ふこと、戦犯と恩赦とのことetc。田中伊三次代議士紹介、京都の人天機奉伺あり。一、日銀に峯氏訪問、久松、戦犯のことたのむ。〔略〕次長、秘書課長の意見きく、お茶の水〔お茶の水女子大学学長で元侍従の野口明〕は物のきまらぬ人、駄目といふ。横江氏訪問、兎に角天覧に供すること、他は又何れあととす。〔略〕青木一男、歌集献上依頼あり、又一本貰ふ。

七月二六日(土)　青木へ礼状。秘書官、横江氏方へ行き、貞明皇后御像搬入、正親町氏も来室。正殿玉座の具合等実検。管理部長、葉山の話。監理課長、京都マンガンの話。本郷課長、仁徳陵の話。次長、野口のこと、黒田の評の話。黒田、Burgess拝謁の話。広橋氏、高輪地所の話。大沼、久邇さんへ入金の話。〔略〕野村氏訪問、時局雑談及井上成美大将のこと。官房長官より電話、一日午前認証式願ふこと、次長と侍従長に伝ふ。〔略〕

七月二七日(日)　中村国手来診。終日在宅。竹田恒徳氏来談、ヘルシンキ馬のこと、次長に話す、全国にて唯一の献上とすること、如何と思付いふ。次長余り感心せぬ口吻にて、思付取消のやうな手紙を竹田氏に即日速達を出状。

七月二八日(月)　〔全文略、京都出張出発、京都泊〕

七月二九日(火)　八・三〇発、城南宮、ユウ様訪問、仁徳陵水害視察、正倉院建築視察、佐保山陵、宇治陵雨中視察、朱雀天皇陵マンガン視察、予定より早く帰る。〔略〕

七月三〇日(水)　八・〇〇発、桃山陵八・四〇。式は九—九・四〇小雨中に拝礼。式後休所にて無為。一二・三〇発、大光明寺陵、後亀山陵、文徳お上陵の下、円融陵、三条陵、マンガン経過との関係検査。後花園御墓場後、宿舎に帰り休養。〔略〕

七月三一日(木)　周宮様に御挨拶、つばめにて御帰京。後、京都御所へ行き復原実地検分、地震の災害も少々あり。石川所長より説明をきゝ、小時所員に訓示、桂にゆき説明をきゝ、一・〇六発にて帰京の途につく。〔略〕大夫坊城と行を共にし、九条家のことをきく。〔略、名古屋下車、体調不良〕

八月一日(金)　〔全文略、名古屋で療養〕

八月二日（土）　〔全文略、夜行列車で帰京〕

八月三日（日）　六・四〇着、秘書官停車場迄出迎へ。家に帰り共に朝食。竹田恒徳さんより電話、馬を政府へ寄付とかの話。〔略〕今日は気分全快。

八月四日（月）　出勤す。次長、式部官長、侍従次長、書陵部長、黒田式部官（Girl list タイプ）。式年祭。管理部長と用談す。山梨大将来訪、拝謁のこと、巣鴨のこと（吹聴せぬことに念を押す）、久邇縁談のこと、井上成美のこときく、柳原のことい ふ。

八月五日（火）　中村順一氏来診、静養可然処見ありとのこと。之に従ふべく、那須は御許しを受くることとす。小泉氏訪問、大夫後任問題のこと、一〇・三〇―一二。〔略〕

八月六日（水）　終日休養。〔略〕

八月七日（木）　終日在床。〔略〕高松宮より電話御見舞、果物賜る。植秘書官に御礼参上方頼む。小泉氏に電話。中村氏来診〔略〕月曜より出勤可とのこと。〔略〕

八月八日（金）　朝、次長に来て貰ひ、東宮式典のこと等打合す。東久邇稔彦氏とツラブルのこときく。終日在床。植秘書官月給。松本大使手紙持参。秩父宮妃殿下、北海道より御帰途御立寄りとて準備せしも、御殿場へ羽田より直行となる。松平信子さん一寸来訪。

八月九日（土）　〔全文略〕

八月一〇日（日）　終日休養。

八月一一日（月）　出勤。土曜日 Burgess より〔祭〕祀料到来のこときく。気持不充分、午にて帰る。Burgess の礼手紙、黒田氏。

八月一二日（火）　休養。中村氏来診。多少所見ありとのこと。四―六・三〇次長来訪、二十八午後予算の話。〔略〕

八月一三日（水）　休養。〔略〕

八月一四日（木）　一〇―一二、侍従長、次長、式部官長。小泉氏と東宮成年式、立太子礼の相談。午弁当、長良秀魚。中村氏

来診何もなし、出勤可とのこと。〔略〕

八月一五日(金) 出勤。次長、ダイヤ問題、昨日官房長官御文庫拝見のこと。岸に久松紹介の手紙、侍従長に渡す。下村宏来訪、藤楓協会のこと、黒田 Tiltman 原稿のこと。Wenley Priest 来室、原田次郎同行。次長、東宮式のこと、今朝相談の話。後藤光蔵来室、自決者法会のこと、〔略〕総務課長、新聞社と那須行。日高前文部次官来訪、いろいろ話あり。〔略〕

八月一六日(土) 高松宮へ病気御見舞の御礼〔略〕。〔略〕一・三〇―三・〇〇小泉氏訪問、大夫後任に就職のこと持出す。日高前文部次官も持出す。〔略〕

八月一七日(日) 終日在宅。気分勝れず。〔略〕

八月一八日(月) 九時出勤。次長に気分よくなきことといふ、日高のこと、三谷と相談の上 step とることとたのむ。高松妃殿下御来室、一昨日は御菓子を、又疲労ご休養なさいとの事。時事新報記者来る。東大寺展を観て、荒川ベルギー大使に答礼す。此日挨拶に来室したればなり。次長、小泉氏訪問、日高の事相談す。〔略〕

八月一九日(火) 次長の意見、東宮礼の時、献上困る。同様のこと奏上電話。久松来室、岸会見の様子。甘露寺来室、猿芝居ならずやの感、有りの儘話す。二・三〇―三・〇〇工倶四階、貞明記念会発会報告。原田日記八巻貰ふ、之をよむ。一二・五三新橋秩父妃殿下御来泊。帰宅の時既に御出掛にて夜おそく、御帰り御目に懸らず。北海道の土産賜はる。

八月二〇日(水) 妃殿下と御話、御巡幸希望の知事の話 etc。九・三〇―一二・三〇立太子礼成年式の相談、三番町にて、長官、次長、侍従長、式部官長、掌典長、大夫、両掌典、秘書課長、黒木、式部官二人。侍従長に上奏のことたのむ。一、立太子礼のこと、二、小泉渡英供奉のこと、三、大夫更迭のこと、四、癩成績のこと、五、高松宮翁島のこと。江口副長官挨拶。〔略〕

八月二一日(木) 〔略〕次長に昨日立太子等につき研究心付のこと、国会開会式、順宮様御婚儀馬車のこと、十日の日程、福島行幸のこと etc 話す。永積氏那須より帰り、色々話し、田島健康のことも御尋ねらし。久松妻君のこと、冠のこと等きく。西瓜賜り御礼、女官長へ代表として。三・三〇侍従長より、昨日伺書の件全部OK、委細は侍従次長帰庁後きいてくれとのこと。五―七、岡崎の party。松井秘書官に今後の日程首相へ伝言たのむ。保利、先達ては居間拝見のこと、警衛のことなどいふ。

八月二二日（金） 侍従次長、次長と共に話す。那須ＯＫのこと、大夫は師傅の外大夫たること、小泉、首相よしといへばよしとのこと、朝見の儀服装のことetc、両陛下始めのご健康のこと、今後の順序のこと。一〇・三〇—一・三〇、天野訪問、御馬のこと、小泉なぜ表面に出たか、日高結構、但し京大の受口ありとのこと。新聞記者会見。松前氏、東久邇さんのことにて、三—五、大体論を話す。帰宅す。夕立、安倍、勝沼より手紙、日高のことに付、安倍へ速達出す。

八月二三日（土） 天野氏より二五日の電話あり、日高氏に電話、安倍より手紙new job決定前、安倍に御話ありたしといふ。一一—東京都知事、馬を宮内庁へ寄附のこと、全国知事、非公式に了承のこと。〔略〕四・三〇軽井沢小泉氏と電話、直ちに日高に申込むことに打合す。〔略〕

八月二四日（日） 〔略〕一〇—一二・三〇日高氏訪問、キリスト大学のこときく。忠義の問題。午食後天野氏訪問。〔略〕小泉氏帰京電話、経過説明。〔略〕

八月二五日（月） 次長と打合、勲章のこと、土曜日内閣と打合のこと、日高のこと、官舎のこと（此日認証式那須にあり）。芳沢大使と加藤検査官（吉田首相内奏一時間とか）。〔略〕

八月二六日（火） 次長、日高氏訪問するも、皇室論にて不得要領。一一—一二、ペロン大統領夫人追悼式、四谷見附教会。白服黒ネクタイ、Doyen申合せ（三十日開会式の話出づ、内閣は進まぬ様子らしく、勅語案のことなどなし。〔略〕）。

八月二七日（水） 〔略〕十二時発四時着、自働車にて那須へ参上。五時、大野伴睦議長の御挨拶に参殿す。其後拝謁四十日目なり。五・四〇—六・二〇、其前に侍従長よりきく、昨日内閣課長来りしこと、只今保利より電話とのこと。

八月二八日（木） 内親王様附属邸へ参上。拝謁。順宮様はおかいとりの儘。九・三〇—一一・三〇陛下の御供裏山行たり。解散のこと明日となり（正午Radio）、明日還幸なきこと判明す。一—三、八幡迄自働車、鈴木殿部案内にて澄空亭迄往復。皇后様附属邸御成の所拝謁御礼。三・三〇—八・一〇自働車にて帰宅。宇都宮パンク。女官長電話、高松妃御服装問題[redacted]のこと。安倍電話。

八月二九日(金)　妃殿下拝謁、運動演技会、オクスフォードフットボール、オリンピック招致運動会のこと。次長に昨夜の女官長の問題処理たのむ。加藤進、吉田との対談のこと。一〇―一一、安倍訪問、日高問題の経過と日高と話すことたのむ。次長、女官長と話合の結果、少々づゝずれ(式部官長の側に多し)とのこと、但し女官長側には過失なしとのこと。[redacted]く長官として挨拶にゆくこととす。〔略〕

八月三〇日(土)　一〇―一一・三〇、佐藤工博、御文庫の科学的研究報告等きく。次長、鈴木、深尾、並木、入江、永積。エアコンヂシヨンを作れば最上。松谷大佐来訪。高松宮直電、蚕糸会約束の事。〔略〕人事課長、会見の事。〔略〕

八月三一日(日)　終日在宅〔略〕。

九月一日(月)　朝首相より三通の手紙。最高裁入江俊郎氏来訪、挨拶。一〇―一〇・三〇、槙保安学長及松谷幹事、高松宮蚕糸会恩賜賞のこと。総務課長より報告きく。営繕個所巡視。高松宮訪問一―一・三〇、恩賜むりのこと通告せよ、別に貞明皇后記念賞、菊御紋のこと。二―四、安倍来訪す。日高の話、皇太子の話、式典参列の話、食へぬ話等。〔略〕

九月二日(火)　〔略〕緒方氏来室、張群拝謁のこと、倭島局長に連絡。華僑と連絡、対共政策、新政府出来る迄。三井氏不幸帰郷挨拶。三谷来室、Viningを式におよびのこと。首相へ手紙、御住居につき二十七日仰せのこと、順宮七百万円及会議のこと。第二信東宮礼要調査及[redacted]のこと。〔略〕

九月三日(水)　八・二〇―九・二〇日高来訪、不向(不煩〔英字不明〕あり越切れず)。あきらめませぬ、安倍、天野と今一度御話下さい、不煩ものは不得已、あきらめの外ないかも知れぬと迄いふ。次長に立太子礼細目きめてほしい、首相は五、六、七中にあいたい、それ迄に今少し進行して欲しいといふ。桂盗難事件のこと。高橋誠一郎、アメリカ展覧会、考慮はdreamとしても正倉院何かとの話、更めて出品方願出ねば希望としと御了承乞ふ一手も、海外は一寸考へられぬ旨いふ。次長、東宮汽車のこと、宮内庁改革のこと、日高のこと。安倍に電話、日高のこと、今一度あつて見るとの話あり。舟山次官来室、皇太子様貯蓄債券宣伝のこと(内廷費にて買ふといふこと考へる)は？といふ。予算要求書勉強。書陵部出版物貰ふ、九条本のことetc。本郷の話。夜おそく、安倍電話、日高と会見。結局駄目とのこと了承す。川西実三は如何とのこと。

九月四日(木)　八・三〇―一〇、小泉氏訪問、日高あきらめの経過。何ともいはず。東宮様御近況、dutiful。Vining やめに賛成。一〇・一五―一一・四〇、皇太子様式のこと協議会。一、博物館長―二、二日出席、祝辞。会期中行幸啓。二―三、高木、川西、済生会の話。三―四、小山武夫、都展示会、二―九日にて行幸啓のこと。御勲慰霊碑のこと五人と会見。〔略〕

九月五日(金) 一二―二・三〇目黒首相訪問。順宮様のこと(会議のこと)、東宮職人事、小泉渡欧松井の事、立太子礼のこと、御住居のこと、etc。次長に此結果を話し、内閣と打合せに行て貰ふ。六時頃官舎に来り、期日十一月十日……? 十二月二日……? のこと。那須へ御許しを乞ふ。其前 Vining 招かぬことの意見も申上ぐ。〔略〕記者会見す([redacted]、藤倉来室)。

九月六日(土) 次長、内閣と打合せ、吉田首相と打合の上となる。一〇―一一・三〇次長、侍従長、管理部長、業務課長等と御文庫拝見。大に考ふべき点あり、人事、機構、其他。〔略〕読売記者来る、あはず。

九月七日(日) 午前、東宮大夫人選の為、名簿くり。一時発東宮御所奉伺記帳。小泉氏訪問、近状全部、首相との会見より昨日の大奥拝見迄。義宮御殿に奉伺。帰宅。〔略〕次長来訪、十一月十日の方に首相決定とのこと。

九月八日(月) 七・五〇発上野駅ホームにて待ち、八・五〇発辰野隆氏も同車。但し石黒所長等の人々と一所にて賑かなり。黒磯にては辰野氏食堂車より大声御手止めらる。車パンク一寸後れて着す。食事中に間に合ふ。雑談、侍従次長、永積、山田、小島医。拝謁二・三〇―三・三〇。又常侍官候所、御文庫及側近勤務改良雑話。夕食後宿舎に帰る。入浴、八時就床。陛下四・三〇―六・一〇迄侍従室へ出御。

九月九日(火) 午後雨ふり、御出掛なし。十時知事等に賜物伝達、那須より還幸啓〇・二〇―四・一五、(曇)雨。次長より電話。秩父宮様 Rugby 行幸を直許に相成御様子にて御下問のこと、小畑より連絡ありたりとのこと。侍従長、次長より英国より Coro に招請ありし旨、外務省より昨日通知ありたりとのこと、きく。

九月一〇日(水) 式部官長、伝染病研究所行幸の要項話。朱雀天皇御進講一〇―一一・三〇。一一・三〇―一二拝謁。史料編纂。〔略〕日赤社長行啓申請。侍従長室に侍従長及次長と建築のことにつき御思召等話合ふ。鈴木氏と新成表一の間、二の間、南の間検分す。Vining 来書。此日勝沼皆様拝診、五時頃呉竹にて会見後帰宅し彼れをまつ。七―九、名古屋にて厄介のこと、大夫のこと、病院侍医のことetc話す。

九月一一日(木)　首相へ手紙、ラグビーのこと、禁煙のこと、Coroのこと。朱雀天皇千年祭一〇—一〇・三〇。侍従長室にBurgess持参のもの、効能書と共に持参。松井秘書官にあふ。Coroのこと等話す。首相内奏二時とのことにつき、Coroのことに関し整理。首相内奏二—三。首相と打合せ三—三・三〇。Coroのこと、ラグビーは御出掛にならぬ方よしとのこと陛下に奉答。新聞記者団と会見。保利官房長官、首相との話を話す。閣議を止め為念《ねんのため》。小泉氏訪問、渡欧中、大夫、侍従長引受方頼む。首相との話合のことといふ。

九月一二日(金)　次長、内閣官房長官と談合、原則として英国の招請御受け極秘とのこと。一〇・三〇—一一、皇室経済会議全員出席、七、〇〇〇〔〇〇〇〕—全員賛成。首相今朝の閣議の話。一一・三〇—ブラジル信任状。そのあと長官室にて外相と打合せ。今月中に原則返事、具体今年一杯、それ迄no comment。〔略〕式部官長、歌会のこと、土屋が尾山を斎藤の代り、年功のこと、預選者旅費のこと、これはyesといはず。三・三〇—謁し、侍従長より秩父宮への御返事役承る。五時帰宅、申上ぐ。〔略〕

〔欄外〕信任状、ブラジル、メキシコ。

〔一三日下メモ欄〕一二日、皇室会議の残月五個賜品、佐藤清秀に送る。

九月一三日(土)　山形県知事、宮城総務部長、行幸請願。一〇—一二、講堂にて立太子礼等儀式、実地につき試む。食後一—一・三〇拝謁、Coro東宮様へ御話のこと、昨日来のこれに関すること、昨日の会議模様、東宮様御人気、切手のこと等。小泉氏訪問、昨日の話(Coro)を話す。福沢の手紙により、仕官反対の苦衷示す。〔略〕

九月一四日(日)　片付もの。秩父宮御召し、一〇・三〇—一二。立太子礼等のこと、高松妃に御礼のこと、〔立太子礼〕元皇族のこと、順宮様婚礼に関すること、清宮御教育のこと、東宮妃のこと、旧家の分家のこと。Coroには一言もふれられず。〔略〕宮様御一行Rugbyへ御出掛。

九月一五日(月)　式部官長、華頂侯の話、家正氏仲人の件取消のこと。一〇—一〇・五〇御召し拝謁。一一—一二、次長と官長、園遊会、鴨猟のことetc。食後、小泉氏に勅諚電話。次長と打合せ、講書始のこと、四日のこと、癩の御茶のこと、Canada filmのことetc。塚越来室、百万円飯野動産代、新しき女、温室、東日本の手配。東宮様御■宴の実物、次長室にて拝見。四—五、次長、侍従長、同次長、徳川、順宮様御慶事

detail 打合。五・一五―五・五〇御文庫拝謁。一旦帰室の上帰宅す。〔略〕

九月一六日(火) 式部官長、張群のこと、面子、式と長官、式部官員のこと。告期の儀(順宮様)九・五〇―一〇・一五。御召一〇・五〇―一一・三〇、拝謁。カナダ映画、秩父さん二十一日は御断りとの件。入江侍従、侍従長にも話す。〔略〕加藤進へ書状。羽田亨、正倉院のこと、本郷氏に話し書状。―来室。〔略〕次長、大礼録を見る。

九月一七日(水) 入江侍従と連絡、秩父宮御対面の折、二十一日に関し御話の件。絵本を見て高尾氏に午後説明をきくことの打合。灯台守奉拝の件。〔略〕侍従次長連絡わるしといふことなりし由、無実の罪といふ。二―二・三〇孝明天皇の時の本にて立太子礼研究。みし、秩父宮芝居御同意の電話にて、旨を吉右衛門方に電話す。〔略〕

九月一八日(木) 式部官長、Dooman のこと談合(次長にも)。次長に御住居改造四案具体案のこと、従来の対松本との関係等論ず。美容師の問題、カナダ活動による連絡の秘書課長、東宮、サンケイ、木下の写真の問題。〔略〕衣冠束等を合はす。〔略〕

〔欄外〕張群参内一〇・三〇。

九月一九日(金) (順宮様秩父宮様御挨拶)入江来室、諫言のことを陛下にいつてくれとの意。一〇・二五―一〇・四〇、御召し拝謁。一一―一一・三〇ドミニカ国信任状捧呈式。入江に拝謁のこと話し、その外、五月三日 abdi のこと等、鈴木一のこと etc 話す。食事の時になる。野村大夫サンケー持参。一―三・〇五、参列範囲の相談。三・三〇―五・一五、三番町、三谷、松平、宇佐美、高尾、東宮旅程相談。秩父宮に極秘に陛下の仰せ(東宮 Coro の発案者故、極秘に報告、招請ありしことを)。

〔欄外〕一一、ドミニカ。

九月二〇日(土) 一〇―一一・一〇カナダエリザベス旅行film。侍従次長と先日来の話のこと。式部官長、外交官招待に首相のこと。一二―二、訴訟のこともきゝ、完全の声をきく、咢堂もうろくと思ふ。Rugby 両殿下の御伴同車、四―五・四〇。高木会長、鶴原、松方等にあふ。〔略〕

九月二一日(日) 両殿下御召し、大宮様御遺品、神社仏閣のこと処理済か、代拝者のことなきや、なしと存じますと申す。高松さんが一寸いつてたから。華頂さんのこと、東宮様の週刊サンケイのこと略述す。〔略〕

九月二二日(月)　呉竹、御調度品拝見。次長と今後の責任制と日銀の話。書陵部長、朝雪御料馬死亡のこと、沼津御用邸光りもの盗難。高松宮御電話、宮城山形行幸啓のこと。〔略〕都知事、三日行幸啓礼。遺族会のこと、幸田甚吉氏。次長、侍従次長と国体行幸啓のこと相談す。その結果、陛下に有りの儘申上ぐ。五日説御力説、但し皇后様御風気の心配ならば三日説にする旨、大体は五日説と思つてくれ、明日御祭りのあとでいふとの仰せあり。秩父宮様、胃部御不例にて御帰殿一日御延期。

九月二三日(火)　九・四〇御祭り、九・二〇次長の車にて。高松三笠両殿下、竹田、北白川若妃、閑院二人、田中等裁判官、八田等。御文庫拝謁。終日在宅〔略〕。午後松平信子さん来訪。五、秩父両殿下、御殿場へ御帰り。

九月二四日(水)　〔略〕九・三〇—一〇・一五田中耕太郎来庁、高松宮御伴、協会総裁のこと直接といふ。〔略〕書陵部会合、三—五、書陵部。五—七・三〇、三番町、芝、久松、諸橋、〔空白〕等、諸橋氏に本を貰ふ。首相と宝冠章のこと文通。

〔欄外〕午、マーフイ。

九月二五日(木)　〔略〕侍従次長来室、久松氏興銀訪問のこときく。一〇—一〇・一五高松宮御訪問、仙台山形行幸啓の件委細。一一—一二次長課長打合。〔略〕次長室にて打合。〔略〕

九月二六日(金)　次長、御講書始のことetc。原田他駐伊大使夫妻来訪。侍従長、行幸記念碑のこと、女官のこと。瀬二・五〇—四、お茶、陛下二親王御出席。下村海南の態度不賛成。松平信子さん来室、伏見二孤児(柳沢孫)の話。慶光の女を義宮云々との話etc。打合会、渋沢次官、江口副長官等、次長、侍従長、高尾、五・三〇—九。

九月二七日(土)　近江ベルベット社長に行幸碑依頼。九・三〇—一二立太子礼式次第検討、侍従長、次長、式部官長。弁当後、行幸碑揮毫(岸氏電話、久松月曜一・三〇)。(学習院先生等、順宮様御招き茶会二・〇〇)〔略〕呉竹寮御陪食六・〇〇平服—八、侍従長、次長、侍従次長、徳川、小畑。

九月二八日(日)　終日在宅静養。〔略〕

九月二九日(月)　呉竹へ御礼。加藤虎之亮氏揮毫依願。林総監御進講一〇—一二・三〇。めし後、一—三、立太子礼習礼。久松氏来訪。之に関し掌典長来室。菅野官房副長官来室、内親王様叙勲の事、七日閣議慎重との事。五—五・四〇拝謁御文庫。

〔略〕

九月三〇日（火）　〔首相へ、宝冠章は御配慮無用と発信〕一〇、拝謁賜物、横江嘉純、大理石像持帰る。来室す。御召し一〇・五〇―一一。中川望氏、赤い羽根下賜金伝達。次長、小倉女官のこと、勲章のこと。両陛下講堂御成。陛下御発熱三八・六、二日、三日行事御取止め。松井秘書官来室、内親王様叙勲の件、当方有りのまゝ伝言たのむ。

一〇月一日（水）　陛下御風気伺ふ。西野博士、三七・四位別に御異状なし。八田博士来室、伝染病研究所行幸のこと、宮内庁病院のこと、両陛下等御健康のこと。松平氏、洋行書類一覧す。午後帰宅。東宮様の掌典及神宮等関係のこと。〔略〕退庁に際し御文庫御病況伺ふ。御解熱なし、三八・五、昨日は三九。小島氏にあふ。〔略〕

〔欄外〕田中良雄代電話あり。

一〇月二日（木）　選挙ラヂオ、鶴見〔祐輔〕落選。〔二文字伏字〕といふ狂人の内容証明書。六日までの行事は取止。〔東京国立〕博物館八十年祝典、一〇―一一・三〇。〔略〕首相秘書官、内親王叙勲は見合のこと、誤解なき点きく。〔略〕書陵部展示会拝見。

一〇月三日（金）　秩父妃殿下御来泊。九・三〇坂下門、田中良雄氏―一〇、〔午、順宮様の為、菊栄御午餐〕一〇―一一・三〇、部局長会議、永勤者表彰のこと、立太子礼報道機関のこと。〔略〕野村大夫に田中氏会見のことといふ。〔略〕

一〇月四日（土）　厚生大臣来訪あり、癩欠席の挨拶。次長、参列範囲の話。〔略〕

〔欄外〕行啓、光輪閣。

一〇月五日（日）　終日在床。〔略〕三―四、順宮様御茶、旧奉仕者、現任者。河合氏に皇居のことといふ。順宮様御挨拶御立派。

一〇月六日（月）　博物館行幸取止め。呉竹寮へ御礼。昨日の御挨拶のこと、名取氏と話す。二―三・三〇光輪閣習礼。〔略〕Dooman、七・〇〇松平官長邸―九。野村、谷、吉沢、沢田、岸、大谷。

一〇月七日（火）　順宮三殿御拝。九・四〇みし〔黒紋付〕と二人―一〇・三〇。高橋氏来室、友松と南蛮屏風、米国博覧会へ希望。式〔部〕官長、鴨猟計画のこと。二―順宮様朝見の儀、陛下御平癒出御。夜三谷より電話、又御発熱とか。五・三〇―七・三〇田中耕太郎一人、Dening、伊大使、Tillitz と話す。

一〇月八日(水) 明日御予定の認証式、信任状捧呈式延期。侍従長、西野侍医来室、御病状きく。十日は出御予定、その後はその後とのこと、献上品及大膳のことetc。次長も同席。次長、東宮御内宴招待範囲のことetc。鈴木管理部長、留守責任のこと。冠箱拝見す。宣制文のこと秘書課長にきく。朝日記者雑談、次長不快早退。御文庫に至り、成年式等の書類のこと、御質問あれば出る旨申す。〔略〕

一〇月九日(木) 秩父両殿下御来泊。次長と昨日の御病症のこと、及昨夜三八・二のことを勘案して、十日以後全体の御行事一貫考へること相談す。侍従長に来て貰ひ話す。皇后様に申上ぐる旨、侍従長話しあり。石黒忠篤来室、北海道馬の人のこと及対馬の話のこと、侍従長と話合ふ。明日陛下おやめ決定す。皇后様より順宮様御手沢御召一枚、箱一つ賜る。御礼。〔略〕

一〇月一〇日(金) 陛下御風気止め。順宮様御婚儀、一〇、入第の儀、一〇・三〇行啓御見送す。小泉氏一一時頃来室、田中良雄氏のこといふ。戸田侍従を経て田中良雄の本、大夫に伝ふ。勝沼と話す一一・二〇。二―三、拝賀。首相、佐藤氏、田中と正殿を見せる。三・三〇―五・〇〇東京会館、夫婦。秩父妃殿下の御伴。松平の挨拶一寸?

一〇月一一日(土) 次長と話し、十二、十四、十五の陛下御予定キャンセル、御静養のこと御許しを得て、それぞれ通知のこと取運ぶ。式部官長来室(初夜の話きく)。秩父様御召し(今回御来泊後始めて)。池田関係の人招待、三番町、六―八・三〇。三木〔行治、岡山県〕知事、横山〔昊太、岡山〕市長、岡田忠彦、県会議長、市会議長、岡崎嘉平太等。当方侍従長、同次長、次長、式部官長、秘書課長、徳川侍従、植秘書官。挨拶と賜物伝達。式部官長、外交団東宮様御祝品の話―(首相へ)、仏大使バレー天覧は御断りせし話。

一〇月一二日(日) 九、高松様訪問。鉄道式典、御名代御願ひす。秩父宮御召し、大勲位論、盛厚氏勲一等云々の論は不愉快との仰せ、李王さんのこと。一二・三〇発―二頃帰る。一・一〇―一・四〇、明仁親王三、高松妃三、抽選にて高松妃、三笠妃二。鉄道式典、御名代のこと打合せ。帰宅。一万田へ礼の手紙、時計の(日銀七十年記念)。加藤博士へ、記恩帖執筆送る。〔略〕

〔欄外〕皇族議員選挙。

一〇月一三日(月) 次長、立太子礼に関する諸事愈決定の話、範囲、賜物(東京都は?)etc。野村大夫に十四日晩餐のこと、田中良雄のこと。総務課長、御名代打合。赤十字社長、行啓御礼に来室。式部官長、英国大使と会談の要、Kent公誘引のこと(秩父さん御返事は松平に頼む)、Dejeanの御説についてのこと。井深、東宮様に献上に来る。坊城、挨拶に来る。次長、東京都祝賀のこと。〔略〕

一〇月一四日(火) 一一―一二東宮様行列、実地に見る。皇后様、東北日程へらす御趣意。〔略〕長崎〔国鉄〕総裁、御名代御差遣の御礼。松井電話、Deningの話も耳に入れ、首相は小さいもので断らぬこと、外相に連絡とか、次長にいふ。八十年史御手許へ差出方侍従長。東北供奉、長官に渡す。侍従長意見、秘書官にきかせた結果。東宮様、義宮様、直宮六殿下御招待。御帰途、高松両殿下御立寄、秩父妃殿下の御写真御見せ頂く。松井御進講にて二期庁舎に御出まし。〔略〕

一〇月一五日(水) 秩父妃殿下より、殿下拝謁のとき御挨拶あり。宮城県知事来庁。次長と東北日程軽減のこと、九・三〇迄にゆく。一〇―一〇・三〇青山保安隊parade。首相大したことなり。軍国調正当にはよきも、変に起きぬやうと思ふ。高松妃殿下御来室、先日来のおねぎらひやら奨励やら昨夜の御感想やら一二・三〇―一・一〇。拝謁し、十日、十二日集まり範囲のこと、東北日程減少のこと、御許しを受く。大臣礼遇に内宴的外方法■のこと考へよとの意。恐れながらおやつれを拝す。〔略〕三矢宮松氏来訪、八・三〇。九・〇〇発汽車御見送り。〔略〕

〔欄外上〕今日御出発御決定。

〔欄外左〕順宮様御出発。

一〇月一六日(木) (小島侍医に肋骨のひびのことをきく)靖国神社行幸啓(御文庫へ八・三〇)、還幸啓九・五五。〔略〕一一・三〇印度信任状捧呈。〔略〕青木一男来る、二・二〇―三。久邇さんのこと。三・三〇中国信任状捧呈式―三・五〇。拝謁願出、朝見式御服装及大勲位親授日時のこと申上ぐ。国際、国内政治のこと、及国事式典あたたかみ少しとの仰せ。七―九、久邇さん、池内に経緯きく。

一〇月一七日(金) 神嘗祭九・四〇―両陛下とも御代拝。御文庫へ御召、昨日話した、吉田にきくことは今日は内奏ない由、長官からきいてくれとの御話。吉田が小泉等、式に参列希望の話、General Clarkの話申上ぐ。〔略〕二時大使認証式前に首相にあひ、御式参列は長官に裁定わく内一任されたしといふ、了承す。陛下御下問のこときく、式後奏上す。三―四・三〇今朝植を派し来て貰ひし山梨大将に久邇一件を話す。進んで栄木弁護士と共に事に当らんとの話、感激にたへず。留守中車使はしたしといふ。岡田大将訃音至る。御仕向方、次長調査し先例によることときまる。御沙汰はどつこいどつこいなれども、侍従職とも相談の結果、稍消極。長距離にて吉田首相に通話す。大に積極、御文庫に出で御思召を拝すことにさることに決定す。次長原案を作り、九時持参加筆し、翌十八日朝加藤虎之亮に来るやう電話す。

一〇月一八日(土) 次長と同車出勤、加藤氏と相談、決定す。文案持参、御文庫にて御裁可を受け、書類は後日の旨も御許しを得。一〇・二三御文庫発、新教奉納者《(ママ)》奉拝等。一〇・五〇原宿発、一六・二〇福島御着。知事公邸に入り、拝謁侍立後、物産御覧等にも侍し、宿舎皆楽園へ引取り、食後又参候、提灯行列を見る。

〔欄外〕両陛下福島行幸啓。

一〇月一九日(日) 十時、皇后様社会事業へ行啓、御留守中に拝謁す。一〇・四〇行幸啓、予定通りにて三・四五―行在所還御。別に何もなし。東会長万才三唱失念位のもの、午食の時法務大臣、斎藤長官。剣木次官来話。夜、花火大仕掛七・三〇―八・一〇。Gespräch を整頓す。

〔欄外〕国体。〔略〕

一〇月二〇日(月) 福島宿所発、Fencing、中学校立派驚く。予定通り十二時仙台御着。秩父妃殿下、駅頭にて御対面。県庁。其他予定通り。只途中双観山にて松島御一望になる。庭園御散歩等にて白鷗楼に引揚、茅屋根にて別館侍従長と二人。大宮様一昨年、秩父妃殿下昨日御宿泊の所。ハゼ天ぷら美味、ホテルに至り灯籠流しを陪観す。帰宿、就床。

一〇月二一日(火) 瑞巌寺を見てホテルに出仕す。両陛下御準備済、臨時観瀾亭に御出掛け、あと予定通り仙台駅より仙山線にて作並山寺を経、山形御着、県庁。boxing、体操御覧の上、上ノ山温泉へ御出になる。始めて宿下りなし。

一〇月二二日(水) 予定通り九・三〇上ノ山発にて五・〇〇原宿御着。村山山形知事中々のやり手らし。斎藤国警長官、ビラ蒔きの話。次長、秘書官と話す。書陵部六時一寸前に皇統譜に署名す。

〔欄外〕両陛下還幸啓。

一〇月二三日(木) 次長、国会事務次長を増加の話。放送局会長、副と同伴、テレビの塔の話了承、地面は売らぬと附加す。拝謁一一・四五―一二・〇五。食後、加藤鐐五郎来訪挨拶。塚越氏、久邇顧問辞任申出。次長、参列範囲のこと、東京の祝賀式のこと。式部官長、岡山の報告。本郷課長、正倉院行の挨拶。甘露寺、久松のこと。

〔欄外〕宅にて電話、山梨大将より「手形取戻し得たり」。

一〇月二四日(金) 秩父宮妃殿下に拝謁。一〇―部局長会議。二―花蔭亭、石黒、河合、赤木談話会、延期とする。六―八、三谷病気欠、次長、大夫、小泉博士と田中良雄、三番町にて夕食。

〔欄外〕国会召集。

一〇月二五日(土) 三―三・三〇、三番町にて久邇さんに会見、憲法を示し、手形振出により青木、塚越辞任申出の事いふ。山梨氏に依頼して善後処置せし事話す。発熱臥床、中村医師来診〔略〕。

一〇月二六日(日) 病況よくなし。中村君来診〔略〕。植秘書官釣にてるす。黒田式部官に連絡し、二十七日、二十八日欠に付き、次長代行するや否、官長と相談可然することたのむ。

一〇月二七日(月) 静養。中村君来診。一二・二〇、御陪食、拝辞。次長に代つて貰ふ。参議院が饗宴第三日たる事の不平問題。

〔欄外〕外交団。

一〇月二八日(火) 静養。信任状捧呈、午前タイ、午後瑞西。次長に代つて貰ふ。中村君来診。

一〇月二九日(水) 静養。西野博士来診〔略〕。中村君には西野博士電話、午後来診。張群問題、次長より話あり。〔略〕参議院問題目算あく。〔略〕

一〇月三〇日(木) 静養。(第四次吉田内閣親任式、認証式午前)。〔略〕西野来診。中村も。〔略〕

一〇月三一日(金) 静養。中村来診。〔略〕

〔欄外〕首相より見舞、果物籠。〔略〕

一一月一日(土) 静養。九・四〇―一一、緒方官房長官来訪、張群御召しの問題、閣議のやり直しと辞職のことといふ。結局首相個人の軽率も、国家に関する故、目をつぶるの外なきも、筋を曲りなりに立てること、事務的にClarkも入れて。西野氏来診午後。二・四〇―三・二〇山梨大将来訪、久邇さんの事と巣鴨の為の金十万円寄付の時の事。〔略〕

一一月二日(日)　午後二時入浴迄就床。体温平温。〔略〕

一一月三日(月)　〔略〕起床、書斎にて半静養。〔略〕午前植秘書官、午後次長来訪。文化勲章御陪食欠。〔略〕照宮様御電話、あかね会の事。

一一月四日(火)　一〇・四〇―一一・三五拝謁。其間山形知事等、次長にあふ。三時、国会にて緒方国務相にあひ、御名代の話をする。四時十五分、大蔵省に蔵相を訪ひ、同様の話と御住居建築の首相直訴の事、衛生的云々の事話す。帰庁後石渡追悼会五、東京会館に一寸顔出す。外務次官お茶。光輪閣五―七にも同様。

一一月五日(水)　緒方に電話。蔵相との会談話す。首相と相談の上取計たのむ。九・三〇出勤。御召し拝謁一〇・一五―一〇・五五。次長と話し、下賜の事五〇〇〔〇〇〇〕―、一二―一二・三〇。午に帰宅、一・二〇衣服付け、四・〇〇頃迄習礼。次長御茶。議院によばれつるし上げ。照宮様へ高尾よりあかね会の事御返事す。疲労す。〔略〕

〔欄外〕習礼。

一一月六日(木)　九時出勤。柳田航空社長、松本大使伝言、東宮様Coroの事。東北三県体協の人、行幸啓の挨拶に来る。御召し一〇・三五―一一・四〇。此日岡崎外相拝謁。皇后様、四外交官御引見。午食に帰る。その帰途、両陛下の御文庫へ御帰りに御目に懸る。午後一―三、山梨大将に久邇家監督のバトン渡し、依頼し承諾す。栄木に〔略〕贈る。議長賀表の事等、次長と相談。アイク来朝の事、式部官長、次長と話す。侍従長一五―一九葉山の話、二〇日丁抹皇子のこと。

一一月七日(金)　中村へ礼〔略〕。侍従次長、名取辞意、清宮洋行の事。(仏アカデミーデユセル〔デュアメル〕拝謁、農相拝謁あり。)一二―一・二五新旧閣僚午餐御陪食。拝謁(開院〔会〕式おことば、三条掌典、盲教育下賜)。一・三〇山梨大将来庁、一〇〇、〇〇〇渡す。〔略〕皇后様、高木のこと。両院賀表の事。大勲位、賞勲部長持参拝見。ウイスキー二本総務の人へ、次長。秩父妃殿下にクロロのこと、妃殿下といろいろ御話し、茶の間。週刊朝日、田中千代の話拝見す。

一一月八日(土)　一〇・三六内廷北門御発、〔国会〕開会式行幸供奉。シルクハット持つ。一一・二〇頃御還幸御文庫。岡野文相に、五十万円聾盲身体不自由児教育に賜金伝達。来会見合のことたのむ。午食の為め帰宅。習礼一・二〇―五。習礼中、皇太子さま御名代のことQueen了承の旨電報あり。申上げて

四・三〇正式発表。疲労甚しく早寝。〔略〕

一一月九日(日)　十時役所にゆく。一応巡視す。午食後、高松宮、三笠宮御参殿、儀式につき、役目柄失礼の御詫と御名代決定までの御話申上ぐ。緒方訪問るす。小泉訪問す、東宮御所へ出掛前なり。帰途同氏立寄り、吉田に対する先口の問題、陛下に申上げ辞任するつもり話す。何ともいはず。共同田中写真とinterview、立太子礼に当りて。

〔欄外〕入江侍従、宮様の「菊栄文」頂きにくる。朝、秩父宮に拝謁。

一一月一〇日(月)　七・二〇発賢所、両陛下親拝奉告の儀。九時にすみ着換す。式一〇に八分遅れる。清水、戸田少し手順間違ふ。両陛下も■しとは間違ひ。立太子式御前の拝、一度は失敗。宣制朗読はまづまづ。着換の上、賢所。東宮、三殿謁に参列。帰宅食後帰庁。東京知事、議長賀詞受ける。三・三〇両院議長賀詞。陛下の帰舎侍立。諸儀無滞すみ、東宮様Radioを聞けることに決定。Radioでくれる。

〔欄外〕立太子礼。

一一月一一日(火)　九・三〇頃登庁。部屋はバルコニー御出ましの為め使用不能。次長室にて雑談。一一・一五奥にゆき、参殿者候所にて小泉氏等と話す。一一・三〇、部局長及侍従職関係と列立。両陛下及殿下拝賀す。少々感情的になり一寸べそ。午は帰りて食事。常盤松記帳。元大臣礼遇拝謁の際、後藤、八田、岩村に一寸理由いふ。バルコニー五回御出まし。十二時のとき、疲れはせぬか、疲れたでせうと両陛下の御言葉賜う。四時帰宅。宮城県知事来る。行幸挨拶。〔略〕

〔欄外〕(参賀)。

一一月一二日(水)　秩父宮殿下に諸儀済みしこと御挨拶す。九時半登庁。食堂へ金屏風■手を出す。御召し拝謁。一一時過諸員休所に顔を出す。一一・五〇出御。一二・四五入御。休所にて緒方氏と、宮中席次のこと(参議院)、Crown Prince御渡英のこと、小泉の火傷のことetc。吉田の「臣茂」のこと。藤樫及元東海新の支配人旧知後藤さん■代来室。〔略〕

一一月一三日(木)　一〇―一〇・三〇文部省行、田中良雄観をきく。美術品、絵画、彫刻借りるかも知れぬこと、文部省人事。国会議員饗宴第二日。盃持帰り三百余と。午食に帰る。アメリカ訪日団奉拝。外国赴任大使拝謁。法王庁拝謁。四時頃帰宅。〔略〕

一一月一四日(金)　〔略〕願出拝謁一〇。御講書始のことと英大使館Dinnerのこと。其前に侍〔従〕次長、一日皇后様御服装のこと、カケ〔ママ〕を妃殿下方に賜ふこと、予算承知す。式部官長、英国大使館へ皇太子招待のこと。第三日にて小泉にあふ、安倍の手紙のこと(之は次長に見せる)。東京タイムスに昨日の「みんな」のこと出てる。第三日散会後、二時帰宅。〔略〕「みんな」問題三谷無感覚。松井首相秘書官来訪、昨夜首相より東宮供奉内命あつた故、旅程、予算等作成の打合の相談に来たとの話。小泉のこと、一応きまりなるも再検討申入れのこと、小泉以外となれば松井氏でないかも知れぬ等、従来の経過打明け話す。〔略〕

一一月一五日(土) 一〇、永勤者表彰式一言す。次長に松井のこと話す。東宮様、昨日来少し御違和、心配す。一一・三〇休所にゆき色々の人にあふ。一二・四五祝宴、東宮様御ことば御立派、田中の祝詞、憲法復生の故附加して貰ふ。休所に東宮様御出まし、一・三〇迄。それより広場にゆき、東京都祝賀式を一般席において見る。東宮様御立派おことばも。三・三〇御出門、両陛下葉山へ。供奉し七時半帰宅。〔略〕

一一月一六日(日) 退職願上奏大要起草。一一―一二、秩父宮様雑談、式の事まづまづよし、失敗、袴と御言葉案の戸田、清水ミス。陛下の御腰掛。田島の拝、八分延。御伴の遅刻、十一日の陛下の御承、ニユースの事、戴冠式のこと、釈英国史、親類につゞき研究、飛行機、舟、小泉何ともいへぬとのことetc。〔略〕秩父様カナダ大使館午食、エリザベス写真御覧の上、三時頃自働車にて御帰邸。

一一月一七日(月) 九―九・三〇高野次郎来庁、ワックスマン博士拝謁の事、外務省に相談せよといふ。侍従次長来室、皇后様秩父様御訪問のこと、長官の意見をきけとのこと、よろしいと存じますと申上ぐ。名取さん来室、一〇―一一・三〇、時機は任せるとのこと、孝宮さんのときのことは水に流されたしといふ、清宮様御教育■法研究のことといふ。Vining手紙あり、返事黒田にたのむ。鈴木部長挨拶。貞明大喪記録一を見る。午食に帰る。〔略〕書陵部にて立太子及成年式署名す。次長三時、法制局長官と打合す。水島理博来室四―五・二〇。帰宅後秩父さん御電話。黒川栗粉餅、開新堂献上電話す。未だ明日行啓のこと御存知なし。勝沼君来訪あり、東宮にもstick す〔る〕御癖あり、一寸注意を要すとのこと。陛下の手指のこと話す。当然あれと関係あり、清宮はなしと。肝及脾の大が特色とのこと。

一一月一八日(火) 黒川遅滞、一寸あちこちす。東大寺写真到来。侍従次長、皇后様供奉の為葉山行。高橋真男来訪、久邇さんのこと、経済顧問に河上のこと、前田動くことetc。次長、官房長官等に面会、東宮のことにつき首相指揮振りのこときく。陛下に御話の原稿、次長に見せる。〔略〕三条掌典挨拶、秩父さん海老。

一一月一九日（水）〔略〕次長と順宮様慰労のこと、木杯不参者に届けること、今日停電のこと打合す。河上弘一に電話、久邇さん経済顧問、少くも明日は考へると。返事のことたのむ。一〇・四二の電車にて一二・〇〇葉山に着く。塀を見分するよろし。一・三〇御出門、三・〇〇還幸啓。名古屋駅頭の事など総務課長からきく。二十七日保護司の時のおことばも。早帰り。秩父妃殿下の御供。五・三〇 Axel 親王の為の Reception に行く。鶴見にあふ。高松妃殿下、あかね会のこと。帰宅後八・二〇御還啓の東宮様、常盤松に上る。十六日英大使館の事申上ぐ。

一一月二〇日（木） 妃殿下に十六日英大使館の事内報す。勲章佩用の事申上ぐ。あかね会のことも。一月御召物の話出づ。「カケ」問題如何。〔略〕一一—一一・三〇キユーバ特使引見式。松井氏と東宮渡欧の話。一二・一五—二・一五丁抹 Axel 親王午餐会、高松両殿下、首相、外相夫妻、丁抹公使夫妻 etc。両陛下は二・三〇ブラジル女議員大統領親類引見。松平来室、Dening に Premier は、小泉、松平、松井をいひし由聞く。又不当との意見なし。三・三〇—三・四五拝謁。Axel 服装問題。小泉君五時過来る。辞職に反対らしく、東宮妃までといふ。勝沼と三人夕食、皇太子様の御くせと御疲労の時の事と。鼎座九時迄。

一一月二一日（金） 次長と辞職の上奏案文につき、陛下にありのまゝとはいへ駄目との意見は尤も、又反省すれば御渡英の事、吉田にぶつからぬは職務怠り、兎に角四年半にも成るから以外の辞意、此際駄目とのこと。御召し拝謁。馬術協会の人、三十日のこと。新井尭爾ツーリスト御利用のことにて来庁。一時四十五分、知事三人、馬の寄付のこと。首相二時—三時内奏。一西、大久保認証式後、二十分間首相と随員の事等話す。御文庫にて拝謁。その帰り、皇后様拝謁御召し。賜品、羽二重、羊羹、御野菜。名取は陛下よりボンボンニール賜る。式部官長、首相の話、とつて〔取っ手〕のふき掃除のこと。〔略〕

一一月二二日（土） 鴨 Axel 接待の為八・四五発。Buck 夫妻等と鴨猟。食卓も独立後始めての案。二時過帰宅。〔略〕

一一月二三日（日） 七・三〇発、横須賀市長井町荒井の井上成美氏訪問す。英語授業参観、午食を共にして帰京。三・三〇頃役所にてモーニングをとり帰宅。五・二〇より二・〇〇迄新嘗祭。緒方に井上訪問の事、三谷の事など話す。

一一月二四日(月)　昨夜の神事にゲロの問題、次長、秘書課長にいふ。東宮大夫と侍従長の関係きく。鈴木部長に首相の真鍮みがきのことたのむ。首相に井上訪問記を書き送る。〔略〕次長と今後の諸問題の話。新聞記者と会見。随員長人選の要件の話。〔略〕

一一月二五日(火)　九・三〇—一一・三〇打合会、次長、侍従長、大夫、式部官長、小泉氏、松井氏と準備及御旅程等審議。官長、Price 皇太子に拝謁のこと、必しも同意せず。高松宮御電話、菊栄会御催の party、来月七日皇太子及両陛下行幸啓のこと。〔略〕次長は国会。緒方電話、吉田より井上のこと試みようかとの意。三谷 Vichy、松平のこともいふ。

一一月二六日(水)　山梨氏訪問九・三〇—一一。久邇さんのことのみ。高松宮へ立寄り、七日駄目、一四日よろしからん。改めて東宮職より返事といふ。御相伴一二—一・三〇。大夫、高尾、経済主管、入江、戸田、内藤、本郷、田端、佐分利、衛生監、etc。三・三〇—五・〇〇小泉氏訪問、三谷に意見一致。顔のことまでぶちまけて話す。

一一月二七日(木)　〔略〕日比谷保護司大会御伴九・二〇。御文庫に出仕一〇・二五—一一。一一・一五—一一・四五女官長と侍従次長、かけ及きもの問題。色本持参、場合によれば、妃殿下のかけ、きもの共此際負担してもよろしいといふ。午、Dooman 三番町招待一二・三〇—二・〇〇。Dooman 夫妻、Turner 夫妻、土屋局長夫妻、松平信子、野村大将、沢田、吉沢、式部官長、後藤、黒田、松井明氏、首相。侍従長に渡英のこと話す、了承。拝謁御文庫四・三七—五・三五。帰宅。伝言あり、例の人々少し考へる、山梨と相談の結果。

一一月二八日(金)　管理部長、金具の具体案。次長、西[redacted]の官舎 Give up のこと、鴨猟案内のこと。東宮様一行の組合せのこと。〔略〕式部官長来室、と[redacted]引くこと自由といふ。三・三〇正仁親王御誕辰、御祝言上。首相宛手紙書く。三谷にきめて欲しい旨。植、目黒へ持参。

一一月二九日(土)　一〇—一一目黒、首相にあふ。三谷の同意を得、Vichy もかまわぬといふ。小泉夫妻、外務省顧問か何かでぶらり出掛けて、師傅役たのんでくれといふ。小林躋造—山梨、井上落第、あと海軍考へることを断ると首相いふ。つまらぬ注意は直接せよ。真鍮みがき等。供奉勲章等戦敗国の式にきること。勝沼の病気のこと話もする。御供の条件、陛下直接の御信頼、別動隊で行くこと、小泉訪問通ず。松平信子は？

と首相いふ。小人数の場合、遊撃的の人の余地なしといふ。次長に一寸話し、東通工へ行く。立体録音のことで雅楽部へよる。夜緒方より電話あり。きまつたさうですねーとの話。委細話す。

一一月三〇日（日） 終日在宅。池田氏回顧の本よむ。〔略〕馬術大会（立太子礼奉祝）。森村子息Accident。両陛下臨御。テレビ。

一二月一日（月） 次長、Tourist の表くれる。一〇・三〇―一一・三〇御召し拝謁。竹田さん、昨日の御礼、御詫。一・三〇―三・〇〇次長、侍従長、同次長、式部官長、式部官二人、総務課長、秘書課長、一月のこと、相談。緒方を国会に訪問し、一昨日のこと話す。森村義行弔問。帰宅。妃殿下に拝謁、殿下御病況承る。森村に両陛下御弔問のこと、入江の行動につき次長に調べるやういふ。

一二月二日（火） 朝、岡崎外相電話。侍従次長、入江の件、釈明に付不問とす。一一白信任状捧呈式―一一・二〇。岡崎外相と首席随員のこと懇談了承、Vichy のこと、一一・三〇。御召し拝謁一一・四〇―一二・一〇。一―三、次長、侍従長、式部官長、大夫、小泉、松井会合。委員長発表、往路大体きまる。馬のこと、語学のこと、おつかれなきこと etc。官長鴨猟のこと。記者会見、東京銀行の話をする。七・三〇仏大使―九、首相及外相、田中最高裁判長官等。秩父妃殿下の御伴にてゆく、五分早すぎ。みし首相と隣席、好々爺の印象深し。仏外務次官と東宮様御訪欧の私見いふ。妃殿下は一泊。

一二月三日（水） 〔略〕一一、トルコ大使信任状捧呈―一一・二〇。高橋誠一郎来訪、重ねて出品は断る。二時―二・三〇青木、塚越両君来室。久邇家現在目録見せらる。何れ新顧問又はその代理に引継方たのむ。侍従次長室に案内し、皇后様よりの賜りあり。〔略〕鴨猟案内は全部長官名のこと、官長より話あり。

一二月四日（木） 東宮式典写真（アルバム用）見る。松本大使より手紙。一〇―一二・三〇次長、小泉、野村、三谷、松平、松井会合、御巡遊の国々、旅程のこと、在外公館へ通知案文等。一・一五河上弘一訪問、高橋も同席 with で久邇さんのこと引受。Cortot〔アルフレッド・コルトー〕ピアノ。皇后様、リ〔空白〕氏。Danish Legation、Axel 親王歓待の礼をいひ、皇太子様丁抹御立寄り話。正〔成〕年の式のこと等いふ。七・三〇。Dooman 夫妻主賓一〇過。前田実夫人、吉沢清次郎夫妻、Turner 夫妻、ヂャーデンマゼソンの人。

〔欄外〕次長、国会予算総会で答弁。〔略〕

一二月五日(金)　九―一〇、山梨氏訪問、河上承諾、青木等引渡の経過。先方の話、井上のこと、首相より電話のこと、小泉のこと、信子さんのこと。次長、季末手当のことetc。一時前要旨拝謁、一時より首相内奏、農相認証式。二―二・二五御召し拝謁。松本大使へ返事。次長に委員会様子きく。三番町新聞記者、五・三〇―八、なごやか。

一二月六日(土)　侍従長来室、カナダ飛行機のこと、小泉のこと、昨日首相申せしこと、張群のやうなことなきやうとの御話ありしこと。小泉氏電話、義宮御招待のこと、Tape corderのこと、山梨の昨日の話のことetc話す。委員会服装問題。別に何もなし。〔略〕

一二月七日(日)　官房当直より、朝香千賀〔子〕様御逝去の由、電話。次長と相談、午後御弔問に上ることとす。奥の御仕向も前例によること。〔略〕一・四五発、鎌倉極楽寺隣朝香邸にゆく。葬式はカトリックになるが豊島岡使用可能かとのこと。帰宅後、次長、書陵部長、侍従長、同次長等と相談。決して拝謁を乞ひ、御許しを得。三井部長より先方へ電話。〔略〕

一二月八日(月)　次長国会行、高松宮案委員会採決。御召し一〇・〇五―一〇・五〇。石川信・安藤七宝店監査役来訪。侍従次長、女官のことの話。山下人事官挨拶。中田朝香宮元事務官挨拶。田中耕太郎訪問、山崎匡輔、人事官如何と相談す。成城大学長になりたてとのこと故やめる。宮中席次の申出あり。秘書官、次長、侍従長、同次長、式部官長、管理部長、総務、秘書課長、山水楼六―八・三〇。朝香孚彦電話、三井氏の方へ廻す。之に関して秘書課長の話、火葬のこと。

一二月九日(火)　(此朝、船のBookの委員会あり)一一・三〇―一二、拝謁。一二―二、丁卯会、伊藤正徳の話。津島寿一のアメリカ話、小泉氏と戸田の話等。松谷氏、小泉洋行有意義説。女官長と明日の打合。次長と十四日の打合。衣冠束の写真持帰り。〔略〕

一二月一〇日(水)　朝、首相あて、戸田も入れて六人のこと、旅程往路のこと、小泉駄目のこと、手紙書く。藤沢より電話、本日手術の為の電灯のこと。〔略〕一一・四〇頃秘書官と同道、藤沢へ行く。菓子二十持参、両陛下御見舞の植込の鉢持参、手術用のBattery電灯持参。但し手術は折笠、遠藤相談して中止。帰庁、御文庫拝謁。立太子礼各国御祝品等拝見。ニュースも陪観。六―一〇東宮御所、侍従長、次長、小泉、大夫と六人御陪食、いろいろの御話。

一二月一一日(木) 〔秩父妃殿下るす中、朝香様へ会葬の為御出で〕九・四〇発四谷教会、朝香千賀子様葬儀。五殿下も会葬。一一・三〇頃御代拝あり。あと拝顔帰庁。〔略〕官長、次長、入江等いろいろ話す。帰宅後、首相より昨日の返信あり。緒方氏来訪、七・四五―八・四五。勲章案、随員のこと、小泉のことにつき腹案話す。次長来宅連絡す。

一二月一二日(金) 野村大夫、侍医佐藤確言す。次長、国会へ廻りおそく出勤。藤原銀次郎、先日十万円の御礼、原氏同伴。中田、朝香の礼と首相官邸を東宮御所にとの話。食後加藤新右衛門来訪。三・三〇―四・三〇小泉氏来室、昨夜緒方の来た話。山梨の話同感、「陰謀」了承す。次長、朝香家賜物使の打合の件。ツーリストの話etc。新聞記者、昨夜の緒方訪問のこと。勝沼君に年末賜物。六時半迄話し帰宅。〔略〕

一二月一三日(土) 管理部長、ポンプ電気破損のこと、三百万円特別営繕費使用のこと。首相へ手紙、小泉アンタントのこと、訪問国、随員戸田とも六名外三人のこと。式部官長、会津八一、吉植庄亮のこと、選者三、〇〇〇のこと、放送のこと。入江のこと、官長と話す。[redacted]二瓶、総務課へ来るとのこと。〔略〕久邇家訪問。顧問更迭の順序を池内に話し、河上、高橋と一同承知のことを殿下に伝言たのむ。〔略〕三時帰宅。King の Broadcast の本読む。夕方首相より返書あり。

一二月一四日(日) 〔全文略〕

一二月一五日(月) Vining に Album 送る。一昨夕首相よりの返書、次長に見せる。此こと、緒方と小泉に手紙書く。〔略〕首相寿詞、二枚受取る。午一一・四五―一二・三〇、三番町、山梨、河上、高橋、栄木、青木、塚越。久邇家顧問引継。後山梨氏と小泉洋行アンタントのこと話す。一致す。四・四〇御神楽―六・〇〇。クヰンエリザベス号出来た由。〔略〕

一二月一六日(火) 松平官長来訪、比大使のこと。一〇・三〇―一一・一五拝謁。東宮御誕辰拝賀、比大使御仕向、東宮御巡遊閣議、久邇顧問、秩父様手術、年末恒例社会事業賜金のこと。首相の写真二葉進呈。〔略〕次長、官長、総務課長、管理部長(御文庫修繕費用のこと)。東宮様誕辰(年末恒例賜金)拝賀のこと。夜英国七・一五―、東宮様、秩父妃殿下。

一二月一七日(水) フランス、パキスタン、印度、丁抹、瑞西、ペルー、黒田君、田島、埼玉行。二時に終了す。印度大使夫人。〔略〕

一二月一八日(木)　九・三〇—一一・三〇、御渡欧予算。三谷、松井、次長、主計課長。三谷の交際費のこと。〔略〕二・三〇—四・三〇御文庫改造会議、次長、侍従次長、管理部長、業務課長、監理課長。D案となる。御文庫拝謁四・五五—六。

一二月一九日(金)　英、濠、泰、法、ニウジーランド《〔ママ〕》(新浜)にみし及植秘書官と行く。高松妃殿下台臨、同テーブル。吉田首相に面会申込あり、客より先に帰る。三時に帰庁、目黒官邸に訪問、御文庫改造D案の外なきこと、納得して貰ふ。帰庁後御召し、昨夜皇后様と御相談の結果、D案よしとのこと。新浜帰る時、官長、非条約国新年の話あり。此事了解にあらずと黒田式部官にいひ、又後官長来りよりいふ。その積りならばとの話、代案五日を出せしこと不同意といふ。

一二月二〇日(土)　次長に昨日のD案のこと進めるやういふ。〔略〕

一二月二一日(日)　〔略〕終日在宅〔略〕。藤沢秩父さんへ電話、川津さんに昨日の御礼言上方たのむ、手術はやめの由。二十三日の東宮拝賀、どちらでもよき旨いふ。小宮豊隆に電話、東宮かぶき一覧の事及天覧の事話す。役所の仕事色々ゆつくり考へる。

一二月二二日(月)　伊、白、中、ド、アルゼンチン鴨猟。御文庫へ御伴の為めやめ。御文庫九・三〇。三谷氏にDening への回答案見せる。両陛下多摩陵御参拝に供奉。二・五〇帰る。小泉及大夫、両陛下に御渡欧につき学習変更のこと上奏。二人にDening 回答案見せる。Dening へ返書出す。山県厚相来訪、白痴教育先日洩れしこと、内廷費のこと、宮内庁病院のこと、海運株のこと等きく。〔略〕

一二月二三日(火)　一〇、両陛下に御祝言上、直ちに東宮御所へ行き、殿下に申上ぐ。後食堂にて御祝酒。松井参事官来訪、Canadian Pacific の飛行機にせよとの話、首相(白洲)の存念、拒絶の外なしといふ(条約の外の国の話もす、外務省の問題の事)。〔略〕次長、行幸奏請の話、緑《〔植〕》樹祭のこと(千葉)、東京都の事等、栃木県道路舗装、村道に編改断御礼。侍従長来室、Janzen、野村、昨日申上げし鴨、陛下の御気付き、及松井の事奏上の由きく。松井電話、有りの儘話して黙つてきいてた。息を抜くとの事。〔略〕

〔欄外〕東宮御誕辰。

一二月二四日(水)　此日留守に、久邇さんよりラクダ上下と黒川羊羹、大妃殿下三越〔略〕、此際手切れ御慰労らし。一〇、式部官長、外務次官の話、外交関係なき外交官の件。内廷会計会議—一〇・五〇。此前後野村大夫と話す、Danceのこと。一一—一二・一〇拝謁数件。食後、次長、式部官長に連絡。〔略〕大宮司佐々木氏来室。御歌会選者の処へ一寸顔出し。小泉氏に歳末御仕向待遇、吉田のこと、顔色のこと話す。義宮御相伴六—八・三〇小泉、侍従次長、両侍従、ふ育官。鴨等。義宮御成人難有し。〔略〕

〔欄外〕米大使、本をくれる。

一二月二五日(木) 大正天皇祭一〇—一〇・四〇。両陛下皇太子様御直拝。宮様は崇仁親王のみ、高松両殿下は山陵へ。次長と秩父〔略〕のこと。侍従長来室、小泉Entente〔合意〕きかる、まゝに話す。秘密。食後一—二・三〇部局長会議。給与のこと、東宮洋行のこと、正月のことetc。侍従次長来室、正月午餐のこと、秩父さんの事。ぶり四尾官房へ賜り、御礼申上ぐ、女官長経由。五時帰宅。三妃殿下お裾上げ中、大さわぎ。三妃殿下御帰り後、信子さんを車で送る。船出の懐紙書く。

一二月二六日(金) 高松宮妃殿下に誕辰拝賀。一〇・三〇イスラエル信任状捧呈。首相にあはず一〇・四五より内奏。認証式十二時少しすぎる。侍従長より、東宮往路につき、陛下の御思召にかゝはらぬ話きく。同僚等御陪食。一時半頃、三谷にきゝ、緒方氏を追かけて室にて首相へ翻意方たのむ。特にカナダに新たな手打たぬ様にたのむ。次長室にて、此事等次長、侍従長、官長で話す時、御召し拝謁二・五〇—三・二〇。三・三〇ユーゴ信任状捧呈式。その後、岡崎と李大統領のこと、及外交団外の外交官拝謁のこと相談す。次頁白の処〔三一日のあとに記載〕。一二・二六、〔略〕夜、緒方氏に電話、二十九日まで待たず何とか願ひたし。拝光後、陛下御召し拝謁の際の様子、双方相当に強く、之は早く理屈なしにきめて、即ち首相おれて貰ふ。その為め連絡わるいと思ふなら私がわるいといつてもかまはぬ、張群迄陛下がいはれた、国事といつても陛下の御子様の事故、陛下の御安心のゆく方がよろしい。何とか願ひますといふ。よろしい、明日朝の内は人にあふが……の話。

〔二七日欄外〕御渡欧予算会議、侍従長、次長。

一二月二七日(土) 〔略〕鵠沼へ歳末御挨拶、白醤油六本、開新堂一箱。京都より鰆味噌漬二十切。今日拝診日にて坂口博士を頼む案きく。妃殿下も病床。極楽寺に朝香さん御[redacted]見舞花を差上げ〔略〕帰宅。

一二月二八日(日) 発熱。〔略〕午前西野氏来診、三九度になる。

一二月二九日（月）　流感。西野氏来診。歳末御祝詞失礼。黒田式部官（丁の皇太后崩御に関すること）。次長（丁のこと、歳末祝詞のこと、御渡欧予算のこと、一億以上でもよし）。緒方氏より電話、円満話済とのこと。〔略〕

一二月三〇日（火）　秘書官来る。小宮手紙次長に届く。西野博士来診。〔略〕女官長より両陛下の御思召。入江侍従より陛下の御懇談。東久邇稔彦盲腸、大久保病院手術。〔略〕

一二月三一日（水）　西野博士来診〔略〕。次長、東久邇見舞の報告。東宮様一億一千万に決定とか。植あめ、吉右衛門、大鯛、湯崎金とん、秋山大膳、大に快気。植、夕方別に用■に来る。〔略〕夜十時頃三谷、宇佐美来訪。秩父様危篤説、高松邸より電話あり。御見舞行幸か、明日万一の時儀式かの問題。当方知る所申上げ、見送りのこととす。

一九五三（昭和二八）年

一月一日（木）　生来始めて床上の正月。〔略〕昨夜の事をふくみ、藤沢に電話し、坂口三十、三十一日拝診の結果、兎に角■分なしぬ事は確かと思ふ。十一時頃次長来訪。相互に秩父様の事き、話す。昨夜の〔ママ〕依頼して西野、坂口に直接■ける症状も判明す。植秘書官来る。年賀郵便処理と秩父様万一の心構へ話す。みし御拝賀の為め参内。その後次長再び来る、秩父宮に関して。その前に侍従長来る。秩父宮問題にて fatal 判明せば、神経をいたませねば明二日御見舞行幸啓も可といふ。拝賀の節、吉田円満解決の真相を次長、緒方長官にきく。他声もなし、若し然らば陛下になぜ強くいひしや。注射受付けずとの事にて三谷御召し。その後で又御召し。〔略〕

一月二日（金）　〔略〕西野博士来診〔略〕五日迄臥床静養、必要のこと起らば起きてもよしとのこと〔略〕。植君一寸来る、年賀の様子等。〔略〕次長、午前法制長官訪問の報告、宮家の御手持（資金）。又夕方も報告、鵠沼のこと、及参賀の様子（六十万とか）。皇后陛下御和装。夜、東宮御所にてのみ来りし秋山、みし接待し、適当の時返す。秩父さんのこと、新聞等既に八釜しく、食料品送りしとのこと。次長に電話して対外関係通達のことといふ。

一月三日（土）　〔略〕終日在床。〔略〕植秘書官に高松宮御誕辰及年賀、東宮御所、宮家回礼ありし鷹司、池田、徳川、松平、抔等たのむ。十一時頃来る。みしに同伴、鵠沼御見舞と御年頭バラ、福砂屋、ボーロ持参。みしは帰宅、目黒恭二方に宿り、各所御年頭。頭痛の為その薬のむ。軽快となる。〔略〕夕方、次長来訪、昨日の電話の為、秘書課長鵠沼出張の報告の報告。夕方秩父様御重態の電話。両陛下御見舞行幸啓九時の予定にて御文庫に行く。八田博士鵠沼より帰京拝謁、shock の為御中止。田島、八田博士と同道鵠沼にゆき、御重態故、高松宮、信子さんと後事いろ〳〵御相談申上げ、一時過ぎ鵠沼を出づ。新聞のフラッシユに驚く。単簡《〔簡単〕》に返答して一時過帰る。実は二・三〇頃御危篤、新聞等公表は四時半薨去。

一月四日(日)　八時半御出門、両陛下鵠沼へ行幸啓。次長供奉長官。還幸啓後、次長、秘書課長と三人、高松列外供奉す。高松宮、妃殿下と大体御相談帰京。三・三〇高松両宮殿下、信子さん、次長、松平官長、管理部長と豊島〔岡〕墓地検分。長官室にて会議。五・二五―六・二五御文庫拝謁。御喪儀のこと等。十時過、高松両殿下鵠沼より御来邸。遺書の事。

一月五日(月)　自働車にて遠藤博士を迎へにやり、解剖の事を話し、役所に行き、上奏後の高松両殿下と御話す。午後四時半、諸博士鵠沼行の旨高松宮に電話す。後陛下明日御弔問の事も電話す。みしも御弔問の為、植氏も同行鵠沼へ行く。六時発、白カーネションといちご三箱。御解剖行はれ、二時過帰宅。寺尾博士同行、雨中、岡、隈部、寺尾、遠藤、児玉、折笠六人立会。

〔欄外〕午後官房長官訪問。秩父宮費用のこと。

一月六日(火)　両陛下鵠沼御弔問、供奉す。帰途気分あしく、早退帰宅。西野博士来診、病床にあり。

一月七日(水)　終日在床。次長数回、松平氏一回来訪。徳川元侍従長夫人死去。墓誌の事。墓標の事。

一月八日(木)　十時登庁(朝日解剖の事書く、諸紙いろいろ)。一時頃山県厚相来訪、解剖の事。次長復活予算の話。〔略〕小泉氏に life の本届ける。三番町視察、次長等、松平委員長の困り話。三・三五―四・三〇御文庫拝謁。

一月九日(金)　委員長は七時鵠沼行き、一〇・三〇定刻御発なれども途中御[redacted]りにて、十二時半頃御着。みしと御迎えす。みし帰宅後二時より正寝移柩式に参列。後帰庁す。両陛下三番町行幸啓。皇太子様は御着柩前御迎え。六時頃みしと同車三番町。六―八、御通夜。官は七―七・三〇、六時―七時迄は国務大臣(中国大使館やめ)連、九時頃信子さんと同車帰宅す。〔略〕

一月一〇日(土)　昨日両陛下三番町行幸啓に関し御不満のこ

と、次長、侍従長よりきく。願出御文庫拝謁一一・三〇―一一・四五。侍従長、次長と十一日のこと協議す。食後、植秘書官と豊島岡視察。三番町にて委員会傍聴。四時頃帰宅、墓標の習字。次長電話、二八年度予算復活要求の話。

一月一一日(日) 午前日記整理。一時に豊島岡に行き(大勲位雍仁親王墓　昭和二十八年一月四日薨)と八寸角表裏に書く。式場及墓所検分。四時頃三番町。五時東宮様も御列席にて二階ホール、霊代安置の儀行はる。小泉氏も御通夜にあり。帰宅すれば一ノ瀬、大どら焼一個賜ひあり。食後参内拝謁、右御礼順序整ひし事等奏上、七・二〇―七・五五。帰宅。矢尾板掌典、祝詞の決裁とりに来る。

一月一二日(月) 七・二〇次長と同車、三番町。東宮様も御着席、柩前祭の儀。次で豊島岡、八・四〇右幄舎につく。みしは三谷夫人と同車、左幄舎参列。雨中なれど予定通り十時五十分終了。直ちに一般告別式午まで。一二・四〇落合火葬場へ特命にて夫婦共御伴す。三時頃御帰り、後地下室に安置工作。其後整理して雨中薄青墓前祭済み、三番町に一旦落付き、参内。御文庫にて拝謁、五・四五―六・〇〇御報告等。帰宅。食後ラジオ七・一五―八・〇〇。みしと三番町へ。松平夫人正子さん等と一所に妃殿下拝謁、無滞御済みの事申上ぐ。松平康昌氏より塩貰ふ。

一月一三日(火) 八・二〇斂葬後第一日及十日祭権舎の儀、皇太子さまも御着席。一〇・四〇発豊島岡墓前祭。うさぎやに立寄り帰庁。午食後一・四二御出門、両陛下豊島岡御参拝に供奉す。御墓所に妃殿下、高松両殿下も御出になる。侍従長、辞前に松平のネクタイ献上の話をなす。四時過、書陵部にて御葬儀皇統譜に署名す。四・五〇―五・三〇小泉氏来室、東宮米大使館へ行啓賛成論、同意せず。次長、六・三〇頃迄三番町にて委員会審議の結果きく。帰宅後夕食。うさぎや、煎餅持参、みしと三番町へ上る。妃殿下の御述懐あり、八時迄となる。御日供おすべり頂戴す。〔略〕

一月一四日(水) 三番町にて妃殿下にジヤナリズム等御注意申上ぐ。信子さんにもつと委細申上ぐ。一旦帰庁す。御召し御座所、一〇・二〇―一〇・四五。モーニングコートのこと、小泉のこと等。〔略〕帰宅午食後三番町に上り、一時御発の霊代及妃殿下奉送す。御文庫へ御召し二・一〇―二・五〇。高松妃殿下御来室、秩父家の財政等。小泉氏へ今朝のこと電話。次長、侍従長来室。侍従長、高松宮へ御使ひ洋服地御伝達。式部官長、御歌会の話。緒方氏訪問、米大使のこと。

一月一五日(木)　頃日中の拝謁の際の記録、たどりたどり書く。秩父宮家御輔助〔ママ〕の事、急を要すと考へ、拝謁願出づ。陛下よりも御用ある旨にて一時御文庫へ参上、一時半迄拝謁す。秩父宮家の事、御歌会等二月初の事、Clark 大将御食事に御招きの事、最後の事は陛下御促進との事。豊島岡にて妃殿下に拝謁、御内定御内報す。山県厚相、解剖の事の話ありし由御話あり。墓参者三万余。四—四・三〇辰野隆氏来訪。四・三〇—六小泉氏来訪。

〔欄外〕辰野は御喪英訳の件、小泉は米大使館行啓の件につき、陛下御反対の事の事。

一月一六日(金)　管理部長に墓造営と日取の事、盗賊に注意の事 etc。次長に昨日拝謁の話。高松宮殿下御来室、秩父家財政の事。臨時費の外、月額補助従来の二/三になる程度御希望、国際的に活躍云々。朝、緒方に電話。首相に了承の事たのむ。ベネヅラ〔ベネズエラ〕信任状捧呈式三—三・一五。緒方より首相了承の電話あり、信任状の式にて外相異存なしといふ。陛下二回御召出あり、漸く御文庫三・五〇—四・二〇拝謁。米大使、Clark の件等、高松宮殿下御来室の件、久邇さんかつぎの件申上ぐ。帰宅。食後七・三〇—九・〇〇、山梨大将訪問、久邇さんの事頼む。〔略〕吉田の張群事件、米大使館事件等一寸話す。

一月一七日(土)　大久保病院に東久邇さん御見舞、花。〔略〕

一月一八日(日)　終日在宅。書類及手紙整理。〔略〕

一月一九日(月)　山梨氏より電話。一一時高橋真男とも次長とも一所に会議したしとのことにて手配す。次長、東宮様御渡欧御出発迄の行事表見せる。侍従次長、葉山行幸啓の御予定、外交関係御予定相談。一一—一一・一五カナダ大使信任状捧呈式。一一・二〇—一二・三〇、山梨氏等と会議、吉田に山梨氏ぶつかる話とす。丸山二郎、日本書紀献上。藤原朝地図の話。溝口来室、医療費¥四四二、〔〇〇〇〕—の話。御召し御文庫一・四〇—二・〇〇。五十万を主計課長にたのむ。〔略〕三谷に清宮教育、秩父妃殿下の話 no といふ。次長、溝口と鶴野香奠及書発送の事。

一月二〇日(火)　侍従次長に、今日皇后様五・〇〇—秩父宮家へ行啓の際、御渡しに関連すること全部話す。式部官長、昨日午後 Murphy 訪問の結果きく、松平氏にそのこと直に上奏のこととす。次長に内廷会計予算少きの大数表を見せらる。一一・五〇—一二・〇五拝謁。高松宮拝謁一—一・二〇。秩父宮御会計御補助の件、長官にいろ〳〵難有う。帰途岡田才一氏訪問、二時帰庁。東宮様御土産見分す。花井検事長認証式。後首相にあひ、秩父宮葬儀に対する政府の配慮に礼、宮家財政の話をなす。御召し拝謁三―三・二五。小田内通敏氏来室、取とめなき話、皇居のことを書きたしとのこと、四時過となる。Vin-ing手紙。〔略〕此夕御文庫に高松、三笠両宮様御招待。此日皇后様鵠沼喪中御見舞行啓。〔略〕

一月二一日(水) 山梨氏より電話、首相に会へず、昨日近藤信竹と野村直邦と三人話した話きく。登庁九時。石川欣一、ケネスヤスダ来室、御製英訳出版の話、寺尾と同席、具体的になつて相談のこと。御召し一一―一一・四〇、御座所拝謁。次長、御渡欧予算発表。溝口来室、昨日の礼、体育会へ七万、予防会へ五万寄附御希望とのこと。二時発豊島岡に行き、妃殿下と〔に〕拝謁、四時頃帰庁す。侍従次長と御礼のこと相談す。日赤新旧副社長来訪。御土産品確定品一覧す。鈴木氏持参、秩父さん御墓設計見る。

一月二二日(木) 山梨大将来訪。此朝緒方長官訪問の結果、柔く然し後に残らぬやう処理するとの事。島津社長挨拶来室。次長、御差遣の書類壱式。本郷課長、允恭式年祭のこと。附藤原宮地図。溝口、解剖の人、車代〔略〕。久邇さん御礼。大妃殿下に拝謁。開新堂、兎屋。拝謁の記整理。〔略〕松平官長に久邇氏の事件、渡米と手形話す、手形の山口清も渡米案をもつことをきく。六時帰宅、Vining返事出す。〔略〕

一月二三日(金) 八発鵠沼行、秩父宮二十日祭、十時―十時二十分。十一時御弁当頂き一旦帰庁。二時墓前祭、その後妃殿下、高松、三笠両殿下、妃殿下に墓所設計御覧に入れる。次長、管理部長同席、業務課長説明。アルゼンチン東宮様宛剣到着。夜、諸戸精文、本間、御木本の人来る(断る、献上とか)。持参のもの植氏に返却して貰ふ。

一月二四日(土) 〔略〕三―四、高松宮妃殿下訪問、真珠屋の依頼御取次。一旦帰宅。五・四五―八、御文庫御相伴。御野菜一籠賜はる。〔略〕

一月二五日(日) 終日在宅、書類整理。電話山梨大将、野村直邦■や金沢は他の方法考へ中云々。二・三〇出発鵠沼御訪問。徳川家正、高木喜寛祭祀料のこと申上ぐ。みし同伴、御供へ空也最中七十五個。妃殿下信子さんと、御病況、今後の人べらし、御住所、陸連総裁のことetc、小泉御依頼のこと。九・一〇発帰京、一〇・三〇頃帰宅。

一月二六日(月) 次長、東宮様御出発前の行事のこと。墳墓の人にあふ。富田愛次郎来室、高木喜寛祭祀料のこと。〔略〕一二・三〇―一一、小泉氏来室、秩父宮の事実上の顧問たのむ事、昨夜の事、先達来の内廷費補助の事 etc 話す。二日か四日との事。高木喜寛会葬、五時帰宅。

一月二七日(火) 新聞を見、御文庫拝謁一〇―一〇・五〇。「情報天皇に達せず」を読む。侍従長と拝謁のこと打合す。次長来室、允恭天皇山陵祭のこと、東宮御計画のこと等拝謁のこと、秩父さんのことといふ。千家尊宣来庁、遷宮の為の賜金のこと。此日、秩父妃殿下、御所其他へ御礼に御上り。次長話しすぎて新聞会見遅れ。義宮様旅行のこと。

一月二八日(水) 〔略〕一〇・三〇外交団以外外交官拝謁。秩父宮妃殿下御来室、一・Dissection〔解剖〕を内容にふれず公表する方法、二・御墓のこと(予防会寄附の時の厚生大臣謹話に捩込むのこと、調土模型)。高松宮殿下も御来室、東宮随員委員会渡す。式部官長、Sale の話、細川の米の話、比大使夫人のこと。〔略〕一・三〇―二・〇〇次長、大夫、東宮出発前日程及はしか注射。拝謁御文庫、五・三五―五・五〇。

一月二九日(木) 松平信子さん電話、四日のこと。小泉、四日の capacity のことに付電話。阪本に辞令渡す。一〇・四〇―一一・三〇山梨大将来る、野村直邦説明、金沢も今にわかるでせう。岡崎に会見、小川の資力、三十万も如何、参議院除名問題はつたり。雪のとける様に消える、盗賊、犬。八雲産業研究。村瀬氏にあつたとのこと、栄木が。一一・三〇―一二、両陛下、東宮、御土産物御覧。午餐会、General Clark、Amb. Murphy 両夫妻。一二・三〇―二・三〇、産経、読売、記者、皇太子妃まだ何もなし。〔略〕侍従長、吉田訪問八時の話、小泉のこと、病気の随員出来たときのこと etc。

一月三〇日(金) 八・四〇―九・五〇、勝俣氏(孝明天皇例祭なし御喪中)と会見、衆議院感謝決議のこと、近くある機会に解剖にふれるかも知れず、山県厚相に連絡すといふ。一〇・一五―一二、豊島岡にゆき、妃殿下に御目に懸り、勝俣のこと申上げ、御寄附金のことを此際厚相に内話し、勝俣に連絡すること、医療謬りなきこと、新薬相当よろしかりしこと。高橋大協来庁、二十六日両者会談の話、世間話一・三〇―三・三〇。次長来室、東宮様御出発前御日程等。それらに付拝謁五―五・三五。秩父宮様へ御電話 Dissection のこと。

一月三一日(土) 此日 Wilson 号入港の為、次長、侍従長等横浜行。十二時半頃退庁。午後夜書斎整理。

二月一日(日) 照宮様御安産の報、女官を経て御祝申上ぐ。

終日在宅。書斎にて書類等整理。〔略〕(秩父宮妃殿下より御電話、解剖の事も五万もやめなら運動会も延期かとの事。左様願ひます)。

二月二日(月) 秩父宮三十日祭。八時発鵠沼、権舎祭、高松宮汽車遅延御不参。一〇・三〇発帰京、次長にDaimlerとRolls Royceの事きゝ、Daimlerとす。千葉県緑の週間の事もきく。食後、豊島岡御陵を一人で調査す。墓前祭後直宮様方と又一巡、陵型(新案)も出来御研究。帰庁後御文庫拝謁す。墓前祭にて、勝俣代議士より、山県厚相と話合の結果、感謝決議文止めとなりし事をきゝ、高松宮に申上ぐ。秩父妃殿下には高松宮御話下さるとの事。小泉に電話す。東宮様御準備種々〔ママ〕ことの事。
此日、東宮両院御参観。

二月三日(火) 御喪明に付、天機奉伺拝謁九・五〇。御講書始一〇―一一・一五。賜物伝達、後賜餐一時前終了。小泉福沢、仁井田魯迅、萩原宇宙。控、上野、後藤、柴田。二―三、豊岡にて妃殿下に拝謁、Dissectionのこと申上ぐ。保健同人記事御憤慨あり。次長、松本大使招待のこと、etc。官長、立川飛行場東宮行啓のこと。〔略〕

二月四日(水) 墓前祭十一時、次長、秘書課長と同行す。外套の儘参拝、復床せず退下す。朝香様、休所へ態々御挨拶恐縮す。三・一五発Carnation持参、小泉氏を誘ひ鵠沼へ行く。信子夫人と四人、拝礼。御食事頂きいろいろ御話。総裁後継等のこと、「保健同人」につき御愚痴あり。十一時過帰宅。
〔欄外〕貞愛親王三十年祭。

二月五日(木) 御歌会始、Radioのこと御許しを得、侍従経由。一〇―一一・三〇諸役及選者、並に預選の人々に賜りを伝達す。賜餐前者は一の間、後者は東二の間。二―四・三〇東宮御旅程の相談会、随員佐藤久以外全部と松平官長、野村大夫、小泉、次長と。五・三〇―八、三番町にて歌人と懇親会。会津八一、土屋文明、尾上八郎etc。

二月六日(金) 千家尊宣、不昧好菓子到来に付、クッキー返礼す。堀内謙介電話、ブラジルの人拝謁のこと。一〇、武田祐吉、允恭天皇の事績、一一・三〇書紀相聞歌。外交団御陪食。印度、タイ、スイス、イスラエル、一二・一五―二・三〇。首相に皇室経済法のことといふ。外相に東宮立川の感覚きくno。官長、三笠宮の洋行御伴の人etc。高松宮に秩父宮墓模型お目にかけ、此ことを藤沢に電話す。

二月七日(土) 直接高松宮邸に参上、熾仁親王妃三十年祭に

参列。茶菓を頂きの上、桃の黒川一箱頂感謝す。神官は事務官以上なり。御邸内の御神社にて。外交団御陪食、ベルギー、トルコ、中、ドミニカ、一二・一五—一二・三〇。〔略〕秩父宮妃殿下、御墓模型新廟所にて御覧、ＯＫ。役所等に御出でになり、海外の弔問に対して御返事に sign。〔略〕

二月八日(日) 内閣等鴨猟、八・四〇—一二。寒くもなくよき日。高松宮、両院議長、田中長官、蔵相、文相、運輸相等。五・三〇—七・〇〇遠藤国手来訪、昨日秩父宮の御礼を頂きし挨拶、保健同人持参、寺尾、気持のこと、うそ、坂口のこともちがういひ方 etc、釈明。戦争中、戦後の歌を見る。

二月九日(月) 允恭天皇式年祭。千五百年。九・三〇—一〇・三〇頃。高松宮様に遠藤のこと御話す。〔略〕妃殿下に医師関係申上ぐ(此儘に黙過出来ぬ意味を仰せあり)。九日会、一二—一二。次長来室、横浜にての諸問題等。侍従長、〔ＪＯ〕ＫＲの原稿、例の文とること。五時帰宅。和歌旧作を検討。
〔欄外〕寺尾に保健同人の法律にふれる点。刑法一三四〔医師の業務上秘密漏洩の罪〕。

二月一〇日(火) 一〇中山博士御進講—一二。電産炭労ストの話、陛下御質問、賃銀物価悪循環、共産党の政治的意図入りしや、平和(国際)と闘争(国内)の矛盾。食後管理部長来室、建築技師採用のこと、病院のこと、宮殿一般計画のこと、三里塚のこと、馬のこと、自働車のこと etc。東宮御日程研究。

二月一一日(水) 御文庫にて拝謁。葉山行幸啓供奉二—三・三〇。拝謁後侍従次長と用談、秩父宮妃殿下のこと、名取女史申出のこと etc。七—九・三〇前田利男及松本四男、健一郎、秩父宮遺徳顕彰事業の話あり。
〔欄外〕此日東宮様、かぶき御覧。

二月一二日(木) 秩父宮四十日祭、七・五〇発、九・五〇—一〇・二〇、霊代前の御祭り。両陛下御成り一〇・四〇—一一・二〇。松本四男、健一郎、遠藤博士同車帰京。御墓前祭二・一五—、三時頃帰庁。松平信子さんより寺尾博士手紙受取る。〔略〕

二月一三日(金) 米大使等鴨猟、八・四〇みし同道、二・三〇頃帰宅登庁。高松宮両殿下、米、蘭、ブラジル、カナダ大使等。〔略〕

二月一四日(土) 〔略〕松本大使四—八・三〇。小泉、島、三谷、松井、次長。

二月一五日(日)　終日在宅。〔略〕二・三〇—四、林敬三氏来訪。東宮様の事等、保安庁のことetc。

二月一六日(月)　中共帰国連盟に付、三笠宮のこと。一〇—一一・三〇管理部長等同行、吹上四周巡視。一一・三〇出発葉山行、侍従次長と打合。二・三〇発還幸啓。四・—大蔵省法律と予算のこと。三谷随員等招待五・三〇—八、随員九名、松平、及準備委員等、洋食。

〔欄外〕葉山還幸啓。〔略〕

二月一七日(火)　祈年祭九・三〇—一一。御文庫拝謁一一・一五—四五。食後鈴木君、建築の人のことetc。二時御出門、三・三〇葉山御着。五・〇〇発、六・三〇着、秘書官来りて待ち在り、書類に取りつく。〔略〕

〔欄外〕葉山。〔略〕

二月一八日(水)　メキシコ外大使団鴨猟。みしと新浜へ八・四〇出発。三笠両殿下も[redacted]。帰庁三時頃。三・三〇—五・一〇高松妃殿下御来室。この鶴の子、一折頂く。伏見朝《ママ》君様御申出〔英字不明〕夫人の会の総裁の話、今少し御見送り。三笠宮の反米思想、洋行の事、秩父様御病状雑誌の事、有栖川家御相続の事と義宮様のことetc。次長、三月十日、十一日の事、ダイヤモンドの事。

二月一九日(木)　一〇・一五—一一、豊島岡にて秩父宮妃殿下に拝謁、刀剣天理教のこと、三月十日御出席の事etc。侍従長、陛下の思召、Clarkに感謝の旨伝へること。〔略〕広幡元大夫来訪一一—一二・三〇。次長、ダイヤモンド、国会喚問証人。〔略〕

二月二〇日(金)　鴨猟八—三。(General Clark, General Weyland, Adm. Briscoe)等将官級二十名位、埼玉鴨場。General Clarkに対し、昨日侍従長より頼まれし、陛下感謝せられ居る様拝する旨をいふ(此形式とす)。還幸啓四、御出迎へ、御文庫前。四・三〇—五、緒方氏国会に訪問、小泉洋行のこと、皇室経済法のこと、東宮警衛のこと、ダイヤのこと、etc。小泉邸打合せ。

二月二一日(土)　仁孝天皇例祭九・三〇—一〇・三〇。一一—一一・二〇、ＮＨＫ会長来庁、仕事場のこと、緑地大切にて断る。鈴木部長に為念調査方たのむ。〔略〕永井の憲法論よむ。村瀬氏挨拶に来る。

二月二二日（日）　秩父宮五十日祭、七・五〇発鵠沼にゆく。勅使御使、東宮様、御墓前にも（高松様御旅行）。多数の為椅子なしとす。三月十日妃殿下御出席のこと（小泉出欠のこと）。reception のこと。次長ダイヤ、侍従職より一つとのこと。

二月二三日（月）　千葉県御巡幸のこと。久邇さん、ララ返礼云々にて憤慨の話、田村儀典課長。一〇・四五―一一・一〇拝謁、小泉洋行の件、秩父宮妃三月十日御出席の件 etc。鵠沼秩父宮妃殿下に聖旨伝達電話す。東宮レセプションの招待文面の事。次長、河井弥八訪問、納得せぬとの事。〔略〕秩父宮御葬儀超勤に代へ賜金（朝御許しを受く）決裁。東宮御旅程のこと。〔略〕中国大使館、夫妻六―九。長官、侍従長、式部官長始め式部官夫妻、高木御用掛の外、小泉博士夫妻。

二月二四日（火）　八・一〇―八・二〇緒方氏訪問。昨日拝謁、小泉御許しの事話す。それから出勤。松本大使電話、松本大使に小泉のこと Confidentially に話す。剣橋《〔ケンブリッジ〕》、牛津《〔オックスフォード〕》位か。拝謁。外交団御陪食、Canada、Yugo、Venezuela、一二―二・三〇。首相、外相へ今朝の緒方への返事を速に承知為念。三時半発山梨氏訪問、久邇さん愚図々々困る旨、小泉の経過話す。次長、都庁の様子聞く。〔略〕

二月二五日（水）　首相、山梨大将への手紙書き登庁。秘書官に届けて貰ふ。会津八一、董大使への手紙書く。〔略〕一〇―一二小泉博士来室、今回の事及今後の事。鈴木部長、ＮＨＫの話。午後御文庫拝謁一・四五―二・五〇。〔略〕高松妃殿下来室、スナップ頂く。Clark 夫人手紙、いろいろ雑話。松平信子さん夕食六―一〇。東京青山御所内新築の事、清宮様の事、東宮妃殿下御輔導の事、陸上総裁反対の事、徳川慶光夫人及お子さんの事、高松宮妃義宮様についての事、安東義良夫人 companion の事、■愛好等やめる事、河津の助手中々六ケしき事、久邇さん候補者中徳川達孝孫娘の事、松平康昌弟の娘のこと、広幡の事、梨本妃の事、三笠宮のこと、田内三吉のこと。

二月二六日（木）　朝、山梨氏電話あり、二十七日九時、朝融王同級生、保安庁海軍要職の人と二人で同道して、恩給の話とまぜていふとのこと。高松宮妃殿下に昨日の Mrs Clark の書簡返上。松井、三谷同席、小泉の別行動たる事、岡崎が直に伝へる事たのむ。午後三谷来室、秩父宮妃の清宮様輔導のこと、高松宮妃の義宮のこと等、塚原、医大と病理のこと、自分の意図話す、加藤虎之亮氏来室。五・三〇朝日新聞、堂本印象の屏風、安倍、笠、飯島、クラーク夫妻、ターナ夫妻、浅野、岡部等にあう。四―五、呉竹にて名取先生に会ひ、妃殿下と共同墓如何といふ。

二月二七日(金)　一〇―一一・四五、渡辺義介鉄鋼会長御進講。願出拝謁。山梨大将来室、今朝、長沢同期生と共に朝融王に面会の要領聞く、円満主義に過ぐ感去らず。次長、穂積の事、春季皇霊祭の招きのことetc。高木八尺来訪、拝謁の外人Cole夫妻、D'arcyの事、官長に紹介す。妃殿下御来室四―五、官長も来て貰ふ。拝謁五・二〇―五・三五、久邇〔朝〕融のこと、三笠宮のこと。〔略〕

二月二八日(土)　八・三〇―一〇、名取女史来室、全部御頼みする方針にて漸進すること主張。侍従長、同次長と鼎座談合すること示談す。〔略〕常盤松にゆく。東宮様関西より御帰京、八・三〇着。小泉氏と話す。九時御着少し御話し。

三月一日(日)　終日在宅〔略〕。一一時頃妃殿下御出で、二時過皇居より御帰りになり色々御話、遺徳顕彰、御殿場の問題、信子さんに御話せしこと通し居るらし。三笠宮のことも一寸ふれる。〔略〕

〔欄外〕御文庫、秩父宮妃始め直宮様御会食。

三月二日(月)　仏元首相〔引線して「病欠」と付記〕及アカデミアン Romains 拝謁。(清宮様御誕辰、午後四時拝賀)。其直前拝謁、穂積侍従の件奏上、渡辺憲法改正進上。終日銭の調査を写す。田中長官と宮内側、英、米、パ、印、ヴェ、独、ユーゴ、土屋局長等。Brazil大使招待、光輪閣八―一〇・四〇。

三月三日(火)　九―一〇福井利吉郎来訪、東宮シカゴ日本美術展観のこと。御召し一〇・一〇―一〇・四〇。〔略〕黒田氏Mrs Millerの件。安倍能成、卒業式行幸啓のこと断る。了承して帰る。侍従長来室、今日首相内奏の時の話。朝、久邇氏のことにつき六日渡米はやめ、あとは多少さつぱりせぬとの電話、山梨大将よりあり。午後池内に近状きく。

三月四日(水)　九・三〇役所発、豊島岡にて妃殿下に御目に懸り、アルビオン一冊御渡しす。月命日にて開新堂二十、うさぎや松二十御供へす。松平信子さんに極秘を念を押す。次長、藤村の問題と、軍人と貴金属の話。矢内原総長来る。千葉の話、中国胡適の話、高木明二の話。十津川村長、瓜、椎茸。〔略〕塚越、日銀重任の挨拶。馬術倶楽部会長、更迭挨拶。Dr. Cole、Tea 四・三〇東京会館。〔略〕

三月五日(木)　九、文部省次官来訪、八十周年のこと。一〇過Brazil松原安太郎夫妻。拝謁願出御文庫、一一・二〇―一二・三五。侍従次長、秩父妃殿下のこと等。秘書課長に経済顧

問のこと。次長、貴金属問題、大金訪問のこと、筧訪問の結果等。〔略〕

三月六日(金) 地久節。侍従長、女官長との話の様子。官長、加瀬 Lattimore の事。一〇・一〇、陛下拝謁。一〇・二〇皇后陛下拝謁。御座所拝謁(房州漁港)。一〇・五〇、首相等の御相手、祝酒。首相に東宮御土産のこと、皇室経済法根本的改正の事、三笠宮洋行の事、高松宮御親近の事、次長いろ〳〵の話。平田近江〔神宮〕宮司来室。Grew Turbulent era 新木氏よりの寄贈、外務省より受取る。山梨大将明日の集りの事で来室。池内の話、松平直鎮警戒の事、落籍金二〇〇万の善後の事、三笠宮対策、洋行の事等話す。三笠宮の事は重要といふ。〔略〕夜天皇陛下との御話をノートす。

三月七日(土) 〔略〕三・四五頃秩父宮妃殿下、大使接見より御帰還、御話五・〇〇頃迄。松本に御殿場のこと話した、田島の処に来るかも知れぬ。〔略〕

三月八日(日) 〔全文略〕

三月九日(月) 一一—一・三〇栄木氏来室、久邇家近状、過去相話す。二—五、次長、管理部長、監理課長、業務課長、皇室用財産等の処五大方針のこと。〔略〕

三月一〇日(火) 拝謁一一・五〇—一二・一〇御座所。東宮洋行外交団午餐一二—二・三〇北の間、四十六人程(秩父宮妃殿下御臨席)。〔略〕

〔欄外〕高階橿原宮司来訪、挨拶。

三月一一日(水) 九・三〇—一〇・三〇、二十八年度内廷会計予算、二十七年補正予算満場可決。松平、Daimler のことといふ。田中最高裁長官、最高裁判官御招待頂きたき強き希望きく。一二—一・三〇同僚等午餐。高松宮様に三笠宮と加瀬俊一のこと仰せ願ふ。秩父宮墓所標及字大勲位あつてよかし《らん》とのこと、三笠宮のことどうかといふ。首相に、米国にて久邇さんの為の集金の話ありとのことといふ。蔵相には、「帝都ホテル」処分権保留(病院がらみ)のことといふ。首相に三月三十日黒背広のことといふ。御食後、表東二の間にて陛下両殿下御起立のまゝ、各大臣等と御話しになる。先づ上成績。次長、総務課長、千葉県行幸啓の詳細。三—四・三〇、松平氏、秩父宮記念事業のことにて来話、御殿場のこと、妃殿下は一年祭迄いへず、田島私見は御承難し、記念事業大体賛成といふ。

三月一二日(木) 皇后、東宮、近代美術館行啓午後。その為

岡部館長挨拶に来室。〔略〕一〇・一五―一〇・五〇拝謁、久邇さんのこと。一・三〇再拝謁御文庫。法王庁、光輪閣五―七、高松宮に十四日訪問のこと御約束。Redman 招宴七・四五―一〇・三〇、田耕〔田中耕太郎〕、Turner、Murphy、[redacted]井、Mrs Clutton、Ms Anderson、主賓、Mrs Miller、Mr Burkly。

三月一三日(金) 九・三〇―一一・三〇天長節の相談、次長、侍従次長、官長、式部官、総務課長、秘書課長。一一・四五―拝謁。Mr Miller 送別、一二・三〇―二。大使ロバーツ、レッドマン、ドウマン、松井、三谷、田島、後藤、吉川各夫妻、黒田。二―三、秩父宮妃殿下御来宅、いろいろ御話す。松本のきた話、今後の東京御住居のこと、霊代(御鵠の時の)のこと、Owst の手紙のこと。官長、次長と用談。両陛下光輪閣行幸啓、東宮様御送別。

〔一四日下メモ欄〕一三日秩父宮妃に、掌典にきゝし権舎の事、三十一日Murphy のこと、十七日次長官長と伺のこと、松本来訪のこと申上ぐ。

三月一四日(土) 一〇、拝謁、通訳、島と田村、御進講島(松井るす中)上奏。一一―一二高松宮様御訪問、三笠宮様のこと、御洋行、久邇さんのこと(山梨)、秩父宮邸のことetc。一般宮殿希望、義宮様と邸等のこと、長官大夫人選範囲のこと、皇太子妃のこと。〔略〕国会不信任案可決解散。

三月一五日(日) 終日在宅〔略〕。松平信子さん電話、大勲位はうけること。

三月一六日(月) 次長と解散のこと話中御召し(一〇福永石炭協会長御進講、病気中止)。一〇・一〇―一〇・二〇拝謁、千葉行幸啓、緑《〔植〕》樹祭だけにてあとは御延期のこと。予算だめに係らず御文庫壁紙外注のこと、吉田上奏手続のことといふこと。松井氏来室、新聞社員のこと。二―四、東龍太郎、秩父宮記念事業のこと。田中徳雑談。黒田式部官、次長等。〔略〕

三月一七日(火) 九・三〇緒方氏訪問、小泉洋行のこと、絶対過半数でなくば下野のこと、会社役員重務のこと。御召し拝謁一〇・二〇―一一・五〇、侍従次長、名取氏のこと、葉山のこと。一二―一・三〇東宮様随員、随行員共々拝謁前《〔ママ〕》に御相伴。二―三、小泉信三氏来庁、洋行のこと、三十一日Murphy 招待のことetc。三谷に三〇〇《〔〇〇〕》―等手交。四―一〇・三〇次長、官長と共に鵠沼御訪問。表町御建築のことetc。

〔欄外〕随員御相伴。

三月一八日(水) 安蔵電協会長御進講一〇―一二。昨夜大谷

裏方参内御話ありたりと。〔略〕二―三・二〇大谷智子来訪、羅府の話、ホノルヽの話、留守の久邇さん話大要。その話中、高松妃宮殿御成、御目に懸れず。あとで御訪問御詫。東宮御所、五・三〇夫妻―七・二〇、大公使等一〇〇人位。

三月一九日(木) 九―一〇、前田伯、秩父宮記念事業、募金会長石坂との話、不賛成とはず。御召し一一・四〇―一二。〔略〕(次長三番町、新聞記者のこと)。英、伊大使、米駐鮮公使、Turner公使、瑞典公使、仏参事官、独書記官、佐藤議長、島参事官等夫妻、七・三〇―一〇・二〇瑞公使帝国ホテル cravate noire〔black tie の仏語〕。〔略〕

三月二〇日(金) 次長、昨日随行新聞人との会見の話。御召し、拝謁一一・〇五―一一・二五。食後、清明仮御殿拝見。その後東宮御所に上る。気分あしく、顔色あしく、注意されしも、御茶終了まで勤め、帰宅就床。西野博士来診〔略〕。

〔欄外〕東宮御茶。

三月二一日(土) 静養。〔略〕

三月二二日(日) 静養。〔略〕

三月二三日(月) 西野博士来診。次長来訪(三谷随員送別、六、三番町欠。次長にたのむ)。

三月二四日(火) 静養。秩父宮妃殿下、東宮御墓参に付御上京にて御午食。〔略〕

三月二五日(水) 〔略〕一〇―一一、御文庫にて、小泉、野村、両陛下に東宮様の上奏上〔ママ〕、陪席せず。小泉氏来室、大要きく、清水侍従のこと、etc。〔略〕三―四・三〇岸本検事次長に戦犯軽減の話きく。侍従長、官長、木戸弁護士。其後Queen Mary崩御の為、宮中喪の期間のこと、その間の服装のこと等熟議。拝謁すること二回、長官室にて侍従長、次長、侍〔従〕次長、官長と協議。帰宅後、秩父宮墓標書く。

三月二六日(木) 秩父宮墓標下書渡す。式部官長、加大使訪問、東宮様の御こと、御変更なし勿論との口調の由。一一―一二松本氏、秩父宮記念事業のことにて来庁。午食後一時、永島雄治氏告別式、及英大使館弔意記帳。緒方に手紙書く、電話にて他職OKと返事、法制的。Queen Maryのことにて次長、官長等いろいろ協議。五―六、御文庫拝謁。〔略〕

三月二七日(金) 九―九・三〇前田利男来庁。秩父宮募金委

員長に指名された、受くべきかとの話。御苦労様です、私より賛否いふべき筋にあらず。最初より計画には必ずしも賛成せず、一度申せし後は口外せざるも、私はこういふ計画には乗れぬ。応分の寄附するのみと思ひ居る旨、新渡戸記念のこと等いふ。九・三〇―一一・三〇部局長会議、天長節行事のこと、退職のときの賜物内規のこと、記念切手のこと。〔略〕二・四〇―三・三〇秩父宮妃殿下御来室、ラグビー会総裁のこと、不賛成、少くも御返事の保留申上ぐ。菊栄会御召し送別会。Mary の葬儀、弔祭式につき再度拝謁。

〔欄外〕此日、菊栄親睦会御送別会。

三月二八日(土)　朝、女官長電話、手芸協会、久邇朝融経由献上のこと。侍従長来室、出版の挨拶と打合、清水の事、大夫の事、一〇、〇〇〇千円のこと etc。次長、横浜のおことば案。〔略〕此夜は東宮御所にて、両陛下宮様等御招き留別会。秩父宮妃殿下一寸御気先あしとか。結局御無事御帰藤になる。

〔欄外〕山本茂、三宅花圃、三十六歌仙伝献願ある〔ママ〕。

三月二九日(日)　九・一五―一〇、東宮様御発の番組きゝ、二階に上り日記等整理。

三月三〇日(月)　此朝より賢所御参初む。快晴。広幡氏来室閑談。一・三〇発して単身横浜にゆく。沿道堵列相当の人出なり。ロンヂ〔ランチ、短艇〕乾盃、首相及 Dening 大使、定刻四時出帆〔略〕船内にて小泉のこと、緒方に確む。外務はやゝ躊躇の様子。

〔欄外〕東宮御出発。

三月三一日(火)　大夫挨拶。一一御召し、一二時迄拝謁。〔略〕午一二・三〇 Murphy―二・一〇。〔略〕Princess Chichibu、Mrs M. 小泉夫妻、前田夫妻、松本重治夫妻、野村大将、堀内、高木、〔前田〕陽一、松平官長、辻、黒田夫妻。〔略〕

四月一日(水)　賢所の節句祭、御親拝の御帰途を見届け参拝。〔略〕次長、秩父宮運転手のこと。穂積侍従辞令渡す。四月一日辞令の人々挨拶に来る。一一―一二・三〇豊島岡北白川成久王三十年祭、及秩父宮墓検分。一―三・二〇原忠一海軍中将来室、受刑者世話会のこと。溝口事務官に百ケ日以後の Journalism に対すること、次長と相談のこと etc。夕食中、吉田首相電話、小泉の件其後如何との事、緒方と交渉其後の事皆いふ、田島役員許可の事いふ、知らぬ様子。様子聞いたかも知れませぬが、緒方がよいといへばよろしいとの事。

四月二日(木)　〔略〕吉田首相電話、小泉の件、緒方はＯＫなるが如何との事。昨日申せし通りといふ。小泉氏、一一―一二来庁、スケデュール、資格等の事話す。不十分にて分れる。午、蘭大使 Teppema 御陪食一二・三〇。文部省借入美術品見る。拝謁、五月予定御許可、及小泉の事一寸申上ぐ。四・三〇―五・一五小泉氏と再会見、東宮妃問題、今回の小泉洋行と陛下の御気持問題、陛下記録問題。五・三〇帰宅。
〔欄外〕即日新木に返報す。新木大使に紹介の事。

四月三日(金) 神武天皇祭、九・三〇―一〇・三〇。戦犯問題勉強。郵政大臣高瀬氏来室、東宮御渡欧切手の件。公式の返事は既に出しました、半年前と変りません、況んや事件としては前より小なりと返事す。あと私見として、事柄記念に生存者記念？ 日本に生存者の例あるか、外国に元首以外、例へば、Princess Elizabeth の加奈陀訪問のときは？ Coin Bank note との関係は？ 等等いふ。鈴木氏に御用邸の秘話をなす。此事次長にも話す。〔略〕

四月四日(土) 入江氏方弔問。九[redacted]香[redacted]ふ。一旦部屋に行き秘書官に数頂《〔ママ〕》たのみ、九・五〇御文庫に行く。一〇・二〇御出門、房州君津の植樹に行幸啓供奉す。天気よし。四時三十五分御帰還、その後入江氏〔母、信子〕死去の三笠宮妃及御子様服喪の事、及天長節のことにて拝謁後帰宅。〔略〕

四月五日(日) 〔略〕一―二、余丁町七八、入江氏邸告別式。〔略〕三―四、野村大将、Dr Jones 拝謁のこと。〔略〕

四月六日(月) 石炭御進講一〇―一二・二〇。千葉県知事。飯野の船、一・二〇―三高松両殿下。久邇朝融と同席、[redacted]厚、横尾会長等にあふ。東園氏写真貰ふ。

四月七日(火) 三里塚 party 第一日、丁、独、印、蘭、泰、パ、伊。

四月八日(水) 三里塚第二日、松平秘書官同車、皇居前より同行す。土、濠、米(Turner 等)、ドミニカ。

四月九日(木) 八・三〇みし及秘書官と同行三里塚行。中国、メキシコ、法王庁、西班牙、カナダ、仏。官長欠席。帰途成田参詣。留守中御召しに付都合伺ふ、明日でよし。

四月一〇日(金) 侍従次長、義宮、順宮、久邇毎日の件、次長といろいろ。御召し、一〇・三〇―一一・二〇。女官更迭挨拶。平田中将虚弱児の会。小泉博士(外務省への連絡旅程大綱)。〔略〕(次官に電話す)午食後、次長といろいろ諸件。高松宮妃殿下、米国の[redacted]の件と藤楓協会。〔略〕横浜写真、熊谷に貰ふ。

四月一一日（土） 昭憲皇太后御命日。一二―二、富士アイス、安倍歓送会（山崎匡輔電話）、馬場恒吾、天野、小宮、上野氏等と大田氏の二一四好意。〔略〕三谷より来信、tape のこと侍従職へきく。

四月一二日（日） 東宮様、カリフォルニヤ御上陸の Radio、NHK二回、KRも聞く。〔略〕秩父宮妃殿下一一―二。新聞会見のときのこと、Rugby 記念の挨拶のこと、御静養のこと。

〔略〕

四月一三日（月） 八時発鵠沼九・三〇着。式一〇―一〇・三〇。〔略〕三島氏と一・二〇発豊島岡へ行く。参拝者非常に多し。帰途賢所参拝。細川護貞、南禅寺。亀山天皇六百五十年祭のこと。五―五・一〇前例なしとて六ケしいといふ。溝口事務官電話、新聞会見、マアマアだつたとのこと。

〔欄外〕秩父宮百日祭。

四月一四日（火） 式部官長来室。前田君を式部官にとの話。〔略〕拝謁一一・四〇―一二・一五御座所、帰途のこと、小泉出発のこと、千葉のこと、久邇さんのこと、義宮さんのこと。豊島岡、久宮、秩父宮御参拝行幸啓一・四五―二・三〇。三、小泉、野村両氏と侍従清水後任の件話中、秩父宮妃殿下御来室、昨日の新聞会見の話。小泉、陛下の御気持拝察一寸躊躇す、encouraged。後次長室にて、後任の事両氏と話す。五時帰宅。松平信子さん訪問。〔略〕野村大将（るす）に Pearl Harbor 返却す（金地院に書面出すやう電話）。

四月一五日（水） 拝謁、Quirino Gonzalez 拝謁の御進講。海運浜尾氏と話し、陪聴せず。一一―一日銀参与会。留守中に長谷川一夫、一分間長官の椅子にかける。次長、Tape 盗まれの件、天長節御呼人の東京〔都〕知事の事。禁酒同盟の人来訪。鴨のあし三階にて見る。tape の事認可全部外務省経由、話あり。パキスタン六―七・三〇（Murphy に farewell）。

〔欄外〕三谷夫人来訪。

〔一八日下メモ欄〕一五日朝、元女婿橋本氏来る。

四月一六日（木） 九―九・三〇伊[redacted]林氏訪問（北海道、東宮侍従、麓）。次長数回来室、昨日来テープ行方不明事件。御召し一〇・四〇―一一・五五。東久邇泰宮様御病気御見舞（後藤の花）。宇佐美君早退。麓君来訪五―五・三〇。〔略〕

四月一七日（金） （日銀、皇居へ来る。御召し中あわず）。

（黒田及総務課長羽田にゆき東宮様テープ調べる。ステートメントのテープとの思違ひにて、御手紙テープ御未着の様子）。御召し一〇・三〇―一一・二〇。次長に上野芸術大学長訪問の話。御文庫修繕の話。三笠さん招待のこと。三谷第二信、桑港より着。四―五・三〇名取さんと話す。Princess C. は先づ止め、当分在職たのむ。帰途次長宅訪問、元皇族御祝酒の疑問いふ。侍従次長、拝謁の様子きく。〔略〕

四月一八日（土） 九・三〇―一〇、三村起一来庁、鴨川化工のこと。次長及侍従次長と相談、那須等御日程、御文庫修理のこと。秘書課長、欧州東宮日程のこと、最高裁天長節のこと。役所弁当の話。御文庫御召し。一・一〇―一・三〇拝謁。Reader's Digest。

四月一九日（日） 〔略〕賢所参拝。〔略〕

四月二〇日（月） 次長予算の話。御召し御座所一〇・三〇―一一・三〇。Murphy 大使御陪食一二・三〇―二・一五、夫妻娘、高松両殿下、首相、外相夫妻。四―五田中長官、天長節御召しの事にて来談。〔略〕
〔欄外〕選挙の結果、自由党一九九。鳩党、改は駄目、社会党進出す。東宮様の見るニュース外。

四月二一日（火） 次長は新聞記者接待にて鴨場行。十日東宮御帰朝の順序考へることたのむ。島津日赤社長来訪、来月九日かぶきの件。御召し一一・四〇―一二・二〇。永積氏に記録のこと打合す。侍従次長、大谷さん時計の代のこと。〔略〕三時御召し、明日に願ふ。三・一五―五・〇〇小泉氏来庁、内閣に渡欧のこと決定する様連絡のこと、etc。

四月二二日（水） 一万田進講一〇―一一・三〇。拝謁一一・三五―一一・五〇。東宮様御帰路のこと、天長節の元皇族のこと。一―一・二〇緒方訪問、小泉洋行の具体的のこと、旅費、資格、夫人の旅費、使命、別途金のこと、政局につき私見、連立のこと、米国大使の言。

四月二三日（木） 永積侍従に記録のこと話す。一〇・三〇米人ダッガー（オーレヲマイシン）拝謁。一一・三〇 Mrs. Gonzalez Quirino 夫妻、皇后様拝謁。〔略〕野村大夫来室。三谷随員失言のこと。三―四頃秩父妃殿下、松平信子さん来室、高松妃殿下も（基〔督教〕大学 Message、伊藤預け金のこと、御旅行天長節は遠慮のこと）。帰宅、秩父宮妃御見送りす。島津日赤社長に[redacted]のこと話す。
〔欄外〕一〇・三〇米国人拝謁のこと、式部官長と熟議し、明日は断る。

四月二四日(金) 〔略〕一〇―一一、白根松介、戦犯の話。山梨大将、久邇さんのこと話す。侍従次長来室、中共帰還のこと、一万田質問のこと、etc。松影会一二―二、三番町。〔略〕二・三〇―三・三〇拝謁。後藤式部官、カンボデイア王拝謁のこと。御文庫再拝謁五・三〇―五・四〇。此問題次長に話し、為念外務次官にいふこと。

四月二五日(土) 辻永来訪、七十画帖御物拝借のこと。〔略〕

四月二六日(日) 九・三〇―一〇・五〇加藤武男氏訪問。〔略〕

四月二七日(月) 英国大使に接見一〇―一〇・一五(陛下に拝謁御報告。Elizabeth 親書捧呈)(独乙婦人皇后様に拝謁一二)。伊勢のファナチックの神道家来訪、大神宮とクリスト教との過去のことをきく。侍従次長、毎日小泉の記事の御話ありしと。高松宮妃殿下御来室、実枝子母堂歌集を賜るとの御話、小泉へも。〔略〕五―五・四〇ニウース。帰宅後高松宮より歌集二冊と御菓子頂く。電話御礼。

四月二八日(火) 〔略〕一〇・三〇カンボジア王参内、御召し拝謁一一―一一・二〇。緒方に電話す〔「カンボジア王参内」から引線〕の話。小泉氏訪問、歌集御届け。憶測を語る。洋行、新聞〔記〕者にいふこと。九日夜送別会のこと。高松宮に御礼参上。次長と松平官長に高松宮妃の義宮様のこと各個に話す。

四月二九日(水) 一〇・一五表拝謁の間拝謁。一〇・二五皇后陛下に拝謁。一二・〇〇宴会の儀、陛下のみ、夫人なし、北(別に皇后陛下、皇族妃御内宴)―御進講室。二・〇〇賜茶、旧側近(此年にて侍従職失当措置、出席せず)魚二三。四・〇〇―五・〇〇茶会、両陛下、外交、西。陛下一々大公使と握手。一旦帰宅、みしと外相官邸茶会、外務次官等と小泉の旅費類のこと話す。〔略〕

四月三〇日(木) 九・四〇―一一・二〇加藤武男氏来訪、三菱銀行平取〔平の取締役〕のこと、宮内庁の後任のこと、家計のこと話す(内閣の許可の問題といふ)。賢所参拝。一・三〇―一・四五、緒方訪問。東京通信工業監査役及三菱の平取のこときく、首相と相談の上といふ。昨日の件にて、侍従職にちゃんとする様、次長と詫に来た侍従次長にいふ。御文庫拝謁五―五・三五。一旦帰宅。和蘭大使館女王誕辰の party 六―六・三〇、和蘭天長節 party。食後、みしと三菱等のこと話す。金受けるとなり再考。三時頃、緒方氏へ、首相と相談はやめてくれ、養老院覚悟の在職か、辞職か二者択一と思ふ旨手紙書き、秘書官に持参せしむ。九時頃たのむ。賢所参拝。
〔欄外〕此日九日夜の招待状出す。九日昼三番町 Menzies 招待のこと。

五月一日（**金**） 市政調査会一二・一五—二(るす中御召し、但しいふなとのこと)。次長、神社のこと、上鴨〔賀茂〕衣装貸すことよし、多分入らぬこと、出雲大社勅使のこと、メーデー平穏。侍従次長、日赤社長進講のこと。次長、Wilson 号テープのこと。首相会見電話、先にのばしてくれとのこと。〔略〕

五月二日（**土**） 加藤氏に電話。緒方氏の一案簡単に話す。緒方氏電話あり、十一時に来訪とのこと。〔略〕次長と話中、緒方氏来訪。昨日突然首相来京、一昨日の話と昨朝の手紙を話した。三菱はやめの方よし。但し大蔵大臣にいつて機密費出すやうにせよ、皇族費もとのこと。二者択一の内、今年一杯辞職のことをいふ。最高裁所長〔長官〕賜茶依頼、断る。小泉氏に辞職経緯いふ。小人物論。帰宅。一・三〇—二・三〇加藤武男氏来宅、今朝の電話の旨詳述す。今回のことはなきものとしてくれとのこと。〔略〕英大使より、東宮、チヤーチル御招待の詳報、安心す。

五月三日（**日**） 秩父宮妃殿下御訪問、みしと。二・一五に鵠沼着。五・〇〇拝辞し、帰途白石氏洋行の挨拶す。〔略〕

五月四日（**月**） 九—一二科学博物館御供奉。今城元子爵挨拶。岡田館長挨拶。Col. Tait より電話。来庁とのこと故、松平官長に委細話して貰ふ。義宮様御相談。三—五・二〇(小泉、次長二人、傅育官二、侍医二、大体他学科二)。〔略〕

五月五日（**火**） 九・四〇—一〇・五〇拝謁御文庫。〔略〕

五月六日（**水**） 九、御出門、九・二〇両国駅。館山御着。水産学校、御昼食後、畜牛展覧会、野島崎灯台、千倉漁港、花卉御覧。鴨川吉田屋御泊り。谷泉福司の弟の経営とき、寸指〔志〕出す。花火と提灯行列。

五月七日（**木**） 東大演習林三ケ所御成り。御食後、天津漁港及小湊水族館を経て汽車。八街より自働車。三里塚へ五時過。御一泊。旭館に宿下り。

五月八日（**金**） 九・三〇—一二・三〇、三里塚、馬厩、放牧、農具、豚、羊、剪毛、手織、鶏、搾乳、蔬菜畑、入植地御巡覧。貴賓館庭にて天幕、成吉思汗、御相伴。二・二〇発自働車。

五・〇五皇居御帰還。秘書官と話し、賢所参拝。帰宅。昨日秩父宮妃殿下御来邸。小泉両人と御茶ありし由。

五月九日(土) 安倍能成来訪八・三〇—九・四〇。長官最適任留まれとのこと、学習院五億募金発起人のこと(退職の事由詳述す。宇佐美説、三谷も新木も不賛成)。午、Menzies送別会一二・三〇—二・三〇。一旦帰宅。Halford、Jamaisson、Rogers四夫妻、武部と。夜、小泉夫妻送別会、松本烝治、田中夫妻、松平夫人、三谷夫人、野村大将、日高信六郎、武井大助、松本重治、高木八尺、徳川頼貞、大江官房長、田村儀典課長、次長、大夫、加藤武男、二十氏。

五月一〇日(日) 栄太楼、入船堂、菊の家買ひ、小泉氏餞別贈呈。〔略〕四—五・三〇麓保孝氏来訪。〔略〕

五月一一日(月) 〔略〕秘書官に頼み、栄木氏に久邇さん選挙関係のこと伝ふ。島津日赤御進講一〇—一二・二五。朝香孚彦氏一二・三〇—一・二〇。広島カトリック平和献堂式行幸の話駄目といふ。願出拝謁一・三〇—一・五〇。小泉拝謁二—三。御召し拝謁三—三・二〇。本木良雄氏来訪雑談。林代議士社長にどなるとのこと。次長と主計課長後任のこと、林のことetc。

五月一二日(火) 〔略〕次長、林大佐申出拒絶のこと。御召し一一・一〇—一二。〔略〕学士院授賞式行幸一・四五—三・一五。長良川鮎、知事献上分下賜。松平官長、カンボチヤ王明日離京の話。〔略〕

〔欄外〕三里塚場長挨拶、島田演習林長。〔略〕

五月一三日(水) 山梨氏会社定款見せらる。選挙のこと、皇后様真筆のこと話す。八十周年学制行幸九・五五—一〇・四〇共立講堂、首相と談話、拝謁。学士院御陪食一二—二・二〇。中田博士来庁、宮内庁官吏記録ありとのこと。東園、義宮様のこと安倍院長も同意のこと、御裁可手続のこと話す。Viningへ返事。小泉発、秩父宮妃殿下御泊、食後東京邸御設計についての御話。

五月一四日(木) 新聞。鈴木部長、課長、表町設計きく。オランダ捧呈式一〇・三〇、その後拝謁。大使帰りし後岡崎と話す、官房長官の発表(天皇報告の事)なくも可然の事、新木の評判、吉田首相に昨日話せし事、陛下に外交報告の事等話す。食後帰宅、秩父宮妃殿下に設計(宮内庁分)御参考にお目に懸く。市区改正員奉拝。〔略〕

五月一五日(金) 多摩行幸啓一〇—四・四〇。〔略〕

五月一六日（土）　一〇―外相拝謁、休戦のこと、日韓会談のこと、ＭＳＡのことetc。一〇大神宮々司に三〇万円渡す。願出拝謁、主計課長のこと、横河コレクションのこと、新聞の声のこと。〔略〕浅野、鷹司、披露、一・三〇―三・三〇。加藤虎之亮氏来訪、礼の詩貰ふ。〔略〕

〔欄外〕侍従次長、外相奏上後の御伝言、Churchill の宴会、バッキンガムのこと等反米思想、講和の措置、民ねむりにつき強硬にいふ。次長。

五月一七日（日）　〔略〕貞明皇后御命日、御祭り済次第東通工会社行。〔略〕（るす中妃殿下御来意とのこと）。〔略〕

五月一八日（月）　〔略〕次長に中田博士厳父のことといふ。総務課長、博物館のこと。五十里は今年無理のこときく。御召し拝謁一一・〇五―一一・五〇。裁判官御陪食一二―二。河上電話、賜物御礼のこと。仏大使、法王庁公使、ホール瑞西公使夫妻、レッドマン夫妻、ターナー夫妻、仏の駐在の人、マシウス夫妻。内藤式部官夫妻。一寸顔出し、食堂に入る時辞去。ご遺族のこと断る。〔略〕国会召集、衆院は議長堤、副原彪ときまる。〔略〕八、白耳義大使館両人。

〔欄外〕みしはホストの右、私は仏大使の次でホール夫人の隣。

五月一九日（火）　御文庫にて御食事の終るを待ち拝謁す。十時、皇后様朝融王御会見との事にて用意の為。九・一五―三〇登庁の上、参内の正副議長及小笠原通産相にあふ。野村大夫、清水のこと、自分のこと、こちらも小泉安倍との話の事話す。午後溝口来室、二十万、八千代のこと、自働車のこと、賜品のこと、今後経済のこと。御召し御文庫三・二〇―四・一〇、デビスカップテニスのこと、近代美術館行啓。〔略〕

五月二〇日（水）　木村大臣一〇・一〇参内、保安庁のこと御報告（重光観一寸きく）。〔略〕御召し一・四〇―二・三〇（奈良門跡寺院御仕向のこと）。五時半頃首相電話、重光会見の始末、内奏依頼越し。御文庫にて拝謁六―六・一五。結核予防講座七―九・三〇。〔略〕

〔欄外〕秩父宮妃殿下御泊り。

五月二一日（木）　〔略〕一〇―一一・三〇御座所、侍従次長陪席、永積書記、張作霖事件。〔略〕一・四〇―二・三〇記者会見。願出拝謁二・三五―二・四〇。両議長首班指名内奏。参院新議〔長〕河井来りし故、首相及参院議長相談、情実的の意にて。首相内奏三―四。親任式認証式、御祝酒、四・四〇位松平官長来室。

五月二二日(金) 妃殿下十万円位にて、旧館別の図面を引く御話。自働車渡辺、Armstrong、御止め願ふ。高松宮妃御電話。棉花藤楓協会のこと。九時過登庁、参拝。テープ発見のこと秘書課長にきく。御召拝謁一〇・二〇—一一・二五。MacArthur報告、ＩＰＲ。一二—三、三笠宮。加瀬御進講、官長、秘書課長と五人と〔の〕こと。〔略〕

五月二三日(土) 次長奈良の話。御召し御文庫九・四〇—一〇・〇〇。郵政相塚田氏来室。テープ遅着の御詫び。高田新主計課長来室。〔略〕帰宅後三谷へ書状認む、Viningとの往復。〔略〕

五月二四日(日) ロンドン条約勉強。午前午後とも。〔略〕

五月二五日(月) 次長と義宮様京都の話。東宮職買物のこと否。御召し拝謁一〇・三五—一一・二〇。芸術院授賞式行幸、一・四五御出門、還幸四・一〇。次長と六月の御予定及十月のこと等話す。ニュース見る。七—九アルゼンチン日ケ窪。八・三〇帰る。高松宮両殿下、Pilcher、D'llcha、中国大使、公使、Turner等と話す。

五月二六日(火) 次長と六月一日新旧閣僚御召しのこと、六月二日那須行幸啓のこと等。大観旭日富嶽の図等見る。黒田式部官De la Mare招宴のこと。侍従次長、東久邇、鷹司、池田の両親のみ御招きのこと、ニュースに御出なき宮様方御招きの事、那須に植物学者御よびのこと、周宮様御挨拶(神宮のこと)。食後、木本直人来訪、皇后様行啓の御礼。岡部館長。秘書課長、旅費改正の事きく。次長、議長招きのこと、鳥の募集と映画のこと、理髪にゆき帰宅。前田より電話、タキシードのこと。清水谷元女官長電話、東伏見さん骨折のこと。

五月二七日(水) 鈴木管理部長、沼津調査報告きく。御召し一〇・一〇—一一。午、芸術院授賞者陪食—二・三〇。次長、内閣と打合せ、議長御招きのこと。〔略〕

五月二八日(木) 〔略〕九・三〇頃。Allisonの信任状呈出式一〇・三〇—一〇・四五。拝謁一〇・四五—一一。Turner、Berger、Waring、Pilcher、Bradford、Watts、緒方と電話、議長御陪食のこと。皇后様、博物館御成り。皇后様御出掛直後再度拝謁一・一五—一・二五。秩父宮妃御来邸、学生運動、ことばのこと。学習院評議員会三—四。議長頼まれる。安倍に能天覧のこと話す。此日、官房長官及副長官挨拶に来室。首相に書翰を出す(面会したし、案件の重なるものを書く。一、経済施行法の改正のこと、二、秩父宮妃のこと、三、三笠宮洋行のこと、四、義宮一家創立のこと、五、三宮家公車のこと、六、元皇族及新親族扱ひのこと、七、東宮大夫更迭のこと、八、長官更迭のこと)。〔略〕

五月二九日(金)　〔略〕一〇・一五―一一、東宮テープ聞く。一一―一一・四〇、義宮様御進学方針につき、侍従次長と両陛下拝謁。次長、皇族費のこと。管理部長、那須釜焼のこと。秘書課長、義宮一家創立のこと。丸善Merrion仏英、当用漢字典買ふ。首相官邸、ルーズベルト夫人、岡崎外相四・三〇―五・三〇。松平信子さんに清宮governessのこと話す、彼女聞くのみ。石坂に秩父宮の相談にのつてくれるかときく。増田甲子七に政治話す。〔略〕

五月三〇日(土)　〔略〕妃殿下、学生競技連盟おことばのこと。〔略〕

〔欄外〕秩父宮妃御来泊。

五月三一日(日)　〔略〕秩父宮妃殿下に石坂を御相談人に加へられたし御考慮願ふ旨いふ。午後参拝。四時過妃殿下御還り。六―九、譲治、恭二来り会食〔略〕。両人とも現職を早くやめよといふ。

六月一日(月)　次長にベースアップのこと打合せる。一一、内奏前首相に会見。面会日たのむ。あまりのつて来らず。先方より賜謁者事前打合を持出す、聞知せず。基準でもといふ。緒方に話す、緒方も相当首相と同意らし。一二、新旧閣僚御陪食―一・五〇。小笠原蔵相にベースアップのことといふ、京都ホテルのことも。侍従次長に拝謁一件話す。東園氏来室、義宮独語の件。永積氏、張作霖事件記録のこと。品川、外相官邸五―六・三〇。英海軍news観て帰宅。〔略〕英大使館九・三〇―一二・三〇。九・三〇に行き一〇・三〇頃帰宅の予定の処、Ball盛んにて、外交団の外は外務省局長以上の外は式部連のみ。一二・二八に大使Toastをなして散会。

六月二日(火)　次長、大蔵省皇族費の問題、事務承知のこときく。御召し一〇・一〇―一〇・四〇、皇室経済会議を催すこと。一二、新旧両院議長陪食―一・二〇新旧八人。黒田、鮎飼のこと、次長、筧のこと、三矢のこと、正倉院のこと、村井、義宮様課程のこと。英吉利大使館四・三〇―六・三〇、千人以上。矢内原、前田、高木、島田、安倍、一万田、議長等にあふ。伊太利その日六―八、藤山Houseにゆく。七・三〇妃殿下と和子さんのRadioきく。八・〇〇より中継Coronation。昨日首相に今週末会見の約をなせし所、秘書官より緒方に話しくれとのこと。緒方英大使館にてあひし処、先方より話しかけ首相より手紙を見せられ、一応聞てくれといはれたとの話。電話等にてさまたげられぬ所希望し、宮内長官紀尾井町官邸とす。日時先方より打合ある筈。此日、秩父宮〔妃〕御来泊。

六月三日(水) 両陛下那須行幸啓。原宿九・二〇。八・四五発原宿御見送、黒背広、運輸相、文相及大野国務相、警視総監、国有鉄道総裁も御見送。次長へ手紙、経済会議のこと及水のこと。松平官長と雑談。木戸元内府母堂死去御仕向のこと等。那須思召伺ふやう秘書官侍従長と打合さす。鈴木管理部長、水のこと。一、国会図書館へ貸倉のこと、一般論話す。経済主管、明日の説明案相談す。鈴木部長も。木戸氏賜りきまる。七・三〇帝国ホテル Coronation 妃殿下の御伴す。〔略〕

六月四日(木) 一一、皇室経済会議。参拝。御文庫一寸見る。総員出席―一二、佐藤検査院長等発言あり。〔略〕七・三〇 Nouët〔フランス語会話教師〕―九、Canada の新聞をよみ、会話の本を受取る。

六月五日(金) 次長、カナダ桜の木のこと総て帰朝後のこと。侍従次長に手紙。昨日の会議のこと、木戸母堂へ弔賜のこと、仏大使へ挨拶のこと etc。小川女官に岡山のこと委細きく。吉田茂〔首相とは別人〕、神社本庁事務総長就任のこときく。一一・四〇―三・一〇逗子、木戸元内府母堂告別式にゆく。高尾課長、門鑑に代る制度の説明きく。緒方氏に照会、明日二・三〇ときめる。

六月六日(土) 〔略〕参拝。高松宮御電話、秩父宮自働車、渡辺と手続のこと不賛成、公車を考慮のことといふ。一一―一一・三〇広橋、吉井、高輪邸換地問題〔返事の要なきやういふ〕。次長雑件。図書館貸倉庫のこと、掛物等払下のこと、条件をいふ。鈴木管理部長倉庫のこと図面にていふ。二・二〇―四・三〇緒方氏来邸、皇室諸問題話す。話題残り次回を期す。〔略〕鵠沼より電話、信子さんもあり、一度鵠沼にて懇談したしとのこと。明日は那須行、他日とす。

六月七日(日) 上野駅八・五〇発にて一一・四六黒磯着。車中午食。特二、食堂に行き雑談。一時清宮様御見送。一・二〇―二・〇〇拝謁。二―四、常侍官室雑談。侍従次長、入江、山田両侍従。那須御散策区域、寝る場等、吹上植物苑の問題等、水道貯水池検分。

〔欄外〕緒方へ電話。開会式十五日還幸にてよしとのこと。徳川侍従もあり。〔略〕

六月八日（月） 九・四〇頃、御供にて大岩谷までゆく。両陛下御機嫌なり。一歩先き失礼し、一・五一発準急にて帰京。駅に次長あり、或は十三日開院《〔会〕》式かも知れずとのこと、那須に電話することとす。黒田式部官に英国への電報のこと、相談次長とも。〔略〕

六月九日（火） 次長、開会式日取の両院の様子、清宮様軽井沢の件（徳川も来室）、東宮様御旅行のことetc。秘書官、山梨神社の記録の序文のこと。〔略〕秘書課長、桜のこと。次官再応のこと、否。飛行機のこと、日本航空の申出。永積氏記録持参。〔略〕

六月一〇日（水） 〔略〕徳川侍従、清宮軽井沢行の御話。安倍電話、東亜研究所反対の意見再述。林氏の招待のこと。〔略〕一二―二、佐野博士等、正倉院工学博士招待、三番町。賜物伝達。（開会式又も十六日となる）那須連絡。二・三〇―五・二〇緒方副首相来邸、懇談、Resignation のことも。秩父宮妃殿下、松平信子さん同席。三十分位話し金曜日御訪問のこととす。午、剣■会へ御出席。十時過御帰り十一時就床。

六月一一日（木） 〔略〕那須へ英紙、妃殿下よりの分送る。松本大使へ礼状。緒方へ手紙、次長洋行のこと、二十八年予算にきめることetc。徳川侍従、軽井沢テニスコートのこと。〔略〕一二・三〇、General Baker 送別会、三番町―一・三〇。〔略〕

六月一二日（金） 〔略〕一時松平信子さん方にゆき鵠沼へ同行、夜十時過帰宅。〔略〕難題、自働車のこと、東京邸のこと、慶光さんのこと、高松妃のことetc。

六月一三日（土） 〔全文略〕

六月一四日（日） 終日在宅。賢所参拝（午後）の外は。鈴木部長と帰途同道、楓のことをきく。葉山の Redman 電話、Coronation picture 取止め。飛行機延、取止め。

六月一五日（月） 入江侍従来室、Coronation Picture のこと。〔略〕一一・三〇、二期庁舎検分。山梨大将一・三〇―三、久邇さん邸担保の話。三・五〇還幸啓御出迎。一旦帰宅。秩父宮妃殿下御来泊、ご挨拶。御所 Coronation Picture。〔略〕七―一〇・二〇、東宮妃第一回、次長、三井。

六月一六日（火） 侍従次長、帰郷挨拶。一〇・三八―一一・二〇開会式供奉。山梨氏電話、久邇さんより新印形預かりしと。但しやわらかな例の調子にて話せし様子。後難を残さねば仕合せ。鈴木部長に読売のこと〔略〕、自働車のことetc長く話す。特別手当を幹部に出す。長官分は秘書官あづけ。此日外相参内。〔略〕

六月一七日(水)　御召し一〇・三〇—一一・三〇。次長といろいろ話す。〔略〕Brazil帝国ホテル七・四五—一〇・三〇。高松宮両殿下、仏、蘭大使、Briscoe中将、丁公使、etc。

六月一八日(木)　御召し、九・五〇—一〇・五五。東宮大夫、近藤英明来室。次長来室、旅費の問題、政府答弁のことetc。〔略〕一二—一・三〇次長、新聞連奉拝の話。那須？　石川忠非常識のこと、「東宮ちゃん」のことetc。黒田来室、新聞記者会見、仏語の話etc。ビルマのこと〔略〕。

六月一九日(金)　秘書官、御菓子を山梨大将へ持参のこと。〔略〕御召し拝謁、斎藤。食事中、式部官長、Bakerのチョコレート持参、又官長、米軍機に対する陛下の御仕向のこと、外務省と協議のこと。久邇家池内来り、山梨仕向の相談あり不安といふ。他の人は山梨と相談の上のことといふ。次長、土器杯のこと、常盤松のこと、ブラジル談のこと。四・三〇、ヒリッピン一人—五・二〇。Clark、Murphy外大使連、両院議長、最高裁長官等と話す。

六月二〇日(土)　九・一五発、次長と常盤松修繕個所実地検分。飛行機事故、官長御使Clarkのこと、外務省異議なしとのことにて、書類あとにて取斗ひのこと。御召し一二か一・二〇とのことに付一二と申上ぐ。一二・二〇生研御帰り後参上。直子皇族と旁子皇族とのこと言上せしこと、方針は同一なるも、ニユース、食事等の実際のことにつき田島の解し方、腑に落ちず驚いた云々とのこと、覚悟をきめました上奉答すと申し、退下す。参拝。一・三〇—三・五〇山梨大将訪問、軍備のことき く。何と奉答すべきか、方法表現を考ふ。

六月二一日(日)　〔略〕終日在宅。奉答に関して名句なきか、孟子を読む。之はといふものなし。明日の軍縮のことにつき原田日記をよむ。〔略〕

六月二二日(月)　勝沼一〇拝診。倫敦会議の事につき陛下の御記憶を伺ふ事一〇・三〇—一二。此時、一昨日の事に関して御長時を願ふ旨申上ぐ。御召しにて一・二〇—三・一五拝謁。侍〔従〕次長及次長に話す。農相更迭の話あり。〔略〕吉田首相にあへず帰宅。妃殿下御来客なく、七・三〇—九・三〇頃迄planのこと、車のこと、落語家二十五日来邸のことetc。〔略〕

六月二三日(火)　入江に昨日のこと略述、参考の為。一〇・三〇—一一・三〇ロンドン会議第二回、之にて終了。参議院新議長挨拶。二—四、参議院内閣委員、皇居拝見。四—五次長、侍従次長とRoosevelt夫人拝謁の話題のこと、及葉山那須予定のこと。夜昨日の拝謁記々録。此夕、三宮様、奥に御招待。

六月二四日(水)　〔略〕Roosevelt夫人拝謁、官長及侍〔従〕次長来室拝謁の模様きく。食後御召し一・三〇—二・二五。三・四〇—四・三〇吉右衛門来訪、天覧の出し物のこと、但し家のことにしてくれとのこと。泰五—七、長官一人。順宮様御骨折の御礼小宴。松平、保科、徳川、小川、名取、稲田、次長、三番町。〔略〕

六月二五日(木)　官長に頃日中の経緯略述す。御礼はおかしいが難有うございますとのこと、高松宮妃より錦のことetc.皇后様に御伝言のこと。二—三・三〇原宿—戦犯世話人会の話。千葉胤明死亡御仕向のこと。〔略〕

〔欄外〕ゴム、椅子のこと次長より話。

六月二六日(金)　〔略〕侍従次長、今後のこと。皇后様御進講、前田多門、松本重治をいふ。午、パキスタン大使送別御陪食、秩父妃殿下、一二・一五—一・五〇。岡崎外相にビルマのこと念を押す。首相に緒方に話せしことの返事促催す。何もきかずとのこと。田中徳、帰朝来訪、久邇さん御礼、開新と泉や。〔略〕

六月二七日(土)　侍従次長、外窓のことetc.。女官長も同席、那須御誘引、妃殿下のみとのこと、隆政氏静養のこと。次長は国会行。〔略〕

六月二八日(日)　午前一一—一二・三〇次長来邸、水害対策相談、侍従次長とも電話、一応の結論。午食後賢所参拝。小泉氏へ書信愚痴、二十二日御前のこと、内閣のことetc.。〔略〕

六月二九日(月)　朝、石坂に電話し、七日と鵠沼おきめ。九、威仁親王妃三十年祭に参列のため八・三〇高輪へ直接出向く。慶光氏に初見参、前田家の人にあふ。少し遅れて墓前祭、一一・三〇終了登庁。拝謁一一・四五。一—二荒井恵氏来訪。二木博士、文化勲章のこと。二・三〇より次長、侍従次長、総務課長、入江侍従と会議。御下賜金、九州五県視察の事等相談す。此度、侍従差遣の事、両宮殿下に申上げ、御了承直後、ニュースの後参拝帰宅。高松宮は昼菊葉会弁当、とらや御菓子二個入一箱、慰子殿下行実一冊、外分に帛紗賜る。〔略〕此日皇室経済法衆院通過とか、次長、委員会出席。

六月三〇日(火) 一〇―一〇・四五御召し拝謁。鈴木部長、東宮大夫官邸のこと、警察官舎のこと。〔略〕二・四〇大祓―三・二〇。高松宮様に報告、入江侍従発遣、秩父宮自働車のこと(皇室経済法改正のこと(次長))。五退庁後、田中清次郎氏を日赤病院に見舞ふ。〔略〕

七月一日(水) 入江侍従出発。御召し、一〇・五五―一一・三〇。徳川侍従、清宮様のこと。高松宮妃殿下電話、二葉の映画の切符の事。侍従次長来室、渋沢大使への事。田辺氏来室、共同アンテナの事、前田の事、田島辞任の事等一寸話す。十五日案内のこと、田中清次郎氏メロン二個。五―七Canada、緒方副首相にあふ。三笠さんのこと、公邸公車のこと、Successor のこと、etc。

七月二日(木) 正倉院一〇・三〇―一評議員会。安倍に学術研究の特別会計のこと、小宮、吉右衛門のこと。西原氏病気静養とのこと(北海道知事来室、明年国体のこと、過去実績上は可能性)。四―五品川、外相カナダ軍艦。〔略〕

七月三日(金) 野村大夫、清水東宮侍従辞職、恵泉学園行のこと。次長、管理部長、業務課長、御文庫修理詳細評議一〇―一二。来室、山梨大将、久邇さんのこと。〔略〕筧元事務官全快挨拶。御召し拝謁二・三〇―三。〔略〕疲労気味。

七月四日(土) 侍従次長、雑仕の訴へのこと。久松愛媛県知事来訪、Tart……。一一―一二・三〇米大使館。背広。Williams に Bunker 帰米のこときく。陛下に拝謁一二・二五―三〇。西原病気、三井に会計主管を命ずること申上ぐ。今晩二時犯人侵入のこと。式部、鮎二十尾貰ふ。〔略〕

七月五日(日) 前田家二葉会、西園寺公、家正公、近衛夫人etc。八・三〇発、高松宮邸、威仁親王四十年祭。一〇・三〇は豊島岡御墓前祭、伏見閑院妃殿下も。うなぎめし、とらや御菓子、帛紗、熾仁親王御手本。〔略〕

七月六日(月) 陛下、バドミントンにて御足一寸ネヂレに引籠り。一〇・三〇 Dening、Elizabeth 親翰持参のこと及中国風害のことは外相に連絡する様依頼ずみのこと、山田侍従を通じ申す。東京新聞津田氏来室(麻生夫人と吉田論)、次長も来話。侍従次長訪問、陛下御症状と行事のこと。イスラエル七・三〇、二人 Black tie。英、伊大使夫妻、仏、米参事官夫妻、麻生和子、書記官。

七月七日（火） 御文庫工事を見る。侍従次長、十三日頃仏大使のこと etc（西原見舞、思召でも考へること）。次長、供奉整理のこと等。管理部長、マツダ注文のこと。秩父宮妃殿下、信子様、石坂泰三、相談と食事六―一〇。故殿下御遺品〔略〕下賜。

七月八日（水） 朝、妃殿下は御所。本の御礼等。あと三番町 Allison 及ヴェネズラ大公使御引見。藤楓協会の話、座り込みの経過。妃殿下は高松宮妃 sponsor の映画へ御出掛け。七、中国大使館招待、背広―九。

七月九日（木） 午、Turner 招待三番町、Tillitz、Fisher、Cap Watts 夫妻も相客。〔略〕

七月一〇日（金） 一〇―一二・一五、部局長会議、服喪規程のこと一寸意見いふ、「聖上」のことも附言す。一―一・三〇安倍能成来訪、能の話、侍従次長にいふ。一一・七頃、それから東宮御出発の時の死亡者のことから口論となる。午前御召し故、一・四五―二・四〇拝謁。次長に経済顧問のこと、出張のこと等いふ、塚原侍医のこと、雪井女官のこと等又先日御買物の時のこと etc。〔略〕

七月一一日（土） 一二、記者会招待、三番町―四迄話す。〔略〕

七月一二日（日） 〔略〕鵠沼秩父宮邸に参上、盆提灯一対とカステラ及 plum 一箱献上、おくにさん帯一本。〔略〕

七月一三日（月） 鍋島佐賀県知事来室。一〇・三〇 Ceylon 信任状捧呈。一二・三〇―二 Dejean 仏大使御陪食。御陪食の前後、首相と用談（大金益次郎来室、ダイヤモンド事件のこと）。野村大夫、東宮教科単位のこと。竹田宮御帰朝挨拶。高松宮 luncheon の時、やせた休養せよとの御話、plum 呈上。仏国夜会、White tie Tenue de Soirée とあるも black tie 半分位。九―翌日一時。

七月一四日（火） 一〇御出門、葉山行幸啓―一一・三〇御着。侍従次長と打合。秩父様御訪問のこと及葉山丸のこと。食後拝謁一・一五―二・〇〇。帰途理髪。仏国記念日、五・三〇頃にて小時帰宅。〔略〕植君、東宮様御不例の報。

七月一五日（水） 町村金五氏に電話。敬貴氏御進講のこときく。植秘書官見舞旁来る。葉山へ連絡す。Mrs. Wilson 不参の為、植君に■橋■表町視察にいつて貰ふ。九・三〇―一〇・四〇次長、管理部長、業務課長、小幡技官等。大野国務相、葉山行のこと、十七日二時ときまる。町村は明日午後二時、連絡済。次長に昨日の学習院の話をして野村に注意すること、予算削減のこと、次長に厚生次官連絡たのむ。〔略〕

七月一六日(木) 〔略〕松岡駒吉に前田社会党プレミア論をいふ(入むこ疑問とのこと)。〔略〕(秘書課長に園遊会記事及東宮職進学の方針いふ)。

〔欄外〕二時、町村、葉山。

七月一七日(金) 九—一〇高松宮拝謁、三笠宮のこと、公邸、公車の方針、内閣との打合模様等、留学でなきも友人の出来る程度のこと、内廷書画を売却のこと、場合によれば高松宮も三笠さんの為出すとのこと(参拝)。三谷(御日程、御食事の注意)、小泉(学習院進学のこと)手紙出す。〔略〕近藤侍従職員、御私有物のこと、石川忠、京都の計画の話。田中徳、雑談。〔略〕

七月一八日(土) 九・三〇—一一、三笠宮御訪問申上ぐ。御洋行の問題肚きまらぬとの御話、陛下、高松宮の御考へも申上ぐ、Dilemmaとの事、公邸公車にも触る(秩父宮邸にふれず)、公車のこと、運転手のこと等。参拝。登庁。町村敬貴氏の泥炭及農地開発の一般論、仏のグラス(?)社及Anne Harvest Coの話。〔略〕三笠宮に都合伺ふ。東京へ御帰りとか。〔略〕

七月一九日(日) 和歌山県新水害、九州再水害、前途心配、台風よりわるしと思ふ。参拝。十一時頃、秩父妃殿下御来邸、バレーボール会雨天にて中止のまゝ午後御帰鵠。〔略〕

七月二〇日(月) 次長と打合す。和歌山県水害のこと、旅行岐阜、伊勢のこと。一〇発、勝沼君同車、葉山へ行く。途中大雨、食後、勝沼君拝診後拝謁一・四〇—二・一〇。二時四十分発帰庁。(三笠宮より御返事あり、午後受取る。)次長等と話し、newsを見て六時帰宅。

七月二一日(火) 能楽会の人来る。総務課長へ。一〇—一一、Tiltman来室(義宮基教のこと、宮殿造営のこと、東宮東南アジア訪問のこと)。〔略〕侍従次長、両陛下今後の御行動のこと、次長とも相談。次長の話、三笠宮に対する警視庁の話、右翼の人二説あり。三—三・三〇加藤武男氏履歴書持参。東園氏来室、義宮様御成績御近状。〔略〕

七月二二日(水) 一〇—一二・三〇東宮様御帰朝後の順序、園遊会行事、食後次長緩談、宮内庁若返りのこと、塚原のこと、侍従次長のこと等。侍従次長、葉山、那須の計画のこと。五時帰宅、Nicolsonの本とGrew下巻を稲田氏に貸す。〔略〕

七月二三日（木）　小泉氏へ東宮様進学問題切抜封入通信。西村大使へ礼状。次長に三笠宮物心両界の支援問題のこと。一一―一二・三〇内務省人物論、村田五郎。食後一時間余、秘書官室にて吉田茂〔首相とは別人〕etc。朝日坂井と雑談。〔略〕
〔欄外〕皇后様鵠沼。

七月二四日（金）　溝口来訪、松本氏と記念事業の話、会見引受くといふ。堤のレセプション、五〇万のこと、公車公邸の腹案を参考の為。秘書課長に大喪儀記録、立太子記録、秩父宮喪儀記録のこと。〔略〕式部官長、Roosevelt の文章とパキスタン。黒田と話す。新村奈良県議員、侍従御差遣依頼（総務課長連絡）。〔略〕

七月二五日（土）　一一・二〇加藤武男氏来庁、内廷財本参与の御沙汰書交付す。次長と落す話す。内廷に御礼記帳して貰ふ。次長と用談。煙草専売局の話。〔略〕一二発葉山に行く。秩父宮妃参邸に付、首相と長官室にて話す。首相拝謁後は皇族休所にて話す。抽象的に御諫言せし事（争臣なければ国亡ぶといふ）。三笠宮警察情報。洋行止めの事、高松宮招待のこと（了承既に一度試み御断りなりしと又近くやるとのこと）。三笠宮については、秩父宮も困つたものであつたが御年召せばよくなるとのこと、東宮妃のこと、秩父宮妃のやうな方といひし処、あんな人は例外的存在で中々ないとの事。辞職は時期は別として認容のこと、宇佐美も了承のこと、可成洋行おくらせれば田島の在職永しとの戯談のこと、etc。そのあと拝謁、四・三〇―五・二〇。稲田次長と還幸及那須行幸啓日取打合せ、御裁可。（林彦三郎、五・三〇柳橋欠席）。七時帰宅、鵠沼へ電話。葉山より電話、Roosevelt 夫人のこと。
〔欄外〕秩父妃殿下葉山へ。

七月二六日（日）　〔全文略〕

七月二七日（月）　御文庫用家具、実物研究。黒田氏に Roosevelt の Article のこと、Pakistan 親電のこと及 Piggott の首相宛書翰、焼津のこと話す。次長と木曜葉山のこと談合す、三笠宮対策等。緒方に手紙書く、三笠宮洋行一時消滅のことといふ。人事更迭、首相了承の礼も公車公邸のことも。四時から皇太子外遊日記及 news を見る。

七月二八日（火）　病院に西原君見舞、登庁。永積侍従、和歌山水害の報告。黒田式部官、Williams と会見の報告。ブラジル在住の人の為に天羽といふ人来訪。御文庫の食卓を見る、大宮御所用。次長と用談、煙草のこと、三笠宮に事務官から警視庁のことを申上げしことの結果きく。秘書官と三番町の山梨さんの久邇さん会へ行く。四・三〇—六・〇〇堤議長園遊会へ行く。此朝電話光栄、秩父宮妃殿下拝謁、那須御誘ひ御請けのこと、三笠宮の手紙のこと。Roosevelt の Article のこと、松平夫人と共に濠州大使館へ御出掛け。

七月二九日(水) 秩父宮妃殿下に那須御参邸のこと、日英協会総裁御就任〔「就任」の下の二文字■■〕のこと、Girlscout 御■のこと、照宮のこと etc。参拝、登庁。大野豊橋市長、博覧会の件。総務課長回す、漫談。〔略〕皇室典範等研究。陛下、此日海に御出ましとのこと、翌日の御代拝とのこと一寸懸念。五時帰宅せしも、妃殿下は既に御帰鵠後。〔略〕

七月三〇日(木) 堤議長夫妻、Garden party の挨拶と東久邇さん御住居にふれる。他よりも申込あり、又皇室用財産なること話す。明治天皇祭、八・四〇参拝。高松宮及祭主様来たり。両陛下及東宮様共に代拝。一〇・三〇—一一高松宮様拝謁、三笠宮様のこと、君主制の将来と■■、保身云々御話あり。次長、予算、庁費倹約の事、那須新聞記者のこと etc。侍従次長挨拶。明治神宮のこと、次長よりきく。奈良県知事御礼参上。〔略〕

七月三一日(金) 黒田氏 Piggott 訳持参、一寸直して貰ふ。一〇—一二部局長会議。庁費倹約のこと、旅費のこと、下検分のこと etc。官長、外務次官と Pakistan 宸翰のこと催促の話と、八月休暇の話。〔略〕RCAの日程秘のこと、堤に味醂一打返礼のこと運ぶ。徳川、清宮岐阜、木曽旅行のこと。〔略〕

八月一日(土) 〔略〕横須賀市立病院に井上成美氏を見舞ふ。メロン二個、家内と称する人に容体きく。癌とのこと、本人は元気に見ゆ。十一時半御用邸着、食後拝謁一・一〇—二・一〇。女官長に那須のこと、三笠さんのこと打合す。〔略〕

八月二日(日) 秩父宮妃殿下に御電話し、那須御受けの電話、至急願ふやう御願ひす。三笠宮妃に洋行の事、また懇談のことも。五号台風、幸に本州に上陸せず快晴。少し胃部少し異状あり〔略〕。

八月三日(月) 御文庫工事見る。侍従次長に一昨日の事話す。外務大臣拝謁の事相談、目白の都合さへよくば。一一・三〇—一二・三〇入間野氏訪問、軽井沢家、三笠さん希望の邸御無下に却けぬよう、三笠宮言動少し極秘話す、又皇族関係の公邸公車の事も。和歌山県知事及議長御礼来室。次長と諸事打合す。小泉、山崎へ発信。五時 news。〔略〕

八月四日（火）〔略〕黒田式部官、昨夜の鵠沼の報告雑談。〔略〕気分優れず、五時帰宅後食事、早寝。〔略〕

八月五日（水）〔略〕次長、一番町の問題、官舎等総合計画。三井、次長、内廷費剰余預入の話。〔略〕小泉来信（ローマ）、学習院進学のこと。次長、野村大夫来訪の話。〔略〕帰宅夕食後、気分勝れず臥床。〔略〕

八月六日（木）〔略〕東宮侍従往訪にていろいろ人事録見る。午食後次長と雑談。Roosevelt 夫人訪問のこと。小泉、顧問のこと、田島辞任の場合を仮定して話す。幣原坦氏、長男祭祀料の礼に来る、雑談す。秋山、桃をくれる。〔略〕

八月七日（金） 秩父宮御来邸を日記にて取調べ。前田利男、松方義三郎来訪、御伝記資料蒐集開始のことときく。次長、伊勢神宮遷宮に皇族御出席のこと、神宝天覧のことetc きく。〔略〕サンデー毎日記者にあう、東宮妃の従来の記事想像とのこと書くとのこと。東宮、西班牙寮の特例のこと、大公使の報告よむ。新木大使、パンフレット不用との意をいふ。〔略〕

八月八日（土） 次長、園遊会コップ持参。紙製はやめとす。小泉へ発信、大使の手紙同封す。〔略〕二、葉山行。五、還幸啓供奉。六・三〇陛下に候所にて拝謁雑談。〔略〕帰宅。無為。画記文案。

八月九日（日）〔全文略〕

八月一〇日（月） 三谷へ手紙、西班牙の寮の問題、桜の問題等あとに残務、予算のあることは留保してくれと全体案[redacted]に[redacted]の旨いふ。ル夫人についての詳細も当方の予定現状も。一昨日きゝし以外奏問ありやとの御尋ね。なしと申上げ拝謁せず。御召し、一・五〇―二・一〇。清宮様のこと（久邇氏皇后様に此日拝謁）。次長室にて大膳改築研究会、結果次長にきく。侍従次長に清宮様問題相談。国際電話のことにて約日払、官長と同意来室、news、[redacted]を見て次長に清宮の件相談。〔略〕画記文案加藤博士に送る。

八月一一日（火） 堤議長、岡崎外相拝謁のことあり。義宮様、北海道より御帰京。〔略〕御召し一・四五―二・五〇。次長、官舎敷地等第一回の様子聞く。〔略〕奄美大島に陛下多とせられ云々、外相よりダレス発電の事となる（首相も了承）。三番町、部局長会六―八・三〇。〔略〕

八月一二日（水） 稲田次長来室、久邇[redacted]の御使口上。資格

等御指示ありしとのこと、国際電話も御進みなきこと。次長、堤氏御写真のこと報告あり。拝謁一〇—一〇・一五、昨日の御話もあり、堤のやり方、写真のこと等申上ぐ。十時半首相拝謁。松平に国際電話御進みなきこと連絡して貰ふことたのむ。一一・三〇—一二・〇五首相退下後、今後の陛下御日程、開会式日取のこと等と関連すること、大給のこと、侍医のこと、病院のこと、塚原やめて貰はうかとのこと、加藤御沙汰ありしことetc 話す。洋行のことときくも何ともいはず。陛下の御日程、官房長官出すから話してくれにて分れる。午食後、次長、神社団体、勅使参向復活のこと、伊勢遷宮に付別宮奉幣のこと等。鈴木部長、御居間御椅子のこと。用度課長、業務課長にも御思召と技術とよく調和すること話す。願出拝謁三・二五—四・〇〇、神宮別宮奉幣のこと御許しを頂く。首相拝謁に関し御内話あり。Pakistan 祝日従来通りとの外務省の話にて書類進める。塚越氏と雑談。〔略〕

八月一三日(木) 九・一〇御出門。九・三五原宿、丁度三時間にて御着、小雨。知事議長拝謁に侍立す。食後御召し拝謁。三・二五回送車にて大崎着。帰京七・四五(手塚医師と同車、名古屋出身で話すぎる)。〔略〕

八月一四日(金) 〔略〕次長、東京都東宮様歓迎式のこと、かぶきおどりのこと(無関係といふ)。加藤武男、宇佐美の兄にいふこと、矢張り自分本位。〔略〕次長、クラブ、吹上拝見のこと。次長、官房長官訪問十日御予定のこと、官制のこと。次長に徳川の話。四・三〇—五・〇〇鮎川義介来訪。戦犯のこと。泉屋持参。〔略〕

八月一五日(土) 九—一〇・一〇高松宮妃殿下に拝謁、那須行の件。〔略〕下村宏、池田不評のこと来室。松平休暇にて挨拶。次長に徳川の話につき意見きく。皇族は如何とのこと。〔略〕九・三〇—一〇緒方氏訪問。鮎川の話をなす。次長洋行予算とれたとのこと。

八月一六日(日) 朝食後次長の来宅を求め、水害手順のこと、予め侍従次長と打合せのこと、緒方訪問に付洋行のこと具体的に話す。〔略〕

八月一七日(月) 八時出発。上野ホームに行く。汽車入り居らず八・三五入る。九時でも座席あり。少し早きにすぐ、一時過軽井沢着。New Grand Lodge に入り、taxi にて三笠宮に洋菓五十入、清宮様に二十五入持参。清宮様に御伴、細川侯コートに行く。辞して塩川三四郎氏に途にあひ訪問す。加藤武男氏訪問。〔略〕

八月一八日(火)　塩川老に起さる。色紙揮毫頼まる。軽井沢地面の話 etc。朝食後、一〇清宮雑用車にて三笠宮訪問一〇—一二。洋行相談会会合のこと御話あり。〔略〕にて岡野邸御買上げおすゝめす。妃殿下必しも御子様おいて行く、いやではない御様子。蛇の目ずしの後、永井松三氏訪問。三・四四発にて帰京。

八月一九日(水)　植君に軽井沢の話。一〇・三〇—一一・三〇次長、四国行幸啓日程のこと、明日那須新聞記者のこと、次長、官房副長官随行のことときゝし話 etc。一二—一二・三〇 Ceylon 公使挨拶、午食。二—三・二〇高松宮妃殿下、那須御不参のこと、三笠宮のこと、〔略〕高松宮に神宮御遷宮御服装のこと、洋装決定。〔略〕黒田式部官に Ceylon 公使へ礼の手紙。高松様西瓜二、蜜賜る。〔略〕

八月二〇日(木)　御文庫、鈴木部長及業務課長と工程見る。次長、那須より電話、京都五〇、三重二〇、奈良一〇御下賜のこと。一〇—一二・三〇山田侍従来室。東宮様今後のこと。食後二—四・三〇林保安隊幕僚長来室、色々の話。〔略〕

八月二一日(金)　九—一〇・二〇山梨大将訪問。鮎川の話、久邇さん高利貸の話、長崎老女の話 etc。次長に那須の話きく。四国日程のこと、今後御予定のこと、Press 御会見のこと。食後小泉氏へ本の礼等返事書く。東宮御帰り特別機。厚生省山口、曽田両局長、癩患者デモの話。一・三〇—二・三〇下村宏、岡山のこと。来書次長に見せる、行幸啓に関係あり。〔略〕

八月二二日(土)　一〇—一二・四〇、二十八年度普通要請の会議。次長、鈴木部長、浜尾課長。〔略〕夕方、加藤虎之亮氏来宅。秩父宮遺品画記之文章加朱の点、説明に来る。皇后様好学の話等。夜、加朱を土台にして又推敲す。

八月二三日(日)　午前は秩父宮の例の文章推敲。〔略〕

八月二四日(月)　九—一一・三〇、松平信子訪問。松平一郎氏内地勤務のこと、家正のこと etc。吉田書簡(小泉手紙による)により東宮妃のこといろいろ。北白川、徳川義寛、達孝の家、島津忠承、久大、etc。午食後、松平官長雑談。次長、予算二九年庁費のこと、土曜会見田中氏のこと、今朝の松平信子のこと、御刀貸下のこと etc。松平官長及植、スッポン招待。那須各宮家御招きの経緯、及東宮様の将来及御教育のこと etc。〔略〕

八月二五日(火)　松平官長三十一日といふことになる。Vincent Astor の話あり。侍従次長、那須のこと、御文庫厨房のこと、御著書のこと、御研究プレパラートのことetc。〔略〕昨夜腹工合あしく、夢多く安眠せず、気持あし。三―五・三〇、二十九年度予算、次長、主管、課長と大綱相談。〔略〕

八月二六日(水)　九・三〇―九・四五パキスタン代理大使会見。一〇・三〇―一〇・五〇緒方副首相及江口副長官会見。次長洋行の件たのむ。次長にそのこと話す、又神宝天覧の行事のこと。一―四、園遊会の打合。次長、秘書、総務課長、後藤、内藤、松平官長等。〔略〕四―四・三〇、矢尾板に遷宮のこと説明きく。勝沼博士来診、七・三〇―九・三〇。疲労とのこと。〔略〕

八月二七日(木)　那須行。八・〇〇発八・四五上野発午頃到着。食事後拝謁一・三五―三・二五。後、常侍官候所に陛下出御。又半時間皆と雑談。夕食後、宿舎に引取り。義宮様に御挨拶。

八月二八日(金)　朝食の時、永積侍従に御学友時代のことをきく。〔略〕午食後は常侍官候所にあり。島津日赤社長拝謁す。久大氏病気のことときく。五時発五・五四黒磯発にて帰京す。島津への賜品託さる。入江侍従少々過ぎたり。将来の為め侍従職に注意せんと思ふ。九時過帰宅。〔略〕

八月二九日(土)　次長と事務。江口副長官の返事のれんに腕おし。二十九年度に計上とのこと。自働車の話。〔略〕加藤博士来駕、画記のこと。次長、外誌女記者に高木御用掛越権のこと。〔略〕例の画記推敲、十一時過迄。〔略〕

八月三〇日(日)　秩父宮宛賜物画記第三稿推敲、加藤博士に送る。御文庫工事進行見る。〔略〕

八月三一日(月)　京都御所復元書類に三十年度予算迄に研究のこといふ。式部官長いろいろ雑談。一―二・三〇山梨大将来室、戦犯の実況、久邇家のこと。二・三〇―四・三〇次長、東宮御帰朝の諸行事、今朝打合の結果きく。入江のこと話す。ニュース映画見て五・四〇頃帰宅。〔略〕

九月一日(火)　松平官長来室、伊藤[redacted]のことといふ。大金氏来室、札幌神社のこと、日銀やめ度、後任のこと。四国知事来室、行幸啓のこと。岡山知事、順宮様のこと、横山市長のことetc。次長、高木女史写真のことetc。昼ぬき。東宮情報。二背広。山階宮三十年祭―三、東久邇師正王、閑院宮……も参拝す。山階侯爵夫妻挨拶に来室。三谷侍従長に手紙書く（米国日程過多に付健康第一）。〔略〕高松妃殿下より直電話、御殿場へ御委託のこと。

九月二日（水）　朝、高松宮妃殿下より御殿場への荷物到着。御殿場秩父宮御機嫌伺。東京駅発九・二一―一二・三〇頃着、午食頂く。五・〇四発にて国府津乗換、七・三五頃新橋着。数寄屋より電車帰宅。次長電話 Costa Rica 特使拝謁の件、十四日。松平信子さん電話、今日夕飯のこと、菊亭別館へも。

九月三日（木）　次長 Costa Rica のこと、十五日神宝のこと etc。本郷課長材質調の話、揮毫のこと、藤樫来信、返事御挨拶書く。一一・三〇頃高松宮妃殿下御来室。十月九日チボー《〔テイボー〕》死去の為めの催しもののこと。次長、皇族恩給のこと。一―一一・三〇赤十字社長副社長、ナイチンゲール行啓、かぶき追善興行十一月行幸啓のこと、次長と共にきく。総務課へ委細のこと。〔略〕疲労気分あし。早寝。

九月四日（金）　一〇―一二・一五東宮様御帰朝の際の事、及十月十一日諸行事のこと、天皇旗のこと等。食後、高木多都雄氏、米婦人雑誌寄稿文一応見てくれと持参、次で写真のこと、侍従次長のことばと反対の話、宮内庁の立場内部の構成のこと話す。黒田氏と原稿よむ。下らぬものなり no comment。Famous red actor を見る。赤十字の催とかへて貰ふこと。次長先日のこと、島津賜り運搬は皇后様の意思とのこと。次長と、東宮様帰朝後新聞 interview off record でなくとの事不得已と思ふ、Clark 離任のこと、黒田氏 Tait にきいた事きく。〔略〕

九月五日（土）　式部官長、切花を釈迢空にとの話。高尾にきく。一貫せず次長と相談。千円の祭祀料のみとす。パキスタン米弁当。次長、高松宮に秩父宮相続税御説明。田中清次郎氏見舞い、鶏卵十五（秩父様賜品）。加藤虎之亮氏訪問御礼〔略〕。外に清宮賜りの菓子福分。帰宅、妃殿下に三笠妃殿下の御手紙内容承る〔略〕。

九月六日（日）　午前は「和漢図書分類目録」書陵部の注文にて書く。秩父妃殿下藤沢より御上京。ボートレース御出掛け。〔略〕松平信子さん迎へに出し、妃殿下も御微行赤坂菊亭 turtle〔略〕。

九月七日（月）　登庁前八時十五分、妃殿下那須へ御出発。新聞よむ。一〇より皇宮警察 band きく。次長いろいろの話、那須より御日程に付御意見。一―一一・三〇共同岩本清来訪、Ap の総支配人拝謁の件。土曜日三笠宮へ秩父宮相続税の御話せしこと etc。皇族旗、秩父一年祭の日。自働車、京都復元、加藤参与、上野、官邸のこと etc。加藤進来室。大金も済生会理事長賛成す。次長と用談雑談。Brazil Reception KorinKaku〔光輪閣〕、六―八。田中夫人ユニセフのこと、ベエズラ裾の長さのこと。高松宮 black tie 説。

九月八日(火) 〔略〕阿部信行死去につき、御仕向のこと次長と相談。〔略〕首相面会の電話を秘書官にかける。Clark、市ヶ谷[redacted]六―八、farewell 会。いつ出発かをきく。秩父宮妃殿下那須より御帰り。十一時迄東宮殿下御着米の Radio きく。

九月九日(水) 妃殿下に那須の御話きく。登庁。松平官長来室。首相今日は駄目とのこと故、クラークの件首相に手紙書く。返事来る、午後返書来る。亀山直人来訪、生研拝観許可の礼、新聞にありし話のことといふ。御迷惑はかけずといふ。小泉氏 St Moritz 来書。一一・三〇―五・〇〇秋の園遊会の細目相談、次長、官長、関係課長等。岡崎夫人に電話、明日電話頼む。下村宏入浴中に電話あり、岡山市長の話、来てもよし、来んでもよしといふ。〔略〕

九月一〇日(木) 十時―十一時、次長、管理部長、業務課長と御文庫検分。東宮大夫に小泉の手紙よむ。徳川侍従、岡山動物園の話。岡崎外相電話あり。勲章の話。勲章あれば賜品は入らぬとの意見。那須へ電話。Clark の陪食の日二一、二二、二四にて受く。官長に此旨伝へ具体化すること。高松宮御機嫌伺ひ、開新堂三十。清宮様名誉恢復開新二〇。次長、総務課長と四国の御旅程きく。此朝、高木多都雄、話の原稿を次長に渡す。

九月一一日(金) 八・五〇急行にて那須行。食後願出拝謁二・二〇―三・一五。〔略〕一度も常侍官室に出でず。〔略〕

九月一二日(土) 陛下のみ御散策御供す。早昼十一時。一二・二〇御発、三・五〇原宿御着。汽車中、御文庫に付御注文あるや女官長よりきく。一応御覧の上と申上ぐ。参拝。帰宅。次長に途上出会ひ、御文庫御視察のことといふ。

九月一三日(日) 参拝(午前)の外終日在宅。一一、加藤虎之亮氏祝詩《(ママ)》持参、午、弁当出す。妃殿下三時御来邸、小憩後 Rugby。夜おそく御帰り。疲労、早寝。秩父宮御遺品画記をなす。

九月一四日(月) 野村大夫、本郷課長来室、正倉院調査。妃殿下に四日 Rugby 礼頂く。一〇・四五 Costa Rica 特使信任状捧呈。岡崎外相に Clark の事打合す。後電話。勲章はきまつた。

ＭＳＡの事、二十二日十一時奏上。一一よりBishop拝謁。御召し一・四〇―二・〇五。明日の神宝拝見宮様方のこと、午後御文庫御視察のこと、次長と東宮様御帰朝のときの御仕向のこと。御文庫無注文。侍従次長。三時御文庫にゆく。両陛下三・四〇頃御視察。News、水の映画。〔略〕

九月一五日(火) 妃殿下に表町邸の経過。運転手のこと、三笠宮妃のこと(洋行に関し)。一月四日御祭り差支なきこと等申上ぐ。神宝天覧一〇。侍従先導、長官、侍従次長扈従す。後、皇后陛下、全皇族御覧。その後十一時過、祝酒を大宮司以下に賜ふ。次長、侍従次長、葉山行幸日取、御移転の日、神宮勅使差遣の儀のこと、外交団御陪食のこと相談。後藤も来室。二十四日か来月かとのこと。御召し、拝謁、三笠宮のことと外交団等今月御予定のこと。歌会選者のこと。召歌のことにて再度拝謁。鈴木部長、浜尾課長、表町の図面持参。〔略〕

九月一六日(水) 〔略〕一〇・三〇埃及《エジプト》公使信任状捧呈式。岡崎に後藤のこと、Clark夫人に賜品のこと、ブラジル四百年祭のことをきく。願出拝謁一・四〇―二・一五。侍従次長と打合す。労相およびのことnoのことetc。次長来室。参拝。五―七メキシコ、国祝日。一旦帰宅。光輪閣のパキスタン、労相紹介のBuffetにゆく。前田と話す。田中耕太郎、遷宮行は憲法に疑念ありとのこと。

九月一七日(木) 昨日の拝謁記記入。九・三〇登庁。一〇―一〇・三〇日米協会、東宮様行啓願、何とも返事出来ぬといふ。〔略〕次長、秩父宮運転手の話、表町御殿のこと、Nixon副大統領のことetc。五時参拝、御文庫視察後帰宅。

九月一八日(金) 〔略〕次長に陛下御帰朝記録を示し、東宮御帰朝行事再検討たのむ。加藤氏、二十一日拝謁午餐のこと、上野、前田氏相談、二十四日のこと取運ぶ。侍従次長、前田及朝永進講のこと。〔略〕

九月一九日(土) 侍従次長、御進講のことにて来る。朝比奈薬学博士のこと。黒田へ見舞品、植氏持参。クラークより来所。御覧ものに写真貰ふ。〔略〕

〔欄外〕ＩＬＯの人、宮城拝観の話。

九月二〇日(日) 〔略〕二―三・一五妃殿下来邸。〔略〕

九月二一日(月) 高橋といふ札幌《〔愛媛〕》の代議士、護国神社参拝のこと。一一・三〇加藤参与―三、拝謁の後、三番町にて懇談。栄木氏来室、久邇さん会社の税の話。次長、東宮御帰朝後のこ

と御裁可のことゝきく。〔略〕

九月二二日(火) 〔略〕黒田氏先日来の叙勲のこと、親授いひ来る。次長、式部官長と協議少しく遺憾に思ふ。陛下に伺ふ。拝謁。首相よりのことに直す。岡崎外相拝謁約一時間。アジアへ出張御言葉のこと。一二・三〇―二、General Clark御陪食。高松妃殿下、アリソン夫妻、首相外相夫妻。次長、三里塚日共の動きのことゝきく。〔略〕

九月二三日(水) 九・四〇賢所参集。九・三〇発にてゆく。十時半過帰宅。侍従より電話、葉山にて拝謁のこと打合す。衆参議長、田中耕太郎、文相、郵相、入江判事等。三、葉山へ行幸啓、雨中御供す。拝謁す。拝謁の後侍従候所に出御。六時入御。〔略〕

九月二四日(木) 一一、上野、前田青邨両氏―一二・三〇。三階宮殿一周。所定の場所に大きさの紙をはり、略点数大きさは決定。三番町にて午食協議、官長NHK東宮放送の話。益谷代議士、松山護国神社のこと重ねて請願。帰宅の後疲労。八時早寝。台風一三号のこと心配。

九月二五日(金) 葉山より奄美大島御下問のこと、大江官房長に電話できく。一一―一二・三〇女官長来室。孝宮様御手許金のこと、ふとんのこともいふ。二・三〇芳沢謙吉氏訪問。御進講のこと(とらや)。四―五、常盤松検分。次長、雑誌人事。葉山と連絡す(奄美のこと、芳沢のこと、高瀬のこと)。〔略〕

九月二六日(土) 登庁の途参拝、且被害なきや見る。岡部長章氏来室。国際文化振興会「地獄門」行啓は二十一日、御留守且派手つゞき駄目。二十年記念下賜金のこと、之も諾せず。下村宏来室。癩の話、岡山動物園の話。Col. Tait来室、Generalの手紙と風水害見舞。〔略〕

九月二七日(日) 十時発、十一時三十分秩父宮伺候。栗粉〔略〕。御用邸に十二時二十分頃つく。弁当、栗粉二〇奥へ。同、侍従連へ。拝謁一・二五―一・五〇。後被害個処巡視。二・三〇発帰京。途中高松宮伺候(おるす)。京都にて暴風におあひの御挨拶す。夕方松茸一籠御使にて賜る。〔略〕

九月二八日(月) 九―一〇・二〇倉橋学習院理事、五ケ年整備計画のことゝきく。〔略〕学習院四・〇〇―六・〇〇。信子さん、成瀬夫人車で送る。Clark大将Reception、前田邸五・三〇―七・三〇。〔「Clark」から引線〕に陛下の御伝言申す。〔略〕

九月二九日（火）　九時発葉山へ行く。東京へ還幸啓葉山より一二・三〇―二・二〇。三、神宮勅使発遣の儀。〔略〕御文庫に一寸よる。〔略〕

九月三〇日（水）　黒田、海洋学者拝謁のこと、東宮御帰朝後の答電のこと。秋山Menu持参。一〇―一一・四〇芳沢大使、清水参事官、中共の話。一―二、新居善太郎氏、母子愛育会のこと説明きく。二―二・三〇前田君来室。松本博士献上の本二冊、侍従次長にたのむ。猶御進講打合せ〔略〕。水害御救恤金のこと。〔略〕東宮御土産書類見る。〔略〕此日、前田君のあと木下道雄氏来訪、国籍日本人のカナダ人カトリック、ペルーにて働きし人の拝謁のこと、外務省にといふ。尤も滞在口の関係で一応だめ。

一〇月一日（木）　次長、御土産物書類再調のこと、覆馬場、学習院のこと話す。東宮記念品の疑義をいふ。侍従次長、海洋学者のこと、十二日午の食事のこと。式部官長、今夜伊勢遷宮へ出席に付挨拶。高松宮様御供のこと頼む。〔略〕Vining手紙、黒田氏に口授。二時前、小笠原蔵相参内、次長洋行のこと、林野庁帝都ホテル保持のことといふ。拝謁二・四〇―三・一〇。次長、松山護国神社又も話ありたりとのこと、高松宮除喪のこと。帰宅後、高松妃殿下電話、岐阜は大野伴睦とのこと、服装早くとのこと、三宮御招待の日取のこと。〔略〕

一〇月二日（金）　一〇・一〇―一〇・五〇御召し、拝謁。安倍君来室松山の事、松山護国神社の事三人ねばる―一二・四〇。次長の話、学習院体操場のこと、松山のこと、安倍のことetc。一・四〇―四・〇〇山梨大将来室、鮎川の話、南米の久邇さんの話、[redacted]の話、山林の話、広田の話、Viningの手紙。Vining書状。八―御遷宮御遥拝式。

一〇月三日（土）　松山問題次長と話し、遺族奉拝位のことかといふ。小泉氏帰朝出迎え。一一時発、定時一二・一五。一寸後れて一二・二五着。一寸話して帰宅。御文庫御相伴、入江、徳川、小島、女官二とテレビ陪覧。

一〇月四日（日）　一時頃秩父妃殿下御来邸、此日御泊り。〔略〕

一〇月五日（月）　〔略〕秩父宮妃殿下、日瑞協会総裁受けていゝかと下問、東通工株のこと申す。三重県知事来室、下賜金の礼。小泉氏拝謁一一―一二。一、豊島岡、朝香宮妃殿下御祭り―二。おすし、御酒、宮様御酌。参拝今日分。高松宮妃殿下来室後に秩父宮妃も。四―六・二〇映画。八、御遷宮御遥拝式。

一〇月六日(火) 朝比奈薬学博士御進講一〇―一二。大阪府知事、下賜金御礼。小泉氏来室四―五・三〇(内廷顧問直ちには応ぜず、僕resignすれば彼も此位置を……というやうな話)。参拝。Clark大将に名刺を出し、明朝送ることをやめる。会ふとの話一寸話す。

〔欄外〕高松宮様、妃殿下、松たけ賜ふ。〔略〕

一〇月七日(水) 〔略〕一〇・三〇首相拝謁。Clark帰国。亀山直人来室、化学者拝謁の件。勝沼君来室、神経痛のこと、Resignの診断書はかけぬとのこと。御陪食(検事連)一二―二。拝謁、二・〇〇―二・三〇。羽田へ御迎への件。〔略〕高松宮様へ御詫旁。〔略〕Nippon Times。

一〇月八日(木) 〔略〕勝沼へ薬の礼。前田君御進講一〇―一一・三〇。侍従次長、羽田行元内親王車を陛下親故宮内庁車を回すとのこと仰せありしと。この事次長、秘書課長に通ず。航空場御先導問題きまらず。午後、東宮英国の映画を見る。瑞元皇族の死のこと、皇后様御写真(印度議員三人)と外に賜物の話。小泉氏文章拝見。

一〇月九日(金) ハワイ御安着、ラヂオ。官房当直電話、御引返桑港発のこと。藤岡博士御進講一〇―一二。理論物理学会のこと。御陪食一二・三〇―二・三〇、蘭、米大使夫妻、埃及及セイロン公使。犬養臨時外相に三笠宮、阿部教授の事きく、調べて報告とのことにて分れる。次長御先導問題、総務課長、四国御日程のこと。御召し拝謁。次長、官房長官との話合の結果きく。雨中参拝。御陪食のとき女官長にいろいろ話す。村田、内親王の件にて皇后様御迷惑のこと、皇后様読書なき以上御進講のこと陛下と同時おきゝは如何、十二日午三宮も御招きのこと(田島がいふからとの仰せとのこと)、岡山動物園は奨励なきやうのこと。三内親王、皇墓に十万円づゝは誠に結構とのこと。

一〇月一〇日(土) 次長室に訪問。十二日のこと(赤十字行啓一〇正門)。中国大使一一―一二・三〇。〔略〕東久邇稔彦王、順天堂に御見舞。〔略〕

一〇月一一日(日) 〔略〕五・〇〇頃、秩父宮妃殿下御来泊。両妃殿下も御立寄、昨夜NHK Televi事件の■。

一〇月一二日(月) 一〇・一〇発。途中宮様連車に合流す。一一・二七分頃御着、予定通り、「此度は色々難有う」との仰せ。お先に帰り正面玄関にて御迎へ。三階にて皇族、旧皇族、部局長、旧奉仕者乾盃後サンドー《〔サンドウィッチ〕》。宮様は両陛下始めて《〔ママ〕》と御会食。拝謁間、奥三の間、随員一同と長官、次長、侍従次長、大夫、浜尾氏。和食、冷菓。二・三〇東京知事、議長賀表受取り御挨拶。三時発東宮御所に行く。正式拝謁恐悦、首相、犬養稍ゆつくり拝謁。〔略〕

一〇月一三日(火) 夜明前に目覚め、福引を考へる。晴。犬養法相来室。阿部行蔵の調べきく。一〇、両陛下拝謁。東宮御帰朝御祝辞申上げ。首相外相につぐ。但し此二人は陛下だけ。三谷の行動のこと。午食後官長、Nixon のこと、米大使館東宮様御招きのこと。次長、東宮様 interview のこと、久邇朝融にタキシードのこと、Nixon 陪賓否定のこと、東久邇さん病気に関すること。吉川情報よむ。三矢氏来室。文化財委員長の話。野口明のこと。〔略〕

一〇月一四日(水) 岡崎外相、十六日のこといろいろ電報来る。拝謁一〇・一〇—一〇・四五。Nixon の時、米大使館へ皇太子は出られぬこと官長にいふ。〔略〕一・二〇—二・三〇、三越に福引の研究。〔略〕孚彦さん電話。桂の写真。鈴木部長連絡。福引研究(菊栄親睦会)。

一〇月一五日(木) 妃殿下昨夜の話。登庁。晴。永積侍従、潜水服献上のこと。一寸拝謁、御陪食のこと。三矢氏のこと大達文相と話す。前田やめれば育英会如何。文化財は行整の対象、細川不賛成、緒方に辞表のこと蔵相関知せず、今年洋行やめのこと、特別議会のこと。御陪食、閣僚等、コーヒの時、陛下御椅子で順番に御話申上ぐ、東宮、三笠宮、岡野、岡崎欠。ぶどう酒二、シャンペン。首相杯を奉ぐ。願出拝謁三・一〇—三・五五。小泉氏訪問四・一〇—六・四〇、辞表は四国帰京後とす。Redman at home Sir Norman Roberts の為(妃殿下[redacted]次第)。〔略〕

一〇月一六日(金) 小泉氏訪問の結果、三十日夫人達も招待。一一—一一・四〇日英、日米協会、東宮様御臨席方針相談。御陪食、大公使(東宮通過国)一二・三〇—二・二〇。秩父妃殿下。三、前田利男、秩父宮追憶執筆のこと。三・三〇海上保安庁長官、行幸啓警護のこと。兵庫県知事、緑《〔植〕》樹祭のこと。〔略〕

〔欄外〕此日、秩父妃御帰鵠。

一〇月一七日(土) 神嘗祭、九・四〇—一〇・三〇。〔略〕帰宅。書類、行幸啓関係。久邇氏礼。〔略〕三越及西川にて lottery 買物 shopping。Roberts、五・三〇—七・三〇両人。

一〇月一八日(日) 午前一〇—一一・三〇次長来室、神宮遷宮賜物、東宮御洋行賜物等。午後 Lottery の shopping 一・二

○―四、三越東京名物街、植君と。〔略〕奥より神崎山松たけ賜る。

一〇月一九日(月)　四国行幸啓。八・一五次長の車にて御文庫、八・五五発。機関車天覧の上九・一〇発。秋晴上天気、あつき位。四・五〇定時着。途中小中学生奉迎多し。九州の時などと比し大変の差あり。名古屋認証官二人、市長、藤田等元宮内官、佐藤博士車窓拝謁。車中拝謁の上、台風被害上奏。静岡、岐阜、滋賀、京都各知事。京都御所、大阪知事。御庭にて奏上等拝謁。〔略〕

〔欄外〕南禅寺電話。

一〇月二〇日(火)　岡山駅着後、鶴鳴館着。昼食は浩養軒西洋食、後あらき茶寮にゆく。石のふろ、料理屋の為、寝屋は一寸不充分。岡山県知事三木氏来訪、あらき茶寮にて池田氏のこと色々きく。

一〇月二一日(水)　倉敷の方を迂回宇野に御着。食事は船中。高松にて直ちに汽車、松山着、久松邸。宿下り松山花塩料亭、本来なれど〔ママ〕も気持よし。

一〇月二二日(木)　保育園御覧後、国体開会式御臨場。午食、運動御覧後Rugby、軟野球、ソフトボール等御覧。聾学校御覧、又城の旧久松邸御泊り。庭園御散歩。宿下がり。〔略〕

一〇月二三日(金)　松山発。池田経由、高知着。知事公邸に御泊り、宿下りは三翠園。今治近傍、鉄道事故線路不通、御料車を徳島へ回すこと不能となるかも知れぬとの話、後何とかなることとなる。宿へ鉄道局長、本省の課長(随行)釈明に来る。

一〇月二四日(土)　高知街、保育園御覧後角力御覧、車中弁当、池田経由徳島駅御着。高校野球三―三・三〇。此帰途直訴者現る。事なきを得しも、瞬間的の出来ごと。バレーボール後、小松島万野旅館御泊り。夜提灯行列。アホー踊、仕掛花火。

一〇月二五日(日)　孤児院(小松島)、保育園、徳島行幸啓後、徳島発高松着。松平元伯爵邸、披雲閣。午食後、柔道及陸上競技(屋島)御覧後御一泊。夜、三笠宮両殿下御来訪あり。提灯行列に三笠宮と共に出御。物産御買上げ。

一〇月二六日(月)　朝、川六主婦来訪、木守一箱貰ふ。斯道学園御視察後、栗林公園御一巡後、埠頭に御直行。船中甲板にて御食事。宇野御着後、玉野市、岡大海洋研究所、水族館御覧後、倉敷を経て岡山市に入り、マリア園行幸啓。此教会の人の態度とてもいやなり。五時過鶴鳴館御着。賜物。谷口、伊原木内謁のことあり。宿下り後、谷口、伊原木の両氏来訪。池田成つて居らぬこと色々説明あり。侍従長、侍従次長にもいふ。

一〇月二七日（火）　御出発前、菊桜を御手植願ふ。池田邸へ行幸啓。動物園も一覧の上、池田四人と御会食。京都へ向はれる為汽車。京都駅着、大宮御所。開会式おことばのこと。

一〇月二八日（水）　四国より行幸啓、京都駅発。雨。東京駅御着後、長官室にて次長と話し、同車帰宅す（車中、斎藤国警長官と三笠宮のことetc話す）。疲労早寝。東宮様御記念品、留守中へ頂きあり。

一〇月二九日（木）　式部官長来室。Roberts園遊会の話、池田の話、旅行の話。高木八尺、津田の会計課長の人選の話。一・三八御出門―一一・一五御帰還。国会開会式行幸供奉。高木氏、池田代理にて行幸啓御礼。伊原木の悪口、池田の弁護。〔略〕六―八植秘書官と福引のこと準備〔略〕。

〔欄外〕秩父妃殿下御泊り。

一〇月三〇日（金）　妃殿下より神奈川慰霊堂の御話、靖国造営総裁のこと（よからん三笠宮）。〔略〕お相伴、随員一一―一。

奥三の間、日本食、鯛塩焼。賜物伝達全随員に。藤樫氏挨拶。侍従次長、軽井沢の地面のこと。六―錦水、随員慰労、福引。

〔欄外〕〇・四〇大宮司挨拶。拝謁方秘密。

一〇月三一日（土）　徳島、香川、高知知事、行幸啓挨拶。池田宣政挨拶。園遊会、写真のこと、官長遠慮（はしか）のこと。朝日新聞、写真帖持参。殿下、土産の御礼言上。東宮御所お茶二・五〇―四。Ridgwayの手紙、侍従次長に渡す。勝沼君来訪、夕食を共にす。〔略〕

一一月一日（日）　〔全文略〕

一一月二日（月）　海上保安庁長官挨拶、灯台模型献上。山梨大将来室九・三〇―一一、久邇さん山林会社のこと、給与のこと、邦昭氏縁談〔一八文字伏字〕etc。秩父宮妃殿下来室、靖国神社奉賛会総裁、三笠宮断りのことetc。沼津貞明皇后献碑式挨拶のこと。菊池代議士政務次官を園遊会へとのこと。東会長挨拶。〔略〕四―五・三〇小泉氏来室。外務大臣等招待（大夫当分此儘のこと）。六―八・三〇大江官房長等、松平はしかのこと。

一一月三日（火）　山地土佐太郎電話、園遊会のこと（説明す、四分の一のこと）。バスのこと。一〇・三〇登庁。首相にあふ。

小泉、最高顧問承知のこと、議会終了後一時間斗り時を貰ひ、辞表提出のこと了承を得。御陪食一二―二文化勲章、羽田、宇井、喜多、板谷、香取、矢部六氏。首相式後拝謁す。一一・四〇―一二首相の拝謁前に田島御召し拝謁、一一・一五―一一・三五。〔略〕御祭、Dr. Robertson、五・三〇―六・三〇。午餐会後一寸拝謁す。〔略〕

一一月四日（水） 次長に英大使館野村大夫のこと、昨日拝謁せしこと、式部官長に英大使館のこと、ハシカのこと、十日のこと等。英大使、早くカブキを立つ事。御召し拝謁一〇・四〇―一一・二五。鈴木一氏、馬術大会顧問の事。久松知事挨拶。伊地知氏連歌の本貰ふ。午食後、三菱地所社長渡辺氏、総務部長中田氏来訪。三〇〇〇株五十円にて内廷への話、名義は暫くは内廷会計とせぬかも知れずとのことと、秘密ではなきも余りぱつとせぬこと話す。一・三〇から大宮御所現地検分。次長と。首相に書状。大夫更迭一応見送りのこと、東宮随行員仕向け、政府無用のこと、警衛厳重にせぬこと申送る。四・三〇―五・二〇、三谷君来室。昨日午食会後御召し、首相、田島辞任のこと申出ありし為御下問ありしこと、小泉氏訪問の結果、田島に心状〔情〕をきくとのこと故、残らず心状を話す。秩父妃殿下御来泊。

一一月五日（木） 官長、次長来室。緒方氏に書状。首相、一昨日言上せし経緯及今夕又は明朝拝謁すること通告。園遊会、二・一五御出門。三・二〇頃還幸啓。快晴、先づ上出来と思ふ。次長、官長来室。今日の話合。〔略〕

一一月六日（金） 秩父宮妃拝謁、靖国神社のこと。一〇・〇五―一二・〇〇拝謁、Resignation のこと、小泉顧問のこと及前田拝謁書類のこと。かぶき見分の報告。次長に小泉発令のこと、靖国神社のこと。〔略〕小泉氏に今日午前のことに至るまでの三日以来のこと報告、四・三〇―五・三〇。〔略〕今朝の記録。

一一月七日（土） 朝便あしく、右偏頭痛、気分あし。〔略〕香川の警察課長挨拶。高橋大協来訪、久邇さんのこと。中村嘉寿、金沢のこと、山梨さん今少し強くとのこと。高橋、不思議に愛憎つかさず、赤坂の女店員とのこと、ゴルフへ誘ふ事等いふ。理髪の後、東久邇見舞、メロン二個。偏頭痛の為早寝。鈴木管理部長来訪、御文庫食堂天井落ちたりとの事。病気の為失礼御詫の上、電話にて様子きく。日曜朝相談の事とす。アンマとる。

一一月八日（日） 一〇―一一、官舎にて次長、管理部長、業務課長参集。天井落の原因、善後処理等研究、参内す。侍従職、長、次長皆臨時出仕しあり。両陛下に御詫言上、十二時半帰る。

次長に報告す。東宮様御発熱、日程御やめ代拝にて明日御帰京とのこと。〔略〕次長に三菱株の案件。小泉、御沙汰書文案等示す。

一一月九日（月） 昨日書きし首相宛手紙（辞表を入れる）を目黒に届ける。前田君奏上を終へ来室、育英会々長決定迄の経緯を話す。そして今後事務に関ること及他の会を譲る話。能楽会主事七日行啓の御礼。次長、小泉最高顧問任命形式の話。侍従長に相談、侍従職御用掛、御親ら口頭のことと決定す。三・二〇―三・五〇拝謁、右御裁可を願ふ。美術品、場合により内廷費の御許を乞ふ。三笠宮のことの御尋ねにて、御召しの際附加奏上。管理部長と昨日の原因等相談。次長、業務課長同席。プラスター吹付け不良とのこと。東宮様、此日御風気のまゝ御帰京。五時過ぎ再度拝謁、三笠さんと秘書課長との話と、久邇アルゼンチン行のこと言上す。〔略〕

一一月一〇日（火） 八時発、東宮御所御機嫌奉伺、佐藤、戸田にあふ。九時五島慶太長男来談。陵墓監等にあう。一〇・三〇表彰式。御召し、一〇・三五―一〇・五〇拝謁。野村大夫挨拶。東宮様 XRay のこと etc。後藤[redacted]の来話。栄木氏に電話す。歌舞伎行幸啓、一二・四五侍従次長室、供奉一・五―四・四〇。山梨大将訪問、アルゼンチン行き反対の話、愈のとき四人連袂辞職の覚悟のことときく。今朝の五島の話をなす。広田幸松のことを五島に話し、打切つたこと話す。（首相、目黒官邸、三・三〇―五・〇〇、Reception、東宮殿下の為各国大公使、みし、秩父妃殿下御伴、続いてかぶき夜の部御伴。）

一一月一一日（水） 妃殿下拝謁、刑死夫人の話、靖国の話、残務の話。Nixon 打合一一・三〇―一二、次長、官長。吉右衛門歌舞伎、高橋礼に来る。小泉氏、日英協会の時同車、原山挨拶のことばのこと。勝沼来室、書類持参す。御相伴一二―一・三〇。拝謁一・四〇―二・三〇。加藤武男氏訪問、受入態勢の話、ビールの社長との話、石坂東芝の事。石坂訪問、高松、三笠を二、〇〇〇とし、内廷に二、〇〇〇として下さいといふ。歓迎。秩父さんは五、〇〇〇。瑞典 Reception 後小泉氏訪問、十二日午前御直に御命令のこと話す。東宮様健康のこと、日英協会の[redacted]のこと。帰宅。食後勝沼来る、東宮のこと。小宮に電話、三谷に電話。小泉親命のこと、明朝のこと、首相〔に〕辞表を出せしとき小泉への相談のこと申上方たのむ。
〔欄外〕岡崎外相拝謁。久邇さんのこと等。

一一月一二日（木） 東園氏と義宮様のこと。官長、十六日宮様のこと。正午一寸前、小松島市長及万野挨拶のこと。一〇・四〇侍従長と共に侍立、小泉に侍従職御用掛よろしくたのむ、御直命。小泉と三笠宮問題、東宮健康のことetc。食後、次長Nixon の detail。NHKペンキ塗過つて妃殿下寝具を汚す。古垣に電話。善処方要望。〔略〕

一一月一三日(金) 東宮、今夕、十五日、十六日欠席の事きく〔略〕。此日外人三名、午前、午後拝謁。池田氏、キリン小舎出火見舞状、動物園産業的ならず、猛獣でなかりしは小難、御一考かと申送る。侍従長、同次長、入江に相談。二・〇五―二・三〇拝謁、Nixon 歓迎方式、東宮の日語か英語か、久邇さんに準禁治産をにおはすこと。三・三〇―四・四〇文相、拝謁後に面会。五時帰宅。(東宮、両陛下、三宮等御招き、御病気御取止め)に付次長、侍従長、大夫、小泉―会も、誤解をおそれ中止。

一一月一四日(土) 後藤に Nixon 氏の席次。一一高橋龍太郎氏来訪、献本のこと、新大阪ホテルのこと。之は返事出し、三宮様ならと申す。但し成否は知らず。午、加藤参与と次長、三井、課長一二―三。@五〇で三菱地所三、〇〇〇、ビール三社各二、〇〇〇、東芝二、〇〇〇受入をきめる。〔略〕

一一月一五日(日) 終日在宅。秩父宮追慕一文を書く。Nixon のこと、Reader's Digest 読む。七時過、妃殿下御来泊(三宮御招き行幸啓光輪閣中止、東宮御病気の為)。
〔欄外〕こゝ一二三日、快便にて稍元気。〔略〕

一一月一六日(月) 鈴木帀之助献上の野菜持参。御召し拝謁。Vining の手紙来る。午、Vice President Nixon、一二・〇五―二・三〇。次長、式部官長来室。御写真の件etc。News を見て帰宅。
〔欄外〕秩父宮妃御帰鵠。

一一月一七日(火) 日展供奉九―一二・二〇。次長、新年の行事迄のこと、Hull のフットボール東宮御出掛なきこと(二十六日 afternoon)。[redacted]週刊の人、東宮妃のこと。官長、陛下の御署名のこと、Nixon 写真。侍従長、御進講のこと。東久邇御手許上げにて、二〇万との事。〔略〕

一一月一八日(水) 築地本願寺刑死者慰霊。秘書官にいって貰ふ一〇。一〇・三〇仏大使信任状。日銀一一―一。るす中鵠沼より御電話、御電話す。拝謁御召し一・五〇―二・一〇。外相へ電話、Eisenhower へ御写真のこと(首相望む返事)、再拝謁。次長、正月までの行事のこと。官長、日英、日米協会のこと。侍従次長、風疹のこと。〔略〕秩父妃殿下へ御電話(紫影、知命)。

一一月一九日(木)　九・三〇―一一・一五松平信子さん訪問、〔略〕秩父宮邸警備のこと、池田の不評、手紙出せしこと、高松宮、義宮、清宮に接遇のこと、首相十日に蔵相、宮相《（ママ）》さがすとの話、東宮大夫のこと、東宮様のことetc。Nixon、一二、東京会館、日米協会―二・三〇。此間次長と話す。四―六、竹田邸、両院議長、Nixon。緒方氏に以上二つの会合にて立話、Resignation経過を話し、首相に適当に動いて貰ふやう話す。東久邇日銀やめの話。外務省のReport。〔欄外〕戦犯夫人皇室をうらむ話。田中銕三郎の話、新木の話etc。健康も田島近来駄目の話。

一一月二〇日(金)　侍従長に松平信子の後任話話す。外相も知つてゐるとの事。部局長会議一〇―一二。御召し拝謁一・一〇―一・三五。首相内奏後及認証式後、首相と話す。木村、大達に関する事(陛下よりも御話ありしと)、癩のこと、皇室財政のこと、元皇族等のこと、栄典そして勲章のこと、祇候制のこと等。宇佐美の事、調査と面会を緒方に頼みし事をきく。今後緒方を通す旨御了解を得。旧皇族の話は頭が痛くなるとの事。久邇の事の準禁治産もいふ。秩父宮の勲章の後をかへる事もいふ。

一一月二一日(土)　九・一五―一一・二〇小泉氏訪問。最近のResignationの経過。次長、閣僚鴨猟のこと。侍従次長、陛下御足と新嘗祭のこと。官長、米大使館来日なく東宮様御招きのこと。〔略〕妃殿下御来泊。

一一月二二日(日)　終日在宅。妃殿下、昨夜Brazilのdinnerお済まし、午前御帰鵠。〔略〕

一一月二三日(月)　十一時頃妃殿下御来邸。此日、日瑞協会Dinnerにて二十四日御帰鵠。三時頃Dr. Baty来訪。新嘗祭五・四〇―翌一・一五。

一一月二四日(火)　〔略〕御召し一〇・〇五―一一。〔略〕次長、三八―内廷費、給料上げあるも放置の事。〔略〕総務課長、農作米国修行者奉拝のこと、後藤米国大使東宮招待のこと。〔略〕田中徳五―六・三〇三谷のこと等くどし。

一一月二五日(水)　石川所長の話。首相拝謁一〇・三〇―一〇・五〇。御召し、拝謁。侍従長命により小泉御召し。午後三時小泉拝謁三・四〇迄。小泉氏其前後に来室、従来の経過と今日吉田申出の岡部の話、憤慨す。林敬三来室、カステラ礼。御文庫処分挨拶。英大使館皇太子殿下御招待。白タイ、勲章七・

一五―一〇・〇五。秩父宮妃殿下御泊り。

一一月二六日（木） 朝、電話天機奉伺。閣僚等鴨猟（池田勇人御進講）一〇。侍従長侍座。八・三〇発、侍従次長、秘書官と越ケ谷。高松宮、田中長官、安藤、岡野、石井、山県、保利、小坂各大臣。一時に終る、二時帰庁。次長、国会おことば案等。黒田、拝謁一件。侍従長、葉山行幸啓のこと、長官と同時更迭はせぬといふ。五―五・四〇小泉訪問。〔略〕

一一月二七日（金） 侍従次長、稔彦王に御見舞持参。泰宮様同席。陛下に新聞の本拝借。大江、松井来室、東宮侍従のことたのむ。〔略〕秩父宮遺作展拝見。加藤武男氏電話、三菱信託承知のこと。〔略〕次長、前田不評の話等。御文庫手直しとCarrierの工事見る。三笠宮両殿下、小泉、長官、次長、侍従長、秘書課長六―一〇。皇族の身分のわくの内とのこと。

一一月二八日（土） 二・一五義宮恐悦申上ぐ。毎日記者辞任のこときく。仕事に未れんあり、顔を見てくれといふ。二・三〇官舎会議―五、長官、次長、侍従長、野村、小泉―此あと小泉。此日一時緒方来訪、会議の挨拶きく。陛下に岡部のこと申上げし後、首相は緒方にも話せしとのこと、一応吉田と話すとのことなりしと。〔略〕

一一月二九日（日） 一〇・三〇―三・〇〇菊栄親睦会、三井クラブ。東京朝日に、辞任、宇佐美後任と出る。実に不審なり。読売記者来る。〔略〕

一一月三〇日（月） 妃殿下、長官やめるなら私は色々なことやめるとの仰せ。登庁。次長にブラジルのこと調べたのむ。一〇―一二高木教授御進講。侍従次長、昨日の様子と朝日を見たかと御不機嫌とのこと。次長、大体内廷会計の話、三菱信託へ一〇〇万円の話。開会式、一・三八御出門、二・二〇頃御還幸。国際新聞等三―三・三〇。御召し、拝謁四・〇五―五・〇〇。新聞記者（就任の時のこと、からだのこと話す）。〔略〕

一二月一日（火） 朝、小泉氏に電話、三十日緒方、首相にて話した結果、申出の人は不得已やめるとし、Uにつきて小泉氏直接吉田に話してくれとのこと、とのこと承知す。妃殿下昨夜陛下との御話、三笠宮のこと。登庁後、次長、ブラジルのこと、表敬使節のこときく。御召し拝謁一〇・四〇―一一・〇五。三矢氏、[redacted]。侍従次長、参与の御陪食のこと打合せ。一・三〇―二・三〇。二、梨本豊島岡。加藤武男氏に電話、新聞があつたから御目に懸つてといふ。盛厚さん電話。次長、大観の話、期末手当の話。（行幸啓五―九、東宮仮御所）。〔略〕

〔欄外〕式部に日米協会意見いふ。

一二月二日（水）　〔略〕常盤松にて東宮様への献上品拝見。三笠宮、御誕辰慶賀。午食後次長来室、東宮進学、侍従等のこと。秩父宮御電話、Fashion show のこと官長にいふ。Simmons のこと打合せ。東宮、午餐一一日、鴨七日のこと。三・三〇―四・三〇、Dr. Shinkai。三笠宮、次長訪問、南米行、むしろ御希望のこと。〔略〕

一二月三日（木）　〔略〕次長、三笠さん南米の話きく。一〇盛厚さん―一〇・四五。五百万の話、御召し拝謁一〇・四五―一一・三五。官長又も鴨の話、Simmons 到着後のこととす、盛厚のこと話す。〔略〕次長、東宮職との打合せのこと、御健康のこと、年末御手許金のこと etc。三笠さんのこと等、盛厚さんのこと。五時帰宅。夕食後、拝謁記を書き早寝。
〔欄外〕小泉氏電話。昨夜Yと会見の筈駄目となり明朝との話。

一二月四日（金）　小泉氏、朝吉田首相訪問。此訪問の結果、Oは思ひ付き、長短を知る。陛下の思召に副はねば固より撤回す、Uにて可とのことなりしと、此日午後来室時きく。一〇―渡辺鋕〔蔵〕氏―一一・三〇。憲法改正の問題、吉田、芦田、重光の話。午、日米協会、一人、一一・三五―二・一〇、Hull夫人の隣、信子さん皇后さまに拝謁の話、Mrs. Hull、Mrs. Briscoe、retire のことといふ。〔略〕小泉氏来室、今朝の吉田会見の話きく、而して陛下に奉答の結果、U洋行中、在職如何との御仰せのこと。新聞記者三番町五―八。

一二月五日（土）　一〇朝香千賀様一周忌、イグナチオ教会―一一。小泉氏来室拝謁の前後、「未練」のおことば感激。拝謁の前には一夜熟考の結果、洋行中云々は折角の思召ながら拝辞、小泉も雑音云々にて同意、其旨奉答。午後はそれならばそれでよし、未練云々の御言葉感激の外なし。日米協会の人、挨拶に来る。〔略〕

一二月六日（日）　終日在宅（光輪閣行幸啓、三宮御招待）。

一二月七日（月）　二見副総裁訪問、東久邇盛厚のことのみいふ。タイ大使御陪食一二・二〇―二頃、首相拝謁。認証式。公使と人事院総裁。御召し、拝謁三・一五―三・三五。葉山行幸啓供奉四―五・五五。葉山にて拝謁。帰宅九時頃。小泉と電話の結果、九―一二次長を招致。始めて辞任及後任のこと話す。生返事なれども、（次長の）後任論に移り、瓜生の名前出す。大野木も一寸出す。

一二月八日(火) 鴨猟。英国大使等八・三〇―四。次長来室、首相より今朝電話あり、一一・三〇会見。承諾の旨話しあり、いろいろ熟議す。緒方氏電話あり、昨日の陛下の御言葉のこと伝へる。夕食後葉山へ急行。拝謁、帰宅一〇時。

一二月九日(水) 緒方へ電話、陛下の御考の結果よしとの旨。九、Deutsch 一寸でやめ、高松宮(緒方、吉田、三笠宮、小泉は名刺)及東宮様拝謁、言上す。正午帰る。次長、今日林保安隊、斎藤国警長官、鈴木自治庁次長訪問のことをきく。瓜生要君の里方研究。二―九・四〇鵠沼へ参上。妃殿下、退任につき厚き御言葉、秩父宮家のことは致しますと申す。〔略〕

一二月一〇日(木) 三笠宮拝謁言上、次長瓜生の話。〔略〕次長と次の官長の話等。五時帰宅、Anderson 海相〔海軍長官〕、Gen. Hull、Adm. Briscoe、Mr & Mrs Simmons 等(米大使館二人、皇太子正賓)、七・四五―一〇・一五、日本側外相夫妻、長官夫妻、官長、大夫、松平信子、中沢局長夫妻。

一二月一一日(金) 鴨猟。米国大使等新浜に行、高松宮両殿下八・四五―二・〇五。次長、ソ連帰還者の話、此日、長官更迭閣議決定の由。引退に付、書状返事書く。〔略〕

一二月一二日(土) 〔略〕一〇時吉田茂。〔略〕安倍能成も挨拶に来庁。万代及井深も挨拶に来る、三―四・三〇。〔略〕それより葉山御用邸、拝謁七・四五―八・〇五。御機嫌わるし、瓜生次長のこと御裁可を仰ぐ、よろしとのこと、新長官永く勤務のこと、長官同様の大体方針かとのこと。

一二月一三日(日) 〔全文略〕

一二月一四日(月) 七時発、八・三〇葉山着。九・三〇御出門、葉山より還幸啓一一・二〇。侍従次長に一昨日のことをきく。新次長に一昨夜の話をなす。新学士院会員御陪食一二―二・二五。高松宮御風気にても御来会。首相外三人欠。次長に一昨日の話、山梨氏の話、東久邇の話 etc。ノルウエー公使信任状捧呈式三・三〇―三・四五。塚越氏来訪。〔略〕此日認証式、一六日一一・三〇とのこと。

一二月一五日(火) 尾畑市長の為揮毫。週刊朝日足田氏来る、断る。次長、秘書課長と明日の順序、挨拶文等。御召し、拝謁一〇・四〇―一二・二〇。城、大場二氏挨拶。林元次長も挨拶。午食一時半となる。次長に拝謁の話をなす。机を片付ける。るす中、華頂新夫妻。前田多門、田中良次、伊藤雄次郎。五・四〇御神楽。帰宅六時頃。〔略〕

一二月一六日（水） 九時出勤。机等片付ける。長官新任認証式一一・三〇。緒方氏より免官辞令受く。両陛下、別々に拝謁御慰労の御言葉頂く。三殿に拝礼。後両陛下より賜品伝達を受く。〔略〕一一・三〇より新旧長官挨拶。義宮、清宮、東宮（拝謁）。小泉氏にあう。三笠宮（妃殿下に御目に懸り殿下のことい
ふ）、首相公邸、新宮相邸、高松宮に挨拶。留守中来客あり。四時過帰宅。

一二月一七日（木） 久邇、徳川により日銀副総裁にあう。盛厚は日銀より他へ紹介出来ず。日銀はいつまでも給与すとのこと。一一、日銀―一。紡績もうけすぎるとの話。東久邇大宮殿下、華頂氏（結婚披露に来邸の挨拶）、鷹司平通、盛厚氏、会計検査院長、田中最高裁長官、両院議長挨拶。〔略〕首相官邸目黒六・三〇―八・三〇、日本食、新長官夫妻、三谷夫妻、僕と侍従次長。

〔欄外〕妃殿下御来泊、新長官拝謁。来訪、松本烝治先生、小倉庫次、千家等、田端、野村行一、川西、三井、鈴木、曽我部、西原。

一二月一八日（金） 朝、退官挨拶の返事書く。加藤武男氏来訪、田島に経済顧問になれ、又は川北をかへよ、又は自分やめる云々。決〔結〕局或は川北憎しになるか。他案は駄目。今後のこと。機会もあること故との話。午食後一時発、松本烝治先生、田辺、野村大将、芦田、ケテル。三時帰宅。加藤氏に身上の話せんとせしも留守。年賀状等書く。新次長、瓜生挨拶に来る。〔略〕

一二月一九日（土） 高橋大協社長来訪、久邇さんのこと、田島退職に付如何にするや、新長官に顔つなぎすることいふ。〔略〕夜御相伴、五・四〇―八・三〇。侍従長より目録〔略〕、これは後日。女官長より〔略〕。新長官、侍従長、侍従次長、女官長、徳川侍従。〔略〕

	徳川	
三谷		宇佐美
陛下		皇后様
田島		稲田
	保科	

一二月二〇日（日） 〔略〕午食後、田中清次郎氏訪問。辞職の話、宇佐美のこと話す。〔略〕

一二月二一日（月） 〔略〕るす中、元皇族十三家御挨拶〔略〕。五・三〇部局長会議よりの送別会。なごやか。

一二月二二日（火） 九―一〇、加藤武男氏〔略〕日銀監事賛成、吉田首相に直接に話すとのこと。池田勇人には貸しがある斗り

だ。一万田地位不安定とのこと、若ければ総裁の色気だが、もーー第二線でい丶とのこと話す。長官の前歴上、下手のことは出来ぬ。副業でも内職でも証券会社などは云々の話。テープコーダは副業として既に成立のこと話す。賀陽、梨本、北白川、三宮訪問。〔略〕後一時発、竹田、東久邇、李王訪問し、〔略〕伏見により帰宅。〔略〕

一二月二三日(水) 書斎にて片付けもの(国民服にて)。小泉博士来訪あり(一一―一二・二〇)。午後も片付けもの。東宮御誕辰、三・三〇―四・四〇東宮仮御所拝謁す。〔略〕

一二月二四日(木) 東久邇盛厚電話、三むこの招待。〔略〕松屋にて久邇さん洋服のこと打合せ、見物して長官東久邇さんに帝国ホテルに呼ばる。在来邦人一人とあふとのこと。論渉会、日倶一二に出席す。侍従次長等にあふ。追憶談長く、三時頃帰宅。〔略〕新長官来宅。東宮進学の事、御健康のこと、首相にいふこと。〔略〕みし、家なき事苦痛らし、気の毒なり。

〔欄外〕片付けもの。

一二月二五日(金) 〔略〕妃殿下御来泊。植君来る。〔略〕角倉挨拶。鈴木菊男、菓子箱持参。

一二月二六日(土) 〔略〕午後、妃殿下より、退官に付〔略〕賜はる。みしは〔略〕賜ふ。妃殿下、東宮御所へ御出掛け、御帰鵠。ひるね。義宮五・三〇―八、鴨二羽賜ふ。侍従次長と共に。

一二月二七日(日) 書斎片付け。一一・三〇早昼にて一二・二一発、鵠沼へ歳末御祝儀と昨日の御礼に参上。沢田夫妻等にあふ。二・五九発にて新橋に帰る。〔略〕

一二月二八日(月) 終日書斎雑誌等片付け。宮城奥より〔略〕御届け頂き、目録の品賜はる。〔略〕五・三〇―八・四〇新長官と同行、東宮御所。殿下より御話になる、誠に嬉し。〔略〕

一二月二九日(火) 〔略〕三時。信子さん、正子さん、妃殿下と共に在り、小時話す。るす中、池田宣政夫妻挨拶。北海道知事座談。閑院春仁。五・三〇三笠様御相伴、黒田氏来る、半生菓子、かまぼこ。〔略〕メニユー妃殿下親筆〔略〕貰ふ。

一二月三〇日(水) 朝、高松宮家より昨日の買物等の外〔略〕賜る。御礼の手紙老女迄。木村キマ太、黒田式部官来る。黒田氏に蓮根及かき餅進呈。夕方秋山挨拶に来る、鮭持参。丸谷、藤井立来訪。香持参、七―九・三〇。

〔欄外〕終日片付。

一二月三一日（木） 終日片付。午後、植、湯崎来訪。〔略〕小泉氏電話、四日のこと、打合せ。入浴、比較的早く就床。

〔自由欄〕

（七、一二五　葉山、首相と会談。）

一一、一　徳島直訴事件等行幸啓報告の返書に書く。「御詫」の返事。

一一、三　首相内奏、田島辞意ありと。陛下、侍従長御召し。

一一、四　侍従長、小泉及田島に此ことを伝ふ。

一一、五　緒方に書状（首相内奏のこと（約束と違ふ）。従て翌朝田島陛下に委曲言上する旨）。

一一、六　陛下に委曲奏上。小泉訪問、一時間に亘り経過報告（吉田打合無視のこと）。

一一、七　御文庫天井落つ。

一一、八　首相宛手紙を書く（六日朝に至る経緯及六日奏上の要領及御文庫珍事のこと）。

一一、九　首相に、辞表封入、昨日書きし手紙届ける。

一一、一〇　首相、信子さんに宮内庁長官候補きく。

一一、一二　小泉直命（侍従職御用掛よろしくたのむ）。

一一、一九　緒方にNixon の会にてあひ、首相に促進たのむ。

一一、二〇　侍従長に話す（松平信子知つてること、外相もといふ）。首相と候所にて会見（次に緒方にあつて貰ふ云々、首相の話）。

一一、二一　小泉氏訪問、経過報告（万代監査役のこと等）。

一一、二五　首相内奏（Oka）。小泉御召し。

一一、二六　侍従長、同時更迭はせぬといふ―小泉を田島訪問。

一一、二八　毎日記者に質問さる。緒方、小泉を訪問。

一一、二九　朝日に出る。読売記者来訪。

一一、三〇　全記者会見（Nippon Times）。緒方、首相会見、（Oka）はやめてもよし。Uにつき小泉に意見きく。

一二、四　小泉、首相朝飯会見（OKはやめる、Uにてよし）。同日奉答後来室、洋行中の問題（二十五日の御命令に対し）。

一二、五　（侍従長に七日の拝謁延すこと仰せあり）小泉奉答（第二回）（昨日の洋行中のことに対し）。その前後来室（雑音早い方よし（新年[redacted]））（吉田の正式にUの内奏をまつのみ）。

一二、七　吉田、Uを内奏、陛下（考へておくとの仰せ）。葉山にて拝謁。小泉と電話。Uに始めて話す。

一二、八　吉田首相、Uをよびたのむ、内諾す。「考へておく」との御言葉の為め葉山へ参上。「よろしい」との旨拝す。此時既に各夕刊に表はる。

一二、九　宮家、首相、緒方、小泉に挨拶す。

〔宇佐美新長官への引継事項か〕

一．東京裁判の前御退位問題、昨年五月三日のおことば。

二．地方行幸に付GHQ異議、首相不賛成。陛下御希望。

三．穂積大夫の更迭（小泉）。

四．大奥に手をつけるな。懸案（侍医制度と宮内庁病院、大給制度）。

五．旧肉親皇族との交情。

六．懸案

宮殿等再建綜合プラン

御所　調査費

仮御所　装飾

御文庫　今回増築

東宮御所　新築

義宮御殿　—

御用邸　一．葉山　二．那須　三．南伊　沼津

宮様公邸　公車

七．皇室制度及財産の再建。

八．華族の藩屏なき皇室の矛盾。

新宿御苑

○仰せ。新聞に出てた皇居の自由の問題に関連して、観光道路を通らせる事等の配慮は如何、未定案のこと、ねらいは民衆との接近と此の道に人多く単簡《〔簡単〕》にしたきこと。

○道路はよくなりましたが観光を通します必要もどうか、但し南伊豆の問題具体化の節、沼津だけでは足らぬ場合におまけ、余りお出でにならぬ所開放は考へられる。黒木[redacted]に御話あり。

○不動産管理総さらへ、吹上覆馬場のこと。

○国立図書館へ貸すことにつき御許しを受けること。

○狩野派屛風処分のこと。

一）方法の注意、タケノコの誤解なきこと。

二）御物として骨董屋に利用せられぬこと。

皇室御所有品と思へぬ方法のこと。

○Coronation の活動のこと、十三日、十四日式のこと、次回も次長上る事、明日帰京の事。再び拝謁願はぬ事言上。

Baker のこと De La Mare のこと。

一・二〇—二・〇〇

○特に申上げる事なし。

○女王の殿下への御言葉、之に対する御答辞は予ての文案に必要あれば挿入す。

○小泉の手紙読上ぐ。
○新木からの Ridgway の事、パリの日程のこと。
○皇室経済会議の空気、国会との差、その場の空気を御仰せ。
年令。
○十五日還幸啓にてよろしき旨副総理にたしかめた事。

小泉氏洋行の事

二、一四　松本大使と懇談、■教のこときく。
二、二〇　緒方国会に訪問、確める（首相より要望ありとす）。
二、二三　陛下の御許し。
二、二四　緒方氏に御許しの返事（松本大使と打合す）。カナダ等三国陪食、首相、外相に緒方の事確める。
三、一四　解散。
三、一七　緒方と打合せ。
三、二六　ＯＫ。

〔その他人名や単語のメモ書き多数〕

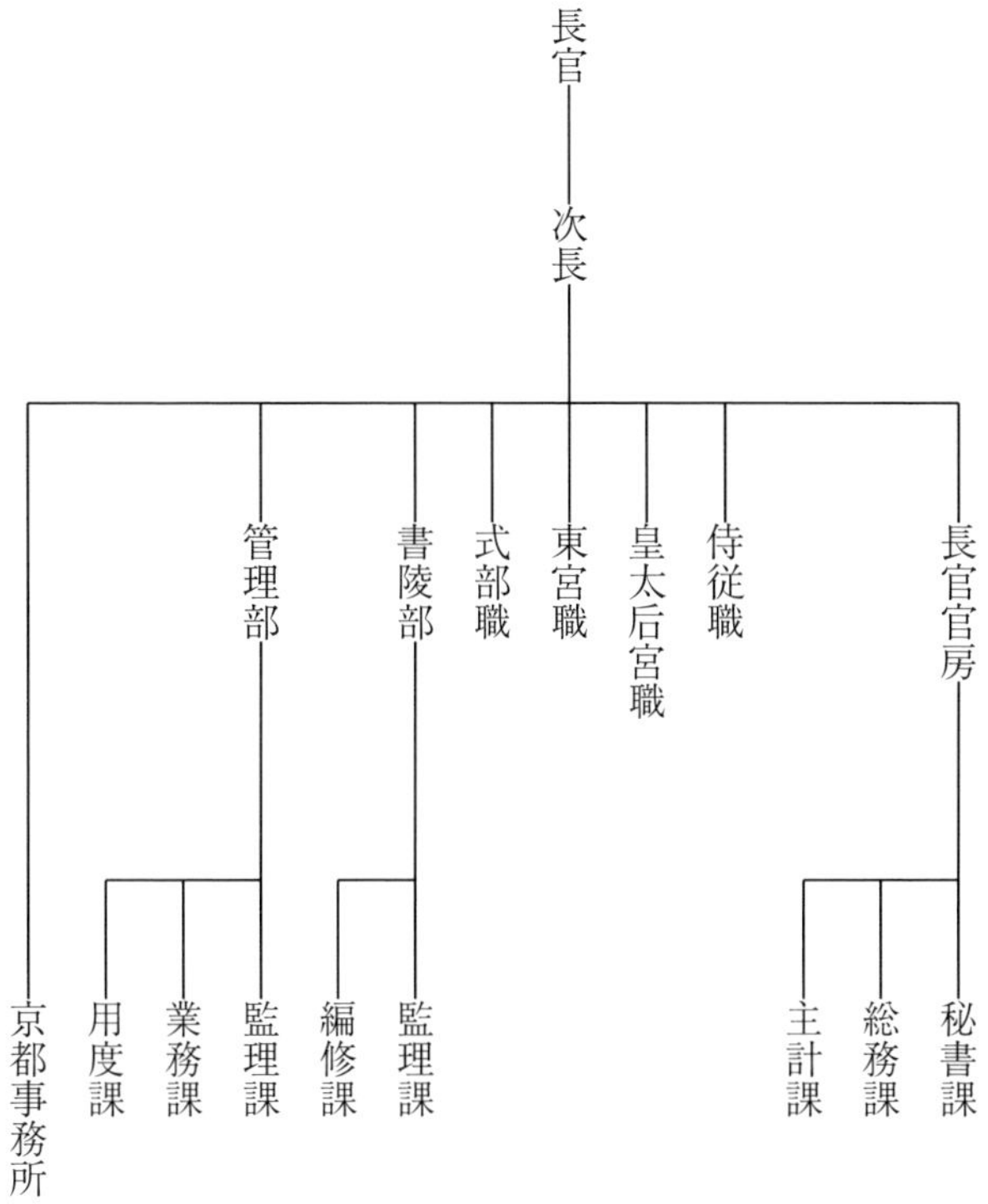

宮内庁機構図（1949 年 6 月）

「機構・定員の変遷」宮内庁秘書課法規係「宮内庁関係機構法令(沿革)」第五分冊(情報公開請求にて入手)をもとに作成.

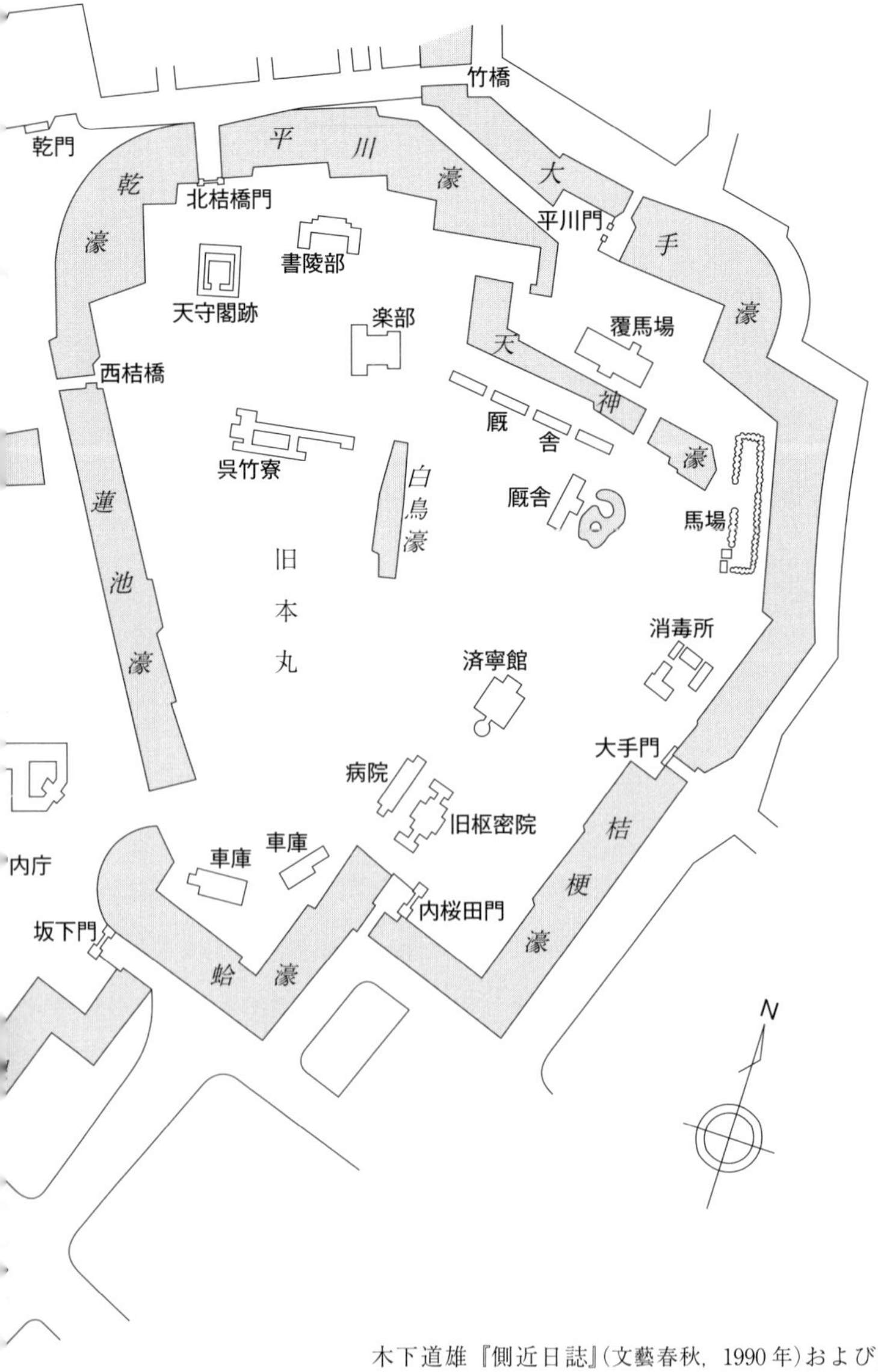

木下道雄『側近日誌』(文藝春秋, 1990 年)および高橋紘・粟屋憲太郎・小田部雄次編『昭和初期の天皇と宮中——侍従次長河井弥八日記』第 1 巻(岩波書店, 1993 年)に掲載の図をもとに作成.

1950年頃の皇居図

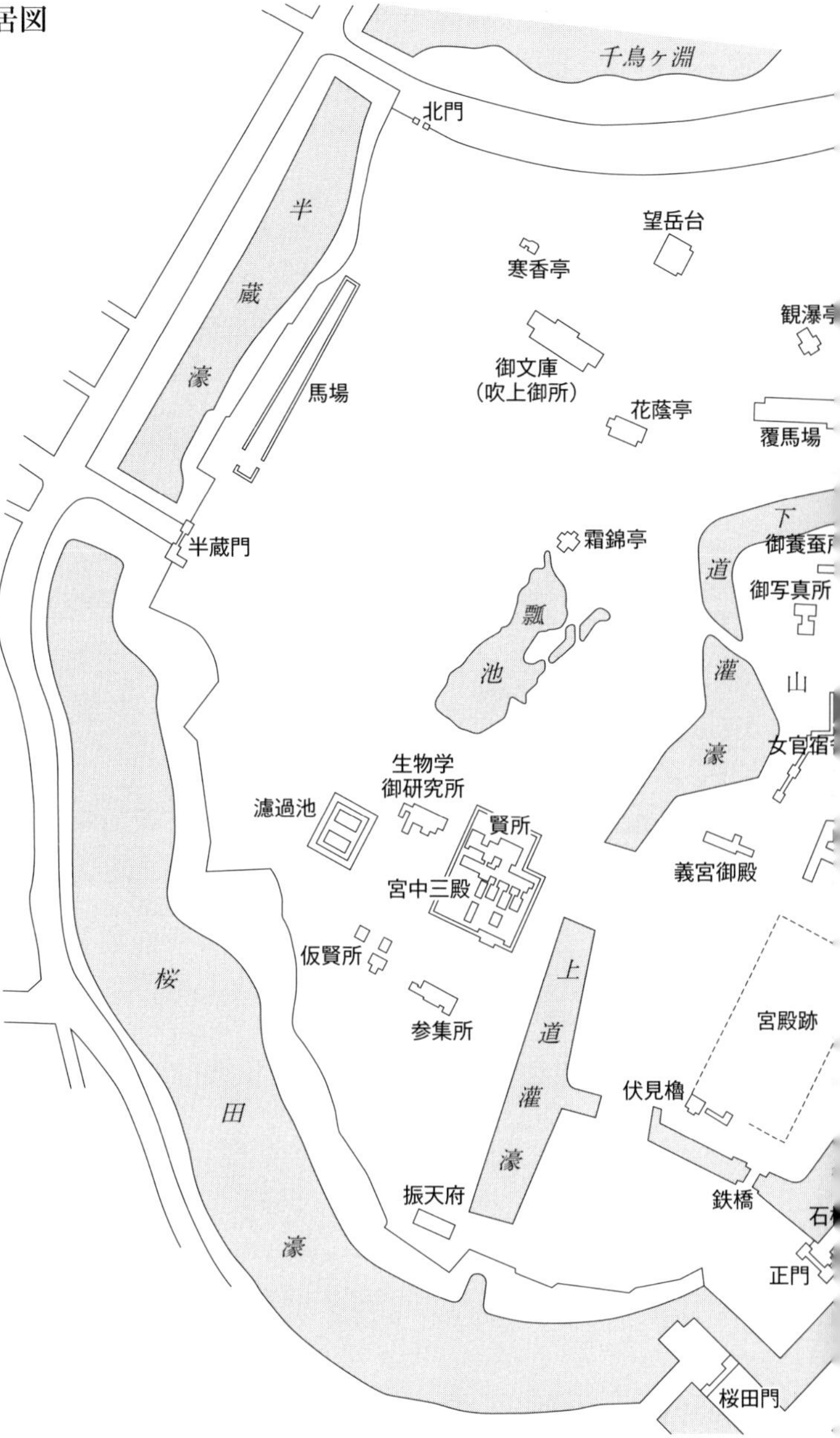
千鳥ヶ淵
北門
半
蔵
濠
馬場
望岳台
寒香亭
御文庫
(吹上御所)
花蔭亭
覆馬場
半蔵門
霜錦亭
下
道
御養蚕所
御写真所
瓢
池
灌
山
濠
女官宿舎
生物学
御研究所
濾過池
賢所
宮中三殿
義宮御殿
仮賢所
参集所
上
道
灌
濠
宮殿跡
伏見櫓
桜
田
濠
振天府
鉄橋
正門
桜田門

田島道治長官在任中(1948年6月5日～1953年12月16日)の宮内(府)庁幹部一覧

役職名	氏　名
長官	田島道治
次長	加藤進(～1948年8月2日), 林敬三(1948年8月2日～1950年10月9日), 宇佐美毅(1950年10月9日～)
長官秘書官	植秀男, 高尾亮一(侍従兼任, ～1948年11月1日), 三井安彌(秘書課長兼任, 1948年11月1日～1949年3月15日)
皇室経済主管	塚越虎男(～1950年2月10日), 近藤直人(1950年3月1日～1952年1月22日), 西原英次(1952年4月1日(15日まで総務課長兼任)～1953年7月6日), 三井安彌(書陵部長兼任, 1953年7月6日～)
官房秘書課長	三井安彌(～1949年12月28日), 高尾亮一(1949年12月28日～)
官房総務課長	犬丸実(～1948年8月1日), 鈴木菊男(1948年8月11日～1950年7月1日), 西原英次(1950年7月1日～1952年4月15日), 曽我部久(1952年4月15日～)
官房主計課長	飯田良一(～1949年6月1日), 牧野誠一(1949年6月1日～1950年8月30日), 遠藤胖(1950年8月30日～1953年5月16日), 高田寿史(1953年5月16日～)
侍従長	三谷隆信
侍従次長	鈴木一(～1950年10月1日), 稲田周一(1950年10月30日～)
女官長	保科武子
皇太后宮大夫	坊城俊良(～1952年1月1日, 廃止)
東宮大夫	穂積重遠(～1949年2月26日), 野村行一(1949年2月26日～, 1951年12月23日から東宮侍従長兼任)
式部官長	松平康昌
書陵部長	城富次(～1950年7月1日), 鈴木菊男(1950年7月1日～1952年4月1日), 三井安彌(1952年4月1日～)
管理部長	大場茂行(～1949年8月31日), 塚越虎男(皇室経済主管兼任, 1949年8月31日～1949年12月28日), 三井安彌(1949年12月28日～1952年4月1日), 鈴木菊男(1952年4月1日～)
皇宮警察本部長	木村行蔵(～1949年4月11日), 藤田次郎(1949年4月11日～1950年4月15日), 樺山俊夫(1950年4月15日～1952年4月1日), 武末辰雄(1952年4月1日～)
掌典長	甘露寺受長
東宮職参与	小泉信三(元慶應義塾長, 教育常時参与は1949年2月26日～), 安倍能成(学習院長), 坪井忠二(東大教授), 松平信子(恒雄元宮相妻・秩父宮妃母, 1949年12月14日～)

注：「事務取扱」(後任が決まる前に辞職した際, 上官が職務を兼任する)は含めない.

解　説

冨永　望

一　田島日記について

第六巻には「田島道治日記」（以下、「田島日記」）を収録する。当初は全文を収録する予定であったが、膨大な記述量を規定の紙幅に収めることは不可能であると判明し、拝謁記の内容と無関係な記述を割愛せざるをえなかった。収録したのは全体の七割程度である。採否の基準は凡例を参照されたい。また、退任後の東宮妃選定などに関する記述は第七巻に収録される。

田島日記の大半は日本銀行の手帳型日記帳(1)に書かれている。現存するのは一九四二年、一九四四年から田島が死去した一九六八年までのものであるが、このうち一九四二年は日記ではなくノートの代わりに使用された。既に加藤恭子が自著(2)の中で田島日記の内容を一部紹介しているが、本書によって長官在任中の日記の全貌がほぼ明らかになるであろう。

二　宮内府長官就任の経緯

一九四八年の日記の巻末自由欄に、宮内府長官就任に至る経緯が時系列に沿ってまとめられている(以下、「メモ」)。六月三日までの記述だが、日記本文と齟齬が見られるので、その都度書き足したのか、後から記憶をたどってまとめて書いたのかは判然としない。両者を照合しながら、田島が長官に就任する経緯を整理したい。

大日本育英会の会長であった田島が芦田均首相から外務省へ呼び出され、宮内府長官への就任を打診されたのは四月二二日である。芦田は当初金森徳次郎国会図書館長に打診し、金森も受諾していたが、昭和天皇の意を受けた松平恒雄参議院議長(元宮内大臣)の妨害にあって頓挫し、それに代わる候補として打診した南原繁東京大学総長と堀内謙介元駐米大使に相次いで断られ、堀内と安倍能成学習院長が推挙した田島に打診してきたのである。(3) 芦田によると田島は、「新しき天皇の在り方について、又御退位の然るべきこと」を話した。(4) 田島は後日の返答を約して辞去し、家族に相談したところ、妻の美志は賛成、長男の譲治は不賛成であった。理由は書いていない。

翌二三日、市政調査会に出勤して田辺定義同会常務理事、前田多門元文部大臣、安倍能成に相談したところ、いずれも反対したので、田島も断る方に傾いた。芦田に対して田島を推挙した安倍が何故強く反対したのかはわからない。この日の記述は「メモ」に記載がない。二四日、米内光政元海軍大将の告別式に参列した田島は、池田成彬元日本銀行総裁にも話しているが、池田の反応は書いていない。同日、田島は外務省を再訪して芦田に長官就任を断ったが、芦田が引き下がらず、(5) 再考を約して辞去した。

二五・二六日、田島は二日続けて関屋貞三郎(元宮内次官・枢密顧問官)を訪問して相談した。(6) 関屋の話を聞いた田島は否定的な気持ちに傾いたようで、二六日に芦田へ断りの手紙を出した。さらに二八日にも断りの手紙を再度出したが、「メモ」によると、自分に代わる候補として三谷隆信元駐仏大使、羽田亨京都大学名誉教授、下条康麿参議院議員、高瀬荘太郎参議院議員の名を列挙した。これに対して、田島を最後の候補と思い定めていた芦田は、わざと返事をしなかったようである。五月一日に三通目の手紙を出しているが、芦田の反応がなかったので、篠原三千郎元東急電鉄社長に頼み、芦田に会見して辞退の意志を伝えてもらおうとした。篠原は五日に芦田を訪問して田島の意志を伝えたが、これに対して芦田は田島に三回目の会見を申し入れたので、六日に田島は外務省を訪問して芦田と会い、「メモ」によると一〇日に返事をすると約束した。もっとも、篠原は逆に芦田に感化されたのか、田島に長官就任を勧めたようである。七日午前に田島は篠原の話を聞いたが、この日の記述には、「参観の後篠原と会に帰り、芦田との話合のことをきく。思ひつめた態度で余計頼みたくなつたとの話、是非たのむとのこと」とある。田島は同日出席予定だった赤十字総会と教育刷新委員会を欠席している。おそらく篠原に影響されて、熟考したのであろう。田島は意を翻して長官就任を受諾することを決意し、午後前田と田辺にその意志を伝え、人事について相談した。同夜には安倍も田島を訪問して宮中の話をしているが、このときの安倍は否定的な発言はしなかった。

一〇日、既に意志を固めていた田島は芦田に長官就任を承諾したが、おそらく芦田は前もって内報を受けていたのではないだろうか。田島は前日の九日に前田と田辺に侍従長の人事を相談しており、一〇日の時点で田島と芦田は侍従長も同時に更迭すると合意していた。

さて、田島は一一日に関屋を訪問して長官就任を報告した後、周囲に侍従長の人選を相談している。最終的に田島が白羽の矢を立てたのは、芦田が先に長官就任を打診して断られた堀内だった。田島は一四・一五の両日、自ら堀内を訪問して説得を試みたが、堀内はこの話も断った。そして一八日、田島は芦田を訪ね、二人が協議した結果、堀内と並んで候補に挙がっていた三谷を侍従長に推薦することに内定した[10]。しかし、ここから大金益次郎侍従長の留任を希望する天皇の巻き返しが始まり、芦田は天皇の説得に手を焼くことになる[11]。日記と「メモ」によると、田島はこの間逐一芦田から連絡を受けていたので、やきもきしたと思われる。結局、三一日になって天皇は侍従長更迭を受け入れ、田島も芦田から電話でその旨知らされた。

遡って五月一二日、田島は参内して天皇に拝謁した。いわば顔合わせの機会をもうけたわけだが、天皇は田島に英国王室のことを質問したらしい。察するに、天皇は田島が立憲君主制について自分と考え方を共有できるか、試問したのではないだろうか。一九日に芦田・松平慶民宮内府長官と会見した際、「先日陛下の印象御満足」と聞かされているので、合格したということだろう。その後、田島は育英会の退職手続きなど身辺整理を進めたが、ここでまた気になる記述がある。二三日、田島は南原を訪問して育英会の人事について意見交換をしたが、その際南原は宮内府についても意見を述べ、「高松様と懸違の様子、最近の情報も一部承知らし。A問題、御介錯後、時期は重要」と語った。「懸違」とは田島が頭を悩ませることになる天皇と高松宮宣仁親王の葛藤を指している。A問題とは退位問題(abdication)と見て間違いあるまい。田島も南原も退位論者であったから、この時点で田島は長官として退位を実現する覚悟を持っていたのではないか。

侍従長更迭問題が片付き、いよいよ田島は長官就任の日を迎えた。当初は六月三日の予定だったが、何故か二日延びて五日に認証式が行なわれた。この延期を利用して、田島は四日に牧野伸顕元内大臣を訪問した。牧野はこのとき八六歳で、翌年死去するのだが、田島の目には老衰しているように見えなかった。後述するように田島は退位問題についても牧野の助言を求めているので、このときの会見で感銘を受けたのであろう。認証式の後、田島は一時間十分天皇に拝謁し、「御回顧録」(12)を貸し与えられた。かくして五年半に及ぶ田島の長官としての日々が始まった。

三　拝謁記以前

現存する拝謁記は一九四九年二月三日の記述に始まるので、それ以前の長官としての業務を知る上で、日記は重要な史料である。当然のことながら、まず田島は職場に慣れる必要があった。就任当初は関係各所への挨拶回りと皇居内の施設見学に関する記述が多い。同時に天皇の側も田島との距離を縮める必要があった。「御回顧録」の貸し下げも、天皇が田島に自分の考えを理解してもらうための配慮であっただろう。一九四八年六月二四日には天皇が田島を呼んで、高松宮に対する自分の考えを話しており、高松宮との葛藤が当時の天皇にとって重大事であったことが窺える。一〇月一八～二四日には京都・奈良へ出張して、御所や修学院離宮、正倉院を拝観、橿原神宮や歴代天皇陵を参拝して回った。これは皇室の歴史を実地で学ぶ「新任研修」であったのではないだろうか。

就任早々田島が着手したのは、加藤進宮内府次長の更迭であった。就任以前から加藤は田島にとって懸念材料であったらしく、五月二六日の時点で田島は芦田にそのことを伝えている。(13) 六月一九日には、松平康昌式部頭が「vice代はる方よしとの意見」を述べており、田島が長官として勤めるにあたり、片腕となる次長が旧来の人物では不都合であるというのが衆目の一致する所であったのだろう。結局次長が、内務官僚であった林敬三に交代するのは八月二日であるが、七月二一日には田島が林に次長就任を打診したと思われる記述がある。なお、次長更迭に際して作成したメモが残っており、第七巻に収録される。

さて、一九四八年において皇室が直面していたのは、戦争責任に起因する天皇退位問題であった。(14) 日記には「退位」「abdi」といった単語が頻出しており、田島と関係者の間で話題になっていたことは間違いない。たとえば六月二六日には関屋と、「abdi」について話している。七月八日には田島と芦田が会見しており、田島日記には内容が書いていないが、芦田によれば「abdication」について真剣に話し、「最後の瞬間まで白紙で臨まうといふ事に申合せた」とある。(15) 奇しくも翌九日、天皇は松平恒雄を招き、退位しない意向を伝えていた。(16) 松平は拝謁後に田島を尋ねてその話をしている。八月九日には田島が牧野を官邸に招待して、退位その他皇室に関わる話を色々聞いている。一七日には「シンプソンのときBaldwinは反対党と話して敢行せり」と記しており、イギリスのエドワード八世の退位の事例[17]から、退位実現には与野党の一致が必要と考えていたことがわかる。そして二九日に外務省を訪れて芦田と退位問題を話し合った際には、「抽象論は改めて今は退位反対論」と伝えた。長官就任三ヶ月にして、田島は退位論から転向したのである。拝謁を重ねて天皇の人柄に触れ、また「御回顧録」を読んだり、牧野ら関係者からそれまで知り得なかった戦時中の裏話を聞き、イギリスの事例を調べるうちに、田島の認識は変化していった。天皇に戦争責任を問うべきではなく、また政情が安定しない中で未成年の皇太子に天皇の責務を果たすことはできないので、現時点での退位は不適切との結論に至ったのである。

退位しないという方針が固まると、内外に対してどのような形式で意志表示をするかを考えねばならなかった。九月二二日、田島は首相官邸に芦田を訪ねた。「MCと会見、留位のことの説明を話したる後、長官談の話、熟考を約し、侍従長に話す」とあるが、田島ないし芦田が、マッカーサーに直接会って天皇が留位すると説明した後で、長官の談話を発表するという意味ではないだろうか。翌二三日には三谷と懇談し、また牧野を訪ねて相談している。二七日、田島は外相官邸に芦田を訪問し、マッカーサーとの会見について協議した[18]。ところが、この後昭電疑獄によって、芦田は退陣を余儀なくされた[19]。田島は政界における後ろ盾をなくしてしまったのである。

一〇月一一日、田島は天皇から退位について下問を受けているが、これは留位表明の段取りについてとみるべきであろう。この段階で天皇が退位するかしないかを迷っていたとは考えにくい。一五日に第二次吉田茂内閣が発足したが、田島が吉田首相とじっくり話をする機会を得たのは二六日のことであった。吉田は二日後の二八日にマッカーサーと会見し、そのときにマッカーサーが退位に反対したという話を、二九日に田島に伝えている。一一月一日、侍従長官邸に田島、三谷、林、鈴木一侍従次長、松平康昌が集まり、退位問題について話し合った。マッカーサーへの書簡の文面が議題であったと思われる。一一日に天皇の裁可を受け、さらに田島たちは東京裁判判決に際しての文章を練った。翌一二日に吉田に頼んで英訳文を作成してもらい、三谷と松平が修正を加えたものを、黒田実式部官がバンカー副官に手交した。[20] その日はまさに東京裁判判決言い渡しの日であった。これで退位問題は水面下では一応の決着を見たが、長官の談話は発表されず、国民の間では退位論がくすぶり続けることになった。日記でも度々「退位」「abdication」の語が出てくる。なお、東京裁判判決に際しての長官もしくは首相の談話の草稿とおぼしき文書は、第七巻に収録される。

四　多忙な業務

（一）田島の働きぶり

ここからは拝謁記本文には出てこない事柄について、点描したい。そもそも拝謁記が何故作成されたのかと言えば、過去の拝謁内容について記録を残しておかなければ、長官としての業務に支障をきたすからであろう。田島が拝謁の記録をまとめる記述の初出は一九五〇年二月一九日、「手紙の返事書き、拝謁記事」である。次は飛んで一九五一年一月二四日で、「帰宅後、拝謁記書き、漢文勉強」と記している。田島日記における「拝謁記」という単語の初出である。二月一八日には「終日在宅、拝謁の記事、拝命以来の分再検討、半ばにも達せず」とあり、この時期に一度、就任以来の記録を総点検したことがわかる。四月二日には「今朝拝謁のこと書く」、八月二九日「早起。食前、昨日の拝謁記書く」、一九五二年三月二日「午前に Gespräche mit dem Kaiser」[21]、一九五三年一月一五日「頃日中の拝謁の際の記録、たどりたどり書く」、同二二日「拝謁の記整理」、六月二三日「夜昨日の拝謁記々録」、九月一七日「昨日の拝謁記記入」、一二月三日「夕食後、拝謁記を書き早寝」等々、拝謁記作成の記述が所々に出てくる。もちろんこれが全てではなく、日記に書かなかっただけで、拝謁の都度記録をとっていたに違いない。自宅で書くこともあれば、執務の合間を縫って長官室で書くこともあったであろう。そして日記も記憶をたどる上で役に立ったはずである。

要人の日記を史料として活用する際、誰に関する記述が多いかは重要なデータとなる。役職で言うと、やはり圧倒的に多いのは次長で、首相・侍従長・侍従次長がそれに次ぐ。個人で登場回数が多いのは東宮職教育常時参与(のち侍従職御用掛)であった小泉信三で、一九五二年以降は皇太子の外遊もあって倍増する。皇族では秩父宮、高松宮、三笠宮の順である。三笠宮は一九五三年のみ頻度が高くなるが、これは三笠宮が外遊を強く希望して、田島が対応に追われたことによるだろう。元皇族では皇后の兄の久邇朝融、東久邇稔彦・盛厚(天皇の長女の夫)が特に多く、特に久邇朝融は一九五〇年以降急増する。彼の行動がいかに田島を悩ませたかがよくわかる。

(二) 外交団との交際

長官としての田島は、各国の外交団を鴨猟[22]に招いたり、茶会や歓送迎会、外国大使館主催の夜会への出席で勤務時間外も忙しかった。これら外交団との交際については、紙幅の都合で収録しなかったものもある。サンフランシスコ講和条約発効によって日本が独立を回復した後は、大公使の信任状捧呈に関する記述が増える。

やはりGHQ関係者を始めとするアメリカ人、そして皇室との関係が深いイギリス人と関わる頻度が高い。彼らとの会話が滑らかに進むように、田島は学習院のイギリス人講師ブライスに月謝を払って英会話を教わることになった。一九四八年一二月二八日、「Blyth 訪問、来春よりの稽古きめる」との記述があり、実際に一九四九年一月八日を皮切りに、田島は退庁後ブライスを訪ねて英会話の個人教授を受けるようになった。やや波はあるものの、原則として週一回のペースだったらしい。この個人教授は一九五二年一月まで続いたが、本書では紙幅の都合で最初と最後の記述のみ掲載している。また、退任を決意した後ではあるが、一九五三年六月から七月にかけてはフランス人文学者ヌエットからフランス語の個人教授も受けていた。

イギリス外交団長ガスコインは、本国外務省と連絡を取りつつ、明仁皇太子にイギリス人家庭教師をつける計画を一九四八年秋頃から水面下で進行させていた[23]。単なる家庭教師にとどまらず、天皇及び宮内庁幹部にイギリスの立憲君主制について伝授して、日本民主化に役立てようという発想であった。田島日記から、これまで不明だった宮内庁側の対応を知ることができる。ガスコインが宮内庁に初めてこの話を打診したのは一九五〇年二月四日の鴨猟のときである。ガスコインによると田島と松平康昌式部官長の反応は好意的だった。二〇日、田島は小泉と「英大使の鴨猟の言等」について話している。三月二日は「式部官長、英国大使館の話のこと」との記述があり、おそらく松平と合意の上で、翌三日に田島は吉田を訪れてイギリス人家庭教師の話を打ち明けた。「英国Court adviser のこと〔中略〕Bunker の意見きくこと、大して不同意なき様子」とあり、吉田としてもGHQが認めるのであれば、反対する理由はないと考えたのであろう。だが七日に「式部官長〔中略〕一寸 Gascoigne 提案否の方向のこと」とあり、松平が反対したらしい。同日、田島はバンカーを訪問し、ガスコインの提案について遠回しに探りを入れた。翌八日に田島は吉田を再訪してバンカーとの会見について報告したが、一一日に松平と「Gas のこと」を話しており、否定的な方向へは動いていない。四月二一日の「式部官長一二・四〇—一・三〇、英国宮廷玄人の件いろいろ協議、次長に具体案作成たのむ」、同二六日に吉田と会見した際の「英国の件、具体的」という記述を見ると、むしろ吉田の同意を得て、受け入れに向かって動き出したとみるべきだろう。話が暗転したのは五月に入ってからである。一六日、田島はバンカーを訪問して、イギリス人家庭教師について用意した原稿を読み上げた。イギリスの申し出を受け入れるという趣旨であったのは間違いない。しかし、翌一七日に電話で田島を呼び出したバンカーは、一転してマッカーサーが許可しないと告げた。日記には「英国提案をはねる」とのみ記されているが、会談の詳細は拝謁記本文に述べられている[24]。マッカーサーは皇室にイギリスの影響力が及ぶことを嫌ったのである。一九日、松平と田島が個別に英国外交団を訪問して、イギリス人家庭教師招聘について正式に断った[25]。

(三) ヴァイニングとの関係

明仁皇太子の家庭教師であったエリザベス・グレイ・ヴァイニングは、当初一九四九年限りで退任する予定であった。田島とヴァイニングが職務において顔を合わせることはほとんどなかったが、彼女の任期延長および後任探しの事務に関わる中で、次第に接点が増えていったことがわかる。

初めてヴァイニングの名が出てくるのは一九四八年六月二九日、「角倉氏、Vining にあふことといひに来る〔中略〕夜 Vining 書類よむ」という記述である。角倉志朗東宮侍従が顔合わせの機会を手配し、七月一日に田島はヴァイニングと三〇分間会見した。直接英語で会話したと思われるが、前述のとおり翌年からブライスに英会話を習い始めるので、当時の田島の英語力でどれほど意志疎通ができたかは怪しいところである[26]。その後、ヴァイニングとは手紙でやり取りを重ねた。二回目の会見は九月三〇日で、一時間半、「Dr. H のこと、侍従のこと、Moral Backbone のこと、侍従長と小泉のこと、御殿場のこと、三笠宮のこと etc 話す」と、多岐にわたって話し合っている。「Dr. H」は穂積重遠東宮大夫である[27]。一〇月三〇日にはヴァイニングのために茶会を催した。

一九四九年の両者の交流は、一月一一日に田島がヴァイニングと会食したことに始まる。「Mrs Vining 氏 Dinner 七・三〇―一〇・三〇 Mrs Laurinson 及 Bromley 夫妻、天婦羅御飯」とあり、ヴァイニングが日本食に馴染んでいたことが窺える。次は同二〇日で一時間会見した。「Vining と話す、東宮様御教育のこと、自分の案行はれぬも不平なしとのこと、野村〔行一東宮職御用掛〕、小泉、穂積のこと」とあり、ヴァイニングから皇太子の教育方針のみならず、東宮職に対する意見も聴取している。これは、ヴァイニングが東宮職とうまくやれているかを確認したと見るべきだろう。この後、田島主導で穂積東宮大夫更迭の動きが進む。法学者であった穂積は敗戦間際の一九四五年八月から大夫を務めており、日本国憲法下の宮内府において、浮き上がった存在となっていたらしい。「東宮御奉公」に情熱を注いでいた穂積にとっては不本意であったが、田島は穂積に最高裁判事への転出という花道を用意して、穂積から野村への交代を実現したのである。(28)

三月一六日には田島・ヴァイニング・小泉・野村の四者会談を行い、皇太子の教育方針を話し合った。同三一日に田島は吉田首相と会見して、ヴァイニングの任期延長に賛成を取りつけた。四月七日のヴァイニングとの一時間に及ぶ会見について「任期更新のこと、熟考を約す」とあるが、主語はヴァイニングであろう。彼女がいつ返事をしたのかは記述がないが、一二日の拝謁で田島は任期を一年延長すると報告した。(29)同日ヴァイニングはブライスや小泉らとともに午餐の陪食に与っている。(30)二一日には一五分間だけ話しているが、「(一)Crown Prince visit General、(二)Living with parents」とあり、皇太子のマッカーサー訪問と、皇太子が天皇皇后と同居すべきというヴァイニングの持論について意見交換したらしい。その後も何度か皇太子のマッカーサー訪問について話し合ったが、訪問が実現したのは六月二七日で、翌二八日に天皇は田島を呼び、訪問について感想を述べた。(31)八月一八日の拝謁は拝謁記に記載がないが、皇太子が軽井沢のヴァイニング邸を訪問した件について田島が報告している。(32)「Viningとの協調のこと」とあるので、ヴァイニングと東宮職の関係がうまくいくよう周旋をするのも田島の役目だったのだろう。その後は茶会や観劇にヴァイニングを招待したほかは手紙でのやり取りで、両者の間であまり突っ込んだ話はしていない。正式に契約が延長されたのは一〇月一三日である。

一九五〇年はヴァイニングに関する記述が飛躍的に増大する。(33)田島とヴァイニングの会見も頻度が高くなっているが、内容は皇太子及び義宮(現常陸宮)正仁親王の教育方針と契約延長だった。四月一二日の時点では延長に固まったが、八月に入って話がひっくり返る。八月一五日の拝謁で、田島はヴァイニングが帰国を申し出たと天皇に報告した。(34)同二五日に「Vining訪問、話六ケし」、同二七日に「九時発小泉信三訪問、Vining問題相談。一〇・四〇発葉山御用邸に向ふ。海上とのこと、立石にて待上り、昼食後両陛下に拝謁、Vining御暇の御許を得(中略)辻氏訪問後帰京。小泉氏を招き、Viningに伝言たのみ〔略〕帰宅」の記述がある。ヴァイニングは姉ヴァイオレットと同居していたが、姉が朝鮮戦争の戦況を危惧するあまり高血圧となり、姉の希望に応じて帰国を決意したのである。[35]その後は田島の依頼で小泉が後任を探し、普連土学園長のエスター・ローズに白羽の矢が立ち、九月一九日に天皇の許しを得た。[36]この頃、マッカーサー率いる国連軍が仁川上陸作戦を敢行し、戦局は国連軍優勢に転じることになる。一〇月中は、ヴァイニングに対する叙勲のため田島は奔走し、一一月二日にヴァイニングは勲三等宝冠章を受章した。[37]ヴァイニングが日本を離れる一二月一日、田島は横浜埠頭に彼女を見送った。その後も、田島とヴァイニングは折に触れて手紙のやり取りを交わし、交流は続くことになる。

（四）秩父宮家との交流

田島は職務上、皇族および元皇族と交流する機会を持つことになった。三直宮家との接点が多かったのは当然であるが、特に秩父宮家とは、密接な関係を持ったことが日記から読み取れる。

一九四八年六月五日、長官就任の挨拶回りの道すがら、秩父宮邸を訪ねたのが交流の始まりである。既に秩父宮雍仁親王は健康を害しており、御殿場の別邸で静養していたこともあって、あまり活動的ではなくなっていた。天皇と衝突しがちだった高松宮および三笠宮崇仁親王と異なり、天皇と秩父宮の関係について田島が気を揉むことはなかった。秩父宮の病状が進行するにつれ、勢津子妃が夫の代わりに公務をこなす機会が増えていく。

一九五〇年二月七日に勢津子妃は初めて長官官邸に宿泊したが、以降は勢津子妃が上京する際に官邸を宿所とするのが恒例となる。同年八月に秩父宮が胸部カリエスの手術をした際には、田島が御殿場を訪問して担当の医師から説明を聞いている。一九五一年五月一七日に貞明皇后が急逝すると、秩父宮夫妻は揃って上京したが、このときも官邸を宿所とした。同二二日の日記には、「皇后陛下より、卵、松茸、エビetc下賜、秩父様御宿の為」との記述がある。

ちなみに田島は在任中、度々天皇皇后から野菜などの食料品を下賜されていた。食糧不足の当時、大変ありがたかっただろう。秩父宮夫妻が御殿場に帰ったのは六月二八日だったから、実に一ヶ月以上官邸に滞在したことになる。滞在中、秩父宮は田島に対して、貞明皇后の事後処理や皇室の今後の在り方などについて、色々と話している。一〇月にも秩父宮夫妻が上京し、官邸に三週間余り滞在した。

一九五二年一月、秩父宮は御殿場から鵠沼の別邸に移り、結果的に鵠沼が終の棲家となる。二月二〇日、秩父宮からエリザベス女王戴冠式に天皇名代として差遣するには皇太子が適任であると提言する手紙が田島に届けられた。田島は三谷、小泉に手紙の内容を話してから、二七日に鵠沼を訪問して秩父宮から直接説明を受け、二九日に天皇に報告している。(38) この間の流れが日記の記述からわかる。五月から六月にかけても秩父宮夫妻が上京して官邸に滞在したが、五月二九日にはわざわざ田島を呼んで、「abdi なきは〔ママ〕上天皇の在り方、高松さんへの大喪につき仕向等の御話」をしており、独立後もくすぶっていた退位問題について秩父宮が語っている。話の内容がわからないことが残念である。一一月に立太子礼に参列するために上京したのが、結果として秩父宮の最後の上京となったが、このときも官邸を宿所とした。天皇を別とすれば、皇室の在り方について田島と意見交換をする機会が最も多かったのは、秩父宮だったのではないか。

一二月三一日、秩父宮は容態が急変して危篤状態となるが、このとき田島は感冒で寝込んでいたため、宇佐美毅次長に対応してもらうほかなかった。年が明けて一九五三年一月四日未明、秩父宮は死去した。医者から五日まで静養を指示されていた田島は出勤し、葬儀や秩父宮家の財政処理など事後対応に当たった。その後も勢津子妃は上京の度に官邸を宿所とした。相続税など、財産管理について田島は頼られたらしい。長官退任直前の一二月九日、鵠沼に勢津子妃を訪問した田島は、「秩父宮家のことは致します」と述べている。実際、退官後の日記でも度々秩父宮妃から呼出しを受けており、事実上顧問を務めていたことがわかる。

（五）皇室の冠婚葬祭

在任中、一九五〇年五月に孝宮和子内親王と鷹司平通の結婚、一九五二年一〇月に順宮厚子内親王と池田隆政の結婚と、田島は内親王二人の結婚を長官として執り行った。

田島日記における孝宮関連の記述は、一九四九年と一九五〇年に集中している。当初、孝宮の結婚相手として想定されていたのは大谷光暢東本願寺法主の長男光紹であった。しかし、一九四九年一一月二三日付読売新聞でこのことが報じられてから、むしろ話はしぼんでいく(39)。田島日記によれば、田島が侍従長らと協議して、大谷との話を破談にして、鷹司信輔明治神宮宮司の長男平通との縁談を進めることを決定したのは一二月五日のことである。八日、田島は天皇に拝謁してその旨報告した(40)。年が明けて一九五〇年一月五日、田島は明治神宮を訪問して信輔に内々の話として伝え、同二〇日に鷹司家が受諾したことで、話はとんとん拍子に進んでいった。結婚式の後、しばらくは鷹司夫婦の皇族への挨拶回りや、新居に関する記述が田島日記に出てくるが、一九五一年以降は激減する上に、鷹司和子本人への言及はほぼ皆無となる。

順宮と田島は、一九五〇年まではほとんど接点がなかったようである。同年一〇月二三日に侍従長と「順宮問題基本を論ず」との記述があるので、田島が順宮の結婚問題にとりかかったのは、このときからではないかと思われる。一九五一年一月八日、旧岡山藩主家の池田宣政の長男隆政を第一候補とすることを決定し、水面下で話を進めた。池田家が受諾したのは七月一〇日である(41)。

田島内親王とは結婚問題以外でほとんど接点がなかったが、対照的に貞明皇后(皇太后)と接する機会は多かった。田島が初めて貞明皇后に拝謁したのは、挨拶回りをした一九四八年六月五日である。以降、天皇の大宮御所行幸には随伴したし、田島が単独で御機嫌伺に出ることも、貞明皇后の行啓の送り迎えをすることもあった。なお、田島は貞明皇后からも時折果物などを賜っている。一九四九年初頭、貞明皇后は共産党に理解を示すような発言を側近にしたらしい。一月四日の記述に「大宮様共産党に多少とも御理解ありとのことの為に大夫と研究の対策。田島(恭二のこと、シベリヤ抑留のことetc)、次長(厚生省及警察のこと)言上の上にて学理の進講とする旨申上ぐ」とある。田島は次男恭二がシベリアに抑留されていることを例に挙げて、ソ連の危険性を説いたのだろう。六日の記述に「朝御召し、昨日の大宮様の共産党の御話」とあることから、五日に貞明皇后が天皇を訪問して、共産党についての意見を直接述べたとわかる。田島の話に影響を受けたかどうかはわからない。七月一一日に田島が拝謁した際には、貞明皇后は進駐軍や共産党、宮内庁の在り方などについて色々と意見を述べた。田島を通じて天皇に意見したかったのであろう。その後は貞明皇后が共産党について言及したという記述が全くないので、共産党への関心は一過性のものだったかもしれない。

一九五一年五月一七日、貞明皇后は狭心症で急逝する。「貞明」という諡号を考案したのは加藤虎之亮元東洋大学学長だが、六月二八日の記述によると、この機会に明治天皇の皇后であった昭憲皇太后も昭憲皇后に訂正すべきだと加藤が進言したらしい。貞明皇后の大喪の礼は新憲法下で初めて執り行われる皇室の葬儀であったが、問題となったのは葬儀の形式である。国葬を要望する宮内庁側と、法的根拠などの問題から消極的な吉田首相との間で温度差があったことを、田島は記録している。拝謁記本文でも大喪の礼や皇太后宮職廃止に伴う問題、遺産分与の話など、事後処理をめぐって天皇と田島が協議を重ねたことが記されているが、田島日記と組み合わせることで、より詳細な事実が明らかになるであろう。

五 退任へ

一九五三年四月三〇日、田島は加藤武男宮内庁参与と三菱銀行取締役就任の話をしている。第五巻解説で述べられたように、この話が出たことを機に、田島は長官辞任を決意することになる。(42) 後に田島が天皇に説明したところでは、辞任の理由は三つあった。第一に、健康不安である。一九五三年の日記を見ると、感冒に罹患して元旦を迎えたのを皮切りに、体調不良を示す記事が多くなっていく。六八歳の田島は、体力の衰えを感じずにはいられなかった。同年五月三一日の記述には、「譲治、恭二来り会食（略）。両人とも現職を早くやめよといふ」とある。息子たちも老骨に鞭打って激務に従事する父の身を案じていた。第二に、経済問題である。四月三〇日の記述には、「みしと三菱等のこと話す。金受けるとなり再考。三時頃、緒方氏へ、首相と相談はやめてくれ、養老院覚悟の在職か、辞職か二者択一と思ふ旨手紙書き、秘書官に持参せしむ」とある。戦災で自宅が焼けたことで田島の家計は苦しかった。また、長官としての交際費も家計を圧迫したであろうことは想像に難くない。長官を続けるうちに財産がなくなってしまうという不安を感じるようになっていたのである。(43) 第三に、ライフワークである論語の研究に取り組みたいという希望があった。一九四九年八月一四日の記述には、「久し振りに論語解を読む、いゝ気持し、何人も来らず。円満退職、早く論語にて暮したし」とある。本文では割愛したが、田島は多忙な日々の合間に、論語の研究にいそしんでいた。老い先短い中で、成果をまとめたいという気持が芽生えたのであろう。実際、長官退任後の一九六一年には、H・G・クリール『孔子――その人とその伝説』という訳書を岩波書店から刊行している。(44)

手続き上連絡が必要だった吉田と緒方竹虎副総理を別にすると、田島が真っ先に辞意を打ち明けたのは小泉だった（五月二日条）。このことは、田島が長官を務める上で最も信頼していたのが、小泉であったことを示している。そして長官が交代する時期としては、皇太子の成年式及び立太子礼が滞りなく挙行され、皇太子が初の外遊であるエリザベス女王戴冠式列席から無事に帰国した一九五三年冬こそが、最適であった。皇太子が旅立った三月三〇日以降、田島はほぼ毎日賢所に参拝しているが、皇太子の道中の無事を祈るためであったのは明らかであろう。凡例にもある通り、本書では最初の記述を除き、賢所参拝の記事の大部分を割愛したが、皇太子の帰国を迎えた田島の安堵感はいかばかりであったか。

一二月一六日に田島は退任し、その後数日間は挨拶回りや慰労会が続いた。就任に際しては挨拶回りの対象ではなかった皇太子・義宮・清宮貴子内親王に拝謁しているところに、長官在任五年間で彼らが成長したことが現れている。また、一九五三年の日記巻末には、宇佐美新長官への引継ぎ事項と思われるメモがあり、田島が長官として意を砕いた案件が列挙されているが、今日においてもいまだ解決されていないものもある(45)。

田島日記が拝謁記の欠落部分を補完し、また他の史料と照合することで、戦後天皇制研究をさらに発展させるであろうことは疑いない。多くの読者の目に触れることを願う。

付記：本研究はＪＳＰＳ科研費２０Ｈ０１３１７の助成を受けたものです。

(1) 多少のばらつきはあるが、だいたい一二×七センチの大きさである。
(2) 加藤恭子『田島道治――昭和に「奉公」した生涯』(ＴＢＳブリタニカ、二〇〇二年)。
(3) 茶谷誠一『象徴天皇制の成立――昭和天皇と宮中の「葛藤」』(ＮＨＫブックス、二〇一七年)一七六～一九八頁。
(4) 『芦田均日記』第二巻一九四八年四月二一日条(岩波書店、一九八六年)。また、南原と堀内も同意見だったとの記述がある。
(5) このとき、芦田は涙を流して懇願したらしい。『芦田均日記』一九四八年四月二四日条。
(6) 関屋は戦前日本銀行監事を務めており、同行参与であった田島と面識があったと思われる。

(7) 三谷は田島の第一高等学校での後輩にあたり、田島の仲介で学習院女子部長を務めていた。三谷隆信『回顧録――侍従長の昭和史』(中公文庫、一九九九年)二六六〜二七〇頁。
(8) 『芦田均日記』には、田島が出した三通の手紙のことは書かれていない。
(9) 『芦田均日記』一九四八年五月五日条には「つゞいて篠原三千郎君が来て床中で話した」とのみ記述がある。このとき芦田は熱を出して寝込んでいた。
(10) 『芦田均日記』一九四八年五月一八日条。
(11) この間の経緯は茶谷前掲書第四章を参照。
(12) いわゆる昭和天皇独白録のこと。寺崎英成著、マリコ・テラサキ・ミラー編著『昭和天皇独白録 寺崎英成・御用掛日記』(文藝春秋、一九九一年)。側近による天皇の戦争回顧談の聴き取りはその後も断続的に行なわれたが、田島が在任中参加したのは、一九四八年一〇月二七日、一二月一日、一九五三年五月二一日、六月二二日、同二三日の計五回である。
(13) 『芦田均日記』一九四八年五月二六日条。
(14) 冨永望『昭和天皇退位論のゆくえ』(吉川弘文館、二〇一四年)。
(15) 『芦田均日記』一九四八年七月八日条。
(16) 『昭和天皇実録』一九四八年七月九日条。
(17) エドワード八世は離婚歴のあるアメリカ人女性ウォリス・シンプソンとの結婚を希望し、内閣の同意を得られなかったことから、結婚を実現するために退位した。エドワード八世の退位がイギリス憲政上どのような問題であったかは、ボグダナーが詳細に論じている。ヴァーノン・ボグダナー著、小室輝久、笹川隆太郎、リチャード・ハルバーシュタット共訳『英国の立憲君主政』(木鐸社、二〇〇三年)一四九〜一五九頁。
(18) 『芦田均日記』一九四八年九月二七日条。
(19) 芦田は一〇月七日にマッカーサーと会見して辞任の挨拶をしたが、このときに天皇の留位について話した可能性がある。芦田自身は会見の記録を残したと日記に記しているが、該当する記録が見つかっていない。『芦田均日記』一九四八年一〇月七日条ならびに三五二頁。
(20) 第七巻収録予定。

(21) 直訳すると「皇帝との会話」なので、拝謁記を指すと思われる。

(22) 鴨猟は網を使って鴨を捕らえる皇室に伝わる独特の技法。現在も外交団の接遇の場として催している。埼玉(越谷)と新浜(市川)に鴨場がある。なお、田島日記において、鴨猟については一九四八年六回、一九四九年一六回、一九五〇年八回、一九五一年六回、一九五二年八回(独立前が六回)、一九五三年九回の記述がある。

(23) 冨永望「イギリスから見た戦後天皇制」河西秀哉編『戦後史のなかの象徴天皇制』(吉田書店、二〇一三年)。

(24) 第一巻一九五〇年五月一七日条、一四一～一四三頁。

(25) ガスコインは田島の訪問を二〇日としており、田島日記と齟齬があるが、田島日記の方が正しいと思われる。冨永前掲「イギリスから見た戦後天皇制」。

(26) ヴァイニングは田島の英語力について、「氏の英語には黴が生えていたが、氏はまたそれに磨きをかけ始めて、それから数カ月の間に着々と上達した」と評している。E・G・ヴァイニング著、小泉一郎訳『皇太子の窓』(文春学藝ライブラリー、二〇一五年)二一八頁。

(27) ヴァイニングはこのときの会見について、「皇太子殿下へのあなたの仕事は、ただ英語をお教えすることだけにあるのではないのだから、来年の四月からは、あなたが皇太子殿下と御一緒にいる時間をもっとふやすような方法を考えていただきたいという正式な話が、田島氏からあった」と述べている。『皇太子の窓』二三九頁。

(28) 穂積は一九四七年に初代最高裁判所長官就任を打診されたが、東宮大夫を続けるために断っていた。大村敦志『穂積重遠』(ミネルヴァ書房、二〇一三年)二五六～二五七頁。なお、田島は穂積更迭問題の最中であった一九四九年二月五日に松平恒雄を訪問して、その経緯を聴いている(同日条)。

(29) 第一巻一九四九年四月一二日条、一三頁。

(30) 『昭和天皇実録』一九四九年四月一二日条。

(31) 第一巻一九四九年六月二八日条、二一頁。

(32) 『昭和天皇実録』一九四九年八月一八日条。

(33) 一九四八年は二〇ヶ所、一九四九年は四六ヶ所、一九五〇年は八一ヶ所である。

(34) 第一巻一九五〇年八月一五日条、一九五頁。

(35) 第一巻一九五〇年八月二七日条、一九七～一九八頁。『皇太子の窓』では、帰国の理由は曖昧な記述になっている。

(36) 第一巻一九五〇年九月一九日条、二一五～二一六頁。

(37) 敗戦により旧来の生存者叙勲は停止されたが、死亡者及び外国人への叙勲、文化勲章、褒章は残されていた。栗原俊雄『勲章――知られざる素顔』(岩波新書、二〇一一年)六四頁。ヴァイニングも叙勲を大変名誉なことと認識した。『皇太子の窓』四四八～四五二頁。

(38) 第三巻一九五二年二月二九日条、九七～九九頁。

(39) 第一巻一九四九年一一月三〇日条、六四頁。

(40) 第一巻一九四九年一二月八日条、六六頁。

(41) 第二巻一九五一年七月一〇日条、一五八頁。

(42) 第五巻解説、三一一～三一二頁。

(43) 第五巻一九五三年一一月六日条、一九七～一九八頁。

(44) 前掲加藤『田島道治』四三〇～四三一頁。

(45) 第七巻収録予定。

「拝謁記」公刊にあたって

ＮＨＫは、約二〇〇年ぶりとなる天皇の退位に際し、上皇さまが上皇后さまとともに歩まれた昭和から平成にかけての激動の歳月を、側近・学友などの証言や秘蔵映像、新たに発掘した資料などから振り返り見つめ直すため、報道・制作が一体となって取材し、その結果を、いくつかのスクープと、四回シリーズの特別番組「天皇 運命の物語」という形で結実させた。

こうした中で巡り会った初代宮内庁長官田島道治の「拝謁記」は、存在をうかがわせる情報はあったものの公開されたことはなく、宮内庁が「昭和天皇実録」を編纂する過程でも出てこなかった、いわば「幻の超一級史料」であり、二〇一八年秋に吉見直人氏とともに田島家に伺い原本を初めて目にした時の衝撃は、今も忘れられない。

取材班は、先行研究にあたるとともに、古川隆久・茶谷誠一・冨永望・瀬畑源の四氏に協力を求め、約九カ月かけて解読と分析を進めた。さらに、「昭和天皇実録」編纂に関わった元宮内庁職員や政治史・軍事史などの専門家、それに海外の識者にも意見を求めたうえで、二〇一九年八月から九月にかけて、ニュース番組やＷＥＢ記事で報じ、ＮＨＫスペシャル「昭和天皇は何を語ったのか～初公開・秘録「拝謁記」～」とＥＴＶ特集「昭和天皇は何を語ったのか～初公開〝拝謁記〟に迫る」を放送した。

本書の公刊にあたって、ＮＨＫは、田島家、解読・分析にあたった研究者グループ、それに岩波書店と協議のうえ、一連の取材・制作の過程で作られた史料解読結果のテキストデータや史料原本のデジタルスキャンデータなどを提供した。昭和天皇の実像に迫る第一級史料の分析をさらに進め、今後の歴史研究の進展に貢献することが、最も公共の利益にかなうとともに、この貴重な史料を託してくださった田島家の思いに応える道だと判断したからだ。本書が多くの人に、昭和という時代や戦後の日本の歩みへの理解を深め、そこに連なる「今」を考える手がかりとして活用されることを願ってやまない。

ＮＨＫ報道局社会部副部長（二〇一九年報道当時）

鈴木高晴

[「拝謁記」翻刻・編集]

田島恭二(たじま きょうじ)

1917年生．田島道治次男．東京帝国大学文学部卒業後，岩波書店，満鉄調査部，朝日新聞社に勤務．2013年死去．

[編集委員]

古川隆久(ふるかわ たかひさ)

1962年生．日本大学文理学部教授．『昭和天皇──「理性の君主」の孤独』(中公新書，2011年)ほか．

茶谷誠一(ちゃだに せいいち)

1971年生．志學館大学人間関係学部教授．『象徴天皇制の成立──昭和天皇と宮中の「葛藤」』(NHKブックス，2017年)ほか．

冨永 望(とみなが のぞむ)

1974年生．公益財団法人政治経済研究所研究員．『昭和天皇退位論のゆくえ』(吉川弘文館，2014年)ほか．

瀬畑 源(せばた はじめ)

1976年生．龍谷大学法学部准教授．『平成の天皇制とは何か──制度と個人のはざまで』(共編，岩波書店，2017年)ほか．

河西秀哉(かわにし ひでや)

1977年生．名古屋大学大学院人文学研究科准教授．『近代天皇制から象徴天皇制へ──「象徴」への道程』(吉田書店，2018年)ほか．

舟橋正真(ふなばし せいしん)

1982年生．公益財団法人政治経済研究所研究員．『「皇室外交」と象徴天皇制 1960〜1975年──昭和天皇訪欧から訪米へ』(吉田書店，2019年)ほか．

昭和天皇拝謁記──初代宮内庁長官田島道治の記録 6
田島道治日記 宮内(府)庁長官在任期＋関連時期

2022 年 12 月 23 日　第 1 刷発行

著　者　田島道治《たじまみちじ》

発行者　坂本政謙

発行所　株式会社 岩波書店
〒101-8002 東京都千代田区一ツ橋 2-5-5
電話案内 03-5210-4000
https://www.iwanami.co.jp/

印刷・理想社　カバー・半七印刷　製本・牧製本

ISBN 978-4-00-026596-6　　Printed in Japan

昭和天皇拝謁記——初代宮内庁長官田島道治の記録

全七巻・A5判・上製カバー・平均三一二頁

*第一巻　拝謁記1　昭和二四年二月〜二五年九月
総説／古川隆久　解説／茶谷誠一　定価三三〇〇円

*第二巻　拝謁記2　昭和二五年一〇月〜二六年一〇月
解説／河西秀哉　定価三三〇〇円

*第三巻　拝謁記3　昭和二六年一一月〜二七年六月
解説／冨永望　定価三三〇〇円

*第四巻　拝謁記4　昭和二七年七月〜二八年四月
解説／瀬畑源　定価三三〇〇円

*第五巻　拝謁記5　昭和二八年五月〜二八年一二月
解説／舟橋正真　定価三三〇〇円

*第六巻　田島道治日記　宮内(府)庁長官在任期+関連時期
解説／冨永望　定価三五二〇円

第七巻　関連資料
解説／茶谷誠一・舟橋正真

*は既刊

岩波書店刊

定価は消費税10%込です
2022年12月現在